M. メルロ=ポンティ

見えるものと見えないもの

付・研究ノート

滝浦静雄
木田 元 訳

みすず書房

LE VISIBLE ET L'INVISIBLE

suivi de notes de travail

by

Maurice Merleau-Ponty

Éditions Gallimard, Paris, 1964

目次

研究ノート

まえがき

モーリス・メルロ＝ポンティは、一九六一年五月三日に歿した。彼の残した文書の中には、特筆すべきことに、二年前から執筆を始めていた著書の第一部を含む草稿があった。それには、『見えるものと見えないもの』という表題がつけられている。一九五九年三月以前には、この表題の形跡らしきものも見られなかった。それ以前には、同じ計画に関係した覚え書のノートに、「存在と意味」とか「真理の発生学」、また最後に「真理の起源」などと記されているだけなのである。

草稿

草稿は大版の用紙一五〇ページから成り、細かい字でぎっしり書き込まれ、また実に多くの訂正がほどこされている。用紙は、表も裏も使われている。

第一ページには、一九五九年三月という日付があり、八三ページには、一九五九年六月一日という日付が記されている。おそらく著者は、その年の春から夏にかけて、一一〇ページ分を書き上げていたと思われる。それから彼は、翌年の秋、第二章の初めの部分をなすはずの最後の八ページ（一〇三ページから一一〇ページまで）を放棄したまま、原稿の執筆を再開したのであろう。新しい方の一〇三ページには、「問いかけと直観」という表題の上に、一九六〇年一一月という日付が書きこまれている。

この著作の構成

計画の指示があることは稀れであり、しかも、それらの指示は互いに正確に符合してはいない。著者が書き進めながら構想を練り直していたことは確かである。しかし、この著作が膨大な規模のもので、われわれの手にしているテキストは序論の役目を果たす第一部をなすにすぎない、と推定することはできる。——あとがき参照

次に掲げるのは、われわれが発見しえた計画表の幾つかである。

(a)一九五九年三月［草稿の冒頭に記されている］

第一部 〈存在〉と〈世界〉。

第一章 反省と問いかけ。

第二章 前客観的存在：独我論的世界。

第三章 前客観的存在：間身体性。

第四章 前客観的存在：間世界。

第五章 古典的存在論と現代の存在論。

第二部 〈自然〉。

第三部 〈ロゴス〉。

(b)一九六〇年五月［ノートの表ページ］

〈存在〉と〈世界〉。

第一部

垂直な　世界　あるいは問いかける存在。
言葉なき　　生まな
　　　　　　野生の

第二部は
野生の存在と古典的存在論、となろう。
[裏ページには]
第一章　現前するものの肉、あるいは「がある」ということ。
第二章　時間の痕跡、個体発生の運動。
第三章　身体と自然の光と言葉。
第四章　交叉配列。
第五章　間世界と〈存在〉。
　〈世界〉と〈存在〉。

(c)一九六〇年五月［或るノート］
I　〈存在〉と〈世界〉。
第一部：垂直の〈世界〉ないし野生の〈存在〉。
第二部：野生の〈存在〉と古典的存在論。
　〈自然〉
　〈人間〉
　〈神〉。
結論：根源的思考——野生の〈存在〉の諸分化への移行。〈自然〉——歴史としてのロゴス

文化的存在
産出（Erzeugung）

II 〈自然〉（Physis）と〈ロゴス〉。

(d)一九六〇年一〇月［或るノート］

I 〈存在〉と〈世界〉。
第一部　反省と問いかけ。
第二部　垂直の世界と野生の〈存在〉。
第三部　野生の〈存在〉と古典的存在論。

(e)一九六〇年一一月［或るノート］

I 見えるものと自然。
1 哲学的問いかけ。
2 見えるもの。
3 沈黙の世界。
4 見えるものと存在論（野生の〈存在〉）。
II 言葉（parole）と見えないもの。

(f)［日付なし。ただし、おそらくは一九六〇年一一月もしくは一二月のノート］

I 見えるものと自然。
哲学的問いかけ：
問いかけと反省、

問いかけと弁証法、
問いかけと直観（私がいま行っていること）。
見えるもの。
自然。
古典的存在論と現代の存在論。
II　見えないものとロゴス。

これら幾つかの指示からは、この著作が、その素材や形式の点でどのようなものであったかを想像することはできない。読者が各自、この書の本文の後に付してある研究ノートを読んで、それを考えてみられるのがよいであろう。しかし、右のようなものでも、草稿そのものの配列をより明確に知る助けにはなりうるのである。

事実、草稿の本文に記入されている区分だけから言えば、第一部「〈存在〉と〈世界〉」、第一章「反省と問いかけ」と記すだけにとどめておくべきであろう。そして、それ以外の区分は一律に冒頭の§じるしで表わされているだけであるから、それらはすべて同列に並ぶことになるだろう。ところが、ノート(f)を見ると、そのような区切り方は維持できないことが分かる。この(f)は、その前のノート(e)を確認し補足したものであり、「問いかけと直観」の章と同時に書かれた（著者は、「私がいま行っていること」と断っている）という強みをもっているが、そこでは、第一部「〈存在〉と〈世界〉」という表題が捨てられ、「見えるものと自然」に代えられているのに加えて、§じるしのついた断章がその意義に応じてまとめ直されており、したがって最後の二組〔(e)と(f)〕の断章はそれ以前の断章と権能を異にしていることが明らかになるからである。

したがって、われわれは著者のこの最後の指示〔(f)〕に従ってテクストを再構成することに決心した。われわれはまず三つの章を分け、それらを「哲学的問いかけ」という共通の表題のもとに配列した。第一章は「反省と問いかけ」で、それは三節からなり、知覚的信念の批判と科学主義の批判、哲学的反省の批判を含んでいる。第二章は「問いかけと弁証法」で、二つの部分に分かれ、サルトル的な考え方の分析、および弁証法と問いかけとの諸関係の解明を含んでいる。第三章は「問いかけと直観」であり、〈現象学〉なるものの批判を主として扱っている。

次に、ノートの(f)では言及されていない「絡み合い——交叉配列」という表題のついた最後の断章を位置づけるという仕事が残った。それは、「哲学的問いかけ」の終章と見ることもできたし、また(f)で予告されている第二部「見えるもの」の第一章と考えることもできた。どちらを採るにしても、幾つかの背後的論拠によってその選択を正当化することができたろう、とわれわれは確信している。しかし、その論拠にしても、著者のはっきりした勧告もないのだから、決して決定的なものには思えなかった。そんなわけで、われわれはできるだけ手を加えないという結論に従うこと、つまりこの章を他の諸章の後に置くことを選んだのである。

テクストの状態

『見えるものと見えないもの』の草稿は、おびただしい削除や訂正が施されていることからも分かるように、長い間かかって書かれたものである。それにもかかわらず、その草稿が最終状態に達していたとは考えられない。或る種の無駄な繰り返しは当然除かれたはずだろうし、もっと多くの修正が施されるということもなかったわけではあるまい。なかでも、冒頭の構成には疑点がある。或るノートは、論述の別な組み立ての可能性を思わせるからである。著者は次のように書いている——「おそらく一ページから一三ページまでを書き直し、一緒にまとめること。1、確実なもの（物）（他人）（真理）。2、不確実なもの（ピュロン的な諸難題、主題化の諸矛盾）。3、ひとは対立する諸命題を受け入れることもできないし、具象化された確実性に頼るわけにもいかない——→反省への移行」。

他方、著者がポール・クローデルから同じ文を二度も引用しておきながら（本書一四四ページ、および一六七ページ）、その反復を読者に注意していないことも無視できない。二つの箇所でその引用文が果たしている役割は、何か重大な手直しを必要としたろうことを思わせるようなものなのである。

研究ノート

われわれは、『見えるものと見えないもの』の本文の後に、その意味を明らかにしてくれる若干の研究ノートをつけ加えるのが適当だろうと考えた。著者には、大抵の場合、そのスタイルなどには構わず、また完全な文章にすることにはこだわらずに、自分の考えを紙に書きつけておく習慣があった。それらのノートは時には数行にすぎないこともあり、時には数ページに及ぶこともあるが、それらは、この著書の第一部に見られ、またそれに続く章においても見られたはずの展開の糸口をなしているのである。それらのノートは、一九五八年の末以来、きちんと日付がつけられ、分類されていた。

それらのノートをすべて公刊することは不可能でもあったし、望ましいことでもなかった。その膨大な量は本文を圧倒してしまっただろうし、他方、大部分のノートは、あまりにも省略がひどかったり、研究の主題と直接関係がなかったりして、それを収録しても役に立たなかったからである。

選択が必要だということになると、解釈上のいろいろな問題が起こってきて、解釈を誤るという怖れがあった。しかし、われわれはあきらめるよりは、あえて危険をおかして一つの選択をすることにしたが、それほどわれわれは、このノートが、扱われている主題の多様さや反省の質、またぶっきらぼうだがしかし厳密な思考の表現を通して、この哲学者の仕事ぶりを読者に感得させてくれることを確信したのである。

草稿とノートの編集

草稿については、われわれはより読みやすくするために句読点を正すというにとどめた。その代わり、研究ノートのほうは、そのままの配列にしておいた。というのも、研究の最初の動勢は、表現そのものから知られるほかないからである。

可能な場合にはそのつど、研究ノートに必要と思われる参照文献を付し、また著者自身による文献指示をも補足しておいた。

文章の意味を通すために言葉を挿入したり復原したりしなければならぬ場合には、それを［　］の中に入れ、その理由を各ページの下欄に〔この訳書では各段落の後、「研究ノート」では各題目ごとに〕注として述べておいた。

読めなかったり疑わしかったりした言葉は、次のようなやり方で本文中に指摘しておいた。

読めないもの――［?］

疑わしいもの――［真理?］

脚注〔――この訳書では各段落あるいは各題目の後の注――〕のうち、アラビア数字を付したものは著者自身によるものである。ページの欄外の傍注も復原することにしたが、それが本文の文脈の中に文字通りの形では納まらぬ場合には、脚注〔――本書では段落の後――〕に記しておいた。一般に混乱を避けるため、著者の手になるものは、たとえどんな注であっても、ローマン体にし、われわれのつけ加えたものはイタリック体にしておいた〔――ただし、本訳書では、原注と編者の注をすべてアラビア数字で表わし、編者による部分は［　］でくくって区別した。*じるしは、訳注を示す。〕。

クロード・ルフォール

見えるものと自然
［哲学的問いかけ］

反省と問いかけ

[知覚的信念とそのあいまいさ(1)]

われわれは物それ自体を見ており、世界はわれわれの見ている当のものである、――こういうたぐいのきまり文句は、自然的人間と哲学者に共通の信念を表わしており（哲学者といえども、眼を開くやいなやそう考えざるをえまい）、われわれをわれわれの生活に含まれている声なき「臆見」の深い地層に送り返すのである。だが、この信念には奇妙なところがあって、もしそれを命題や言表に明確に表現しようとすれば、つまりわれわれとは何であり、見るとは何であり、物とか世界とは何であるかを自問してみるならば、われわれはさまざまの難問や矛盾の迷宮に入り込むことになるのだ。

（1）［この章の表題の向かい側に、著者の注］――信念という概念を明確化すべし。これは決断的な意味における信念ではなく、一切の定立以前にあるものという意味での信念であり、動物的および［?的］信念である。

聖アウグスティヌスが時間について言っていたこと、時間は誰にとってもまったくよく知られたものであるが、われわれは誰一人としてそれを他人に説明することができないということは、世界についても言われなければならない。

「哲学者というものは、たえず」(1)どんなに基礎のしっかりした概念をも再検討して定義し直し、新しい概念とそれを名指すための新しい語とを創造し、悟性の真の改革を企てざるをえないものであるが、その改革の暁には、それまで諸真理のうちで最も明晰に思えていた世界の明証も、一見最も詭弁的とも言えるような思想に支えられているという結果になる。そのような思想は、自然的人間にはもはや見当もつかないもので、哲学に対する昔からの反感、つまり哲学は明晰なものとあいまいなものとの役柄を逆転させてしまうという、いつもながらの不満を改めて掻き立てるのである。哲学者が、自分はまさに世界の素朴な自明さの名においてものを言っているのだと称したり、その自明さに何かをつけ加えることは差し控え、ただその自明さからあらゆる帰結を引き出そうとしているだけだと言ってみても、それは哲学者には何の言いわけにもならず、それどころか彼は、「人類」がおのれ自身を一つの謎と考えるように仕向けることによって、ますます完全に「人類」(2)の権利を奪い去っていることになるのだ。

(1) 「哲学者というものは、たえず……」[次の文に意味を与えるためにわれわれが挿入したこれらの語は、著者によって完全に削除された本文の冒頭をなしていたものである。]

(2) [この箇所は、当然「人類の権利を奪う」(dépossède *l'humanité*)と解さなければならない(――原文では il ne *la* dépossède que…となっている――)。これらの語は、前の文の最後の部分に属していたのが、著者によって削除されたのである。その部分を[ ]によって以下に再現すると、次のようになる]――「哲学は明晰なものとあいまいなものとの役柄を逆転させている[し、おこがましくも、人類を疎外の状態、最も完全な疎外のなかを生き抜かしめるのだと僭称し、こうして哲学者は、人類がおのれ自身を理解している以上に人類を理解していると称する]ことに対するいつもながらの不満」。

確かにそうなのであって、それは誰にもどうすることもできない。なるほど、世界はわれわれの見ているものではあるが、しかし同時に、われわれは世界の見方を学ばなければならない。それは何よりもまず、われわれが知を通してこの視覚に到達し、この視覚を身につけ、われわれとは何であり、見るとは何であるかを言わなければならず、したがってわれわれはこの視覚について何も知ってはいないし、それについて一切を学ばねばならぬとでもいうかのように振舞わなければならない、という意味においてである。しかし、哲学とは一冊の語彙集のことではない。哲学は「語義」に関心を抱いているのでもなければ、われわれの見ている世界に代わるべき言葉の代用品を探し求めているのでもないし、世界を言われたものに変えようとするのでもない。哲学は、論理学者が言表に、詩人が言葉に、音楽家が音楽に身を置くようなやり方で、語られた言葉や書かれた文字の次元に身を置くのではない。哲学が表現に導こうとするのは、物それ自身であり、しかも物が沈黙しているその深みからなのだ。哲学者が、おのれのうちで働きたえず形成されつつある世界と世界の視覚とに問いかけ、それらについて何も知らぬかのように装うというのも、まさにそれらをして語らしめんがためであり、しかもそれは、彼がそれらの存在を確信し、それらについての完全な知を未来に期待しているからである。哲学にあっては、問いは否定の初めでもなければ、存在の代わりに立てられた一つの可能性（un peut-être 多分……であろう）なのでもない。問いは哲学にとっては、われわれの実際の視覚と折り合い、その視覚の中でわれわれを思考へと促しているものに対応し、その視覚を作りなしているもろもろのパラドクスに対応するただ一つのやり方なのだ。言いかえれば、物や世界という形象化された謎――それらの重厚な存在と真理はさまざまの両立しえぬ委曲に満ちているのだから――に適応しようとする仕方なのである。

　こんなことを言うのも、要するに、確かに私は私の机を見、私の視覚は机を目標にし、机はその打ち勝ち難い密度で私の眼差しを固定し、引き止め、さらに、机の前に坐ってコンコルド橋のことを考えている私は、考えているその時、自分の考えの中にいるのではなく、コンコルド橋のところにいるのであり、そして、こうした視覚ないし準視覚の地平をたどっていくと、結局、私は世界そのもの、自然的世界や歴史的世界――それを作りなしている人間の足跡を含めて――に住みついていることになるが、ところがそれと同じように、この確信に注意の眼を向けるやいなや、その確信は、問題の視覚が私の視覚にほかならぬというまさにその事実によって、挑戦されていることにもなるからである。もっとも、われわれはここで、自分の見ているものが「虚偽」ではないかどうかを吟味してみたい気を誘うような、夢や妄想ないし錯覚にもとづく昔なじみの論証を考えているわけではない。その論証は、われわれにそういう気を起こさせるまさにその時、すでに自分が揺がしているつもりの世界が存在するという信念を利用しているのだ。もしわれわれが時として虚偽と真実とを区別していなかったとすれば、虚偽とは何であるかということさえわからないはずであろう。したがって、その論証は世界一般、真理それ自体を根本的に前提しているのであり、そしてそれがわれわれの知覚の格下げをし、夢もまた夢見ているそのときには知覚と同じ説得力をもっていたではないかというだけの理由で、観察可能な一切の差異を無視して、知覚と夢をごちゃまぜにしながらわれわれの「内的生活」なるものに投げこもうとするとき、ひそかに頼りにしているのはまさに世界一般と真理それ自体なのである。その論証は、いわゆる夢の「虚偽性」そのものを知覚に拡張することが不可能なことを忘れているのだ。というのも、夢の虚偽性は知覚との相対的関係においてのみ出現するものであって、仮に虚偽を問題にしうるはずだとすれば、われわれは真理についてさまざまな経験をしていなければならないからである。ちょうど光が、あらかじめ物が存在していた闇から物を取り出してくるように、知覚も、一切の経験を越えた所で物を取り押さえようとするものだという知覚の考え方、そうした素朴さに対しては右の論証も有効ではあるが、しかしそれは［事態を明らかにするもの？］ではなく、その論証自体、知覚のそうした素朴な捉え方を刻印されているのである。なぜなら、その論証が知覚と夢とを同一視するのも、それらを即自でしかないような或る〈存在〉(un Être) と突き合わせてみることによってでしかないからである。それに対して、右の論証も示しているように――その点では、その議論にも妥当性があるわけだが――、もしそうした〈存在〉などという幻影を完全に取り払うべきものだとすれば、その時には、夢と知覚とのそれぞれに固有の記述的な相違がそのまま存在論的価値をもつに至るのであり、したがって知覚ないし真の視覚と夢との間には、前者が相互に符合する一連の限りない探索にいつでも開かれているのに、後者は観察することができず、よく注意してみるとほとんど隙間だらけだという、構造ないし木目の違いがあるということを示すならば、それで十分ピュロン的懐疑主義に答えたことになるのだ。もちろん、これで、われわれの世界へのアプローチという問題が打ち切られるわけではなく、むしろそれが始まったにすぎない。というのも、どうしてわれわれは自分が見てもいないものを見ているような錯覚をもちうるのか、どうして夢みる人の目には、夢のつづれ織が真実の世界の木目細かな織物として通用するのか、またどうして眩惑された人間にあっては、何も観察しなかったはずの無意識が何かを観察したという意識を生み出しうるのか、といった問題が残っているからである。想像的なものの空虚さは永久に空虚なままにとどまるのであり、それは決して知覚されたものの充実さに匹敵するものではなく、決して同じ確実性を生み出すことはないと言われるかもしれないし、また想像的なものが知覚されたものとして通用することはなく、眠っている人間は明晰さや分明さのいかなる標識やモデル・規準も一切失っているのであって、もし彼の中に知覚世界のほんの一小部分が入りこんだだけでも夢の魔力はたちまち解けてしまうのだと言われるかもしれないが、それにしてもやはり、もしわれわれが自分の知らぬ間にそうした標識を失うということがありうるとすれば、たとえそれを手にしていると自分で信じているときでも、本当にその標識を所有しているかどうか分からないということになる。もしわれわれが自分でも気づかずに知覚の世界から身を引くということがありうるとしたら、われわれが知覚の世界にいることを証明してくれるものは何もないし、観察可能なものが本当に観察可能であるということ、またそれが夢とは違った生地で仕立てられているということを証明するものは何もないことになるのだ。夢と知覚との違いが絶対的でないとすれば、われわれは両者をともに「われわれの経験」の一つに数え入れても構わないわけであって、知覚の存在論的機能の保証と意味を、知覚それ自身を越えた所に求めなければならないことになる。われわれは、そうした途――それがつまり反省哲学の途にほかならないわけだが――が開かれてくるときには、それとしてははっきり画定していこうと思う。それにしても、この途は、確かにピュロン流の論証を越えた所から始まるのだ。その論証は、完全に即自的な〈存在〉(un

Être）の観念に漠然と寄りかかり、それとの対照で、知覚されたものと想像的なものとをごちゃまぜに「意識の諸状態」のうちに数え入れてしまう以上、その論証自身の力によって、われわれをいかなる解明の作業からもそらせてしまうからである。ピュロニズムは、根底においては、素朴な人間のもっている錯覚を分有している。それは暗闇の中で自己分裂している素朴さなのだ。ピュロニズムは、即自的な〈存在〉と「内的生活」との間から世界の問題を垣間見ることとさえしない。ところが、われわれの歩みゆこうとしているのは、まさにその問題に向かってなのである。われわれの関心の対象は、世界の現実存在を「不確実」だとみなしうるさまざまの根拠——現実に存在するとはどういうことかがすでに解っていて、その概念を適宜にどう適用していくかということだけが問題のすべてだとでも言わんばかりに——にあるのではない。われわれにとって重要なのは、まさしく、世界の存在の意味を知ることなのだ。われわれはそれについて何も前もって仮定すべきではないのであり、したがって即自存在という素朴な観念も、またそれと相関的な、表象的存在とか意識にとっての存在とか人間にとっての存在といった観念も仮定してはならない。われわれは、まさにそうした観念の一切を、世界の存在に関してもまた同時にわれわれの世界経験に関しても再考しなければならないのだ。われわれはあらゆる存在論的先入見を離れて、懐疑論的論証の新しい定式を考え出さなければならないのであって、それも、まさに世界としての存在（l'être-monde）とはどういうことか、物としての存在（l'être-chose）とは何か、想像的存在、意識的存在とは何か、を知るためにこそなのである。

以上のようにして、今や知覚において私の所有しているのは物それ自体であって表象ではないわけであるが、そのことについて、次のことだけをつけ加えておこう、——物は、私の眼差し、いや一般に私の探索の向こう端に存在する。私は、他人の身体の知識が私に教示しうるようなものなど何一つ仮定せずとも、私の面前の机が私の眼と私の身体とに対して特別な関係を取り結んでいることを認めざるをえない。私に机が見えるのは、机が私の眼や私の身体の行動半径の中にある場合だけなのだから。机の上方には、私の額の暗い塊があり、机の脚の方向には、私の両頬のもっとぼんやりした輪郭が見える。そのどちらも、ぎりぎりのところで見えるだけであるが、しかも、世界そのものに対する私の視覚は世界の或る一点からなされるとでも言うかのように、机を隠してしまうこともありうるのだ、——と。さらに、こうも言える。私の身体の運動と眼の運動は、ちょうどわれわれが古代の巨石墳《ドルメン》を、その堅牢さの根底から揺さぶることはできないにしても、指でぐらぐらさせうるように、世界を揺るがせるのだ、と。私がまばたきをするたびに、カーテンが降りたり上がったりするわけであるが、私はこの蝕現象をただちに物それ自体に帰せしめようなどとは思わない。私のまぶたが私の前にある空間を掃くそのたびに、物は一瞬ねじれて見えるはずだが、私はそれもまた私自身のせいにするのだ。また、私が家々の軒並みの線に眼を据えながら道を歩いていくとすれば、踵がアスファルトに触れて鳴るたびに、私の周辺全体がおののいては次々にその場に静まりかえっていくことだろう。だが、この出来事を説明するのに、これは「主観の側」ないし「身体の寄与分」が物それ自体に覆い重なるからだと言ったのでは、この出来事を正しく表現したことにはなるまい。もともと、ここでは、物と私との間に置かれるようなもう一つの層とか幕といったものは、問題にならないからである。また、私の両眼が共同して働く場合には、それぞれの単眼の視覚像が干渉し合うことはないが、それと同様に、「見え」の揺れが物の明証性を破ることもないのだ。両眼による知覚は、二つの単眼の知覚の征服からなるのではなく、それらとは別な次元に属している。* 単眼の視覚像は、両眼で知覚された物があるというのと同じ意味であるのではない。前者が幻影であるのに対して、後者は実在のものであり、前者は〈物以前のもの〉(pré-choses) であるが、後者は物そのものなのだ。単眼の視覚像は、われわれが正常視に移るやいなや消えてしまい、それらの真昼間の真理としての物そのものに立ち帰っていく。それらは、物と対抗するには、物の密度をあまりにもたなすぎる。それらは、切迫した真の視覚に比べると、或る隔たりなのであって、完全にその「威力?」を失っており、そしてまさにその点で、単眼の視覚像を吸収することによってそれらを完成させる真の視覚の、素描ないし残滓にすぎないのである。単眼の視覚像は、両眼の共働による知覚と比較されうるものではない。それらを一緒に並べることはできないのであって、われわれは〈物〉と浮遊する〈物以前のもの〉とのどちらかを選ぶほかはないのだ。〈物以前のもの〉から〈物〉への移行は、眼差すことによって、つまり世界に目ざめることによって実現されうるのであって、その移行にわれわれが観客として立ち会うというわけにはいかない。その移行は総合（synthèse）ではなく、さまざまの見えから、真の知覚の不在に負っていたにすぎないような価値をたちまち剝ぎとってしまう変身（métamorphose）なのである。そんなわけで、知覚は、われわれを奇跡に——つまり人々がその条件とか部分などと信じているものを遥かに越えた一つの全体、あたかも諸条件や諸部分は全体の領界内にのみ存在していて、全体の中へと姿を消すように定められているとでもいうかのように、諸条件や諸部分を遠くから意のままに掌握する一つの全体という奇跡に——立ち会わせてくれるのである。だが、知覚が、部分に対する全体のように、その諸条件や諸部分を解任しうるためには、知覚はその奥深くにそれら諸条件や諸部分の身体的きずなをことごとく携えているのでなければならない。言いかえれば、私が真の物に到達するのは、眼差すことによって、さらに言えば私の眼、さっきは私に単眼像を与えてくれたその同じ眼によってでなければならない。ただし、その眼が、今度は二つ一緒に、しかも言わば真面目に働くとしてのことである。こうして、物と私の身体との関係は、まったく特異なものなのだ。時として私が単なる見かけを越えられずにいるのはその関係のためであり、また時に物それ自体に到りつくのも、その関係によってなのだ。いろいろな見かけの雑音を生み出すのもその関係であるが、それを沈黙させ、私を世界の真只中に投げ出すのも、その関係である。まるで、世界に到達する私の能力と、幻影の中に身をひそめる能力とが、互いに補完し合っているかのようである。それどころか、世界への到達は、世界からの後退の裏面にすぎず、また世界の欄外へのこの後退は、世界に入っていく私の自然的能力に依存し、その能力の別な表現だとでも言わんばかりなのだ。世界は私の知覚している当のものであるが、しかし世界のこの絶対的な近さは、それをよく検討し、言葉に表現しようとするやいなや、不思議なことに、埋めようもない距離にもなるのである。「自然的」

人間は鎖の両端を握っているわけであって、知覚を物の中に入っていくものだと考えると同時に、また自分の身体のこちら側でなされるものだとも考えているのである。しかし、この二つの確信が日常の生活において何の苦もなく共存していればいるほど、それらが命題や言表の形に直されるやいなや、それらは互いに他を否定し合い、われわれを混乱のうちに放置することになるのだ。

もし、私が見た私自身の外観ばかりではなく、他人が見た他人自身や私の外観を考慮に入れるとしたら、どういうことになるのだろうか。すでに私の身体は、私の知覚の演出家として、私の知覚の物自体との合致という錯覚を炸裂させていたはずである。以来、物と私との間には、隠れたさまざまの力が介在することになり、眼差しという不安定な作用によってしか抑えることのできないありとあらゆる幻影の生育が見られることになる。もちろん、知覚するのは徹頭徹尾私の身体だというわけではない。私はただ、身体が私の知覚を妨げることができるし、身体の許可なしでは私は知覚することができない、ということを知っているにすぎない。[1]知覚がやってくるや、身体は知覚の前から消え失せるし、知覚が、知覚しつつある身体を捉えることは決してないのだ。仮に私の左手が右手に触れ、そしてふと、触わりつつある左手の作業を右手で捉えようとしたとしても、身体の身体自身に対するこの反省は、きまって最後には失敗する。*私が右手で左手を感ずるやいなや、それに比例して、私は左手で右手に触わることを止めてしまうからである。それにしても、この最後の挫折は、触わりつつある自分に触れることができるのだという私の予感から、一切の真理性を奪い去るわけではない。私の身体が知覚するのではなく、身体は、いわばそれを通して顕わになる知覚の周囲に組み立てられているようなものだからである。身体は、その内部の手筈をすべて整え、その感覚‐運動的諸回路や、運動を統御したりやり直したりするさまざまの帰路を通して、いわば自己知覚に備えるのである――身体が知覚するのは決して身体自身ではないし、身体を知覚するのも身体自身ではないにしても。身体の科学――それは他人との関係を含むのだ――より以前に、知覚の母岩としての私の肉についての経験が、知覚の出生地はどこでもいいわけではなく、それは身体という隠れ家から出現するのだということを私に教えてくれたのである。「われわれと同じように」物を見る他人、彼らの見つつあるところをわれわれが見、またわれわれの見つつあるところを彼らが見るといった他人も、同じパラドクスの増幅をわれわれに提供してくれるにすぎない。仮に、私によって生きられているがままの私の知覚は物自体に到達しているのだと言うことにすでに困難があるとしたら、他人の知覚に世界への到達を認めることは、まったく不可能になる。そして、その一種の反動として、他人もまた、私が彼らに拒もうとしている世界への到達を、私に拒否することになるのだ。それというのも、他人（あるいは他人によって見られた私）を問題にするやいなや、単に物がさまざまの探索運動や知覚的で内向的な行為の旋風に巻きこまれていると言うだけではすまないからである。私の知覚やそれによって目指されている物が「私の頭の中に」あると言うのは、私にとってはおそらく何の意味もないとしても（それらが「どこか他にあるのではない」ということだけは確かだが）、私は、他人および彼の行う知覚を、彼の身体の背後に位置づけざるをえないのだ。もっと正確に言えば、他人によって知覚された物は二重になる。まず、彼の知覚する物があり——それがどこにあるかは神様しかご存知ないのだが——、そして私の見ている物、私には他人の身体の外に見える物、そして私が真の物と呼ぶところの物がある——それは、他人が、彼自身の見ている机を本当の物と呼び、私の見ている机を見かけに移しかえてしまうのと同様である。だが、これらの真なる物と知覚する身体との関係は、今度はもはや、さっきわれわれが私の物と私の身体との間に見ていたような両義的な関係ではない。それらは、互いに近い関係にあるにしろ遠い関係にあるにしろ、いずれにしても世界の中に並列されているわけであり、そしておそらく「私の頭の中に」あるはずのない知覚も、世界のただなかの物としての私の身体そのものの中にあることになるからである。こうなると、知覚している当人だけの内的な確実性に居座ることは不可能であるように思えてくる。外から見れば、知覚は物の上を滑っていくだけで、それに触れることがないからである。もし、知覚自身に対する知覚の視点《パースペクテイヴ》に権利を認めてやろうとすれば、せいぜい、われわれ各自は私的世界をもっていると言えるだけであろう。その私的世界は本人たちにとってのみいわゆる「世界」なのであって、それがそのまま世界ではないのだ。ただ一つの世界、つまり唯一無二の世界とは共同世界（κοινὸς κόσμος）のことであろうが、われわれの知覚は、そういう世界に開かれてはいないのである。*

（1）［欄外に］単眼像のような「私的世界」（ἴδιος κόσμος）。それは、共同世界の間に置かれ、孤立しているのではないが、しかし何ものでもないというわけでもない。

だが、それでは、われわれの知覚は何に向かって開かれているのだろうか。どうやって私は、他人によって生きられているものを私自身の位置から見ながら命名し、記述すべきなのだろうか。私が他人の存在を信じている以上、他人によって生きられているものは、私にとって決して無ではないし、そればかりか、そこにはいわば他人の見た私の外観も含まれている以上、私自身にも大いに関係があるのである(1)。ここにあるこのなじみの顔、この微笑、この声の綾、それらのスタイルは私にとっては私自身と同じくらいなじみ深いものである。おそらく、他人は私にとって、私の生涯のかなり多くの瞬間に、一つの魔力ともなりうるそうした光景に還元されることであろう。だが、声が変わったり、対話のスコアに突飛な言葉が現われるとか、あるいは反対に、私が自分の考えていたことをまだすっかり言わないうちに、あまりにうまい答えが答えられるとしてみよう。すると突然、向こう側でも刻々別な生活が営まれているのだという明証が炸裂する。あの眼の後ろ、あの身振りの後ろのどこかに、より正しくはそれらの前、あるいはそれらの周りのどこかに、何かしら空間の二重底みたいなものを拠点にしながら、もう一つの私的世界が私の世界の織目から透いて見えてくるのであり、そして、しばらくは私はその世界に生きることになり、私とは、私に向かってなされているこの問いかけの応答者以上のものではないことになるのだ。確かに、少しでも気をとりもどしてみれば、私の領分をおかすこの他人は、私の実体からなるものにすぎぬことが分かる。彼の見る色、彼の感ずる痛さ、彼の世界、まさしく彼のものであるかぎりのそれらを、私は私の見ている色、私の感じたことのある痛さ、私の生きている世界にならってでないとしたら、どうして理解しうるだろうか。しかしその時、少なくとも私の私的世界は、私だけのものであることを止めているのであって、それは今や、他人の奏でる楽器であり、私の生に接木された或る一般的生の次元に移っているのである。

（1）［欄外に］繰り返し。――だが、さっきは単眼の幻影が物に対抗しえなかったが、それと同様に、今度は私的世界を世界それ自体（monde même）からの隔たりとして記述することができるだろう。私は、他人によって生きられているものをどのように表象するのか。それは、私の生きているものの一種の写しとしてである。次のような経験の不思議さ。つまり、私は自分の見ているもの、しかも他人が見ているものと密接に対応しているものを頼りにすることができる――そうした一切は、実は、われわれが本当に同じ物、物それ自体を見ていることを証言するものなのだが――、それと同時に、私は決して他人の生きているものに追いつくことはないのだ。われわれが共に落ち合うのは、世界においてである。「物自体」という錯覚を再興するためのあらゆる試みは、実は、私の帝国主義ないし私の物の価値に立ち戻ろうとする試みなのだ。したがって、それはわれわれを独我論から解放してはくれない。それは、独我論の新たな証しにすぎない。

(c) 帰結――真理ないし「英知的世界」という自然的観念の根深い昏さ。

科学は、この態度、つまりおのれ自身の墓穴を掘り、結局のところ、瓦解していく客観主義的存在論を延長させようとするものにすぎない。

だが、私が他人の生活を共有していると信じているその時、私はただ、他人の生活の末端において、またその外側の極において、それと合体しているにすぎない。私と他人とが通じ合うのは、世界においてであり、しかも各自の生活の分節を通してなのだ。私が他人の視覚に与える緑色の効果を垣間見ていると思うのは、私の前にあるこの芝生を通してであり、また私が彼の音楽的感動の中に入っていくのも音楽を通してであって、要するに私を他人の私的世界への到達に開いてくれるのは、物それ自体なのである。しかるに、物それ自体とは、すでに見たように、私にとってはつねに私が見ている物のことである。他人を入れ込んでみても、私の知覚の内的パラドクスは解消しない。それはむしろ、最も秘められた私の生活さえ他人に伝播していくというもう一つの別な謎を、それにつけ加えるのだ、――

私が私自身から脱しうるのは、明らかに、世界を通してでしかないのであってみれば、その謎は、私の知覚の内的パラドクスと別でもあり、また同じだとも言えるのだが。したがって、「私的世界」が互いに交流し合うものであり、そしてその一つ一つが、一個の共同世界の異本という形で各自に与えられるということは、まったくその通りである。その交流がわれわれを唯一の世界の証人たらしめるのであって、それはちょうど、われわれの両眼の共働が、その二つの眼をただ一つの物に注がせるのと同様である。だが、それにしても、今のどちらの場合も、その確信には、たとえそれがどんなに抗し難いものにもせよ、絶対のあいまいさがつきまとっている。われわれはその確信を生きることはできるが、それを概念的に思考することも、定式化することも、命題に直すこともできない。解明のあらゆる試みは、われわれをディレンマに連れ戻すのだ。

ところで、われわれに共通した一つの感覚的世界があるという立証不能な確信、それこそは、われわれのうちで真理の基盤をなしているのである。幼児は思考する以前に知覚するものだし、最初はまず自分の夢を物の中に、自分の考えを他人の中に入れこみ、そのようにして彼は他人とともに、お互いのパースペクティヴがもはや区別されないような共同生活のブロックを形成するが、こうした発生の事実は、哲学といえども、内在的分析の要求を盾にとってあっさり無視してしまえるものではない。思考というものは、われわれの経験全体の手前に、つまり思考がもはやその名に価しないような経験以前の秩序に身を置くのでもないかぎり、おのれの明々白々たる歴史を無視することはできないのであって、自分自身の意味の発生という問題をみずからに課さなければならないのだ。感覚的世界が思考の宇宙よりも「より古い」というのは、そうした内在的な意味や構造からしてのことである。なぜなら、前者は見えるものであり、比較的連続したものであるが、後者は見えないものであり、隙間だらけであって、それが一見したところ一つの全体であり、固有の真理をもっているように見えるというのも、実は前者の世界の諸構造を基準にし、それに支えられてのことでしかないからである。もしわれわれの諸経験がそれぞれの最も固有な意味に応じて相互に依存し合っている様を再構成してみるならば、またそれらの本質的な依存関係をより明らかにするためにそれらを思考の中で分解してみるならば、われわれにとって思考と呼ばれるすべてのものには、われわれにとっては視野とか過去・未来の領野などといった形で存在する、自己からの距離、原初の開在性*が必要だということに誰しも気づくであろう。……いずれにしても、ここではわれわれのもっている自然的確信に一瞥を与えておこうというだけであるから、精神とか真理といったものに関するわれわれの確信は、感覚的世界という最初の土台に基礎を置いているということ、真理のうちにいるというわれわれの自信は世界のうちにいるという自信と一体のものだということに、疑いの余地はないと言っていいであろう。われわれは、われわれの実在は思考であるなどとデカルトに教えられたり（あるいは自分で気づいたり）する遥か以前に、言葉を話し、理解している。われわれの自国語や一般にすべての国語の「基礎をなす」と言われる知的原理を言語学から学ぶまでもなく（言語学はそうした原理を教えるものだとしてのことだが）、われわれが身を浸している言語が、その言語を的確に操る術をわれわれに教えてくれるのだ。真理についてのわれわれの経験は、われわれの見ている物に直接帰せられない場合には、何よりもまず、他人とわれわれとの間に生まれるさまざまの緊張やその解決と不可分なのである。真理も、物や他人と同様に、情動的でほとんど肉体的とも言えるような経験を通して、つまり「諸観念」――他人の観念やわれわれ自身の観念――がむしろ他人の表情やわれわれの表情の表現となり、知的に理解されるというよりも好意をもって受け入れられたり嫌悪の念で押し退けられたりする経験を通して、輝き出るのである。もっとも、そうした野生的思考（pensée sauvage）の中にも、きわめて早い時期から、すでにかなり抽象的な動機や範疇が働いているのであって、それは、幼児には成人の生活への驚くべき先取りがあり、そこにはすでに人間のすべてがある、と言えることを見ても分かる。幼児は、自分で言いうる以上によく理解し、自分で定義しうる以上によく答えるのであり、しかもその点では成人も同じなのだ。本当の対話というものは、自分でも知らなかったし、自分だけでは考えることもできなかったような考えを思いつかせてくれるものであり、そして私は時には自分が、自分自身にも未知な道、私の言述《ディスクール》が他人によって投げ返されながら初めて私のために開きつつある道を歩んできたように感ずるのである。この場合、一個の〈英知的世界〉(monde intelligible) があって、それが話のやりとりの支えになるのだと仮定するのは、名前をつければそれで問題が解決すると考えることにほかならないだろうし、さらにまたそれは、われわれにとって真理と思考の宇宙が構成されるのは世界という構造の助けを借りてなのだという、われわれの主張を是認することでもあろう。或る真理についてわれわれのもっている意識を強力な形で表現しようと思う場合、ちょうど感覚的世界が種々の感覚される物体に共通であるように、さまざまな精神やいろいろな人に共通な一つの「英知的な場」(τόπος νοητός)* を引き合いに出す以上にうまいやり方はないだろう。しかも、ここにあるのは単なる類比関係ではない。われわれの身体やわれわれの精神を包みこんでいるのは、同一世界なのだ。もっとも、この場合、世界というのは、われわれの眼に入ってくる、あるいは入りうる事物の総体であるばかりではなく、そういったものの共可能性 (compossibilité) の場であり、それらの遵守する不変なスタイルでもあると解してのことであるが。そして、このスタイルこそが、われわれ各自のパースペクティヴを結び合わせ、一方から他方への移行を可能にしてくれるのであり、そしてこのスタイルこそが、風景の細部を記述する場合であれ、また見えざる真理に同意する場合であれ、いずれにしても、われわれは同じ真なる対象を上空から俯瞰しうる二人の証人であり、またちょうど文字通りの意味での見える世界の中でわれわれ各自の視点を交換しうるように、少なくともその対象に対するお互いの立場を交換し合える二人の証人なのだ、という感じをわれわれに与えてくれるのである。ところで、ここでもやはり、しかも以前にもまして、世界の素朴な確信、英知的世界の先取りは、それが命題に直されようとするやいなや、実践の中で強力な力をもつのに反比例して薄弱なものになってしまう。もちろん見えるものだけを問題とする場合には、多くの事実がその確信を支持してくれる。さまざまな証言の食い違いの向こう側に、世界の統一と整合を回復することは、往々にしてたやすいことである。ところが、さまざまの制度化された意見――それは例えばマグダラのマリアだとかパリ裁判所などのようにわれわれの共有に属するもので、本当に考えられた意見というよりも、われわれの歴史的風物誌の中の記念碑とも言うべきものなのだが——の圏域を越え出て、真理、つまり見えないものに近づいていくやいなや、人間はみなそれぞれの孤島に住みつき、互いの往き来がないもののように見えてくるし、したがって何事についてであれ、人々の意見が一致する時もあるということのほうがむしろ驚くべきことになるのだ。それというのも、結局のところ、一人一人の人間は、最初は生命をもったゼリーの脆い塊にすぎなかったのであって、人間がみな個体発生の同じ道をたどったということ自体すでに大変なことであり、その人間がみな、それぞれの一人暮しの根底に至るまで同じ社会的活動や同じ言語のとりこになっているということは、それ以上に大変なことだからである。しかし他方、意のままに言語を用いながら、誰にも見えないことを述べなければならぬ場合、誰もが互いに矛盾し合わぬ命題に到りつくということも、種のタイプによっても社会のタイプによっても決して保証されてはいないことなのだ。もし種のタイプも社会のタイプも変えてしまいうるような大量の偶然的条件を考えてみるならば、その場合には、真理の宇宙もまた何の分裂も矛盾もない一つの世界なのだとする外挿法的考え方以上におかしなものはないということになろう。

［科学は知覚的信念を前提するもので、それを解明するものではない］

あるいは、次のように言いたくなる人がいるかも知れない。右のような解き難い二律背反は、直接的なもの、生きられているもの、つまりは生命的人間の混濁した宇宙——それは、その定義からして、真理なき世界になるわけだが——に固有なものなのであり、したがって、唯一の厳密な認識である科学が、われわれを困らせているそれらの幻影をその発生の条件によって外側から説明してくれるようになるのを期待しながら、それまではそんな二律背反などは度外視しておくべきだ、と。真なるもの（le vrai）とは、私の見ている物のことでもなければ、私もまた私の眼で見ている他人のことでもなく、さればといって、われわれがさっき記述しようと試みたような感覚的世界や、ひいては英知的世界の包括的統一のことでもない。真なるものとは、客観的なるもの、つまり測定によって、もっと一般的に言えば或る秩序の事実に関して私が定義したさまざまの変数や存在物からして許容される範囲での諸操作によって、限定することに成功したもののことなのだ。そのような限定は、われわれと物との接触には少しも依存するものではない。それは、生きられるものに関しては何の意味もないような近似法の努力を表わしているのである。意味がないというのは、生きられているものはそのままに受けとられるべきであって、特に「それ自体として」考察されるといったものではないからである。そこで、科学は、まず、われわれと物との出会いにもとづいて物に帰せられるような一切の述語を排除することから始まったのである。しかも、この排除は、暫定的なものにすぎない。科学は、そうした操作をあらゆる物に適用する術を心得てしまうと、やがて、初めに主観的だとして遠ざけておいたものを、再び少しずつ導入するようになるからである。しかしその際、科学は、そうしたものを、科学にとって世界の定義をなす諸関係や諸対象の特殊例として、自分のうちに統合せざるをえないであろう。そうなると、世界は自己完結的に存在することになり、そしてわれわれのうちで思考を営み、科学的探究を行っている当のもの、つまりわれわれのうちに住みついている不偏不党な傍観者を別にすれば、われわれも〈大客観〉（Grand Objet）の部分ないし契機になってしまうのである。

　われわれはこれからも度々こうした錯覚の多種多様な変種に立ち戻って、それについて論じなければならないだろうが、ここでは、われわれの探究の出鼻をくじく原理的反論の撃退に必要なことだけを言っておかなければならない。それは要するに、自分の所有している諸操作を無限に続けていくことによって、現存の世界を構成したり再構成したりしうるはずの「宇宙観察者」（*Κοσμοθεωρός*）は、世界の存在を信ずるわれわれの素朴な信念に含まれているさまざまなあいまいさを払拭してくれるどころか、むしろその信念の最も独断的な表現とも言うべきものであって、その信念を前提にし、それに支えられているということである。物理学は、大した困難にも出会わずに客観化の仕事を追究し続けてきた二世紀の間、自分は世界そのものの分節に従っているだけのことであって、物理的対象は科学よりも先に即自的に存在しているのだ、と信ずることができた。ところが、今日では、物理学は、その記述の厳密さそれ自体の力によって、観察者と観察されるものとの間の関係や観察者の或る特定状況にとってしか意味のない規定を、究極の、しかも至当な物理的存在として承認せざるをえなくなっており、したがって「宇宙観察者」とその相関者である〈大客観〉とを仮定する存在論こそが、前科学的偏見の最たるものとなっている。それにもかかわらず、この存在論にはまことに自然なところがあるために、物理学者は依然として自分を純粋客観に向かっている〈絶対精神〉であると考え続け、そのようにして、観察対象全体と、或る位置を占めて肉体をもっている物理学者との連帯性を表現しているさまざまな言表を、即自的な真理のうちに算入し続けているのである。とは言っても、天文学的諸空間についての現実の一パースペクティヴから別なパースペクティヴへの移行を可能にし、そしてそれらのパースペクティヴすべてについて真であるが故に、言葉を話している物理学者の事実的状況を越えているような公式といえども、決して或る絶対的認識に向かってその状況を越えるわけではないのだ。というのも、その公式は、さまざまの観察と関係づけられ、認識自体——それもまたつねに状況に位置している——の営む生にはめこまれることによってしか、物理学的意味をもたないからである。宇宙に対するさまざまな見解——それはみな、或るパースペクティヴからする見解なのだ——を互いに結びつけることを可能にしてくれるのは、宇宙に対する或る一つの見解ではなく、方法的手続きにすぎない。仮にわれわれがその公式に絶対〈知〉としての価値を与え、そこに例えば時間や空間の究極の網羅的な意味を求めるとしても、それは、科学の純粋操作が、われわれの確信——われわれは「物それ自体」に近づくことができるし、世界に対して絶対的上空飛行の能力をもっているという、科学よりもはるかに古い、しかもはるかに明晰度の低い確信――を、自分の都合のいいように再びここに持ち出してくるからなのである。

科学は、自然的な形では人間に与えられていない諸領域、例えば天文学的諸空間とか原子物理学的諸事象に足を踏み入れたとき、算式《アルゴリズム》の操作にはかなりの創意を見せたが、そうであればあるほど、認識論に関しては保守的な態度を示すことになった。科学の抱いている〈存在〉の観念を変えずにはおかぬはずの諸真理も、まことに難解な表現や考え方と引きかえに、再び伝統的存在論の言語に翻訳されているのだ。まるで科学は、自分で確立した相対性から自分だけを除外し、自分だけはその圏外にいる必要があると言わんばかりであり、またさまざまな存在者の規定に成功した代わりに、〈存在〉に対する盲目さという代価を払わねばならぬ、と言わんばかりなのである。例えば、尺度の考察でも、もしそれが本当に真面目になされるならば、物理学の真理をみな「主観的なもの」の側に押しやるようなものではなく――それはとりも直さず、不可知な「客観性」という観念に権利を認めることであろう――、むしろそうした主観と客観との分裂の原理自体を否認し、「実在」の定義の中に観察者と被観察体との接触という事態を取りこむようなものでなければなるまい。それにもかかわらず、見られるように、多くの物理学者は、或るときには巨視的現象の緊密な構造や高い密度の中に、また或るときにはその反対に或る種の微視的領域の緩い隙間だらけの構造の中に、決定論に有利となるような論証を探し求めたり、逆に「心的」ないし「非因果的」実在に有利となるような論証を求めたりしてきたのである。こうした二者択一は、科学にとって究極の自己理解が問題になるところでは、科学がいかに科学以前のもの（pré-science）に根ざしており、そしていかに存在の意味への問いとは無縁であるかを示している。物理学者が、十億分の一秒間しか存在しない微粒子の話をする場合、彼らの最初の発想はつねに、その微粒子を、直接に観察可能な粒と同じ意味で、ただしそれよりもはるかに短時間の間だけ存在するものとして考える点にある。原子物理学の場が、ただ次元をきわめて小さくしただけの巨視的な場として考えられているわけで、地平の現象や基体なしの性質、群としてしか捉えられない絶対的局所性なしの存在者といったものは、権利上は「主観的現象《アパランス》」

でしかなく、それらも或る巨人の目から見れば、絶対的な物理的個体の相互作用［に帰せられるはずなのである］(1)。だが、そう考えることは、尺度の考察を究極のものではないと仮定することであり、即自的なものを放棄するように示唆されているその瞬間に、尺度の考察を改めて即自のパースペクティヴから考えてみるということになるのだ。そんなわけで、新しい物理学の諸観念が「奇妙」だと言われるのも、当の物理学にとっては、或る逆説的な見解が常識を驚かせるといった意味で、言いかえれば常識を根底から教化したりその諸カテゴリーを何か変えたりすることはないという意味ででしかないのである。だから、われわれはここで、物理学の新しい諸存在の性質が新しい論理学ないし新しい存在論を証明していると言うつもりはない。もちろん、もし「証明」(démonstration)ということを数学的意味に解するならば、証明を与えうるのは科学者だけであり、また科学者だけがそれを評価しうることになろう。だが、科学者たちの中にも、そうした証明を論点の先取りであるとして拒否する人たちがいるということは(2)、哲学者には、その証明を尊重する権利もないが、その義務もないということを十分に示している。哲学者の指摘しうることは——ということは、彼に考えさせずにおかぬことは、ということになるが——まさにデカルト的世界表象を保持している物理学者たちが(3)、ちょうど音楽家や画家が或るスタイルに対する好みを語るように、自分たちの「好み」を重視しているということなのである。

（1）［「に帰せられる」(ramènerait à) が消され、その上に重ねて retrouverait となっている。この訂正は明らかに不完全であるから、われわれは当初の表現を復原しておくことにする。］

（2）例えば Louis de Broglie, *Nouvelles perspectives sur la microphysique*. [Paris, Albin Michel, 1956.]

（3）Louis de Broglie, *ibid.*

以上のとおりだとすれば、原子物理学の理論が今後いかなる運命をたどるにしろ、われわれはこう主張しうることになる、――どんな存在論も、現在作業中の物理学的思考によって厳密な形では求められていないのであって、とりわけ対象についての古典的存在論は、それを大事に温存している人たちにおける一つの好みにすぎぬ以上、物理学的思考を後ろ楯にすることもできないし、みずから原理的特権を要求することもできないのだ、と。一般に、物理学や科学は、さまざまの事実を算式《アルゴリズム》によって操作する或る仕方、そのための道具を所有している人たちだけが審判者となるような或る認識手続きという意味に理解されるか、あるいは反対に、在るものについて述べようとするものが物理学だと理解されている。もし前者だとすれば、彼らだけが、自分たちの変数に与えている意味についても、その審判者だということになるが、それにしても彼らには、それらの変数を想像的に翻案したり、変数の名において何が在るのかの問いを断ち切ったり、場合によっては起こりうる世界との接触を忌避したりする義務もなければ、権利さえもないのである。ところが、後者の場合には、物理学はもはや、〈存在〉を〈対象としての存在〉（l'Être-objet）によって定義する根拠もなければ、生きられているものをわれわれの「表象」の次元や「心理学的」せんさくの領域に閉じこめておく理由もないことになる。必要なのはむしろ、もろもろの測定や操作からなる宇宙が、その源泉、場合によっては普遍的源泉とみなされる〈生きられる世界〉から構成される足どりの分析を、物理学が正当なものと認めることなのである。古典的科学のもっていた哲学的装備をそのまま維持し、自分一個の研究成果を絶対知の次元に投影してしまうような物理学は、そこでこそ古典的客観化の方法の相対的権利とその限界が知られるそうした分析を欠いているために、そこから絶対知が生じてきた知覚的信念と同様に、恒常的危機の状態で生きていくことになるのだ。その点ではアインシュタインが、われわれが他人知覚であるとか、われわれ各自の知覚的地平と他人の知覚的地平との突き合わせなどを介して所有している同時性についての経験を、「心理学」であるとして除外しているのは、まことに印象的なことである。アインシュタインにとっては、この経験に存在論的価値を認めてやるなどということは、論外だったのである。なぜなら、その経験は、予料（anticipation）的で原理的な純粋知であって、操作も実際の測定も経ずになされるものだからである。この考えは、存在するものは、われわれがそれへと開かれているものではなく、われわれがそれに操作を加えうるものにすぎない、と仮定することにほかならない。そしてアインシュタイン自身、科学の操作と〈存在〉との適合の確信が、彼においては彼の物理学以前のものであることを包み隠してはいない。それどころか、彼はユーモアまじりに、「荒っぽい思弁としての」*自分の科学と、科学に対して彼が抱いている即自的真理の要求との対照を強調しさえしている。われわれは後ほど、物理学の理念化の作業が、どんなに知覚的信念を越え、また忘れているか、を示さなければならないであろう。が、今のところは、物理学の理念化も知覚的信念から出発しており、知覚的信念の諸矛盾を解消するものでもなければ、そのあいまいさを払拭してくれるものでもないし、それどころか、知覚的信念をそのものとして検討することを決してわれわれに免除してくれるものではない、ということを確認するだけで十分だったのである。

仮に、「客観的」秩序なるものの不整合を指摘する代わりに、いわゆる「主観的」秩序——それは、科学のイデオロギーにおいては、前者の裏返しであり、必要な補足でもあるのだが——に目を向けたとしても、われわれは同じ結論に到達することだろうし、おそらくは、このやり方をとった方が、その結論をもっと容易に受け容れてもらえることであろう。というのも、この「主観的」秩序においては、無秩序や不整合がはっきりしており、したがってわれわれの基本概念——例えば心理作用とか心理学といった概念——が、いわゆるアルカイックな社会における物の分類に劣らず神話的なものだと、誇張なしに言えるからである。かつては、いわゆる「内省」を退治すれば、完全な明晰さに至りうると信じられていた。しかも、それは実際に退治されねばならぬものでもあった。実際、内側からの視察などというものが、どこに、いつ、どんなふうに存在したというのだろうか。存在するのは、自己に密着した生、自己への開在であるが、それは共同世界以外の別な世界に通ずるわけでもないし、必ずしも他人というものを締め出すわけでもないのだ。しかも、自己に密着した生や自己への開在が存在するということは、内省とはまったく別問題であり、それなりの価値をもつ事柄なのである。一般に内省の批判は、われわれのうちに含意されているがままの他人というものへのかけがえのない近づき方から、あまりにもしばしば目をそむけ過ぎるのである。一方、その反対に、いわゆる「外のもの」に頼るやり方も、それだけでは、何ら内省の含むいろいろな錯覚に反論したことにはならず、それはただ、われわれの抱いている漠然とした心理学的「視覚」という観念に、新しい形を与えるにすぎない。そのやり方は、心理学で「視覚」と呼んでいるものを、ただ内から外に移しかえるだけなのだ。心理学者たちが「心理作用」(psychisme) とかその他の似たような概念のもとで何を理解しているかを明らかにするのは、教えるところが多いであろう。それはいわば、或る生命をもった物体の背後のどこかに存在していて、それに対してはただ適当な観察点を見いだしさえすればよいと仮定されている一種の深い地層、見えない「物」なのである。それは、確かに、私自身のうちにあって、心理作用の認識などに思い煩っている当のものではあるが、しかしそれにはたえざる適性の不足といったものがある。事実、物がどのようにして自分自身を認識するだろうか。「心理作用」なるものは、自分自身に対して不透明なものであって、それがおのれ自身に接合するのはその外なる複製の中でしかなく、しかもその複製を自分に似ていると確信するのは、ちょうど解剖学者が、「人間という種」が存在するのだからという理由で、自分の解剖している器官の中に自分自身の眼の構造そのものを見いだしていると確信するのと同じようにしてなのだ。……心理学的態度や、心理学者たちが自明なものとして使用している諸概念を完全に解明してみると、その態度の中には、実に多くの前提なき帰結があったり、まことに旧式な構成作業——少しも明確に自覚されてもいないし、その結果を、それがどれほど混乱を含んでいるか疑ってみることさえせずに、そのまま受け入れるような構成作業——が含まれていたりしていることが、明らかになろう。ここで働いているのは、つねに物や世界の存在を信ずる知覚的信念である。それは絶対的上空飛行によって、存在するものに到達できるはずだという確信をわれわれに与えるのであるが、われわれはその確信を物にと同じく人間にも適用するのであり、そしてわれわれが人間という見えないものを一つの物と考えるようになるのも、その確信のためなのである。心理学者は心理学者で、やはり絶対的観察者の位置に身を置いている。外的対象の研究と同様、「心的なもの」の研究も、初めは、おのれを自分の発見するさまざまな相対性の圏外におき、そのようにして、自分のであれ他人のであれ、一般に心理作用がその前で展開されるべき絶対的主観の存在を暗にほのめかすという形でしか、進歩しないのである。「主・客」の分裂によって、初期の物理学はおのれの領域を限定し、それに対応して心理学もその領域を限定したわけであるが、そのような分け方も、それらが基本的に同じ構造によって理解されることを妨げはしないし、それどころか、むしろそのことを要求するのだ。言いかえれば、主観も客観も、結局のところ、それらが即自的に何であるかを決定する純粋思考によってそれぞれの内的特性が認識されるべき対象の二つの秩序にすぎないのである。だが、物理学においてもそうであったように、知識の発展そのものによって、つねに仮定されている絶対的観察者が疑問に付される時がやってくるのだ。今私がその人の話をし、私が或る照準系をその人に帰属させようとしている当の物理学者も、要するに、みずから話をする物理学者である。心理学者が話題にしている心理作用も、結局のところ、彼自身の心理作用なのだ。この物理学者の物理学、心理学者の心理学は、以後、科学そのものにとっては、もはや客観たること（l'être-objet）がすなわち存在そのものなのではありえぬということを物語っている。「客観的」とか「主観的」とかいうことは、一個の経験全体の内部に大急ぎでしつらえられた二つの秩序であることに気づかれるからであって、完全な明晰さをもって取り戻されなければならぬのは、その経験全体の脈絡なのである。

今われわれが図式的に描いたような知の開始をなしているのが、ここ五〇年以来の心理学の歴史、とりわけゲシュタルト心理学の歴史である。それは当初、自分固有の客観性の領域を築き上げようと思い、それを行動の諸形態のうちに発見できると信じていた。だが、ちょうど行動よりもっと単純な他の諸構造が自然諸科学の対象になったのと同じように、行動には、一個の独自な科学の対象となるような独自の条件づけがあったのではなかろうか。もともと、物理学の領域に並列されるかぎりでの別個の領域、客観的に捉えられた行動や心理作用は、原理的に言って物理学と同じ方法でアプローチされうるものであり、同じ存在論的構造をもつものであった。どちらにおいても、対象は、それが普遍的に遵守している機能的諸関係によって規定されていた。心理学には、もちろん、対象への記述的なアプローチの道があったが、しかしその道も、原理上、同じ機能的限定以外の所に導くことはできなかった。事実、そこで正確に画定されえたのは、これこれの知覚的認知、あいまいな図形のしかじかの知覚、あれこれの空間知覚あるいは色彩知覚の水準が実際に依存している諸条件であった。こうして心理学は、ついには、おのれの足場を発見したと信じ、以来、その科学という身分をますます確証してくれるような発見が集積されていくことを期待したのである。ところが、ゲシュタルト心理学の登場以来四〇年を経た今日、人々は改めて、自分たちが何となく死点にいるような気がしている。確かに、実に多くの点で、この学派の当初の研究ははっきり限定されうるものであって、人々は多数の機能的諸規定を手に入れたし、また今でも手に入れつつある。しかし、そこにはもはや感激はなく、人々はどこでも、人間の科学に近づいているという感じをもってはいない。これは、その学派の著者たち自身がつとに気づいていたことでもあるが、彼らの確定する諸関係が有無を言わさぬ役を演じたり、何かの説明になったりしうるのも、実験室の人為的諸条件の中ででしかないということである。その諸関係は、そこからしだいに行動の全体的規定に至りうるといった、行動の第一の層を表わしてはいない。それはむしろ、統合化の最初の形態であり、単純な構造化の特権的な場合――それに比べると、「もっと複雑な」構造は実は質的に異なった構造ということになる――にすぎないのだ。それらの諸関係のうちに表明されている関数的関係も、それらの水準においてしか意味をもたず、もっと高い水準に関しては説明の力をもたないのであって、要するに、心理作用の存在は、要素的な「諸因果性」の交錯としてではなく、そこに実現されているさまざまの異質的で非連続な諸構造化の働きから規定されるべきなのである。より高い統合度の構造が問題となるにつれて、条件は、条件づけられているものを説明するのではなく、むしろ条件づけられているものがおのれを始動させるための機会だということに、気づかれるのだ。だから、根本仮定として立てられた記述と機能との平行論は、実はすでに反論されていたのである。例えば、実験装置によって人為的に単純化され縮小された視野の中では、或る光点のしかじかの見かけの運動をその諸条件から説明することはたやすいことではあるが、そうであればあるほど、これこれの瞬間に生きているこれこれの個人の具体的知覚野を全面的に規定する作業は、単に今のところ不可能だというのではなく、決定的に意味を失ってくるように思われる。なぜなら、そうした個人の知覚野は、ばらばらに切り離された、あるいは切り離されうる「諸条件」の客観的（objectif）世界にはその名もないような諸構造を示すものだからである。私のところから地平線に向かって遠ざかっていく道を眺める場合、私は、しかじかの距離におけるその道のいわゆる「見かけの幅」なるものを――つまり私が、片方の眼だけで見、しかも自分の眼前にかざしている鉛筆に引きうつすという仕方で測定している幅を――、それもまた或る測定の手続きによって決定される他の視野の諸要素と関係づけることができるし、そのようにして私は、古典科学の目標である関数的依存関係の公式に従いながら、見かけの大きさのいわゆる「恒常性」がしかじかの変数に依存していることを確定することができる。しかし、私が一切の孤立化的態度を離れて、両眼で自由に眺めている時に与えられているがままの視野をとりあげてみるならば、それをさまざまの条件づけによって説明することは不可能なのだ。それも、その条件づけが私に気づかれないからとか、私には隠されているからというのではなく、「条件づけられたもの」それ自体が、客観的に記述されうるような秩序に属することを止めるからである。私に風景を与えてくれる自然のままの眼差しにとっては、道路のかなたの部分は、観念的にすら計算しうるような「幅」をもってはいないのであって、それは近い所と同じ幅をもってもいるし、もってもいないのだ。同じ幅をもっているというのは、どちらも同じ一本の道だからであり、もっていないというのは、そこにパースペクティヴの一種の皺寄せみたいなものがあることは否定できないからである。道路の遠方と近くとの間には、同一性と、しかしまた「異なる類への移行」（μετάβασις εἰς ἄλλο γένος）*、見かけから実在への移行があるのであり、しかもそれらは通約不可能なのである。さらに私はここで、見かけなるものを、決して私と実在との間に張られた幕のようなものとして理解してはならない。パースペクティヴによる狭小化は変形ではないし、道路の近い部分のほうが「より真だ」というわけでもない。近くと遠くと地平線とが、記述しがたい対照をなしつつ、系を形作っているのであって、全体的視野におけるそれらの関係こそが、知覚的真理なのである。われわれは知覚的存在の両義的秩序に入りこんでいるわけであって、関数的依存関係はそれとはぴったり「嚙み合わ」ない。そうした存在論の枠組みの中でも視覚の心理学を維持できるというのは、人為的な条件を設定した場合や言葉の上のことでしかないのだ。奥行の「諸条件」——例えば両眼の網膜像の不一致——は、本当にその条件なのではない。なぜなら、二つの網膜像が一致していないと規定されるのは、類似した二つの網膜像が一つに融合することにおのれの平衡を求めるような知覚装置との関係においてでしかないからであり、したがって、ここでは実は「条件づけられている」と言われるもののほうが条件を条件づけていることになるからである。もちろん、それらの諸条件が或る人の身体の中に与えられていないとすれば、その人に知覚世界が現われることもないだろうが、しかしその条件が知覚世界を説明するのではない。知覚世界は、おのれの視覚野と内的組織化との諸法則に従っているのであって、対象のように、「次々に相接する」因果性の諸要求に従うのではない。「心理作用」は対象ではないのだ。もっとも、これは特に留意すべきことであるが、ここでの問題は、いわゆる「唯心論」の伝統に従って、或る種の事象が科学的規定を「免れている」ということを示す点にあるのではない。そうした証明は、反科学的な領域——と言っても、それも科学的「秩序の諸事象」と同様、まさにそれこそが問題であるような存在論の用語で理解されつづけるのが普通であるが——を画定するに至るだけなのである。われわれの目的は、客観化的科学によって整理された諸事実に対して、たとえそれを「心理作用」と呼ぶにしろ、「主観的事実」と呼ぶにしろ、あるいは「内面的事実」と呼ぶにしろ、いずれにせよ、「科学の整理を免れる」ような一群の事実を対立させることにあるのではなく、客観‐存在とそれに対立するものとしてそれと相関的に考えられた主観‐存在とは実は二者択一をなすものではないということを示し、さらに知覚世界は客観‐存在と主観‐存在との二律背反の手前ないしかなたにあるものだということ、「客観的」と言われる心理学の挫折も、「客観主義的」物理学の挫折と同様、「外的なもの」に対する「内的なもの」の勝利とか、「物質的なもの」に対する「精神的なもの」の勝利と解されるべきものではなく、われわれの所有している存在論の再検討への呼びかけとして、また「主観」や「客観」といった概念の再吟味への呼びかけとして理解されるべきものだということを示すことなのだ。知覚を一個の対象として扱うことを禁ずるその同じ理由が、それを「主観」——それをどんな意味に解そうとも——の操作として扱うことを禁ずるのである。もし、知覚がそれに向かって開かれている「世界」、言いかえればさまざまの地平線や遠近からなる両義的視野が、客観的世界の一領域ではないとすると、それはまた、さまざまの「意識的事実」や「精神的作用」に並列しておかれることをも嫌うのである。心理学的ないし超越論的内在も、地平とか「遠方」なるものが何であるかについて、いわゆる「客観的」思考以上にうまく説明しうるわけではない。そこでは知覚は、「内省」によっておのれ自身に与えられるものにせよ、あるいは知覚されたものを構成する意識であるにせよ、いずれにしても、言わばその立場上から見ても原理上から言っても、おのれ自身の自己認識や自己把握となるはずのものであって、そうした知覚が、地平や遠方といったものに、つまりは世界に開かれることはありえないであろう。世界とは、知覚にとっては、まずそこにあるのであり、そして知覚が、そこから出発してのみ、おのれを風景のさまざまなパースペクティヴの帰趨すべき匿名の帰着点として捉えうるようなものなのだ。客観という観念と同様、主観の観念も、われわれが知覚的信念の中で取り結んでいる〈われわれと、世界やわれわれ自身との関係〉を、認識の適合関係に変えてしまう。それらの観念は、前者の関係を解明するのではなく、それを黙って利用し、そこからさまざまの帰結を引き出しているにすぎない。しかも、知識の進展自体が、その帰結に多くの矛盾が含まれていることを示してくれているのだから、その関係を明らかにすべくその関係に立ち戻ってみることがぜひとも必要なのである。

われわれがこれまで知覚一般の心理学に注目してきたのは、心理学の危機が原理的な根拠によるものであって、或る特殊領域における研究の何らかの遅れなどによるものではないということを、よりよく示さんがためであった。しかし、一度、心理学を一般的な形で考察してみるならば、特殊研究の中にも同じ原理的困難性が再び見いだされることになろう。

例えば社会心理学というようなものが、客観主義的存在論の支配体制のもとでいかにして可能になるのかは、理解できないことである。もし仮に、知覚を外的変数の関数だと本当に考えたとすれば、その図式が当てはまる（まったく近似的になのだが）のは、身体的・肉体的条件づけに対してのみなのだから、心理学は、人間を物理‐化学的動因の作用する神経終末の総体としてしか見ないという、途方もない抽象に運命づけられていることになる。だから、「他人たち」とか社会的・歴史的布置といったものが刺激として介入しうるのは、集合の効果にも承認が与えられる場合だけであって、その効果は、物理的に存在するものではないし、直接に感覚しうる諸性質に則して作用するのではなく、その社会的布置に応じて、社会的空間や時間の中で、社会的コードに従って、要するに原因としてではなく、むしろ象徴として作用するようなものなのである。社会心理学にたずさわっているというただそれだけでも、われわれはすでに客観主義的存在論の外にいるのであって、与えられている「対象」に、その研究を巻き添えにしてしまうような或る強制を加えた場合にしか、そのような存在論にはとどまることができないのである。この領域にあっては、客観主義的イデオロギーは、知の発展に真向から逆らうものである。例えば、西洋の客観的知識によって育てられてきた人間にとっては、呪術や神話には固有の真理性はないし、呪術の効果や神話的・儀礼的生活は「客観的」原因から説明されるべきものであり、それで説明しきれない部分は〈主観性〉（Subjectivité）の錯覚に帰せられるべきだというのが、自明なこととされていた。だが、社会心理学は、もしあるがままのわれわれの社会を本当に見ようと思うならば、そうした根本仮定から出発するわけにはいかない。その仮定それ自身が、すでに西洋的心理学の一部をなしており、それを採用することによって、われわれはすでに結論を推測しているのだ。民族学者は、いわゆる古代社会に当面する場合、例えば、そこでも時間が今日と同様に、もはやないところの過去、まだないところの未来、それのみが十全な意味で存在している現在という三つの次元に従って生きられていると予断するわけにはいかず、或る「発端の」出来事がその後もたえず効力をもちつづける神話的時間を記述しなければならないが、それと同様に、社会心理学も、われわれの社会を真に認識しようと思うならば、われわれの私的ならびに公的歴史の構成要素の一つとしての神話的時間という仮説を、ア・プリオリに排除するわけにはいかないのである。確かに、われわれは今日まで呪術的なものを主観性の中に抑圧してきたが、しかし、人間同士の間の関係が、絶対に呪術的・夢幻的要素を含まないという保証は、どこにもない。ここでは「対象」がまさに人間の社会である以上、「客観主義的」思考の諸規則によってその対象をア・プリオリに規定することはできないのであって、その規則はむしろ逆に、それ自体或る社会的・歴史的全体の特殊な形態として生きられるべきものであり、その規則が必ず社会的・歴史的全体の鍵を与えてくれるとは限らないのである。もちろん、客観的思考は或る特定の社会構造の一つの結果ないし産物にすぎず、別な社会構造に対しては何の権利もないなどと、最初から仮定してかかるべき理由もない。そう考えるのは、人間の世界が何か不可解な基盤に立っていると想定することであろうが、この非合理主義もまた恣意的なものと言うべきであろう。社会心理学にふさわしい唯一の態度は、いわゆる「客観的」思考をその本当の姿で受けとること、言いかえれば、これまで科学の基礎をなしてきた方法であり、今でも可能な範囲までは制約なしに使われるべきではあるが、しかし自然に関しては、また歴史に関してはなおさらのこと、全面的説明の手段を示すというよりはむしろ篩い分け[1]の第一段階を表わす一つの方法として、受けとることなのである。社会心理学も、心理学であるかぎり、他人とは何か、歴史的出来事とは何か、歴史的出来事や国家はどこに存在するのか、といった哲学者の問いに必ず当面するのであって、その他人や歴史というものを、あらかじめ「対象」や「刺激」の一つに数え入れておくことはできないのである。もちろん、心理学はそうした問いを真正面から論ずるものではない。それは哲学の仕事である。心理学は側面から、しかも自分の「対象」にエネルギーを注ぎ、それに向かって進んでいくそのやり方の中で、そうした問いを論ずるのだ。そして心理学は、そうした問題に関する存在論的解明を不要ならしめるどころか、むしろそれを必要としているのである。

（1）［つまり、非合理的なものの］〈篩い分け〉［と解すべきであることは言うまでもない。］

人間の領域における真の意味での「客観性」の規則を敢然と受けいれ、人間の領域での関数的依存関係の法則とは、非合理的なものを除去するというよりもむしろそれを明確化させる一つのやり方なのだということを認めないならば、心理学は、おのれの研究している社会について、歴史学が提供してくれる見解に比べてまことに抽象的で表面的な見解しか与えないであろう。しかも、これは実際によく見かけられることなのだ。われわれはすでに、物理学者は、今ではもはや客観主義的ではなくなっている物理学を、依然として客観主義的存在論の枠の中に押しこめている、と言った。今やそれにつけ加えて、心理学者についても事情は少しも変わらず、客観主義的先入観が物理学者たちの一般的かつ哲学的な考え方に再びつきまとおうとしているのは、心理学についても同様だ、と言わなければなるまい。或る物理学者が(1)、おのれ自身の科学を機械論と客観主義の古典的規範から解放しておきながら、いったん物理的世界の究極の実在性とは何かという哲学的な問題に移るやいなや、第一性質と第二性質とのデカルト流の区別をためらわずに採用し、まるで、物理的世界の内部に機械論を仮定することへの批判も、われわれの身体に対する物理的世界の作用についてはわれわれの従来の考え方に何の変更を加えるものではなく、その批判はわれわれの身体の境界には当てはまらず、したがってわれわれの精神生理学の再検討を呼びかけるものではない、と言わんばかりの態度をとっているのは驚くべきことである。逆説的なことに、機械論的説明の諸図式を、人間に対する世界の作用に関して放棄するほうが、世界の内部での物理的諸作用に関して放棄するよりも困難になっているのだ、——それらの図式は、前者においては明白な多くの難問をたえず提起してきたのに対して、後者においては、当然のことながら、何世紀もの間正当なものとして通用してきたにもかかわらず、である。それは、機械論的図式を放棄するというその思考の転回が、物理学自体においては、大抵伝統的な存在論の枠の中で行われうるのに対して、感官の生理学においては、直ちに、存在と人間と真理との関係についてのわれわれの旧来の観念を巻き添えにしてしまうからである。知覚とは純粋な物理的対象が人間の身体に及ぼす作用であると考えたり、また知覚されたもの（le perçu）とはその作用の「内的な」結果だと考えることを止めるならば、その途端に、真と偽、方法的知識と幻影、科学と想像との一切の区別が崩壊してしまうように見えるわけである。物理学に比べて、生理学のほうがそれほど積極的に今日の方法論的革新にあずからず、科学的精神も時にはまことに古風な形で維持され、そして生物学者たちのほうが物理学者たちよりもいつまでも唯物論的であり続けるのは、そのためである。しかし、生物学者たちの場合でも、彼らが唯物論的なのは哲学者としての資格でのことであって、生物学者としての彼らの実践においてはそれほどでもないのだ。したがって、彼らに必要なのは、いつの日かおのれの実践を完全に解放すること、人間の身体についても、はたしてそれが一個の対象なのかどうかという問いを立て、また同時に、人間の身体が外的自然に対して変数と関数との関係にあるのかどうかという問いを立てることであろう。だが、今やその関係が——そして、このことこそが、われわれには重要だったのだが——、精神生理学と不可分ではなくなったのであり、またそれに伴って、その関係に結びつく一切の概念、例えば物理学的に限定された或る刺激に固有の恒常的結果という意味での感覚概念や、さらには、感覚の法則に従わぬものを説明するための補足的抽象物としての注意とか判断……といった概念も、精神生理学と不可分ではなくなったのである。デカルト主義は、物理的世界をまったくそれに固有な諸特性から規定することによって、つまりそれを純化された思考自身の面前における純粋な客観的存在としてある在り方から規定することによって、物理的世界を「理念化」したわけであるが、それと同時にデカルト主義は、望むと望まざるとにかかわらず、人間の身体をも客観的諸過程の交錯に分解したり、また感覚という観念に拠りながら、その分解を「心理作用」にまで拡大するような人体の科学を着想させたのである。それら二つの理念化の作業は互いに結びついたものであるから、それらは一緒に解体されなければならない。われわれは、デカルト的分析そのものを正さんがために知覚的信念に立ち戻るというやり方でしか、われわれの知の危機的状況を終わらせることはできないであろう。その知は、今日、自身の歩みのみが粉砕できるような哲学に基礎を置いていると、自分でも信じているのだから。

(1)　例えば、エディントン。——［Arthur Eddington, 特に彼の *Sur les nouveaux sentiers de la science*, Paris, Hermann & Cie, 1936 を参照。］

われわれにはつねに、一個の世界が存在し、自然的出来事の緊密に結び合わされた連続的体系が存在するという信念が知覚によって与えられているので、われわれはこれまで、その体系はあらゆるものを包みこみ、われわれをその体系に導いてくれた知覚までも包みこみうるものだ、と信じてきた。だが、今日では、われわれはもはや、自然がそうした種類の連続した一体系であるとは思っていない。ましてや、自然のあちらこちらに漂っている「心理作用」なる孤島が、自然という連続的な地面によってひそかにつなぎ合わされているとは、われわれは思ってもみないのである。したがって、われわれの課題は、自然ならざるものがいわゆる一つの「世界」を形作るかどうか、形作るとすればそれはどんな意味でか、そして何よりも「世界」とは何であるか、最後に、もし世界があるとすれば、見える世界(monde visible)と見えない世界(monde invisible)との関係はどんなものになりうるか、を知ることとなる。この仕事がどんなに困難であろうとも、もしわれわれが科学者たちの考える哲学がわれわれを置き去りにした混乱から抜け出すべきだとすれば、その仕事を避けることはできない。それは、科学者たちによっては、完全に遂行されることのありえないものなのだ。なぜなら、科学的思考は世界の中で動き、世界を主題にするというよりは、むしろそれを前提にしているからである。しかし、その仕事は科学にとってよそごとだというわけではないし、それがわれわれを世界の外に住まわせるというわけでもない。われわれが他の哲学者たちとともに、知覚の刺激が知覚された世界の原因ではなく、むしろその現像液ないしシャッターであると言う時、われわれは身体なしでも知覚しうると言おうとしているのではなく、それどころか、われわれの身体がわれわれと自然との生きた絆でありうるゆえんを理解するためには、身体を純粋客観として定義するやり方を再検討しなければならぬ、と言おうとしているのである。われわれは諸本質の宇宙に身を置いているのではなく、むしろ一切の区別に先行する世界の経験を振り返ってみることによって、があること（that）と何で〔あるか〕（what）との、つまり実存の諸条件と本質との区別を再考することを求めているのだ。確かに、哲学は科学ではない。なぜなら、科学はおのれの対象を上空から俯瞰しうると信じ、知と存在との相関を既定のこととみなしているが、一方、哲学とは、問う者自身がその問いによって巻き添えにされるような、そうした問いの総体のことだからである。それにしても、物理学者を物理学的に位置づけるすべを心得ている物理学や、心理学者を歴史的・社会的世界の中に位置づけるすべを心得ているような心理学は、絶対的上空飛行の幻想をすでに手放している。それらは、いかなる科学にも先行する〈われわれの世界への内属〉の徹底的検討を、ただ黙認するだけではなく、むしろそれをわれわれに課してさえいるのである。

〔知覚的信念と反省〕

すでに世界の中に身を置いている思考が考え出すさまざまの証明方法や認識方法、またそうした思考が導入してくる客観と主観といった概念は、知覚的信念とは何であるかをわれわれに理解させてくれるものではない。なぜなら、その思考自身が一つの信念なのだから、言いかえれば、それはおのれが証明を越えたものであることを知っており、必ずしも必然的ではなく、不信を織り込まれ、たえず非信念におびやかされている一つの同意だからである。ここでは信と不信とがきわめて密接に結びついていて、つねに一方の中に他方が見いだされるし、とりわけ真理の中に非真理の萌芽が見られるといった具合なのである。私が自分の眼差しによって世界につなぎ留められているという確信自体がすでに、私がその眼差しを放任しておく場合にはさまざまな幻影の疑似世界を私に約束していることになるからである。危険を見まいとして自分の眼をおおうのは、物の存在を信ぜず、自分の世界だけを信ずることだとよく言われるが、しかしそれはむしろ逆に、われわれにとって存在するものは絶対に存在しており、われわれが危険なきものとして見ることに成功した世界は危険なきものとして存在すると信ずることであり、したがって、われわれの視覚が物それ自体に達するものだということをこの上なく信ずることなのである。おそらく、この経験ほど、世界の知覚的現前ということについて多くのことを教えるものはあるまい。それは、同一のものを同一の関係のもとで肯定しかつ否定するということでもなければ、肯定的かつ否定的に判断するということでもなく、あるいは先ほどのわれわれの言葉で言えば、信ずると同時に不信に陥るということでもない。そういうことはもともと不可能なことであろう。それはむしろ、肯定や否定、判断――それらは批判的な意見であり、事後的な操作なのだ――の手前にあるわれわれの経験、つまり身体によって世界に住みつき、われわれの自我全体によって真理に住みついているのだという、いかなる意見よりも古いわれわれの経験であり、――もっとも、ここで真理といっても、見ているという確信と真なるもの（le vrai）を見ているという確信とのどちらを選ぶかとか、その二つをどのように区別するかということさえここでは問題にはならないのであって、それらは原理的に言って同じことなのだ――、したがって信念であって、知識ではないのである。それというのも、この場合、世界とは、それに対するわれわれの態度（prise）から切り離されえないものであり、肯定されるというよりもむしろ自明なものとして態度をとられ（pris）、露呈されるというよりはもともと隠れることがなく、反証されることのないものだからである。

こうして、われわれは最初から世界へと開かれているわけであるが、それは必ずしも隠蔽がありうることを排除するものではないから、もし哲学がそうした世界への開在性をわがものとし、本当に理解すべきだとすれば、哲学はただそれを叙述するだけで満足するわけにはいかないのであって、世界の隠蔽が排除されることなしに開在があるのはどうしてか、またわれわれには本来光が与えられているにもかかわらず絶えず世界の隠蔽が可能なのはどうしてか、をわれわれに語らなければならない。知覚的信念がおのれの中に並列的に携えているこの二つの可能性がどうして互いに消去し合わないのかを、哲学者は理解すべきなのだ。もし哲学者がそれらと同じ高さの水準に身を置き、一方の可能性からもう一方の可能性へと揺れ動きながら、私の視覚は物それ自体の所にあるということと、私の視覚は私のものであり「私の内に」あるということとを、かわるがわる述べるだけならば、彼はその理解には到達しないであろう。彼は、その二つの見解を放棄し、どちらをも捨て去るべきなのであり、またそれらが額面どおりでは両立しえない以上、それらには従わずに、それらの生みの親でありそれらを内から動機づけているものが何かをよく知っているはずの彼自身に訴えかけるのでなければならない。彼は、それらを事実的状態としては失うが、その代わり、それらを彼自身の可能性として再構成し、またそれらが本当は何を意味し、何が彼を知覚にも幻影にも捧げているのかを自分から学びとらなければならない。要するに、彼は反省をしなければならないのだ。ところで、実際に彼がそうするやいなや、世界それ自体と「われわれの内に」あるにすぎぬもののかなたに、つまり即自存在とわれわれにとっての存在のかなたに、そうした区別が廃棄されてしまうような第三の次元が開かれてくるように見える。反省的改心のおかげで、知覚と想像とは、二つの思考(1)（penser）様式にすぎぬものとなるからである。視覚（vision）や感覚作用（sentir）から、それらを生気づけ、それらを疑いもなく支えているものだけが、つまり見たり感じたりしているという純粋な思考*だけが取り出されてくるわけであり、その思考を記述して、それが、私の世界探索とそれによって引き起こされる感覚的諸反応との厳密な相関関係からなるものだということを示すことが可能になるわけである。想像的なもの（l'imaginaire）も同様の分析に付されることになろうし、そして、それを作りなしている考えは、その語の正確な意味で〈見たり感じたりしているという思考〉ではないということ、それはむしろ検証の基準などを適用せず、そんなものは無視してしまおうとさえする決意であり、見られてもいないし見られることもありえないようなものを「結構な」ものとして受け入れようとする決意なのだ、ということに気づかれるであろう。こうして、知覚的信念に含まれるいろいろな二律背反が解消されるように見えてくるのである。確かに、物とは、われわれの見ているもの以外の何ものでもないのだから、われわれは物それ自体を知覚しているわけだが、しかしわれわれは眼の隠れた力によって知覚するのではない。眼は、もはや視覚の主体ではなく、見られた物のうちに数え入れられ、そしてひとが視覚と呼ぶものは思考の能力に帰属することになる。この場合の見えが或る規則に従って眼の運動に対応していたということを証言するのは、その思考の能力だとされるのである。知覚は、それが充実した現実のものである場合には、知覚しているという考えになる、というわけだ。したがって、知覚が物それ自体に到達しているとしても、それはそっくりそのままわれわれ自身の出来事であり、われわれの一切の思考と同様、隅から隅までわれわれのものだということが、矛盾なしに言えるはずなのだ。知覚は、物それ自体へと開かれてはいるが、物とは、今後、もはやわれわれが見ていると思っているものそのもの、言いかえれば思考対象《コギタートゥム》ないし志向対象《ノエマ》であることになるわけだから、物自体への開在もやはりわれわれのものなのである。それは、想像と同様、われわれの思考の圏内から抜け出すものではない。ただ、想像は、それも見ているという思考ではあるが、しかし実行や証明・充実などを求めようとはしない思考であり、したがって自分を信頼しきっていて、自分のことは半分しか考えない思考だ、というだけのことである。こうして、現実的なもの（le réel）は思考の相関者となり、そして想像的なものも、思考という同じ領土内にある〈半分しか考えられていない思考対象の狭い輪〉であり、〈何の手応えもなければ固有の場ももたず、思考の太陽の前にあっては朝もやのように消えてしまうような、したがって思考とその対象との間にある非思考の薄い層にすぎぬとも言えるような半対象ないし幻影の狭い輪〉だということになる。知覚的信念のすべて、つまり何ものかがあり、世界があるという確信や、真理の観念、あるいは或る特定の真なる観念のすべてを保持しているのは、反省なのだ。ただし反省は、われわれがつねに物それ自体に到達しているのだと思いこむその野蛮な確信――それは錯覚が存在しているという事実と相容れないのだから――を、単なるそれの主張内容ないし意味内容に引き戻し、その確信をその真理へと転換させ、そしてその確信のうちに思考と思考との単なる適合関係や一致の関係を発見したり、また〈私の考えている事がら〉の〈それを考えている私〉にとっての透明さを発見するわけである。私が眼を開くやいなや、すでにそこにあると思っていた世界の野生的で前所与的な存在（l'existence brute et préalable）は、存在した途端に対自的に存在するようになる存在者――なぜなら、その全存在は、現われること、したがって自らに現われることにあるのだから――、言いかえれば精神と呼ばれる存在者の象徴にすぎぬものとなるのである。[2] この反省的改心は、もはや純粋主観の面前に、さまざまの観念対象《イデアートゥム》（idéats）や思考対象《コギタートゥム》（cogitata）や志向対象《ノエーマ》（noèmes）だけを存在せしめることになるが、そうした改心によって、われわれは結局、知覚的信念のもついろいろなあいまいさ、逆説的にも、物それ自体への接近を保証すると同時に、身体を媒介にした物への接近をわれわれに保証してくれるはずの、したがってまた、われわれ自身をわれわれ各自の私的出来事の系列の中に密封するという形でしかわれわれを世界へと開いてはくれないといった、知覚的信念のあいまいさを脱却することにもなるわけである。以後、すべては明晰であるように思えてくる。独断論と懐疑論との同居、あるいは知覚的信念に含まれているさまざまの混乱した確信が、疑問に付されることになる。私はもはや、見ている私の外にある物を眼で見るのだ、とは信じない。物は、ただ私の身体の外にあるだけで、私の思考の外にあるのではない。私の思考は、物ばかりか、私の身体をも上空から俯瞰しているのだ。さらに私は、知覚している他の主観も物それ自体に達しているのではなく、彼らの知覚は彼らのうちで起こるのだという、この明証――それは、ついには私自身の知覚にも跳ね返ってくるのだ、なぜなら、要するに私も彼らの眼から見れば「一個の他者」なのであって、私の独断論は、他人と交渉し合いながら、懐疑論となって私に返ってくるのだから――に、驚かされることもない。というのも、確かに外から見れば、各人の知覚が、その身体のいわゆる「背後」の或る奥まった所に閉じこめられているように見えるとしても、この外見は、反省によって、まさに根も葉もない幻影か混濁した思考のうちに数え入れられることになるからである。われわれが思考を外側から考えるということはないのであり、思考なるものは、定義上、その内側からしか考えられないものとなるのだ。仮に他人たちが思考であるとすれば、その資格での彼らは、私に見えている彼らの身体の背後に存在しているのではないし、彼らも私と同様、どこかに存在しているのではない。彼らは、私と同様、存在と相覆っているのであって、ここには受肉 (incarnation) といった問題は存在しないのである。こうして、反省は、多面的で考え難いような諸経験から引き起こされるさまざまの疑似問題からわれわれを解放してくれるが、しかし同時に、他面から見れば、ただ受肉せる主体 (sujet incarné) を超越論的主観 (sujet transcendantal) に置きかえ、世界の実在性を理念性に移しかえることによって、そうした疑似問題を正当化しているということにもなる。われわれはみな、世界、しかも同じ世界に到達しているが、その世界は、分割されることもなければ何ものも失うことなしに、その一切がわれわれ各自に所属することになるのだ。なぜなら、世界とは、われわれが知覚していると思っているところのもの、われわれのあらゆる思考に共通の対象だからである。世界の統一は、数的単一性でもないが、だからと言って、また種的単一性でもない。それは、例えば幾何学者の三角形を、東京でもパリでも紀元前五世紀においても今日においても同じものたらしめるような理念的ないし意味的単一性なのだ。その統一は、それだけで自足しているものであって、一切の問題を無効にしてしまう。なぜなら、それに向かってさまざまの区分を対立させ、複数の知覚野や生き方があることを反論してみたところで、そうしたものはその統一の前にあっては無にも等しく、理念性や意味の世界には属さぬものであり、したがってそれらを判然とした思考の形に定式化したり分節化したりすることさえできないからであり、また要するに、われわれはすでに反省の作用によって、状況の中に位置し、そのただなかにはまりこみ、受肉している思考の中核にさえ、必ずや思考の思考自身への純粋現出（le pur apparaitre）があり、われわれの所有する真なるものがすべて難なくそこに統合されるような内的適合性（adéquation interne）の世界があるのだと認めてしまっているからである。

（1）［欄外に］理念性（観念と〈真理の内在〉）。
（2）［欄外に］もろもろの二律背反の解消としての理念性への移行。世界は、理念的なものであるかぎり、私の思考対象《コギタートゥム》や他の人々の思考対象《コギタートゥム》と数的に同一である（複数とか一つとかいう以前の、理念的同一性）。

こうした反省的運動は、一見したところ、つねに説得的なものに見えるかもしれない。或る意味では、その運動は不可欠なものであり、真理それ自体なのであって、哲学がその運動なしに済ませうるとは考えられない。が、問題は、はたしてその運動が目的地に到達するものかどうか、それの導いていく思考の世界が本当に自足した、一切の疑問を終熄させるような種類の世界なのかどうかにある。いったい、知覚的信念というものが逆説であってみれば、どのようにして私は知覚的信念にとどまり続けるのだろうか。そして、もしそこにとどまりえないとすれば、私は私自身に再び立ち返り、私のうちに真理のすみかを求めるほかに、何ができようか。まさに私の知覚が世界の知覚であるとすれば、私は、自分が世界を見ているのだと納得するための根拠を、自分と世界との交渉のうちに見いださねばならず、また私の視覚の意味を私の視覚それ自体のうちに見いださなければならぬ、というのは明白なことではないのか。世界に存在しているこの私からでないとしたら、いったい誰から私は、世界にある（être au monde）とは何かを学び、また自分でそのことを知っているのではないとしたら、どうして自分が世界にいるなどと言いうるだろうか。私は私自身の一切を知っているなどと仮定しなくても、少なくとも私が何にもまして知であるということ、たとえ他の属性ももっているにしても、知という属性だけは確実に私のものだということは確かである。私は、世界が私のうちに侵入したり、私が世界の中に侵入するなどということは想像することさえできない。私というこの知に対して世界が自らを示すのは、その知に一つの意味を提供することによって、言いかえれば世界についての思考という形を借りてでしかありえないのである。したがって、われわれの求めている世界の秘密は、ぜひとも、世界との私の接触のうちに含まれていなければならぬということになる。私はそれを生きているかぎりでの、私の生きている一切のものについての意味を、私は自らの手中に握っているのであって、そのことなしには、私はそれを生きてはいないことになろう。したがって私は、世界との私の交渉に問いかけ、その交渉を顕在化し、それを内側から理解することによってしか、世界に関するいかなる光を求めることもできないのである。反省哲学を、今後もつねに単に一つの誘惑であるばかりではなく、必ずやそれに従わなければならぬ一つの道たらしめるゆえんのものは、その哲学がその否定している点においては誤っていないということにある。その点とは、それが即自的世界と私との外的な関係、つまり世界の内部に繰り拡げられるようなタイプの過程——それを、私のうちへの世界の侵入と考えようが、逆に、私の眼差しが物の間を経めぐることと考えようが——と考えられるような関係を否定している点である。それにしても、反省哲学は、知覚している私と、私の知覚しているものとの母なる絆を、正しく理解しているのだろうか。そして、知覚するものと知覚されるものとの外的関係という観念を捨てなければならぬということが確かだからといって、完全に観念的で精神的でさえある内在のアンチテーゼに鞍替えし、知覚している私とは知覚しているという思考のことであり、知覚されている世界とは思考されている物のことだなどと言わなければならぬものだろうか。知覚は世界の私のうちへの入場ではないし、求心的なものではないからといって、知覚は、例えば私が自分で作り上げる思考や、或る不確かな現象に判断によって自発的に与える意味のように、遠心的なものでなければならぬということになるだろうか。反省哲学の行っている哲学的な問いかけや、そこから結果する解明の作業のスタイルは、それだけが唯一可能なものではないし、そこに、われわれがこれから検討しなければならず、そしてついには反省の着想と矛盾したものであることが明らかになるようなさまざまの前提を混入しているのである。その哲学は、われわれと世界との母なる絆をまず解体(défaire)して再び作り上げる(refaire)ことによってしか、つまりそれを構成し、製造することによってしか、その結びつきを理解することができないと考えている。また、その哲学は、分析の操作によって、言いかえれば、仮に最も単純な要素ではないとしても、少なくとも生まな生成物の中に含まれているはずのより基本的な諸条件や、またその生成物がそこからちょうど帰結のようにして出てくるはずの諸前提、さらにはそれがそこから派生してくるはずの意味の起源といったもの[1]を分析し出し、それらのものに明晰性を見いだしたつもりになっている。したがって反省哲学にとって本質的なことは、われわれを実際の状況の手前、つまり事物の中心——われわれはそこから生じていたのではあるが、しかしすでにそこからずれてしまっている中心——に引き戻し、そして、その中心からわれわれに向かって引かれている道を、改めてわれわれの所から引き直すことである。それというのも、内的適合化への努力それ自体、つまりわれわれが暗々裡にそれであり、また行っているところの一切を顕在的に取り戻そうとする企ては、われわれが最後にいわば所産的(naturé)にそれであるところのものも、最初はわれわれが能動的に言わば能産的(naturant)にそれであったところのものなのだということ、また世界がわれわれの母なる場であるのも、当初はわれわれが精神として、世界の揺籃だったためにほかならぬということを意味しているからである。しかるに、その際、もし反省哲学が、この最初の発想に固執し、遡行運動によってわれわれをわれわれの思考の内在的世界に住まわせ、そしてそれをはみ出るような残余については、それを混濁して欠陥のある素朴な思考にすぎぬが故にいかなる自己立証の力も認められないと考えているとすれば、反省はおのれの職務を怠り、おのれの掟である徹底主義(radicalisme)を欠いていることになるのだ。というのも、〈捉え直しや回復や自己還帰の運動〉、〈内的適合化への歩み〉、〈すでにわれわれ自身のことでもあり、またみずからの前に物や世界を繰り拡げる主体とみなされてもいる或る能産者（naturant）と合一せんとする努力、まさに還帰ないし自己回復としての努力〉など、そうした再 - 構成ないし再興の二次的操作は、原理的に言って、おのれを内的に構成したり新たに組み立てたりする作業の正確な写像ではありえないからである。それは例えばエトアル広場からノートル・ダーム寺院への道がノートル・ダーム寺院からエトアル広場への道の逆でもあるというようにはいかないのである。反省が一切を回復するとはいっても、回復の努力としての自己自身は例外であり、また一切を照明するとはいっても、自分自身の役割については別なのである。精神の眼にもその盲点があるわけであるが、しかしその眼はあくまでも精神の眼なのであるから、その盲点に気づかずにいるわけにもいかないし、またわれわれの側から言えば（quoad nos）その眼自身の出生証明書にほかならない反省の作用自体を、何の特記も必要としない単なる非視覚（non-vision）状態として扱うこともできない。もし反省が自己に無知ではないのだとすれば――そんなことは反省の定義に反することなのだから――、反省は、精神が初めに巻いておいたはずのその同じ糸をただ伸ばしていくだけだなどと言いつくろうわけにはいかないし、反省という語の定義からして反省するのはほかならぬ私であってみれば、反省とは自己に還帰した精神だなどと言いつくろうこともできない。反省はむしろ、反省自身にとっては、或る主観Xへの歩みゆき、或る主観Xへの呼びかけとして現出するのでなければならない。そして自分が或る普遍的能産者に帰一しているという反省の確信は、それとの或るあらかじめの接触などに由来するわけにはいかない以上――なぜなら、反省はまだ無知にとどまっており、そうした能産者を呼び求めるだけで、それと合体してはいないのだから――、それは世界の側から、あるいはまた世界を形作っている限りでの私の思考から、つまりその凝集力やさまざまの消尽線が反省自身の手前に或る虚焦点、私がまだそれと合体していない或る焦点を指し示してくれる限りでの私の思考からやってくるほかはないのである。現存する世界を世界についての思考にもとづけようとする努力である限りでの反省は、たえず、あらかじめ世界が存在していることを感じつづけているのであって、その世界に依存し、そこからおのれの全エネルギーを借りてくるのである。例えば、カントがその「分析論」の一歩一歩を、「もし世界が可能であるべきだとすれば」という有名な言葉によって正当化するとき、彼は次のことを強調していたことになるのだ。つまり、彼は非反省的な世界像を導きの糸にしており、反省の歩みの必然性が一にかかって「世界」の仮定にあるということ、またそれを露わにするのが「分析論」の任務であるはずの世界についての思考は、私にとって世界の経験があったという事実の基礎づけであるよりも、むしろその二次的な表現にすぎないということ、言いかえれば思考としての世界の本来的可能性は、私が世界を実際に見ることができるという事実、これまで見てきたように、ほとんど不可能性と境を接しているまったく別種なタイプの可能性にもとづいているということである。反省がおのれを自己への還帰であり、内在に身を置くことであると錯覚しうるのは、実はこの不可能性としての可能性（ce possible-impossible）へのひそかにして絶えざる訴えかけによるのであり、そしてわれわれが再び自己に帰りうる力は、自己から脱出する力に正比例しているのである。後者は、前者よりより古いわけでもより新しいわけでもなく、正確に同義の関係にあるのだ。すべての反省的分析は、間違いだとは言えないまでも、しかし自分自身の原動力をおのれに隠している限りでは、また世界を構成するに際して、前もって構成されているものとしての世界の観念を必要とし、そのようにしてその歩みが原理上つねにおのれ自身に追いつけないという限りでは、まだ素朴なのである。それに対して、あるいはこういう答えが返ってくるかもしれない、――そんなことは、偉大な反省哲学においては、よく知られていることであって、それは例えばスピノザが所与の真なる観念に頼ったり、あるいはカントがきわめて意識的に前批判的な世界経験に頼っていることが示しているとおりである。だが、そうした哲学においては非反省的なものと反省との循環は意図的になされているのであり、したがって彼らが非反省的なものから始めるというのも、とにかく始める必要があったからであるが、しかし反省によって開かれる思考の世界は最初の欠陥だらけの思考を説明するために必要な一切を含んでおり、最初の思考はちょうど登り終った後には外されてしまう梯子みたいなものでしかないからなのだ……と。だが、そうだとすれば、もはや反省哲学などというものは存在しないことになろう。ここには、もはや、原初のものや派生したものは存在せず、条件と条件づけられたもの、反省と非反省的なものとが、対称的とまでは言えないにしても少なくとも相互的な関係にあって、初めが終りの中にあるしまた終りが初めの中にあるといった循環的思考が存在するだけだからである。われわれの言いたいのは、まさにそのことなのだ。これまで反省について述べてきた指摘は、決して、非反省的なものないし直接的なものを擁護するために、反省を否認することを目標としたものではない（非反省的なものや直接的なものも、われわれは反省を通して認識するしかないのだ）。肝心なことは、知覚的信念に反省の代役をさせることではなく、それどころか、両者の関わり合いを包含する全体的状況を大事にすることである。ここで前提されている所与の事実は、量塊をなす不透明な世界でもなければ、十全な思考の世界でもなく、世界を照明せんがために世界の厚みに立ち帰らざるをえず、しかし事後にしかおのれ自身の光を世界に送りえないような反省の働きなのだ〔ということを忘れてはならない〕。

（1）〔欄外に〕還帰の観念——潜在的なものの観念：構成の痕跡に立ち戻ろうとする反省の観念。構成されたものが、その開花であるような本来的可能性の観念。構成されたものが、それの所産（le naturé）となるような能産者（naturant）の観念。本来、内的にそなわったものとしての、原初的なものの観念。したがって反省的思考とは、あらゆるものの先取り（anticipation）なのであり、そのような思考はすべて、それが産出すると自称しているところの全体性に保証されて作業を行うのである。「もし世界が可能であるべきだとすれば……」と言っているカントを参照せよ。この反省は、原初のものを見いだしはしない。

以上のように、知覚的信念によって私が投げこまれる窮地から脱出するために、私が目を向けなければならないのは、私の世界経験であり、毎朝眼を開くたびに私の身に改めて生起してくる世界との混合であり、朝から晩まで脈打つことを止めない、世界と私との間の知覚的生の交流であって、その交流こそが、どんなにひそかな私の思考をも、その表情や風景の様相を変えて私に現われさせるのであり、また逆に、そうした表情や風景が、私の生活に或る人間的な在り方（une manière d'être homme）を注ぎこみ、時にはそれを助長したり、時にはそれを脅かしたりするようにさせるのである。だが、そうしたことが事実であればあるほど、ますます次のことが確実になってくる。つまり、思考とその対象、コーギトとコギタートゥムとの関係は、決して世界とのわれわれの交渉のすべてを含んでいるわけでもなければ、その本質をさえ含んでいるわけではなく、したがってわれわれは、その関係を、改めて世界とのより黙秘的な関係のうちに、あるいはその関係の基礎にあって、反省的還帰という操作が入りこむ時にはいつもすでになされているはずの世界への当初の加入《イニシエイション》の所に、置き直してみなければならないということである。この世界とのより黙秘的な関係をわれわれは世界への開在性（ouverture au monde）と呼ぶが、反省的努力がそれを手に入れようと試みるその瞬間に、われわれは実はそれを手に入れそこなうのであり、そして同時に、反省的努力にその入手を阻んでいる理由は何か、またどんなやり方をすればそれに成功しうるかを垣間見ることもできるのだ。私はものを見、また感じているが、見るとはいかなることか、感ずるとはどのようなことかを自分で納得するためには、私は、それらがそこに身を投じている見えるものや感じられるものの中にまで〈見ること〉や〈感じること〉につき従うことをやめ、そして見ることや感じること自身の手前に、それらが位置を占めてはいないが、そこからしてそれらの意味や本質が理解可能になるような或る領域をしつらえなければならないことは確かである。見ることや感じることを理解するとは、それらを一時停止させることである。というのも、平生は素朴な視覚が完全に私を占有しており、そしてそこに視覚への注意が付加されるということは、この視覚という賜物全体から何かを奪い去ることであり、そして何よりも、理解するということは、初め物や世界それ自体の中に捕えられていた意味（un sens）を、われわれの意のままになる語義（significations）に翻訳することだからである。だが、それにしても、この翻訳は、テクストの回復を目指したものである。もっと正確に言えば、見えるものとその哲学的解明は、二つの記号群のように、あるいは或るテクストとその外国語版のように並列しているのではない。仮にテクストがあるとしても、それはわれわれ万人に直接与えられており、したがってその翻訳は哲学者による翻訳だけとは限らず、彼の翻訳をわれわれがテクストと突き合わせてみることができるといった、不思議なテクストなのである。また、哲学の方も、それはそれで、翻訳以上のものでもあり、以下のものでもあるのだ。以上だというのは、哲学だけがそのテクストの言わんとしていることをわれわれに告げるからであり、以下だというのは、そのテクストなしでは哲学も無用なものとなるからである。したがって、哲学者は、生まの視覚を、ただ表現の次元に移さんがために一時停止させるというにすぎないのだ。その視覚は、依然として彼のモデルであり尺度でありつづけるのであって、それ［＝哲学を指す――編者］がその視覚を取りもどそうとして編み上げる意味の網も、当の視覚に向かって開かれていなければならない。そうだとしてみると、見られたり感じられたりしているものや見ることおよび感じることそれ自体を、非実在的なものと仮定すべき理由もなければ、それらを、デカルトの言葉を借りて言うなら、「見たり感じたりしているという思考」で置きかえるべき理由もない。そうした「思考」がそれとして揺るぎないものとみなされるというのも、それが実際にそうあるものについて何の推測も交えてはいないし、思考されているものの当の思考への現出に踏みとどまっているからにほかならないのだ。実際、その「思考」を、その現出の外に引き出すことは不可能であろう。内在だけが確実だからという理由で、知覚を知覚しているという思考に還元するのは、懐疑にそなえて保険に入ったが、その掛金が、その保険によって保障されるはずの損失額を上回るようなものである。というのも、それは、実際の世界を理解することを放棄することであり、世界の「がある」(il y a)* を決してわれわれに取り戻してはくれないようなタイプの確信に移ることだからである。一般に懐疑というものは、分裂や蒙昧さの一状態にすぎないか――そうだとすれば、それは私に何も教えてはくれないことになる――、あるいは、もし私に何ごとかを教えてくれるとすれば、それは当の懐疑が意図的な懐疑であり、戦闘的で体系的な懐疑だからであるが、後者のような場合には、その懐疑は一つの行為であって、たとえ後では当の懐疑自身の存在が、懐疑の限界として、つまり無ではない何ものかとして私に押しつけられてくるにしても、その何ものかは行為の秩序に属するものであって、以後私はそこに閉じこめられることになるのだ。その際、錯覚の最たるものは、ここで次のように信ずることである、――実を言えば、われわれは自分の行為しか確信していなかったのであり、知覚も、そもそもの初めから精神の洞察*だったのだし、したがって反省とは、自己自身に還帰した知覚、事物の知の自己知（un savoir de soi）への転回にすぎないのであり（だから、事物はこの自己知によって形成されていたということになる）、さらに反省とは或る「結合するもの」の出現にほかならないが、そのもの自身結合されるべき関係にすぎなかったのだ、と。われわれの一般に信ずるところでは、「遠くの」物が遠くにあるのは、明らかに、もっと「遠くに」あるいは「もっと近くにある」他の物との関係によってのみであり、そしてその関係は、それ自身としてはそれらの物のどれに属するものでもなく、まさに精神のあらゆる対象への直接的現前そのものであり、それは結局はわれわれの世界への帰属を世界の俯瞰によって置きかえようとするものなのだと、そのように言うことが、すなわちデカルト的「精神性」、空間と精神との同一性を証明するゆえんだとされるわけであるが、しかしこの精神性ないし同一性の見かけの明証性は、きわめて素朴な（しかも、まさしく世界によってわれわれに示唆された）或る根本仮定、つまり注意の眼差しが移動して、注意自身から注意を条件づけているものに遡るときでも、私の考えているものはつねに同一の物なのだとする根本仮定に支えられているのだ。それは外的経験から取り出された重い確信であって、事実、私は外的経験においては、私の眼下にある物が、それをもっとよく見るために私が近づいていく間も同一のままでありつづけると確信しているわけだが、しかしそれは実は、視点を変える可能性としての、あるいは「見る装置」ないし「視点」の沈澱知としての私の身体の働きが、私はさっきもっと遠くから見ていたのと同じ物に近づくのだ、と私に確信させてくれるからである。ここで知覚の明確化の作業を支え、保証しているのは、私の身体の知覚的生なのであって、それは、私の身体と外的な事物との間の世界内部的ないし対象相互間的関係の認識であるどころか、対象のあらゆる概念のうちにすでに前提されているものであり、それこそが世界への最初の開在を完成させてくれるのである。物それ自身を見ているという私の確信は、知覚の探索から結果するのではないし、物を真近に見るときの視覚を指す語でもなく、逆に、その確信こそが、「近くのもの」の観念や、「最上の」観察点や「物そのもの」という観念を私に与えてくれるのだ。したがって、われわれは知覚的経験によって、物を「よく見る」とはどういうことかを学び、そうするためには物に近づかなければならないし、また近づきうるということ、そしてそのようにして獲得された新しい所与も同一の物の規定なのだということを学んだ後で、その確信を内面に移し入れ、「人間のうちなる小人」[*]という虚構に助けを求めるのであり、そして、そのようにしてわれわれは、知覚された物も知覚自体も以前にあったとおりにありつづけるのだから、知覚について反省することこそが、それらに住みついており、またつねに住みついてきた真の主観を露呈するゆえんだ、と考えるようになるのだ。本当は、むしろこう言うべきであろう、――存在していたのは、知覚された物とその物への開在であったのだが、それらが反省によって〈反省された知覚〉と〈反省された知覚において知覚された物〉に中性化され、変形されてしまったのであり、そして反省の働きも、探索する身体の働きと同様、私にとってはおぼろげなさまざまの能力を利用して、生まの知覚と反省的検討とを隔てている持続のサイクルをまたぎ越すのだし、そしてその間にも知覚されたものの恒常性と知覚自身の恒常性が精神の眼差しのもとに維持されるのは、私の精神の洞察と私の精神の姿勢とが、私の感覚的かつ身体的探索のもつ「われなし能う」を引きつぐからでしかないのだ、と。後者を前者にもとづけ、事実上の知覚を、反省に現出するような知覚の本質にもとづけるのは、捉え直しの独自の作用としての反省自体を忘れるということにほかならない。言いかえれば、われわれはここで、反省的転回とは違ったもっと根本的な操作、一種の超反省（surréflexion）の必要性を垣間見ているのだ。この超反省は、自己自身と、自分が光景の中に導き入れる諸変化をも考慮に入れようとするものであり、したがって生まな物や生まな知覚を見失うことはないだろうし、いずれにしてもそれらのものを消し去ったり、また知覚と知覚された物とのさまざまな有機的結びつきを内在の仮説によって断ち切ったりすることはないのだ。それどころか、この反省は、それらの結びつきをよく考え、超越としての世界の超越について反省するという課題、つまり世界について所与の言語に固有な語義の法則に従って語るのではなく、そうした語義を超出的に使用して物との無言の接触——したがって、そのとき、物はまだ語られた物にはなっていない——を表現するというおそらくは容易ならざる努力によって語るという課題を、みずからに課そうとするものなのである。したがって、もし反省が、おのれの見いだすものを過信してはならず、やがて発見するつもりになっているものを強いて物の中に投げ入れてはならないのだとすれば、反省が世界に対する信念にストップをかけるというのも、ただ世界がわれわれにとっての世界になる際に従った道を世界のうちに読みとるためにのみでなければならず、反省は、世界とのわれわれの知覚的結びつきの秘密を世界自身のうちに探し求め、語の既定の意味に従ってではなくまさにこの前論理的な結びつきを語るために語を使用し、世界を支配する代わりに世界のうちに沈潜し、世界を思考する予定的可能性——それは、世界に対して、われわれの世界統御の条件を前もって押しつけることになる——に向かって上昇する代わりにあるがままの世界に向かって下降し、世界に問いかけ、われわれの問いかけが世界のうちに生じさせる照合関係の森に分け入り、要するに、世界が沈黙のうちに言おうとしていることを世界に語らしめる……のでなければならない。われわれは、このようにしてわが身を託すことになる世界の秩序と整合性が正確にはどのようなものかも知らないし、したがって右のような企てがどこに行きつくのか、そもそもそれが本当に可能かどうかをさえ知っているわけではない。しかし、選択肢は、その企てかそれとも反省の独断論かのいずれか一方なのだ。後者については、哲学はそれによって、始まった瞬間に終わってしまうし、まさにそれ故に、そのような独断論によって哲学がわれわれ自身の昏さを理解させてくれるということもない以上、その行きつく先はわれわれにはこの上なく知られているのである。

反省哲学は、方法的懐疑であり、世界への開在性を「精神的諸作用」や観念とその対象との内的関係に還元するものであるから、みずから解明しようと意図しているものに三重の意味で不忠実なのだ。つまり、見える世界と、世界を見ている人間と、他の「夢想家」たちに対する見ている人間の関わり方とに、である。知覚とは「精神の洞察」であり、またつねにそうであったと言うのは、知覚を、まさにそれがわれわれに与えてくれるものによって定義するのではなく、知覚のうちで非存在の仮説に抵抗しているものによって定義することであり、それは、積極的なものを一挙に否定の否定と同一視することであって、無垢なるものに無罪性の証しを押しつけ、〈存在〉とのわれわれの接触を、あらかじめわれわれが錯覚から身を守る際の論証的操作に還元しておき、真なるものを真らしきものに、実在的なものを蓋然的なものに還元しておくことなのである。どんなに本当らしく、どんなに経験の脈絡に合致した想像も、われわれを一歩も「現実」に近づけるものではなく、われわれによってたちまち想像的なものに帰せられてしまうし、逆に、まったく予期も予想もしていなかった何かの音が、脈絡との結びつきがどんなに弱くても、一挙に現実のものとして知覚されるという、よく指摘される[1]単純な事実は、「現実的な」ものと「想像的な」ものということで問題なのは、空間と幻想という二つの「次元」、二つの「舞台」ないし「劇場」だということ、そしてそれらは、われわれのうちにさまざまの識別作用以前にしつらえられており、識別の作用はあいまいな場合にのみ介入してくるのだということ、またそこでは、われわれの生きるものが基準論的検討などには一切おかまいなしにおのずから定着するのだ、ということを考えさせずにはおかない。時には検討が必要だし、その検討が素朴な経験を修正するようなさまざまの現実判断に到達するということもあるが、そのことは決して、そうした類の判断がこの区別の起源にあってそれを構成していたということを証明するのではなく、したがって、そのことのために、その区別をそれ自体として理解する必要がなくなるというわけではないのだ。もしその区別をそれ自体として理解しているならば、現実的なものをその整合性によって、また想像的なものをその不整合性や間隙によって定義するということは許されないであろう。現実的なものは、それが現実的なものだからこそ、整合性と確実性をもっているのであって、整合的だから現実的だというわけではないし、想像的なものも、想像的なものであるからこそ不整合ないし不確実なのであって、不整合だから想像的だというわけではないのだ。知覚されたもののどんな小さな端きれも、知覚されているものを一挙に「知覚対象」に編入するし、幻影は、どんなに本当らしくても、世界の表面を滑っていく。われわれが理解しなければならないのは、このように、片影にも世界全体が現前し、どんなに豊かで体系的な妄想にも世界が絶対に不在だということなのであって、この違いは程度の違いではないのである。もちろん、その違いも、誤解や錯覚を許さないというものではない。そこで時には、その違いは本質的なものではありえず、現実的なものとは、結局のところ、最も不確かではないものないし最も確実性の高いものにすぎない、と結論されたりもする。しかし、これは、真なるものを偽なるものによって、肯定的なものを否定的なものによって考えることであり、それは、まさにわれわれが「現実的なもの」のもろさをそこで知るようになる脱錯覚の経験をまったく誤って記述しているのだ。というのも、或る錯覚が消え、或る見えが突然消滅するとき、そのようなことが起こるのはつねに新しい見えが力を得るからであり、そしてその見えが今度は最初の見えのもっていた存在論的機能をわが身に引き受けるからである。私は砂丘の上に、海に洗われた一本の木を見ていると思っていたが、それは粘土質の岩であった。が、だからと言って、最初の見えの突然の消滅と瓦壊は、以後「現実的な」ものを単にまことらしきものと定義することを是認するものではない。なぜなら、その出来事は、新しい見えの別名にほかならないのであり、したがって、この新しい見えこそが、われわれの脱錯覚の分析に登場すべきものだからである。脱錯覚が明証の喪失であるのは、それが別な明証の獲得だからにほかならない。もし仮に、私が慎重を期して、この別な明証も「それ自身では」疑わしく、あるいは単に真らしくあるだけだ（「それ自身では」とは、言いかえれば、もう少し近づいて見たりよく見たりしたときの私にとっては、ということなのだが）と敢えて言ったとしても、そのことは、私がそう言っている瞬間に、それが異論の余地なく「現実的な」ものとして与えられるのであって、決して「きわめてありそうだ」とか真らしいものとして与えられるのではないということを否定するわけではないし、仮にその明証が後で消滅することがあるとしても、それは新しい「現実性」の圧力に属してのことでしかないであろう。したがって、そうした脱錯覚や期待はずれから私の結論しうることは、「現実」なるものはおそらくいかなる特殊な知覚にも決定的に属しているのではなく、その意味でそれはつねにもっと遠くにあるものだということであるが、しかしそのことは、脱錯覚を順繰りに現実に結びつけていくきずなを断ち切ったり無視したりすることを許すものではない。そのきずなは、前もって次の脱錯覚と結びつけられていたからこそ、初めの脱錯覚から断ち切られることもできるのであり、したがって、現象（Erscheinung）なしには仮象（Schein）はなく、すべての仮象《シャイン》は或る現象《エアシャイヌング》の裏返しなのであって、「現実的なもの」の意味は「真らしきもの」の意味に還元されるどころか、逆に、「真らしきもの」こそが「現実的なもの」の決定的経験を呼び起こすのであり、ただその支払い期限が引き延ばされているというだけなのである。知覚の見えを前にしたとき、われわれは、それがやがて「消滅」しうるということを知っているだけではなく、それが消滅しうるのは、それがただ別な見えによって見事にとって代わられ、もはやその痕跡も残ってはおらず、したがって例えばさっきまで海に洗われた一本の木であったものをこの白亜質の岩に求めることはできないといったふうになることによってのみだ、ということも知っているのである。一つ一つの知覚は変わりやすく、単に真らしいというだけのものである。お望みなら、それは臆見にすぎないと言ってもよい。しかし、単なる臆見ではないもの、それぞれの知覚――誤った知覚だとしてさえ――が検証してみせているのは、各経験の世界への帰属であり、それらの経験がひとしく同じ世界の諸可能性という資格で世界を顕現させているその力である。もし一つの知覚が、錯覚の一瞬後にもはやその痕跡もとどめないまでにまことに見事に他の知覚にとって代わられうるとすれば、それはまさに、それらの知覚が或る不可知な〈存在〉についての継時的な仮説ではなく、われわれの慣れ親しんでいる〈存在〉についてのさまざまのパースペクティヴであり、したがってその〈存在〉は一方の知覚を含み入れることなしに他方を排除することはできず、いずれにしてもその存在自身については異論の余地がないことをわれわれは知っているからである。だからこそ、或る知覚が消滅して他の知覚がそれにとって代わることによって証明される知覚のもろさそれ自体が、知覚の中から「現実性」の指標を一切消去してしまうことを許すどころか、むしろそれらの知覚を他のすべての知覚に調和させ、それらのうちに同じ世界のあらゆる変奏を認め、かくしてそれらをすべて偽とみなすのではなく「すべて真」とみなし、それらを世界の規定作業における失策の反復としてではなく、世界への漸進的接近とみなすことを迫ってくるのである。どの知覚もみな、他の知覚にとって代わられる可能性と、したがって物による一種の否認の可能性を含んでいるが、そのことはまた次のことを意味している、――知覚はすべてアプローチの、つまり一連の「錯覚」の終点であるが、その錯覚は単に、〈対自存在〉や「考えられただけのもの」という狭い意味での単なる「思考」だったのではなく、ありえたかもしれない諸可能性、この唯一の「がある」世界の放射だったのであり、したがって、決してあたかも出現しなかったかのように無や主観性に還帰するのではなく、むしろいみじくもフッサールが言っていたように、「新しい」現実によって「抹消」ないし「削除」されるのだ、*ということである。反省哲学が偽というものを欠損した部分的真理とみなすのは、誤りではない。その誤りはむしろ、あたかも部分的なものを説明無用の全体の事実的不在であるかのように考えていることである。それは結局、見えのもっている固有の堅固さを一切除き去り、それを前もって〈存在〉に統合し、見えから、部分的であるとの理由で真理の含有量を奪い去り、見えを〈存在〉ともろもろの存在理由とが一つになるような内的適合のうちに隠匿してしまうことなのだ。脱‐錯覚の事実が証言しているこの適合化への歩みは、十全な〈思考〉の自己への還帰ではない――もしそうなら、その思考は、不可解にも自己を見失っていたということになろう――し、さらには、徴候の数とそれらの符合の数にもとづく蓋然性の盲目的進歩でもなく、それは、われわれが〈いかにしてか〉や〈なぜか〉を知る以前にそこにあり、その現実化が決してわれわれの想像するようなものとはならないような或る全体、それにもかかわらず、われわれが倦むことなくそれを信じているが故にわれわれのうちで秘かな期待を満たしている或る全体の前もっての所有なのである。

(1)　特に、Sartre, *L'imagination* によって指摘されている。

それに対しては、当然、次のような反論がなされるかもしれない。——もし、前客観的な主題としての「世界」のうちにある原初的なものを救わんがために、それを精神的作用の内在的相関者とみなすことを拒否するのであれば、自然の光、私の知覚の世界への開在は、私にはただその結果を記録することしか残されていないような或る予定の結果にすぎず、私が自分のあらゆる器官の法則に従うようにその法則に従うべき或る合目的性の結果にすぎないことになるし、そしてさらに、いったんこの受動性が私のうちに導入されるやいなや、その受動性は、私が必要に応じて思考の次元に移り、そして自分で自分の知覚についてどう考えているかを説明しなければならなくなるそのたびに、私のうちにある一切を無力にしてしまうことであろう、と。もちろん、この場合、私が知覚されたもののレベルでは放棄した自律性を思考のレベルに回復させるということもあろうし——だが、その場合には、この能動的な思考者が、どのようにして、すでに既成のものとして自分に与えられている知覚の諸根拠を捉え直しうるかが分からないことになろう——、あるいはまた、マールブランシュにおけるように、受動性が思考のレベルをも圧倒し、思考が知覚と同じように自身の効力をまったく失い、おのれの光を、思考のうちでしかも思考なしに働く或る原因性に仰がなければならず——ちょうど知覚がみずからの光を心身合一の諸法則の働きからしか獲得できないように——、したがって思考の思考自身による掌握と英知的なものの光とが一人の人間の中での不可解な神秘となり、その人間にとっては真なるものが、彼の精神の働きの拠るべき予定された体系に適合した或る自然的傾向性のつけ足りにすぎず、決して真理、つまり自己の自己への適合、光にはならない……といったことがあるにしても、そうなのである。実際、いずれにしても確かなことは、受動性を能動性に接続させようとする試みはすべて、受動性を全体に拡大するか、——その場合は、私との私の接触がない以上、私は認識のいかなる操作においても、その前提が私には隠されているような私の思考の或る組織、私には単に一個の事実として与えられている或る心的構造に委ねられているわけだから、われわれは〈存在〉から切り離されていることになる――あるいは全体の中に能動性を再興するかのどちらかに行きつくということである。とりわけそうした点に、決しておのれを貫徹しえない反省諸哲学の欠陥があるのだ。それらの哲学は、思考の諸要件を規定した後で、その要件が物に法則を押しつけるのではないと付言し、そしてわれわれの思考のレベルとは対比的に外的な規則しか受け入れない物それ自身のレベルを引き合いに出すのである。しかし、われわれは、内的な光に、それの浸透しえない即自的な物のレベルを対立させようとしているのではない。問題なのは、超越的なものに対する受動性と内在的思考の能動性とをつなぎ合わせることではありえない。大事なことは、能動的なものと受動的なものとを連帯させている諸概念を再考し、それらがもはやわれわれを、存在と真理を説明しはするが世界を考慮に入れないような哲学と、世界を考慮に入れはしてもわれわれを存在と真理から引き離してしまうような哲学との二律背反の前に立たせないようにすることなのだ。反省哲学は、「世界」を「考えられた存在」(l'être-pensé) によって置きかえる。われわれはこの欠点を知っていながら、反省哲学を、われわれの思考の外的規制から生ずる擁護しきれない多くの結果によって是が非でも正当化するというわけにはいかない。というのも、二者択一は反省哲学の観点からのものにすぎず、その反省哲学をこそ、われわれは問題にしようとしているのだからである。われわれが提案しているのは、反省哲学がやっているような出発の仕方をした後で反省哲学をやめることではなく――それはそもそも不可能なことだし、そして結局のところ、全面的反省の哲学は、われわれの経験の中でそれに抵抗しているものを明確化させながらでしかないにしても、もっと遠くに行ってしまうようにわれわれには思われる――、われわれの提案するのは、もっと別な出発の仕方をすることなのだ。

　その点についてのあいまいさを残さないために繰り返すならば、われわれはただ、反省哲学が世界を志向対象《ノエマ》に変えたことを非難しているだけではなく、それが反省しつつある「主観」を「思考」と捉えることによって、その主観の存在を歪曲し、そして最後に、その主観と他の「主観」との彼らに共通な世界における関係を不可解なものにしていることを非難しているのである。反省哲学は次のような原理から出発する、——もし知覚が私の知覚でありうべきだとすれば、それは初めからすでに私の「表象」の一つであるのでなければならない、言いかえれば、私は、「思考」として、対象が呈示される際の諸相を結合させ、そうした諸相を一個の対象へと総合するものでなければならない、と。したがって、内面への還帰としての反省は、知覚を変様させるものではないということになる。それはただ、初めから知覚の骨組ないし継ぎ目をなしていたものを取り出しただけのことであり、知覚されたものも、もしそれが何ものでもなくはないとすれば、反省によって枚挙され顕在化される結合の操作のまとまりだ、というわけである。反省の眼差しは対象の側から私へと振り返るものだと言うことさえ、ほとんどできないのだ。私は、思考として、対象の或る点から他の点への距離があり、そして一般に何らかの関係があるようにしている当のものだからである。反省哲学は、事実的世界を一挙に超越論的領野に変身させるが、それはただ、私が自分でも知らないうちにそれを組織していたが故にのみもちえた或る光景の起源に私を置き直すだけなのだ。反省哲学がしているのはただ、私がつねにうわの空でそうであったところのものに真正面からなるようにし、私が自分の背後の次元、実は私の視覚の働きがすでにそこからなされていたその深みに名前を与えるようにする、ということだけなのである。反省によって、知覚のうちにおのれを見失っていた「私」なるものが、おのれの知覚を思考として見直すことによって、おのれをとり戻す。その私は、自分が知覚のために自分を離れ、知覚のうちに拡散していると信じていた。が、今や私は、もし自分が自分を離れていたとしたら、知覚は存在しないはずだろうし、そしてさまざまの距離や事物の展開そのものは私の私自身への親密さの「外面」にすぎなかったのであり、世界の開展（déroulement）は、まず自己を考えるが故にのみ何かを考えるような思考のおのれ自身への巻きつき（enroulement）だった、と気づくというわけである。

ひとたびこうした反省哲学に身を置くやいなや、反省は哲学の難攻不落な足場となり、その行使に対するあらゆる障害、あらゆる抵抗は、一挙に、厄介な事態としてではなく、単なる非思考の状態、思考作用の連続的織物の中の裂け目として扱われることになる。そうした裂け目は、説明不能なものではあるが、しかし、もともとそれは何ものでもないのだから、それについて言うべきことは何もないのである。それにしても、そもそもわれわれは反省に入りこむべきなのだろうか。反省を開始する作用の中には、ひとたびその覆いが取られるやいなやその作用からその見かけの明証性を奪ってしまうような、二股かけた決断が隠されている。つまり、それは、まず反省というこの方法の支払いをし、次にその方法を不死身なものにしてしまうような哲学的欺瞞を一度で行っているのだ。反省的分析にとっては、事実的状況から出発することが本質的なことである。もしその分析が一挙に真なる観念、私の思考と思考対象との内的適合、つまりは世界についての現勢的思考を手に入れることができない場合には、その分析は、あらゆる「われ思う」を「われ思うと思う」に依存させ、それをさらに「われ思うと思う」に依存させ、次々にそのようにしていかなければならないであろう。可能性の諸条件の探究は、原理的に現実の経験より後なのであり、したがってそこから、後で厳密にその経験の「必須条件」(le “ce sans quoi”) を規定したにしても、その条件は、祭りの後で (post festum) 発見されたという最初の汚点を拭い去ることは決してできないだろうし、その経験を積極的に基礎づけるものとはなりえないであろう。だから、その条件がその経験に先立つと (超越論的意味においてさえ) 言ってはならないのであって、それはその経験に伴いえなければならない、つまりその条件はその経験の本質的性格を訳出ないし表現しはするが、その経験が生まれてくる先行の可能性を指し示すものではない、と言うべきなのである。したがって、反省哲学は、みずからの開示した精神の中に身を置いて、そこから世界を自分の相関者として眺めるというわけにはいかないであろう。反省哲学は、まさにそれが反省であり、還-帰 (re-tour)、奪-回 (re-conquête) ないし捉え-直し (re-prise) であるというその故に、世界の光景の中ですでに働いている構成原理と単純に合致していると自負したり、その光景から出発して、その構成原理がたどったであろうその道を逆向きにさせただけだと自慢するわけにはいかないのだ。ところが、もしそれが真に還帰だとすれば、言いかえればその到着点がまた出発点でもあるのだとすれば、——この条項なしでは、一切の前進的総合を拒否する遡行的分析は、われわれに起源を開示してみせるという自負を放棄せざるをえず、したがってもはや哲学的静寂主義の技法にすぎなくなってしまう以上、それは決してあってもなくてもよいような条文ではないのだ——、反省哲学のなすべきであろうことは、まさに右のようなことにほかならないのである。したがって反省は、構成の逆の歩みを要求すると同時に排除するという、奇妙な状況にいることになる。反省がそうした歩みを要求するというのは、この遠心的運動なしでは、自分は単に回顧的構築の働きにすぎないことを認めざるをえないからであり、それを排除するというのは、反省が原理的に世界の経験やみずからその解明を求めている真なるものの経験の後からやって来るために、それは理念化と「事後」のレベルに足場を置くことになるが、このレベルは世界がそこで形成されるレベルではないからである。このことこそは、フッサールが、すべての超越論的還元はまた形相的還元でもあると言ったときに*、紛れもなく明るみに出していたことなのだ。それは言いかえれば、世界の光景を内側から、そしてその起源から理解しようとする努力はすべて、われわれがわれわれの物の知覚や世界知覚の現実の展開から身を引き離し、それらの本質だけで満足し、そしてわれわれの生がそれへと開かれている世界の全体的相貌やその主要な分節を描き直すべく、われわれの生の具体的流れから足を洗う、ということにほかならないからである。反省するとは、生の具体的流れと、その起源から最後の支流に至るまで一致するということではなく、さまざまの物や知覚、世界や世界の知覚を系統的変更**に付しながら、それらから、その変更に抵抗する知的核を取り出し、一つの核から他の核へとたどってみることであるが、その仕方たるや、経験に裏切られることはないにしても、経験の普遍的輪郭を与えてくれるにすぎず、したがって原理的に、実在する世界の発生と反省的理念化の発生という二重の問題には手を触れず、結局はおのれの根拠として、そこで初めて最終的な諸問題が真面目に受けとられるべき超反省（surréflexion）の働きを呼び出し、要求するといったやり方なのである。実を言えば、本質を経由する反省が、その予備的任務をなしとげ、悟性の陶冶という役割に耐えうるということは、少しも確かなことではない。経験全体が、本質的不変項によって表現されるということを保証するものは何もないし、また或る種の存在――例えば時間の存在など――が、原理的にそうした固定化から逃れ、そしてそれらがわれわれによって思考されうべきだとすれば、初めから事実の考慮や事実性の次元、そして超反省を要求するということがないとも限らないのである。そのとき、この超反省は、少なくとも右のような諸存在に対しては、哲学の基底層にあるより上位の段階というよりも、哲学そのものということになるであろう。ところで、時間が反省から逃れるとしても、時間はその伸びた糸のすべてを通じて現在に結びつき、その現在を通して同時的なものに結びついている以上、時間と反省との分離の中には空間が含まれていることになろう。そして、空間と時間のうちに位置づけられている主観性は、事実性の言葉で記述されるべきで、本質の言葉で記述されるべきではないということにもなろう。経験の全体、本質そのもの、諸本質の主観、そして形相的なものとしての反省が、順次、再考を求められているのだ。形相的不変項の固定化の作業が正当な使命とすべきなのは、もはやわれわれを「何であるか」(what) の考察に閉じこめてしまうことではなく、それら不変項と実際の能作との隔たりを暴露し、経験そのものをその強情な沈黙から引き出すようにわれわれを促す……ことなのである。フッサールは、すべての反省が形相的であり、その意味で、われわれの非反省的な存在と世界の非反省的な存在の問題を解消させるものではないことを認めたが、そのことによって彼は、通常反省的態度が回避している問題、すなわち反省的態度の出発点の状況とその終着点との不一致を受け入れただけなのである。

もし反省というものの筋を通すならば、知的図式に還元された世界があらゆる明晰さの源である精神の面前に据えられることによって、精神と世界との関係に関する一切の問いが消失し、その関係は、以来、純然たる相関関係になってしまうのだ。つまり、精神とは考えるものであり、世界は考えられているものであって、相互の蚕食も混同も移行も思いつかれることはありえないし、それらの間の接触さえ思いつかれることはありえないであろう。両者の関係は、結びつけられるものの結びつけるものへの、あるいは所産的自然の能産的自然への関係であり、それらは、一方が他方に先行するにはあまりにも完全に相覆い合っており、一方が他方を包むためには、あまりにも決定的に異なっているのだ。したがって、哲学は、精神への世界のまたぎ越し、世界への精神のまたぎ越しをすべて、意味のないこととして忌避することになる。世界が世界についての私の意識以前に存在しうるなどということは、論外なのだ。実際、私がそれに思いを致しうる私のいない世界全体が、私がそれに思いを致しているという事実そのものによって私にとっての世界になるのだということ、また私が他人の眼差しの源として推測する私的世界も、その同じ瞬間に私がその世界の準観察者になれないほどに私的なものではないということは、明白なことではないだろうか。世界が即自的に存在する、あるいは世界が私の知覚や他人たちの知覚を越えて存在すると言われるとき、それによってひとが表現しているのは、単に、あらゆる人々のうちで同じであり、われわれの幻影には左右されない「世界」という意味である。それはあたかも、三角形の諸特性が、あらゆる場所やあらゆる時間において同じであって、それが認められた日に初めて真になるのではないというようなものである。世界がわれわれの知覚の以前にあらかじめ存在し、他人の知覚する世界の諸相がもっと後で私がそれらについてもつであろう知覚よりも先に存在し、私の世界の方がやがて生まれてくる人たちの世界よりも先に存在するという事実があり、そしてこれらすべての「世界」がただ一つの世界を構成するわけであるが、ただしそれは、さまざまの物と世界とが、それぞれに固有の特性をもった思考対象であり、真なるもの、妥当するもの、意味の秩序に属していて、生起する出来事の秩序には属さないという限りにおいてなのだ。世界がすべての主観にとってただ一つであるかどうかの問いは、世界が理念的存在であることを認めたとたんに、一切の意味を失う。私の世界と他人の世界とが数的ないし種的に同一かどうかを尋ねることは、もはや何ごとも意味はしない。知的な構造と同様、世界はつねに、出来事としての私の考えを越えてはいるが、しかしまた他人の考えをも越えており、したがってそれはわれわれの行う認識によって分割されるわけではないし、またわれわれ各自がそれぞれ一人だという意味で唯一なのでもないからである。世界についての私の知覚と他人の知覚は、われわれの生が通約不能であるにもかかわらず、それらの意味する点ではすべてにおいて同一なのだ。なぜなら、意義（signification）や意味（sens）は、内的適合、自己の自己への関係であり、純粋内在性であると同時に全面的開在性であって、決して或る一つの視角に縛られるようにしてわれわれのうちに降りてくるのではないし、その意味でわれわれは決してわれわれ自身の光ではなく、そのようにしてあらゆる真理が真理である限りでひとりでに互いに接合し、何のやましさもなしにただ一つの体系を形づくることになるからである。そのようにして、思考と思考対象との原理的な相関関係とともに、困難も問題もパラドクスも逆転も知らぬような哲学が確立されるようになる。つまり、私は私のうちで、考える者と考えられている物との純粋な相関によって、私の生の真理、世界の真理と他人の生の真理でもある真理を決定的に把握したということになるのだ。もはやきっぱりと、対象存在は、私にとっての意味を付与されたものとして私の前に置かれるのであり、他人たちのその身体への内属や私自身の私の身体への内属もすべて混同として拒否される、——すなわち、今度こそ、自己としての存在（l'être-soi）が私に与えられるのは、私の思考のそれ自身への適合のなかであることになり、精神と身体との混合を真面目に受けとるなどということは論外となる。永久に私は、存在を思考にとっての思考対象にしてしまう遠心運動の支配下に置かれるわけであって、私がこの身分から離れて、私によって、あるいは同じことであるが、他人によって考えられる以前の〈存在〉とはどのようなものでありうるか、またわれわれの眼差しがそこで互いに交叉し合い、われわれの知覚が重なり合うべき間世界（intermonde）とはどのようなものでありうるかに関して疑念を抱くなどということは、問題にもならないのだ。生まな世界（monde brut）は存在せず、ただ仕上げられた世界のみが存在するのであり、間世界は存在せず、「世界」という意味だけが存在することになる。……だから、ここでもまた、反省的態度は、もしそれが反省されているものについての主張《テーゼ》として肯定していることを、仮定の形でまた反省という資格で否定するようなことをしなかったならば、難攻不落なものとなるところであろう。と、そんなことを言うのも、私は反省以前には、自分が自分の身体によって現実の世界に位置づけられ、またそれぞれの身体によって現実の世界に位置づけられている他人たちのただ中にも位置づけられており、そして彼らもまた私が知覚しているのと同じ世界を知覚しているのが私には見えると信じこみ、自分も各自の世界を見つつある彼らの一人なのだと信じていたのだが、その私はいったい、反省によって近づこうと思っていた最初の眺望の意味を、まさにこの素朴な手引きやこの混濁した知覚以外のどこかで見いだしたはずはないからである。(1) もし風景が、私が自分自身を意味付与者として発見する以前に――言いかえれば、反省哲学が私の存在と、私がそれについて考えていることとを同一視している以上、私が私の存在について考えているとおりのものである以前に、ということになるが――意味をもっていたからでないとすれば、私はどのようにして意味の普遍的起源としての私自身に訴える、つまりは反省することができたというのか。反省による普遍的精神への私の接近は、最後には私がずっと以前からそうでありつづけているところのものを発見するどころか、むしろ私の生と他人たちの生との、私の身体とさまざまな見えるものとの交錯によって動機づけられており、私の知覚野と他人たちの知覚野との交切、私の持続と他人たちの持続との混合によって動機づけられているのだ。私が反省によって、普遍的精神にこそ、大昔から私の経験を支えていた前提があるはずだとうそぶきうるのは、何ものでもないというわけではないがまた反省的真理なのでもなく、それもまた説明を要するような始源の非知（non-savoir）を無視することによってでしかないのである。私が世界と他者から私へと振り向き、そして反省の道をとりえたのも、まず私が私の外に、世界のうちに、他人たちのそばにいたからでしかないし、そしてこの経験がたえずよみがえっては私の反省に養分を与えてくれるのだ。哲学の説明すべき状況とはすべて、以上のようなものである。哲学がその説明*をなしうるのは、反省の両極性《ポラリテ》を認め、ヘーゲルが言っていたように、自己に還るとは、自己から出ることでもあるということを認めることによってのみであろう。(2)

（1）［欄外に］反省は間主観性を抹殺するものだということを示すこと。

（2）［欄外に］おそらくは、フッサールの意味での反省について、（最後に）別な節を立てること。それは、結局は能動的構成者（統握内容－統握 Auffassungsinhalt-Auffassung）に定位するのではなく、むしろすべての反省の起源に、自己へのどっしりした現前、過去把持（Retention）の「まだつかまえて〔いる〕」（Noch im Griff）や、それを通して原印象（Urimpression）、そしてそれらを生気づけている絶対的〔意識の〕流れを見いだすような反省である。その反省は、〈自然〉の内在的諸単位への還元を予想させる。それにもかかわらず、「鳴りひびき」（Tönen）は内在ではない――内在を脱自（extase）の意味に解するのでもない限り――、それは流れの構造自体を利用しているだけなのだ。

おそらくは、⑴ 可能性の条件としての、自己との接触、（結合するものとしての、カント的）反省、⑵ 眼差しとしての、鏡のような反省（フッサール）、心理学的内在、内的時間の主題化、⑶ 絶対流についての反省、を区別せよ。

問いかけと弁証法

「知覚的信念と否定性」

哲学はこれまで、知覚的信念を支えている諸動機を露呈すべくそれを停止させることによって、知覚的信念の含む諸矛盾を乗り越えうる、と信じてきた。この停止の操作は、要するに、われわれの生が言外にほのめかしているものを言うことにその本領がある以上、不可避なものであり、そのうえ絶対的に正当なものであるように見える。しかし、その操作は、みずからの理解すべき知覚的信念を変形し、それを他の諸信念と並ぶ一つの信念、しかも他の信念と同じように、根拠——世界があると考えるべき、われわれの手にしている理由——にもとづく信念にしてしまう点で、誤っていることが明らかになるのだ。ところで、知覚の場合には、結論が理由の前に来るのであって、理由は、知覚が動揺したとき、その代わりをしたりあるいはそれを助けるためにそこにあるにすぎない。仮にわれわれが理由を求めるとしても、それは、われわれがもはやうまく見ることができなかったり、あるいは錯覚のような他の諸事実が知覚的明証そのものを忌避するようにわれわれを促したりするからである。しかしだからといって、知覚的明証について、それが一度揺らいだ後でそれに何らかの価値を取り戻すための諸根拠と一体のものだと主張することは、知覚的信念がつねに懐疑への抵抗であったし、肯定的なものは否定の否定であったと仮定することにほかならない。「内面」

への訴えかけ、世界の手前への後退としての反省の歩みは、世界への信念を言われた事がらや言表（statements）そのものの仲間に組みこんでしまうのであり、そしてそのときわれわれは、この「解明」なるものが引き返しのきかない変形であり、それがおのれ自身を根拠にしているのだということ、つまりそれがその内容を与え尺度ともなると自称している当の知覚的信念を根拠にしているのだということをはっきりと感ずる。私が私の思考の秩序とその連関との存在を信ずるのは、私がまず世界と物との存在を信じているからなのだ。したがって、われわれは、反省している哲学者がおのれ自身のうちに、その思考のうちに、そして世界の手前に探し求めている信念の諸根拠なるものを、反省そのものの根底に、そしていわばその哲学者の面前で探してみるように促されているのである。

　こうした反省の批判が向けられるのは、反省の初歩的な諸形態、例えば物からひるがえって、物をわれわれに与えてくれる「意識の諸状態」に向かい、あるいは意識流の中に位置づけられた出来事としての、形相的事象性（réalité formelle）*という点でのみ捉えられたわれわれの「思考」に向き直る心理学的反省だけではない。反復された反省、すなわち意識の諸状態を今度は絶対的主観の面前で構成された諸統一として扱い、主観を心理学的出来事への一切の内属から解放し、そしてわれわれの思考をその「対象的事象性」（réalité objective）*、観念対象（idéat）ないし意味への純粋な関係として規定するようなより自覚的な反省、この浄化された反省でさえ、世界への開在性を自己の自己への同意に変え、世界の制度化を世界の理念性に、知覚的信念を世界とは無関係な主観の作用ないし態度に変える、という反省の悪徳を免れてはいないのだ。したがって、もしわれわれが二度と引き返しえないこの最初の欺瞞を避けようと思うならば、われわれは反省とともに、また反省を通して、世界の地平に注意を集中しながら、〈主観存在〉（Être-sujet）と〈存在〉そのものをこそ、行きついた反省的宇宙の果てで改めて考えてみなければならない。その世界の地平こそは、ひそかにわれわれの構築作業の導き手となり、また反省の歩みによって当の宇宙を再構成するのだとわれわれが自称しているその歩みの真理をも秘めているはずなのだ。そうした地平は、われわれの懐疑がどんなに否定してみても到底及びえない最初の事実性（positivité）なのである。

　そこで、次のように言われるかもしれない、――反省の以前には、また反省を可能にするためにも、世界との素朴な交渉がなければならず、そしてわれわれの立ち返りゆくべき〈自己〉(Soi) には、すでに〈存在〉のうちに疎外されている〈自己〉あるいは脱自的にある〈自己〉が先行しているのだ、と。世界や物、存在するものは、おのずからわれわれの「思考」と共通の尺度をもたない、というわけである。もしわれわれが、われわれにとって「物」という語が何を意味するかを考えてみるならば、われわれの気づくことは、物とはおのれ自身に自足しているものであり、それは紛れもなくそれが完全な現実態において、いかなる潜在性も可能態もなしにあるところのものだということ、それは定義からして「超越的」であり、外にあり、一切の内面性とは絶対に無縁なものだということである。仮に物がたった今誰かによって、とりわけ私によって知覚されたとしても、そのことが物としての意味を構成するのではなく、それどころか、物は純粋の即自として、無差別なままに、同一性の闇の中で、そこにある。もしわれわれが真に〈存在〉への開在という前反省的地帯を取り戻そうとするならば、われわれが導かれていくであろう〈存在〉の記述は以上のようなものになるかもしれない。そして、この開在が起こり、われわれがきっぱりとわれわれの思考から脱出し、何ものもわれわれと存在との間に介在しないようになるためには、それと相関して、〈主観存在〉から、哲学がそれに詰めこんできたあらゆる亡霊を追放しなければならぬ、ということにもなろう。もし私が世界と物のうちに脱自的にあるはずだとすれば、何ものも――それが「表象」であれ、「思考」であれ、「心象」であれ、さらには「主観」「精神」あるいは「自我」という呼称であれ――、私を、物から隔たった私自身のうちに引きとめておくべきではないであろう。その呼称こそは、哲学者がそれによって私を絶対に物から区別しようとするものであるが、その代りそれは、名称がすべてそうであるように、ついには再び事実的なものになり下り、私のうちに実在性の亡霊を導き入れ、私をして、自分は「考えるもの」(res cogitans) ――きわめて特殊で、捉え難く、見えないものであるが、それでもやはり物なのだ――だと信じさせるに至るのである。物それ自身への私の接近を保証するただ一つのやり方は、主観性についての私の観念を完全に浄化することとなろう。「主観性」ないし「自我」さえ存在しないのであり、意識には「住人」はいないのであって、私は意識を二次的統覚――意識を身体の裏面たらしめ、或る「心理作用」の一性質たらしめている当の統覚――から完全に引き離し、意識を「何ものでもないもの」ないし「空虚」として発見しなければならないのだ。そして、そうした「何ものでもないもの」や「空虚」こそが世界の充実を可能ならしめる、いや、もっと正確に言えば、おのれの空無性を支えるために世界を必要とする、ということになる。

　サルトルの考えでは、さまざまの反省哲学の言外につねにほのめかされ、そして実在論においてはわれわれに対する物の思考不能な作用と解されているわれわれの物への原初の接近を説明しうるのは、絶対的充実および絶対的肯定性としてのこの〈存在〉の直観であり、またわれわれが混入する存在のいかなる混ぜものからも純化された無の直視(vue)である。私がみずからを否定性として、また世界を肯定性として捉えるやいなや、もはや相互作用はなくなり、私は私自身の一切をあげてどっしりした世界を迎え入れることになるし、世界と私との間には、世界が〈存在〉であり、私が何ものでもない以上、合流点も重複点もないということになる。両者は同じ秩序には属していないまさにその故に、厳密に対立してもいるし、厳密に混同されてもおり、またそうでありつづけるのだ。私は、私自身の中心のおかげで、物の存在とは絶対に疎遠でありつづけ、そしてまさにその故に、物に予定され、物のために作られていることになる。ここでは、存在について言われていることと、無について言われていることとは一体をなすにすぎず、それは同じ思考の裏と表なのである。われわれの眼下にあるとおりの存在――自分自身のうちに安らい、静かに、執拗におのれ自身であり、絶対の非我である物の存在としての存在――の明瞭な直観は、自己を不在ないし逃亡として捉える考え方の補強であり、あるいはその同義語でさえある。存在の直観は、無の一種の負的直観 négintuition (負のエントロピー négentropie ということが語られるような意味での)と連帯しており、われわれを意識の状態、思考、自我（ego）、さらには「主観」(1)などに還元することの不可能性と連帯している。ここでは、一切は、否定的なものをどれだけ厳密に考えうるかという、その厳密さにかかっている。否定的なものを「思考対象」として扱ったり、それが何であるかを言おうと試みたりすることは、否定的なものを否定的なものとして考えることではない。それは、否定的なものを、一種のより微妙な、あるいはより繊細な存在たらしめることであり、それは否定的なものを存在に再統合することなのだ(2)。否定的なものを考えるただ一つの仕方は、それはあるのではないと考えることであり、そして否定的なものの否定的な純粋性を保持するただ一つの仕方は、それを別な実体として存在に並列させる代りに（そのようなことをすれば、すぐさま否定的なものを肯定性で汚染させることになる）、それをあたかも存在の唯一の縁（bord）ででもあるかのように、眼の隅で見ることである。そうした存在の縁は、もし絶対の充実に何かが欠けうるとすれば存在にも欠けているであろうところのものとして存在に含まれており、もっと正確に言えば、みずからが無にならないために存在を呼び求め、またその同じ理由で、存在の考えうる唯一の補足として、存在の欠如であると同時に、しかしおのれ自身を欠如へと構成する欠如として、したがって埋められるちょうどその分だけくぼみになっていく裂け目として、存在によって呼び求められているのである。私の眼下にあり、そして、私がそれであるところの空虚をその塊でふさぐように見える「このもの」があるとしよう。実は、このコップ、このテーブル、この部屋が私に感覚的に現前しうるのは、何ものも私をそれらから隔ててはおらず、私がそれらのうちにあるのであって、私のうちに、私の表象や私の思考のうちにあるのではないという限りで、つまり私が何ものでもないという限りでのことでしかありえない、というわけである。もっとも、こう言われるかもしれない、——私が自分の前に「このもの」をもっている限り、私は絶対の〈何ものでもないもの《リアン》〉ではなく、限定された〈何ものでもないもの《リアン》〉、つまりこのコップでもこのテーブルでもこの部屋でもない〈何ものでもないもの《リアン》〉であり、私の空虚はどんなものであってもいいわけではなく、少なくともその限りでは私の無は埋められ抹消されているのだ、と。だが実を言えば、私の現在のこの疑似肯定性は、より深いあるいは倍加された否定にすぎない。私の現在がその現実的現在の重みをもち、私の生の領野を圧倒的な力で占拠するのは、それがたえず新しく、世界全体の地の上に「炸裂する？」からでしかないが、しかしそのことはまた、私の現在が世界の地に吸収されかけていることをも意味する。次の一瞬が過ぎ、そして私が自分の現在について語っている間に、私の現在は消え去り、もう一つの「このもの」に道をあけていたことであろうし、世界の爾余の部分に溶けこんでいたことであろう。それが私の空虚を限定するのは、それが陽炎であり、たえずもう一つの「このもの」におびやかされているからにほかならない。私が現在の力や現在の現前と呼んでいるものは、この脅威の無限小の中断であり、全体の一瞬だけの後退なのである。私の現在の私への「圧力」とは、爾余のもののあまり確かではない不在にすぎず、他の諸否定——つまり、過去のさまざまの「このもの」は否定で「あった」のだし、未来の「このもの」も否定に「なるであろう」から、そのような否定——の否定であり、やがて非現実性の中で他の諸否定と合体することになるので、改めて再開されねばならぬような否定にすぎない。そんなわけで、裂け目を埋めるということは、実はそれを掘ることとなのだ。というのも、裂け目に投げ入れられる現在が、その時々にあったし、またあるであろう諸否定を否定し、それらにとって代わるのは、みずからも差し迫った同じ運命にさらされることによってでしかないからである。現在の充実そのものからして、よく検討してみると、われわれを構成している空虚の二乗であることが明らかになる。現実に働く、あるいは本来の意味での否定は、みずからのうちに自分の否定する当のものを携えていなければならず、能動的にはおのれ自身の否定でなければならない。「……を欠く存在は、それに欠けているところのものではないという限りで、われわれはその存在のうちに否定を把握している。しかし、もしこの否定が——また、それとともにあらゆる否定の可能性一般が——純粋の外在性に消え失せてしまうべきではないとすれば、否定の根拠は、……を欠く存在が自分に欠けているものであるという必然性のうちにあるということになる。こうして、否定の根拠は、否定の否定である。だが、この根拠としての否定は、その否定を本質的契機としている欠如と同様、一つの所与なのではない。その否定は、あるべきものとしてあるのである。……欠如が対自にとって内的欠如となりうるのは、ただ、除去されるべき欠如としてのみである[3]」。結局、同じ運動によって、無がうがたれもし、満たされもする。真に否定を考える哲学、つまり否定をどこをとってもあらぬものと考える哲学は、また〈存在〉の哲学でもあるのだ[4]。われわれは一元論と二元論をともに越えている。なぜなら、ここでは、対立する二項がもはや競い合わず、互いに他に対して心を許し、両者が相覆うほど遠くまで二元論が押し進められているからである。無が存在しないものである以上、「……認識は、存在に吸収される。それは属性でもなければ機能でもなく、存在の一偶有性なのでもなく、むしろ存在しかないのである。……われわれは本書の終りで、〈即自〉との関わりにおける〈対自〉のこの分節化を、〈存在〉とでも名づけられうる準全体性のたえず運動する素描として考察することさえできるだろう。この全体性の観点からすれば、〈対自〉の出現は、単に〈対自〉にとっての絶対的出来事なのではなく、〈即自〉の身に起こる何ごとかでもあり、〈即自〉の唯一可能な冒険なのである。事実、ここでは、あたかも〈対自〉が、自分の無化そのものによって、おのれを〈……の意識〉へと構成する、言いかえれば自分の超越そのものによって、〈即自〉の法則――そこでは、肯定に肯定されたものが粘りついている、という形になる――から逃れているかのように、万事が運ぶのである。〈対自〉は、その自己否定によって、〈即自〉の肯定になる。志向的肯定は、いわば内的否定の裏面なのである。……だが、そのとき、〈存在〉という準全体性においては、肯定が〈即自〉の身に起こる。肯定されるということが、〈即自〉の冒険なのである。この肯定は、〈即自〉による自己の肯定としては、その即自存在を破壊することなしには行われえなかったものであるが、その肯定が〈対自〉によって実現されるということが〈即自〉の身に起こるのである。その肯定は、いわば、〈即自〉をそのまま変えないでおくが、しかし〈即自〉の中で、また〈即自〉を出発点として行われる〈即自〉の受動的脱自である。これはまるで、〈世界〉という肯定が〈即自〉の身に起こるために、〈対自〉がおのれ自身を失うといった〈対自の受難〉がある、とでもいわんばかりなのである[5]」。絶対的否定性の哲学――それは同時に絶対的肯定性の哲学なのだが――の観点からすると、古典的哲学の問題はすべて蒸発してしまう。というのも、それらの問題は、「混合」ないし「合一」の問題であったし、そして混合と合一は、あるものとあらぬものとの間では不可能であり、しかも混合を不可能にするその同じ理由によって、一方は他方なしには考えることもできないからである。こうして、観念論と実在論の二律背反は消えてしまう。一方では、無化としての「認識」は、そこへとそれが溶けこんでいく物そのものによって支えられているにすぎず、したがって存在に影響を与えることはできないし、存在に「何ものかを付け加える」ことも存在から「何ものかを差し引く」[6]こともせず、それは存在の表面における「無の輝き」[7]だということが本当であると同時に、他方では、認識は、やはり無化として、また無が存在には絶対に未知なものである限りで、存在に対して、「そのあるとおりの〈存在〉」であり、承認され公認された存在であり、意味をもつ唯一の存在であるという、否定的ではあるが独自の規定を与える、ということも本当である。「……至る所で〈私に向かってエネルギー充当を行い〉、何ものもそれから私を引き離すことのないこの存在、それはまさしく存在から私を引き離しているこの〈何ものでもないもの〉であり、そしてこの何ものでもないものは、無であるが故に、それを飛び越すことは不可能なのだ。……〈対自〉は存在への直接的現前であると同時に、対自自身と存在との間に無限の距離として忍びこむのである」[8]。同様に、物はいかなる「思考対象」ないし「意識の状態」とも永久に異なり、超越的であるということが本当であると同時に、そのような物を認識する意識が、そのおのれ自身への現前によって定義され、その内在性、意識における現象と存在との厳密な同一性によって定義されるということも本当である。つまり、意識は、一方では無化であり、空虚、透明性であるが故に、内在性であり、そして他方では、意識は超越的な物に開かれてもいるのだ。なぜなら、意識というこの空虚はそれだけでは何ものでもないからであり、現実に存在する意識はつねにさまざまの質で満たされ、おのれの無化する当の存在、別な次元にあるが故にそれに対していわばいかなる動力ももちえないような存在にはめこまれているからである。私の私による把捉は、その原理的可能性としての私の生と外延を等しくしており、あるいはもっと正確に言えば、その可能性こそが私なのであり、私とはこの可能性であり、またその可能性を通して他のあらゆる可能性なのである。とは言っても、それは無化の可能性であり、この可能性は、すべての存在の絶対的現実性と同様に私の受肉せる存在の絶対的現実性をも手つかずのままにしておくのであり、私が反省によって自分の生に振り向かない限り、私の生の不透明性には一指も触れないのである。そして、私の存在についての経験としての「われ思う《コーギト》」とは、前反省的コーギトなのであり、それは私の存在を対象として私の前に措定したりはしない。私は措定的な形では、しかもあらゆる反省の以前には、自分の状況を通して自分に触れているのであり、私が自分に送り返されるのも私の状況からであって、私は自分を無として無視し、物の存在だけを信じている。まさしく、私は、自分のもっている最も固有な点では何ものでもないのだから、決して何ものも私を私自身から引き離しはしないが、しかしまた何ものも私自身に私を告げてくれるものはなく、したがって私は物の中に脱自的にあるだけなのだ。もし否定的なものがしかじかであるところのものとして認められ[9]、われわれがそれに対して負的直観を行使するならば、もはや、非反省的なものか反省か、知覚的信念か考えている私への私の思考の内在か、の二者択一はないことになる。何ものでもないことと、世界に住みつくこととは、同じことだからである。自己についての知と世界についての知との間に、もはや理念的な意味においてさえ、優先争いは存在しないのだ。とりわけ、世界はもはや、結びつけられるものが結びつけるものに基づくというような意味では、「われ思う」に基づいてはいない。私が、これこれで「ある」ところのものであるのは、距離を置いた彼方で、この身体、この人物においてであり、私が自分の前に押し出すところの、したがって最も遠い私の隣人にすぎないこれらの思考のうちにおいてなのである。逆に、私は、私ではないところの世界に、私自身に対するのと同じように密接に結びついており、世界とは或る意味では私の身体の延長にすぎない[10]。私には、自分が世界だと言う正当な根拠があるのだ。こうして、今や観念論と反省の痙攣は、消えうせてしまう。なぜなら、認識関係は「存在関係」に支えられており、私にとって、〈ある〉とは同一性のうちにとどまることではなく、それは自分の前に同一化しえないもの、それに対して私は「それがあるとおりの」というささやかな姉妹語（doublet）以外に何も付け加えることのできない〈があるところのもの〉を担うことだからである。しかも、生まの存在から公認された存在ないし存在の真理へのこの移行は、外的存在の根底から、その外的という性質そのものによって要求されるのであり、それは私がそれにほかならない徹底的否定が、おのれ自身の否定を求めるのと同時なのである。

（1）私は、存在には絶対に疎遠であり、そしてそのことこそが、「絶対の充実と全き肯定性」としての存在に私が開かれているようにしてくれるのだ（Sartre, *L'être et le néant*, p. 51.）［Paris, NRF, 1943.］。

（2）サルトルは、無の観念に対して与えられる一切の論駁を受けいれる。それらは、無はあるのではなく、この〈あるのではなく〉ということこそが、まさしく無にとって唯一の在り方なのだ、ということを証明しているのである。

（3）*L'être et le néant*, pp. 248–9.

（4）［欄外に］無というものをよく考えてみるなら、無の運命と存在の運命は同じである。

（5）*L'être et le néant*, pp. 268–9.

（6）*Id.*, p. 232.

（7）*Id.*, p. 268.

（8）*Id.*, pp. 269–70.

（9）しかじかであるところのものとして（pour ce qu'il est）と言うべきであろう。

（10）ベルクソンが『二源泉』の中で、私の身体は星々にまで達する、と言っていたように。「というのも、もし私の身体が、私の意識の適用される質料だとすれば、それはわれわれの意識と外延を等しくすることになるからである。われわれの身体は、われわれの知覚する一切を包括しており、それは星々にまで達する」（Bergson, *Les deux sources de la morale et de la religion*, PUF, 1958, p. 274.）〔『道徳と宗教の二源泉』、平山高次訳、岩波文庫、三二六頁。〕

次に、他人が知覚している世界そのものに到達するのだという知覚的信念のもう一つの確信を考察してみるなら、それが否定主義的哲学の中で解釈される仕方は、以下のとおりである。私の見ているものは、私的世界という意味での私の世界ではない。以後、テーブルは、テーブルである。それについて私のもっている、そして私の身体の位置と結びついたさまざまの遠近法的眺めでさえ、存在の一部をなすのであって、私自身の一部をなすのではない。私の精神物理的な体質に結びつくテーブルの諸相――もし私が色盲で、しかもテーブルが赤く塗られているなら、その独特の色――でさえも、やはり世界の系の一部をなしている。私の知覚における私自身のものとは、知覚の欠落であるが、もし物それ自身が、欠落の背後で、欠落を欠落として示してくれないならば、それらは欠落ではないであろう。したがって、知覚の「主観的」な側面を構成するものとしては、物の二次的写像しか残らないわけであって、それをわれわれは、物をそのあるとおりに見るという言い方で表現するのである。さて、私が「テーブル」と呼んでいるものを「眼差す」もう一人の人間が、私の前にいるとしよう。私の視野のテーブル――それは、私の考えの一つなのではなく、テーブルそれ自身なのだが――と、彼のその身体、その眼差しとの間には、独我論的分析が提供する二つの関係のいずれでもないような関係が出来上る。すなわち、物へのもう一人の人間の眼差しは、おのれ自身を無にして物自体に開かれる否定でもなければ、私がそこにもたらした空間を貫いて真昼の明るみの中に身を置こうとする同一性の闇の中の物、あるいは私が物の周りにしつらえる空虚のおかげで減圧されようとする物の充実でもない。というのも、物への他人の眼差しは、私にとって何ものでもないもの、つまり外的証人なのではない。それは、結局どのようなものになるにせよ、私が私自身にとって何ものでもないといった意味では、何ものでもないものなのではない。その眼差しは、物をその真理や意味に導き、物を「そのあるとおり」に把握するという、私のもっている力をもってはいないのである。他人たちが世界について行う知覚は、私につねに盲目の触診という印象を残すし、そして彼らが世界についてわれわれの触診と一致するような何かを言うときには、われわれは驚くのであって、それはちょうど子供が「理解し」始めるときにわれわれが驚嘆するのと同様なのだ。……それと相関して、他人の眼差しの先端にある物も、それらの存在の確証として、あるいは物を真の明白な物たらしめるものとして、他人の眼差しを求めているわけではない。他人たちが眼差しているのは、つねに私の物なのであって、彼らの眼差しが行うさまざまな物との接触も、決してそれらの物を彼らに共通な一つの世界に合体させてはくれないのだ。他人たちによる世界の知覚は、私自身の所有している世界知覚と競合することはできない。私の場合と他人たちの場合を同列に論ずるわけにはいかないのであって、私は私の知覚を内側から生きるのであり、そして私の知覚は、内面からみれば、個体発生の比類なき能力をもっているのだ。物に行きつき、したがって私の私的な意識状態を超え出るという私の能力は、内面から生きられた知覚、つまりは私の知覚に固有のものだというそのことのために、私が独我論から免れていると信じていたまさにそのとき、私を独我論（ただし、今度は超越論的な独我論）に連れもどすのである。個体発生のこの能力は、私の専業、私の差異となる。だが、まさにその点で、外部からの観客の介入は、私と物との関係を無傷のままにしてはおかない。それは、「そのあるとおりの」世界の中に或る行動ないし或る私的生活の下位宇宙があることをほのめかしながら、存在への私の献身を試練にかけ、不当にも僭称していた万人に代わって存在を考えるという私の権利を疑問に付し、私の寛大さを額面通りに受けとり、そして私が自分は何ものでもないし存在によって乗り超えられていると認めたときに行った約束を守るように促すのである。物への他人たちの眼差しとは、その貸金の返済を要求し、そして存在への私の関係は彼らを経由したものだと承認することを私に命ずるような存在なのである。もちろん、私は依然として、個体発生のただ一人の証人であり、他人たちは、私にとっての存在の明証に何ものも付け加えることはできない。私は彼らが介入する以前にすでに、存在が私の意識の状態に何ものも負ってはいないことを知っていた。しかし、私がそれであるところの〈何ものでもないもの〉と、私の見ている存在とは、やはり一つの閉じた領域を形作っていたのだ。物への他人の眼差しは、二次的な開在なのである。その眼差しは、私自身の開在性の中での、独我論的領域に対する一つの疑問符であり、私自身にほかならない何ものでもないものと存在との隔たりの可能性にほかならない。私は依然として唯一の自己（ipse）であり、他人は、ものを言わない限り、私の世界の住人にとどまるが、しかし彼が否応なしに私に思い起こさせるのは、自己とは何ものでもないものであり、この無名氏は光景を自分自身のために作ったのではなく、X氏のために、推定上はそこに参加しようとしているすべての人のために作るのだ、ということである。そのような人たちが舞台に登場する条件は、ただ一つである。それはすなわち、彼らが、否定性のもう一つの発祥地として私に出現しうるということである。確かに、彼らが私の前方に、存在の側にいる以上、どのようにしてその条件を満たしうるかは分からない。しかし、たとえどのようにして彼らが世界に出現しうるかはよく分からないとしても、また私の視角《パースペクティヴ》の特権が絶対的なものであり、私の知覚も格変化をしないように見えるとしても、その特権を私が獲得しているのは、暫定的な資格においてでしかないのだ。つまり、その特権は、私のために留保されている「主観的な」一系列のもつ特権ではなく、私はいわば、私によって生きられている世界を他人たちにも参加できるようにするために、私の力の及ぶあらゆることをしているのである。というのも、私が他から際立つのは、世界から何ものも奪うことのない〈何ものでもないもの〉としてでしかないし、私は私の身体、私の表象、さらには私のものである限りでの私の思考をさえ世界の舞台にさらすからであり、かくして私と呼ばれる一切のものは、他人の眼差しが現われ出ようと望みさえするなら、原理的にその眼差しに提供されていることになるからである。

　他人の眼差しは出現するだろうか。それが物の中に出現するということはありえない。世上の見解がどうであれ、私が他人たちを見るのは、彼らの身体のうちにでもなければ、どこにでもない。他人の眼差しが出てくるのは、空間の一点からではないのだ。他人は、一種の挿木によって、あるいは二分によって私の側から生まれるのであって、それは「創世記」の言葉を借りれば、最初の他人がアダムの身体の一片から作られたようなものなのである。だが、何ものでもないものが二分されることを、どのように考えたらいいのか。或る「何ものでもないもの」が、どのようにして別な「何ものでもないもの」から識別されるのだろうか。しかし、この問いは単に、われわれが途中でわれわれの原理を忘れてしまったということ、つまりわれわれがついに、無はあるものではなく、われわれが無を把握するのは負的直観によってであり、しかも存在の裏面としてだということを忘れてしまった、ということを示しているにすぎない。もし多くの存在者がありうるとすれば、同じ数だけの無があるはずであろう。だから、問題は、いかにして或る無を他の無から識別するかにあるのではない。というのも、私が同一性の意味で何ものでもないと言うことは、私は積極的な意味では私の身体と私の状況だと言うことだからであり、したがってその問いを正しい言葉で立て直すなら、それは、はたして一つ以上の身体と一つ以上の状況がありうるかどうか、という形になるからである。しかし、こうした形で立てられるなら、その問いは直ちに解決されているとも言える。というのも、もちろん私は自分の状況の中に、他のさまざまな状況が（私と同様に、存在一般や私と同じ〔対自〕存在をあらしめているそれらの所有者とともに）現実に存在するという証明を見いだすことは決してないだろうし、もし仮に私の状況がそんな証明をするとすれば、他人の存在が私の存在から帰結するはずの建前からして、私の状況は自分の分限を超えた過剰な証明をしてしまうことになるからである。ここで求められているのは、私の状況——私を構成している無に最も近い存在の領域——が、私にとって、自分の眼差しで俯瞰している諸対象の一つではないということ、そしてかつてデカルトが言っていたように、その状況を私の状況と呼びうる特殊な権利が存在するということ、その状況は、私が最初に身に引き受け、それを通して爾余の一切を引き受けるべき存在の領域であり、私はその状況と特別の結びつきをもっていて、それによって私の眼差しの普遍性が制限され、したがって存在について私がもつ視像は存在そのものと相覆うわけではなく、私の見ているもののかなたに、もし他人たちが存在するようになれば彼らが見るであろうもののための場所が印づけられているということ、そのことに尽きるのだ。ところで、このことは、状況という概念そのものにも、また無の負的直観にも含まれていることである。仮に私が何ものでもなく、私が世界にやって来るために、存在の一部を特に支えにするのだとしても、その存在の一部は、だからといって外にあることを止めるわけでも、世界を貫いている諸作用に服従することを止めるわけでもなく、しかも私はそうした作用のすべてをよく知ってはいないのだから、私がその帰結を生まの事実として引き受けなければならぬような作用があるわけである。私の状況は、私自身の眼には不透明であり、私を逃れる諸様相、もし外的な眼差しというものがあるとすれば、そうした眼差しこそが多くの光を投げかけうるような諸様相を呈している。私が最終的にそれであるところのものは、私にとって私がそうであるものをはみ出るのであって、私の無としての普遍性は、私の側からの推測にすぎず、そしてその普遍性も私の状況を通して作動するほかない以上、私の状況を包みこむ外的眼差しは、私の無をも包みこんでしまうのだ。もし私が自分の非存在の非存在性を完全に考えることに成功するならば、私は、自分の非存在が真に非存在であるべくおのれを放棄し、私が最終的にあるいは事実上そうであるところのものに道を譲るのだ、ということも認めざるをえないであろう。こうして、以後、一切の準備が整ったことになる、――つまり、すでに見たように積極的には成り立たない他人経験のためでも、私から出発して他人を必然化するといういわば不本意な他人の証明のためでもなく、存在の内部における私の受動性の経験のための準備が、である。それも、他人が自分だけで私の無に自足しうるからというのではなく、他人は少なくとも、私の無が実際には身に飾りつけている属性をすべて包含しているからである。それらの属性は私の状況なのだから私は否応なしにそれらの属性に自分を同一化せざるをえないし、存在はあるのであり、無はあるのではない以上、その限りで私は危険にさらされ、おびやかされている。この可能性が現実のものになるということは、恥の経験、つまり私が私の状況の内部の見えるものに還元されるという経験によって、実際に証明されている。反省の前では、他人たちと私とが、数的に同一であるような一つの世界を共通にもつことはありえず、われわれはただ、われわれの思考の共通の意味や理念性の共有の中で合流しうるにすぎない。ところが逆に、負的直観からの諸帰結につき従っていくならば、すぐに分かることは、われわれの超越論的存在と経験的存在とは、互いに裏と表の関係にあるということ、この側面から言えばわれわれはともに見えるものであって、われわれは決してわれわれがそうである一切の十全な原因とはなりえないということ、世界は単にわれわれの私的個体発生の最終項なのではなく、われわれが世界を眼差しでたどる間——その眼差しもそれなりに世界に所属しているのだから——すでにわれわれを支えてくれていた、ということである。なるほど私は自分自身のことを知っているという強い意味では、他人たちのことを知ってはいないし、したがって私は、彼らとともに理念的には同一なはずの世界についての思考に参加していると自負することはできない。しかし、私の世界知覚は、自分には外があるのだと感じているのであり、私自身も自分の見える存在の表面で、私の口の軽さが鈍り、私は肉になるのだということを感じ、そして私が私であり続けていたというその惰性の末端にもっと別なもの、より正確に言えば物ではない他者があるということを感じているのである。したがって、その他者はどこにも位置を占めているわけではなく、それは、夢の中のあるいは神話上の存在者たちの遍在性をもって私の周りの到る所にいるのだ。というのも、それは、完全に自己（ipse）というわけではないが——私だけが存在しているのだから——、しかしまた私が存在と呼ぶものの織目の中に取りこまれているのでもなく、むしろそれを包んでいるのであって、その他者は、どこから来るのでもなく、したがってあらゆる所で私と私の個体発生の力を包みこむ眼差しにほかならないからである。確かに、私は、自分が何ものでもないし、この何ものでもないものは存在のためにおのれを滅するのだ、ということを知っていた。後はただ、私は、この犠牲自体がまだ存在の充実に匹敵するには十分ではなく、私の基本的否定も、それ自身が外部から否定され、外からの眼差しによって存在者の一つに数えられない限り完全ではないということを、他人から学ぶだけでよかったのである。……しかし、同時に、無に程度というものはないから、他人の介入も、私が絶対に無知であったであろう私の無について、何ものも教えることはできないのだ。独我論的存在は、すでにそれ自身において絶対の他者なのであり、それが他人の出現とともに、対自的にそうなるだけなのである。私は〈即自〉の闇のうちにすでに、他人の私的世界を私には到達不可能な彼方のものとして作り上げるのに必要な一切をもっている。私に注がれた他人の眼差しの経験は、自分が何ものでもなく、世界の寄生虫として生きているにすぎず、身体と状況とに住みついているのだという、私のひそかな確信を延長させてくれるだけなのである。こうして結局、負的直観を厳守する哲学は、複数の私的世界を、われわれをそこに閉じこめることなしに説明してくれる。すなわち、本来の意味では間世界は存在せず、各自は自分の世界にのみ住み、自分の視点からのみ物を見、自分の状況を通してのみ存在に加入するが、しかし、各自は何ものでもなく、その状況や身体に対する関係は存在関係なのであってみれば、彼の状況や身体や思考は、彼と世界との間を遮る幕になるどころか、むしろ逆に、そこにいろいろな第三の証人の介入しうるような〈存在〉への関わりの媒体となるのである。そうした第三の証人たちの場所は、あらかじめ私の私的世界のあちこちの隙間に印づけられており、しかも私はそれらが隙間であることを知っているはずである。というのも、私がそれである「何ものでもないもの」は、完全に現実のものとなるためには存在の全体を必要とするだろうし、そして明らかに私の状況や身体、私の思想はその一部にすぎないからである。意識ないし反省の哲学が世界の単一性への知覚的信念を正当化しうるのは、世界の単一性を世界の同一性の意識に還元し、錯覚を単なる欠如とすることによってのみであるが、それに対して、否定性の哲学は、われわれ各自のものにほかならない諸パースペクティヴを通して、われわれすべてに共通な数的に一なる世界をわれわれに開くのだという知覚的信念の自負を完全に批准してくれる。なぜなら、独りの自己（solus ipse）は、基本的否定として、あらかじめそのいろいろなパースペクティヴを超えた背後の世界に開かれているからであり、この「比類なき怪物*」もその中心においては、おのれの視像が全体に適合していないことを納得し、もし誰かに出会うならばすぐにでも家族を作る用意ができているわけで、したがって自己を超え出るために動き始めていることになるからである。反省哲学にとっては、いかにして構成する意識が、自分の同類であり、したがって構成するものでもある他の意識を措定しうるかが抜き難い難問である――その場合には、すぐにも、最初の構成する意識が構成された意識の仲間に移らなければならないのだから。この難問は、両方の意識がともに、おのれの源に逆流することなど理解しようもない遠心的な作用、精神的総合と考えられていることにもとづいている。ところが、負的《ネガティフ》なものの哲学にとっては、事実的状況に執着し、その状況を〈存在〉との結びつきとして保持するということが、自己（ipse）の定義そのものなのである。この外部が、自己をその特殊性のままに確証し、部分的存在として他人たちの眼差しに見えるものたらしめると同時に、自己を〈存在〉の全体に結びつけるのである。反省哲学にとって躓きの石であったものが、否定性の観点からは、解決の原理となる。問題の一切は、文字通り、負（le négatif）というものをいかに厳密に考えるかに帰着するのだ。

最後に、負的《ネガティフ》なものを考えることは、われわれが初めに述べておいた知覚的信念の第三の要求を満足させてくれる。われわれが述べておいたことというのは、知覚の信念は、あらゆるもの、つまり物体や精神が同時に存在している混濁した全体、すなわちそれが世界と呼ぶところの全体に関わっているのだと、いかなる哲学よりも先に確信しているということである。ここでは、反省はまだ、われわれの経験しているものを破壊することによってしか、厳密さに到達しない。すなわち、ここでの反省は、世界のごたまぜを、平行関係にある諸意識の全体、――もし同じ時計師によって調整されていたとすれば、それぞれがおのれの法則に従っていることになるし、さもなければすべての意識に内在する普遍的思考の法則に従っているといった意識の全体――によって置きかえているのだ。否定主義的哲学の立場からすれば、複数の意識の共時性は、それらがともに一つの〈存在〉――どの意識もその暗号をもっているというわけではなく、ただその法則に従うだけなのだが――に帰属しているということによって与えられていることになる。より正確に言えば、もはや同調があると言うことさえもできないのだ。各自が、他と混合されている自分を体験するのであり、またわれわれの一人一人がその状況を通して〈存在〉に結びついている限りで、〈存在〉そのものという出会いの場があることになるからである。「〈存在〉だけがある」。各自は身体や状況に捧げられており、それらを通して存在に捧げられていることを体験しているが、彼がみずからの内なるメドゥーサの力に気づくその瞬間に、彼が自分自身について知っていることがそっくりそのまま他人に移行するのである。したがって、われわれ各自は、自分と他人がともに世界に登記されているのだということを知っている。各自が感じ、生きているもの、他人たちが感じそして生きているもの、さらには各自の夢や他人たちの夢、各自の錯覚や他人たちの錯覚でさえ、孤立した島や孤立した存在の断片なのではない。それらはすべて、われわれを構成している無の基本的要求によって、存在に帰属しており、それらなりの手堅さ、秩序、意味をもっているのであって、それらを理解する手段というものがあるのだ。私の現在生きているものが錯覚にすぎないということが明らかになるとしても、私の錯覚の批判が、その錯覚を単純に世界の外に投げ返すのではなく、むしろ反対に、その錯覚の位置すべき場所、相対的正当性、真理を私に示してくれるのである。もし無が〈存在〉に予定されているとすれば、無としての私の現前は、全体性や統合性への要求そのものであり、またどこでも同じ存在が問題になるのだ……という要請でもあることになる。部分的なものはすべて再統合されなければならず、すべての否定は実は限定なのであり、したがって自己存在（l'être-soi）、他者存在（l'être-autre）、即自存在（l'être en soi）は、ただ一つの存在の断片なのである。否定主義は、それが厳密で絶対的なものである場合には、一種の肯定主義なのだ。私の生の中で〈これ〉ということを言い、あるいは世界の中でこの生ということを言わしめる宣言の運動そのものは、否定の頂点にすぎず、おのれ自身を破壊する否定にすぎないのだ。真に無として理解されている無は、まさにそういうものとして存在による一切の汚染を忌避し、存在と並存する一つの全体となることを拒否するが、それと同時に自分が全体となることを求め、存在をおのれの全体化要求の中で支えつづけ、そして肯定（pour）の否定（contre）への逆転によって存在に合体するのである。抽象的で表面的な最初の出だし、つまり存在と無の峻別や分析を通り過ぎてみると、われわれは事態の中心に、二つの対立者が、互いに他なしでは抽象にすぎなくなってしまうまでに排除し合っているということ、存在の力はその共犯者である無の弱さに支えられており、〈即自〉の昏さは、「私の意識」の明るさにとってではないにしても、一般に〈対自〉の明るさにとってあるのだということを見いだす。「なぜ何もないのではなくむしろ何かがあるのか」という存在論上の大問題は、これと二者択一の関係にある命題、すなわち、何もないのではなくむしろ何か（quelque chose *plutôt que rien*）があるということはない、何ものでもないものが、何ものかの、あるいは存在者の代わりをすることはできないだろう、という命題とともに消えうせてしまう。無は（負的な意味で）非在し、存在はあるのであり、そしてそれら相互の正確な順応は、もはや疑問の余地を残さないのである。負的なものを考えなかったときには、すべてがあいまいであるが、負的なものを負的なものとして考えたときには、一切が明瞭になる。というのも、そのときには、否定と呼ばれるものと措定と呼ばれるものとは共犯者として出現し、一種の等価関係にあるようにさえ見えてくるからである。それらは「沈黙に似た喧騒の中で」敵対し合うのであり、世界は、俯瞰された海に浮かぶ泡の帯の如きものとなる。その帯は動かないように見えるが、突然——というのも、それは一本の線のように伸びていたのだから——、もっと近くから見れば、流れと生命であることが分かるだけではなく、十分の高さをもって見れば、存在の充実は決して無の充実を超えるものではないし、世界の喧騒もその沈黙を凌駕するものではないということが了解されるのである。

或る意味では、負的なものについての思考は、われわれの求めていたものをわれわれにもたらし、われわれの探究に終止符を打ち、哲学を死に追いやる。われわれがすでに述べておいたように、哲学は、反省以前の存在との接触を必要とするのであり、その接触が反省それ自身を可能にするのだ。無についての「負的直観」は、反省と自然発生性とを一種の等価関係に置くような哲学的態度である。もし私が、無はあるのではなく、ないということこそが無に固有の在り方なのだということを真に理解するならば、私はまた、無を存在に合体させるなどということは論外であり、無はつねに存在のこちら側にあるだろうし、私もまた否定性としてつねにあらゆる物の背後に、証人という私の資格によってそれらの物から切り離されており、私はいつでも世界への加入を停止して世界を世界という思考にすることができるのだということを理解すると同時に、しかしまた、この世界という考えは何ものでもなく、私はこの私自身への還帰のうちに、世界がその帰結となるような一群の諸前提を発見することはできないし、それどころか、むしろ世界こそが前提で、私が世界についてもつ意識はその帰結なのだということ、私の志向はそれだけでは空虚であり、それは存在の傍らへの〈私の空虚〉の逃亡にすぎず、しかもこの逃亡はその方向と意味を存在に負っており、われわれの再構築ないし再構成は、みずからその諸分節を私に示してくれる世界の最初の明証にかかっているのだ、ということをも理解するのである。私が「私のうちに」見いだすものは、つねにこの原初の現前への指示であり、自己への還帰は、自己からの離脱と同一なのである。負的なものを純粋なままに考える人にとっては、世界への自己放棄と反省的な捉え直しという二つの運動があるのではない。また、一方は事物への注意という自然的な態度と、他方は事物の意味への注意という哲学的な態度という二つの態度が、それぞれいわば欄外に互いに他に変形されうる可能性を保持しながら存在しているのでもない。あるのは、存在の知覚と、無の不知覚（imperception）とであり、それらは互いに外延を等しくし、一体をなしているのである。絶対的否定主義、すなわち負的なものをその独自性において考える否定主義と、絶対的肯定主義、すなわち存在をその充実と充足とにおいて考える肯定主義とは、正確に同義語であって、それらの間にはいささかの隔たりもない。無はあるのではないと言うことと、存在のみがあるのだと言うこと、言いかえれば、われわれが無を存在する事物の間にそうした事物の一つとして見いだすことはできないだろうし、したがって無はさまざまの事物にもたれかかっていなければならず、無はただ、それぞれの事物を自分だけのために存在するのではないというふうにさせるだけであり、事物はみな一緒に存在して、ただ一つの〈存在〉になるのだ……と言うこととは、同じことなのである。〈存在〉と〈無〉とを絶対に対立して見る見方と、定義からして自己同一なものとして与えられる〈存在〉それ自身が、無との接触を失ったり取り戻したりしながらもそれを優越的に含み、存在の再認された存在、その否定の否定を含んでいるとする見方とは、一つのものにすぎない。〈存在〉と〈無〉は、絶対的に対立している限りでは、識別不可能である。〈無〉が〈存在〉を必要としており、したがって無が、「あちこちにある非存在の湖*」、相対的で局在的なもろもろの非存在、世界の中での起伏ないし隙間という形でしか姿を見せないというふうになるのは、〈無〉の絶対的非存在のためなのである。われわれが存在を見るとき、無がわれわれの視野のまわりの非視覚帯のように欄外にあるのではなく、すぐそこにあり、われわれの見ているものの全延長にわたって、われわれの見ているものを光景としてわれわれの前に据えつけ配置するものとしてそこにあるのは、まさしく、〈存在〉と〈無〉、イエスとノーとが、二つの成分のように混合されうるものではないからである。負的なものについての厳密な思考は、絶対的肯定性についての思考でもあり、したがってそれに対立させられうるすべてをすでに含んでいるからこそ、不死身なのだ。それの裏をかくこともできないし、それに不意打ちを食わせることもできないのである。

だが、それは、負的なものについてのそのような思考が捉え難いものだからではないのか。それは最初、存在と無を絶対的に対立させるが、最後には、無が唯一の宇宙である存在のいわば内部にあることを示す。われわれは、いつその思考を信ずべきなのか。初めになのか、それとも終りになのか。それは同じことであって、そこには何の違いもない、と答えられるかもしれない。しかし、出発点をなす狭義の〈存在〉と終着点をなす広義の〈存在〉との間には一つの違いがある。前者は、その全延長にわたって絶対に無を排除するのであり、したがってもし無が命名されうべきものだとすれば、その無によって必要とされるようなものであるのに対して、後者は、いわば無も含んでおり、そして全き存在になり、「そのあるがままの」〈存在〉になるために無を呼び求めるようなものである。無が存在を呼び求める運動と、存在が無を呼び求める運動との二つは、混同されるのではなく、互いに交叉する。第一の運動からすれば、存在は否定の否定であり、無という下部構造をもっており、存在が認識の一属性となる。第二の運動からすれば、無は結局のところ反復された措定、措定の措定であり、存在という下部構造をもっており、認識が存在の一属性となる。第一の関係のもとでは、存在が無の観点から考察されるが、第二の関係のもとでは、無が存在の観点から考察される。どちらの場合にも、仮に同一化に行きつくとしても、第一の場合には、その同一化が無のために行われるのであり、第二の場合には存在のために行われるのであって、この二つの関係は同一ではない。この関係を順次に検討してみることにしよう。

まず、われわれは純粋な負（le négatif）から考えを進めていくことができる。そうすると、存在に心を煩わせている自分が何ものでもないということが示される。その言明によって、私という一つの反自然が画定されることになる。つまり、私とは、本性をもたないものであり、私は何ものでもないものである。この概念的ないし言語的固定化は、分析の最初の契機にすぎないが、しかしそれは、後続の分析を導くのに不可欠であり、後続の分析を支配し、負的なものについての思考が行きつくまったく対立した結論そのものを動機づけ、それらをあらかじめ包括的な真理の次元――そこでは、対立した結論が互いに排除し合うことはあっても、互いに移行し合うことはありえない――に据えつけることによって、そうした結論の意味を同時に決定するのである。その固定化は、無はあるのではなく、非存在ということが無の在り方であり、無は隅から隅まで非存在であるということを措定するが、そのことによってその固定化は、やむなく存在を絶対的な充実と近さとして定義せざるをえず、存在があるということを措定する。存在について問うている者は何ものでもないものなのだから、すべては絶対的に彼の外部に、遠くにあるのでなければならず、この原理的な遠さに多少の程度というものを考えることはできない。問うている者が何ものでもないものとしてきっぱり定義されている以上、それは無限な所に身を置いていることになり、その結果、あらゆるものを絶対の等距離に統覚することになるのだ。あるのではない者の前にあっては、物はすべて、いかなる程度の違いもなしに、絶対的な存在と充実と肯定に属していることになる。負的なものが基礎づけるのだから、基礎づけられた存在は、絶対的肯定性となる。ここには推論があるとさえ言うことはできない。無の負的直観がすでに、存在への直接的現前なのである。

みずからがそれにほかならない無に命名し、存在におけるこの裂け目に合致するという、哲学者に認められた能力がすでに、存在の定義となるべき同一律の一異本なのである。純粋な負から出発して考えるとき、すでに同一性に従って考えるという決意がなされており、すでに同一性の中にいるのだ。というのも、何ものもその秩序の中に限界づけるものの ありえないこの負は、それ自身の終極まで行かざるをえない以上、それは同時に、そして本質的におのれ自身の否定でもあろうし、したがって純粋な存在の到来という形で言表されることになるからである。負的なものの思考の中には一つのわながある。もし負があると言うならば、われわれはそれの否定性を破壊することになるし、しかしそれはあるのではないと厳密に力説するならば、われわれはやはりそれを一種の肯定性に高め、それに一種の存在を与えることになるのだ。というのも、それは、隅から隅まで絶対的に何ものでもないものであるからである。負的なものは、それがその拒否と逃避の力の点で固定されるまさにその故に、一種の性質となるのである。否定主義的思考は、肯定主義的思考と同一なのであり、それが肯定主義的思考に逆転したところで、無の空虚さを考える場合も存在の絶対的充実を考える場合も、いずれの場合も厚さ、深さ、面の複数性、つまり背後の諸世界を知らないという点で、依然として同じままなのだ。仮にそれが、無から出発して、存在を絶対の充実と肯定として措定するようになったとしても——さらには、存在だけがあるのであり、そして存在は或る意味では無を呼び求め、含むと明言するに至ったとしても——、その思考は、自分が初めに方法的に排除しておいたような諸要素を再導入するわけではないし、具体的なものに近づくわけでも、全体の諸分節に従うわけでもなく、一つの抽象を逆抽象で埋め合わせているだけなのである。もちろん、純粋な負が純粋な存在を呼び求めるというのは、否定主義的思考の言うとおりであるが、しかしそう言ったからといって、自己意識によって物の超越が妨げられないような立場が哲学のために発見されたことになるどころか、そのどちらもが巻きぞえにされ、困難が何重にも倍加されるのである。というのも、きわめて明白なことながら、純粋な否定は原理上のことにすぎず、現実の〈対自〉は、内部ではないにしても外部でもないような身体、〈対自〉と自分自身との間を媒介する身体によって満ちあふれているからであり、他方、純粋な存在もまた見いだされえないからである。なぜなら、物と称されているものはすべてやがて現象であることが明らかになるし、しかもそれら次々に入れ代わり互いに拮抗する諸表象は、存在の度合いというものをもたず、奥行に組織化されるということもないために、ただ一つの存在の諸表象と解されることはありえないし、そしてこの純粋な存在は、肯定的で充実しているためには平板でなければならず、したがってわれわれがそこであくせくしている両極性《アンビヴァランス》を越えた彼方でそれがあるところのものでありつづけるからである。〈存在〉と〈無〉の分析論によって内在的意識と存在の超越性とが和解させられるというのは、見かけだけのことである。そこでは、超越的なのは存在ではなく、むしろ私が一種の自己犠牲によって存在を腕の先端に支えているのだし、厚みをもっているのも世界ではなく、むしろ私が、世界をそこに存在せしめるに十分なだけの身軽さをもっているということなのである。ここで、無から存在に移り、また存在から、無の中への存在の脱自（ek-stase）――それが存在を「あるがままに」承認するということなのだが――に移ると言っても、実はそこには進歩も総合もないし、当初のアンチテーゼの変形があるわけでもない。そこではただ、当初の分析がその極限まで押し進められているのであり、その分析が額面通りに妥当しつづけ、〈存在〉の全体像をつねに生気づけているのである。〈存在〉の、無への呼びかけは、実は、無の、〈存在〉への呼びかけ、つまり自己否定なのだ。無と存在とは、つねに絶対に他なるものであり、それらを結合させているのはまさしくそれらの孤独である。それらは、真に結合されているのではなく、ただ思考の前でより速く相次いで生起するというにすぎない[1]。〈対自〉の空虚は満たされるものだし、人間もあらゆるものに直接に現前するのではなく、より特殊な意味では身体あるいは状況に現前し、そしてそれらを通してのみ世界に現前するのであるから、〈対自〉自身のうちに非反省的存在の厚みが容認され、反省の操作は二次的なものであることが認められることになる。こうして、前反省的なコーギトということとが語られるわけであるが、しかしこの語のもつ両極性は、それ自身にとどまり続けるか、あるいは〈即自〉の闇へとおのれを否定することはできても、おのれ自身のうちに惰性を見いだすことはできないか、そのいずれかであるような思考の両極性を表わしている。前反省的なコーギトとは、コーギトやコーギトを導入した反省よりもわれわれ自身であるような、われわれのうちなる何ものかであろうか、それともそれは、われわれが思考である以上、われわれの根底でみずからに先行し、われわれがそれを言明する以前にみずからを言明するようなコーギトのことであろうか。もし私が何ものでもないものだとすれば、第一の仮定は排除される。そして第二の仮定は、いかにして私の生がその生自身にとって不透明でありうるかの理解が問題となっている当の瞬間に、私の空虚さを私に回復させるだけなのだ。探究の進歩そのものが、〈存在〉と〈無〉についてわれわれのもっている観念を変えるということはありえないのであって、存在の意味と無の無意味から出発して考える限り、探究はただその観念のこれまで気づかれなかった含意を展開させうるだけである。仮に一見したところ説明が視点を逆転させることがあったにしても、その逆転は実効をもたず、一切はこの存在性（entité）と負的存在性（négatité）との間で起こっており、そして無の中で一種の昇天を遂げると言われる存在は依然として、純粋な〈即自〉、絶対の肯定性でありつづけるのだ。存在がこの冒険を体験するのは、そうした資格でのことにすぎない。そして、この純粋〈即自〉は、負的なものの自己否定とみなされていたのだから、初めから他によって承認されることを予定されていたということになる。自己性と存在の最初の把握が変形されたり超出されたりするのではなく、肯定から否定への転換とは、当初の対立命題《アンチテーゼ》の別な定式化にすぎず、その対立はその転換の中でも止むどころか、むしろ更新されるのである。したがって、純粋に負的なものないし純粋に肯定的なものについての思考とは、本質に対して、あるいは本質の純粋否定に対して、つまりその意味がすでに固定され、それをおのれの手中に掌握しているような辞項に対してなされる上空飛行的思考なのである。なるほど、サルトルは、彼の本の最後では、〈存在〉と無を含むような〈存在〉のより広い意味に移ることができるだろう*、と言っている。しかし、そのことは、当初の対立が乗り超えられたということではなく、その対立はまったく厳密な形で残るのである。

その対立の逆転を正当化し、この敗北の中で勝利を占めるのは、当初の対立である。存在があるようにとおのれを犠牲にする〈対自〉の受難は、依然として対自の対自自身による否定なのである。彼の本の初めから終りまで、語られているのは同じ無であり、同じ存在だということ、ただ一人の観客が問題の過程の証人であって、彼自身はその運動の中に取りこまれてはおらず、その限りこの運動は錯覚にすぎないということが、暗黙のうちに了解されているのだ。否定主義的ないし肯定主義的思考は、反省のいかなる結末も、反省を行っている人間を遡及的に巻きぞえにするものではありえないし、その人間についてわれわれがもっていた観念を変えるものでもないという反省哲学の根本仮定を、再確認するだけなのである。そして、純粋な負について語られる場合でも、事情は異ならない。というのも、純粋に負的なものは、みずからのうちに何ものも許容しないであろうし、仮にそれが〈存在〉を必要としているということが気づかれたとしても、それは、おのれを変質させることのない遠巻きの囲いのようなものとして〈存在〉を必要とするにすぎないだろうからである。純粋に負的なものはみずからの周りに、純粋な光景として、あるいはあるべきであるものとして〈存在〉を配置し、それを真理ないし意味に高めるではあろうが、しかし負的なものそれ自身は、かつてそうであった無にとどまるであろうし、それの〈存在〉への献身も、おのれを無として確証することになるであろう。

（1）［欄外に、そしてカギカッコをつけて］——私は、「無はあるのではない」と「存在はある」というのは同じ考えであり、そして無と存在は結合されない、と交互に述べてきた。この二つを再び結びつけること。それらが結合されないのは、まさしくそれらが二つの矛盾したものにおける同一なもの＝両極性《アンビヴァランス》だからである。

否定主義的（あるいは肯定主義的）思考は、無と存在との間に、厳しいが同時に脆い団結を確立する。厳しいというのは、それらが結局は識別できないからであり、脆いというのは、それらが最後まで絶対的対立者でありつづけるからである。それらの関係は、心理学者たちの言い方を借りれば、不安定なのである。そのことは、いかにして無がみずからのうちに存在を受けいれるのかを理解しようとするその度に知られるであろうし、したがってさっきわれわれが言ったように、私の受肉を理解するだけではなく、いかにして私が、私について他人がもっている眺めを自分の身に引き受けうるのかを理解し、あるいは要するに世界へのわれわれの共通の帰属を理解しなければならぬ時にも知られるであろう。ひとがみずからに同類があるのだと認めていることを理解しようとして持ち出すのは、つねに〈対自〉の否定的な純粋性である。つまり、私は何ものでもないし、それでもやはり私はこの空虚であらねばならず、それを世界に存在せしめなければならないのだから、私は私の身体と私の状況、さらには私というこの外部に注がれている、私の見る他人の眼差しを自分の身に引き受け直す、というのだ。私にとって、他人の能動性と現前とが存在するのではなく、私の側に受動性と疎外の経験があるのであり、そして私は、自分が何ものでもなく、自分の状況であらざるをえないが故に、それらが私に関わっていることを承認するというわけである。したがって、結局のところ、関係は無としての私と人間としての私の間にとどまっており、私は他人たちに関わるわけではなく、せいぜい中性的な非我、私の無から拡がった否定作用に関わっているだけである。私は他人の眼差しによって私自身から引き出されるが、しかし他人の眼差しの私に対する力は、私が私の身体や私の状況に与えた同意と正確に釣り合っているのであり、それが疎外する力をもっているのも、私が私自身を疎外するからにほかならない。哲学的に言えば、他人経験というものは存在しない。他人との出会いが考えられるためには、私が私自身についてもっている観念のいかなる変形も必要とはしない。それは、すでに私から出発して可能であったものを現実化するだけなのだ。他人との出会いがもたらすのは、単に次の事実の力にすぎない。すなわち、私が準備し、そしてその原理を私が保持していた――ただし、ひとが自分で措定する受動性は効力をもたない以上、私は原理だけを保持するのだが――、私の身体と私の状況への同意が、突然、現実化されるという事実である。他人との関係は、サルトルの言うところでは、[明らかに?]、それなしでは私が私ではないであろうし、他人が他人ではないだろうといった一つの事実であり、他人は事実上存在しており、私にとっては事実としてのみ存在する。しかし、「存在がある」は、「無はあるのではない」に何ものも付け加えないし、〈存在〉の絶対的な充実と肯定性としての承認も無の負的直観をいささかも変えるものではないのと同じように、突然私を凝固させる他人の眼差しも私の宇宙に何ら新しい次元を付け加えるものではなく、それはただ、私が内側から知っていた存在への内含を私に確証するにすぎない。私はただ、私の宇宙の周りには外部一般があるということを学ぶだけであって、それは私が、知覚によって照射される事物は知覚以前に同一性の闇の中で生きていたのだと、知覚から学ぶのと同様なのだ。他人とは、〈存在〉にはまりこんでいるという経験的諸形式の一つなのである……確かに、この分析には、それなりの真理がある。つまり、私が何ものでもないということが本当であるというまさにその限りでは、他人はそんなふうに、私がただ自分の身体にそのショックだけを感じているような眼差しの出発点たるべき超世界としてしか、私に現われることはできない。私が思考や意識であるというまさにその限り、私は否応なく、意識を通してしか世界に入りこみえないということになるし、他なる意識や他なる思考も、私の思考のコピーないし妹にすぎないことになろう。私は私の生を生きるだけであろうし、他人は、他なる私自身以外のものではないことになるであろう。だが、この独我論、現象のこの様相、他人との関係のこの構造は、他人との関係のすべてであり、あるいはその本質でさえあるのだろうか。それは、他人との関係の経験的異本の一つ[1]——他人との両極的ないし不安定な関係——にすぎないのであり、それをさらに分析してみると、そこには正常で標準的な形態があって、それが特殊な場合に、他人を他者一般という顔のない無名の強迫観念にしてしまうような歪曲にゆだねられているのだということに気づくであろう。

(1)［この文の冒頭がつながる前の文には、明らかに不完全な修正が施されている。消された最初の案文は、次のとおりであった。］しかし、問題は、はたして現象のこの局面、他人との関係のこの構造を露呈する否定主義的ないし肯定主義的思考は、その関係の全体、あるいはその本質をさえ把握するものかどうかということである。われわれは、その思考は原理的に、その経験的異本を把握しうるにすぎない……と言うのである。

他人とは、私が自分の上に注がれていることを感じ、そして私を凝固させる眼差しの所有名義人Xのことだ、とそう仮定してみよう。というのも、他人という現象は私によって内側から準備されたのであり、私、つまり無が、私の身体、私の状況、私の外部を自分の身に引き受けることによって、その眼差しにさらされたのであって、要するに他人とは〈存在〉への私のはまりこみの極限例にほかならないと言ってみたところで、他人という現象の解明に一歩も進めたことにはならないのだから。なぜなら、私を〈存在〉に挿入するものが私である限り、挿入するものとされるものとが互いの距離を守っているのに対して、他人の眼差しは——そして、まさにこの点で、それは私に何か新しいものをもたらすのだが——、私をまるごと、つまり存在と無を包みこんでしまうからである。まさにその点が、他人との関係のうちでいかなる内的可能性にも依存しない点であり、そしてそれが、その関係を純粋な事実と呼ぶことを余儀なくさせる点なのである。ところで、他人との関係は私の事実性に属するとはいえ、言いかえればそれは〈対自〉からは演繹されえない出会いだとはいえ、それでもなお、その関係が私に対して一つの意味を提供しているということはある。私を石化したままに打ち棄てておくのは、無名の出来事なのではなく、他の誰かの登場なのである。私はただ自分が凍えているのを感ずるのではなく、眼差しによって凍えさせられているのであり、そしてもし私を眼差しているのが例えば動物だとすれば、私はこの経験の弱いこだまを感ずるだけのことであろう。してみれば、他人の眼差しの意味が、それの眼差している私の身体に残されたその焼け跡に尽きるどころか、他人の眼差しのうちにある何かが、その眼差しをまさに他人の眼差しとして私に通告するということがなければならない。つまり、私は、存在と無を含めてまるごと、私を捕えているその知覚の中に巻き添えにされ、他人は私を魂と身体として知覚しているのだと、何ものかが私に教えているのでなければならない。したがって、両極《アンビヴァラント》的な関係を他人との関係の標準的な形式とし、私が身にこうむっている客観化を前面に押し出してみたからといって、自己性の肯定的知覚を外的自己性によって承認せざるをえぬという事情を回避したことにはならない。両極《アンビヴァラント》的な関係は、その条件として、われわれを外的自己性に送り返すのだ。言いかえれば、負の思想は、なるほどあらゆる措定を否定の否定にもとづけ、あらゆる求心的関係を遠心的関係にもとづけることはできるが、しかし存在一般が問題になるにせよ、あるいは他人の存在が問題になるにせよ、いずれにしても否定の否定が、これという単純性（simplicité）に結晶する瞬間がやって来るのだ。前者の場合には、何ものかが存在することになるし、後者の場合には、誰かが存在することになる。これらの出来事は、〈対自〉の下部構造以上のものであり、したがって以後、〈対自〉の否定の力は、それらの出来事の最高の肯定性から派生してくるわけであり、私の認識はただ、存在がすでにそれ自身でそうであったものを批准し、「そのあるがままの」存在に追いつくだけのことであり、そして同様に、私の恥の意識が他人の存在の全意味をなすどころか、他人の存在こそが私の恥ずかしさの真理となるのである。要するに、もしわれわれが、単に独我論的〈存在〉と他人との私の関係だけではなく、われわれすべてによって目指されている限りでの〈存在〉、互いに他を知覚し合いながら、同一の世界――そして、私が知覚しているのと同じでもある世界――を知覚している他人たちで満ちあふれている限りでの〈存在〉との私の関係を考えてみるならば、否定主義的思考は再び次の二者択一に当面することになる。その一つは、私を無として定義し、〈存在〉を純粋肯定性として定義するやり方に忠実でありつづけることであるが、この場合には、われわれは自分の面前に、自然と人類と歴史の全体――もちろん、私も含めてだが――としての世界をもってはいないことになる。さまざまの否定は、存在の表面の単なる光り加減にすぎないし、存在の固い核も、われわれが存在から一切の可能的なもの、一切の過去、一切の運動、私に帰属していて存在には属していないあらゆる想像的ないし幻想的属性を消し去った後にやっと見いだされるにすぎない。もしわれわれが存在を、そこにはもはや何も存在しないような純粋肯定性の極限にまで押し戻したり、われわれの経験の内容をなしているすべてを再び〈対自〉に帰せしめようといったつもりがないならば、そのときには、「もう一つの選択肢として」、否定性の運動それ自身に従いながら、否定性が否定性自身の否定の終端に達するそのとき、多くの否定的な属性やさまざまの移行、生成と可能性を存在に合体させなければならぬということになる。いつものことながら、同じ否定主義的思考が、肯定性と否定性という二つの表象の間を、その一方を犠牲にすることもできなければそれらを結合させることもできずに揺れ動いているわけであって、その思考は両極性《アンビヴァランス》そのもの、つまり存在と無との絶対的矛盾と同一性なのであり、それはプラトンが語っている「腹話術的」思考*であり、自分が提題《テーゼ》において否定しあるいは肯定するものをつねに仮定において肯定しあるいは否定する思考、つまり上空飛行的思考として、存在の無への内属と無の存在への内属を否認する思考なのである。

反省哲学は、自分自身に無自覚でない限り、おのれに先行するもの、つまり反省以前におけるわれわれの内や外なる存在とのわれわれの接触を気にかけざるをえない。それにもかかわらず、反省哲学は原理的に、その接触を、反省以前の反省としてしか考えることができないのだ。それは、反省哲学が、「主観」とか「意識」「自己意識」「精神」といった概念の支配の下で展開するし、それらの概念はみな、たとえ洗練された形に隠れてではあれ、「考えるもの」(res cogitans)の観念や思考という肯定的存在の観念を含んでおり、そこからは、反省の結果の非反省的なものへの内在化ということが帰結するはずだからである。だからこそ、われわれも、負的なものの哲学は、われわれの反省の能力を巻きぞえにすることなしに非反省的なものの生まな存在をわれわれにとり戻してくれるのではないかどうかを自問してきたのである。何ものでもない主観性は、存在と直接に向かい合い、世界に触れていると同時に、また、そのうちにあるいかなる不透明性もその主観性をそれ自身から引き離しえない以上、能う限りおのれの近くにもいるわけである。とはいえ、存在と無のこの分析論には、一つの障害が残る。それは、原理的に、存在と無を絶対に対立させ、互いに排除し合うものとして定義するが、もしそれらが絶対の対立者だとすれば、それらはそれらに固有な何ものによっても定義されないことになるからである。一方が否定されるやいなや、すぐそこに他方がいる。それらのどちらも、他方の排除にすぎず、結局のところ、それらが互いの役割を交換することを妨げる何ものもないのだ。それらの間には、ただ断絶があるだけなのである。それらはいかに二者択一的なものだとはいえ、どちらも互いに他の前での後退にすぎない以上、それらはどちらから言っても相共に思考の一つの世界を構成するのである。全体的存在、――すなわち全面的に存在し、したがってまた何も欠いてはいないもの、存在全体であるもの――を考えるためには、その存在の外に非存在という欄外が存在しなければならないが、しかし全体から排除されたこの欄外はその全体が全体となることを妨げる。だから、真の全体性はその欄外をも含むべきであろうが、それは、その欄外が非存在という欄外である以上、不可能なことである。このようにして、もし存在と無が絶対的に対立しているとすれば、それらはともに一種の〈超存在〉のうちに基礎を置くことになるが、そのようなものは、それを求めている力がそれらの絶対的反発力にある以上、架空のものでしかないのである。以上が、われわれのたどってきた、そして絶対的対立から対立の別な形にすぎない同一性へと導く循環である。その際、存在と無を、あるものとないものとの間の対立として考えようとも、反対に、存在と無を同一視しようとも――それには、存在を否定の反復とするやり方もあれば、逆に、存在を、無がそれにもたらす承認を優越的に含むほどに完全な肯定とするやり方もあるが――、事態は同じなのである。それらの関係の一方から他方へは、進歩も変形も不可逆な順序もないのだ。一方から他方へとわれわれを導くのは、考えられている対象の運動ではなく、われわれの注意の移動、あるいはどちらを出発点にするかというわれわれの選択なのである。それにしても、この両極性《アンビヴァランス》という非難は、われわれと存在との接触の根本構造にもとづいた記述としての〈存在〉と〈無〉との分析論に対しては無力である。もしその接触が本当に両極的だとすれば、われわれの方がその両極的な接触に甘んずべきなのであり、そして論理的な諸難点もこの記述に対しては何の反抗もできないのである。実のところ、存在をあらゆる点でかつ無制限にあるものとして定義し、無をいかなる点でもないものとして定義するやり方と、直接的存在と直接的無とを思考によってわがものにしようとするやり方、つまりこの直観とこの負的直観は、経験の抽象的肖像なのであり、したがって、それらについて論議するのは経験を地盤にしてでなければならないのである。それらは、われわれと存在との接触をうまく、そして完全に表現しているのだろうか。それらは、確かに視覚の経験を表現してはいる。視覚はパノラマであり、私は両眼の穴を通して、私の見えざる片隅から世界を支配し、世界がある所で世界と落ち合うからである。視覚の一種の錯乱とも言うべきものがあって、そのために私は、視覚を通して世界そのものに赴くと同時に、それにもかかわらず、この世界の諸部分が私なしでは共存しないこともまったく明らかである（即自としてのテーブルは、それから一メートル離れたベッドと何の関係もないのだから）。世界とは、世界の視覚であり、それ以外の何ものでもありえない。存在は、その全延長にわたって、一個の存在ではなく一個の非存在であるような存在者の視覚によって囲まれている。真に眼差しと一体になり、真に見る者の位置に身を置く者にとっては、それは異論の余地のないことである。だが、それが真理のすべてであり、したがってその真理を、肯定として〈即自〉があり、否定として〈対自〉が非在（inexister）するという言い方で定式化しうるものだろうか。この定式は、明らかに抽象的である。それを額面通りに受けとるならば、この定式は視覚の経験を成り立たないものにしてしまうであろう。というのも、もし存在がまったく即自的にあるとすれば、存在それ自身は同一性の闇の中にしか存在しないし、そして存在を同一性の闇から引き出す私の眼差しは、存在を存在としては破壊してしまうことになるからであり、またもし〈対自〉が純粋否定だとすれば、それは〈対自〉でさえなく、おのれのうちに知られるべき何かがあるということもない以上、おのれを知るということもないからである。私は決してあるがままの存在をもつのではなく、その光景としての意味に還元された、内面化された存在をもつにすぎない。そのうえ、私は、全面的に存在に捧げられながらもつねに存在を欠く無を、もっているというのでもない。しかしまた、つねに存在を欠くというその繰り返される失敗が非存在にその純粋さを与えてくれるというわけでもないのだ。では、私は何をもつのか。私は、存在に満たされた無、無によって空虚化された存在をもつのであり、そしてもしこれが、それらの相互による破壊、世界による私の破壊と私による世界の破壊でないとすれば、存在の空無化と無の存在へのはまりこみとは外的な関係であってはならず、二つの異なった働きであってはならないことになる。これがまさに、ひとが視覚を無化（néantisation）として考えることによって、獲得しようとしていたことなのである。このように解されたとき、視覚は〈即自〉そのものを、見られた世界の身分に移行させ、〈対自〉をも、存在に埋めこまれ、状況づけられ、受肉した〈対自〉の身分に移行させる。私の視覚は、作動する無として、世界への遍在的現前である――その視覚には、惰性も不透明さもないのだから[1]――と同時に、おのれの見ているものとは決定的に異なっており、その視覚をして視覚たらしめている空虚さそのものによって、おのれの見ているものから隔てられているのである[2]。ところで、われわれはここで再び、われわれが上で存在と無の弁証法の中で確認しておいたことを、経験の分析の中に見いだす。すなわち、もし本当に存在と無との対立に固執するなら――つまり、見るとは、ないということであり、見られるものは存在だとするなら――、視覚が世界への直接的現前だということは理解できるが、しかし私がそれにほかならないところの何ものでもないものがいかにして同時に私を存在から引き離しうるかは理解できないということである。もし何ものでもないものが私を存在から引き離し、また存在が視覚に対して超越的だとすれば、今度は、視覚を純粋な非存在と考えることを止めたということになるし、さらには存在を純粋な〈即自〉として考えることも止めたということになる。存在と無の分析論は一種の観念論であって、われわれの求めている生まの存在ないし前反省的存在をわれわれに与えてはくれないようなものであるか、あるいはもしそれが観念論以外のものだとすれば、それは最初の定義を乗り超え、変形してしまうからであるか、のいずれかなのだ。後者の場合、私はもはや純粋に負的なものではないし、見ることも単純に無化することではなく、私の見ているものと物を見ている私との関係も、直接のあるいは真正面からの矛盾の関係ではなく、物が私の眼差しを引きつけ、私の眼差しが物を愛撫し、物の輪郭と表面の起伏につき従うという関係であって、われわれは両者の間に一つの共犯関係を垣間見るのである。存在に関しても、私はもはやそれを、私の視覚に由来する負的な諸性質の下にある肯定性の純粋な核として定義するわけにはいかない。もしそうした負的諸性質をすべて取り去ってしまうならば、もはや眼に見えるものは何も残ってはおらず、それらの諸性質を〈対自〉のせいにすることを許すものは何もないし、それどころか〈対自〉自身、〈存在〉にはめこまれていることになるのだ。さまざまの否定や遠近法的変形など、私がこれまで外的呼称として考察することに慣れていた諸可能性を、今や私は〈存在〉に統合し直さなければならず、したがって〈存在〉は奥行のうちに配置され、露呈されると同時に隠されており、深淵であって充実ではないということになる。〈存在〉と〈無〉の分析論は、物そのものの上に、ほとんど感知できない薄膜、つまりそれらの私にとっての存在を押し拡げていたのであって、私にとってのこの存在が、われわれにそれらの物をそれ自体として見させていたのである。ところで、私の側で言えば、私に見えていたのは、私の視覚がそこにはまりこんでいる物体的存在の層であったのに対して、物の側には、決して何ものでもないものではなく、私をして、物自体はつねにより遠くにあると言わしめるような眺望《パースペクティヴ》の増殖があるのだ。視覚とは、〈対自〉の〈即自〉への直接的関係ではないのであり、われわれは見られている世界と同様に、見ている者についても、その定義のし直しを求められているのである。〈存在〉と〈無〉の分析論とは、自分には身体があることや、自分の見ているものはつねに自分の見ているものの下に隠れているということを忘れている見る者、そして純粋な視覚に身を置くことによって純粋な存在と純粋な無への移行を強行しようと試み、幻視家となりながらも、他方で見る者としてのおのれの不透明性と存在の奥行に送り返されている見る者のことなのだ。もしわれわれが物そのものへのこの接近を記述することに成功するとすれば、それは、決して中止することのないその不透明さとその奥行を通してでしかありえないであろう。残りなく観察しうるような物もなければ、隙間なしの、全面にわたるような物の視察というものもない。われわれは、物がそこにあると言うのに、それを観察し終るのを待ちはしない。それどころか、それのもっている物としての容貌こそが、その観察が可能であろうことをわれわれに直ちに納得させるのである。われわれは、感覚的なものの木目のうちに、一連のつき合わせ作業の保証を見いだしているのであって、そのつき合わせ作業が物の個体性をなすのではなく、それは物の個体性から派生してくるのである。逆に、想像的なものも、絶対に観察不可能なものではない。それは、自分を受肉させてくれる、それ自身の類似物を物体に見いだすのである。感覚的なものと想像的なものとのこの区別は、他の区別と同様、再考を要するものであって、充実したものと空虚なものとの区別に還元されはしないのである。

（1）［欄外に］世界の対私存在（l'être-pour-moi）の層が開示するのは、(1) 即自存在の〈奥行〉、(2) 対自存在の〈不透明さ〉である。

（2）［ここで、テクストの本文そのものの中に、次の文が挿入されている。］

(1) 私が非存在の膜で存在から引き離されているということは、間違いではない。しかし、この非存在の膜は〈私〉ではない。視覚は、認識ではないし、視覚の〈私〉は、無ではない。

(2) サルトルの言っている固い「存在の殻」。私がそれにほかならない［非?］（さまざまの否定や、存在の表面の無の輝き）の周りに、殻が一緒にあるわけではない。存在が超越的だということは、まさしく、存在が結晶しつつある現出であり、充実していながら、また〈空虚〉だということ、地平をもった〈ゲシュタルト〉であり、裏と表の両面をもっており、それ自身〈隠蔽態〉（Verborgenheit）だということである、――私のうちで語っているのは存在なのだから、存在がおのれを知覚するのである。

純粋な視覚、パノラマの俯瞰に身を置くような哲学にとっては、他人との出会いはありえない。というのも、眼差しとは支配するものであるが、それは、物しか支配することができず、仮に人間に注がれたとしても、それは人間を、バネ仕掛けで動くにすぎないマネキン人形に変えてしまうからである。ノートルダム寺院の塔の高みからは、私は、そうしようと思っても、自分があれらの壁の中に閉じこめられて何か分からない仕事を細々と続けている人たちと同じ平面にいるということを感じとることはできない。高い場所は、世界に鷲の眼差しを降り注ごうとする人たちの魅力なのである。視覚が独我論的であることを止めるのは、近くから他人を見るときだけであり、しかも他人の眼差しが、かつて私がそこに彼を捕えたその光線の束を私に投げ返すときだけであり、また他人の眼差しが、私が彼の眼の敏捷な動きの中に予感していた身体とのつながりをはっきり示し、彼の眼差しが、私が主権を振るう自分の視覚の中心に見当づけていた盲点を途方もなく拡大し、そして私の視野にそのあらゆる境界から侵入してきて、私が他人のために用意しておいた独房に私を引きこみ、彼がそこにいる限り私には孤独が許されないようにしてしまうときだけである。いずれにしても、いかにしてわれわれは、独我論や自己疎外の立場で、われわれの眼差しの末端に、一つの精神、一つの見えないものを見いだしうるのだろうか。あるいは逆に、他人もまた純粋な眼差しだとした場合、いかにしてわれわれは彼の眼差しを見るのか、と言ってもいいだろう。そのためには、われわれが彼そのものでなければならぬであろう。したがって、見る者の宇宙に他人が導入されるのは、痛みとか災難の場合のように、家宅侵入によってでしかないのだ。他人は、見る者の前面に、風景の中に現われるのではなく、斜めの方に、見る者への根本的猜疑として立ち現われるであろう。見る者は純粋な視覚でしかない以上、見られたものであるような他なる見る者に出会うことはできない。仮に見る者が自己から抜け出るとしても、それは視覚が自分自身に振り返ることによってでしかないであろう。見る者が自分以外の人間を見いだすとしても、それは見られた自分自身の存在としての他者にすぎないであろう。私による他人の知覚というものは存在しないのだ。突然、見る者としての私の遍在性が否認され、私は自分が見られているのを感ずるというだけであり、そして他人とは、私が突然自分でもっていることを感じている可視的身体を説明するためにぜひ考慮しなければならぬあそこのXだということになる。一見したところ、他人を未知なる者として導入してくるこのやり方が、他人の他者性を斟酌し説明する唯一のやり方であるように見える。仮に他者がいるとしても、定義からして、私は彼のうちに身を置き、彼と合体し、彼の生そのものを生きることはできない。私は自分の生を生きるだけである。だから、もし他者がいるとしても、彼は私の眼には、私が自分にとってそうであるような正確な既定の意味での〈対自〉では決してない。たとえ、他人と私とのさまざまな関係からして、他人「もまた」、自分「も」私的な光景をもっているのだと考えているということを私が認め、さらには悟らざるをえなくなるとしても、私は、私が自分の考えであるようなふうに彼のその考えなのではないし、私が自分の私的光景をもっているようなふうには彼の私的光景をもっているのではなく、私が彼の私的光景について語ることはつねに、私が自分について私自身を通して知っていることから導かれるのである。つまり、仮に私が彼の身体に住みつくとすれば、私は私のもっている孤独に類似した、そしてそれとの関係で遠近法的にずらされたもう一つの孤独をもつことを認めざるをえないということなのだ。しかし、「もし私が住みつくとすれば」というのは仮説ではなく、それは虚構ないし神話なのである。他人がそれを生きているがままの他人の生は、話している私にとっては、場合によってはありうる経験、可能体ではない。それは、禁じられた経験、不可能事であり、そしてもし真に他人が他人であるとすれば、まさしくそうでなければならないのだ。もし真に他人が他人だとすれば、言いかえれば私が私にとってそうであるような強い意味での〈対自〉だとすれば、彼は私の眼には決して対自であってはならないし、この他なる〈対自〉は決して私の眼差しにさらされることがないのでなければならず、他人知覚などは存在せず、他人は私の否定ないし私の破壊なのでなければならない。他人と私とを同じ思考の宇宙に位置づけるという他の解釈はすべて、他人の他者性をそこない、したがって隠れた独我論の勝利を印づけるのである。逆に言えば、私が他人の他者性を保証し、独我論から脱却するのは、他人を私には近づき難いだけではなく見えないものたらしめることによってなのだ。だが、これで困難が終わるわけではなく、迷宮はわれわれが考えている以上に錯綜している。というのも、もしわれわれがいま言ったことを、次のようなテーゼ、つまり他人は私にとっては存在しえないし、それは私の見られた存在でしかありえず、他人とは、私が自分で見られていることを感じている以上は、存在の中に点線で引かざるをえない私のものならざる地帯の未知の所有者だというテーゼに言い表わすならば、他人の他者性を保証するかに見えていた他人の対自存在についての不可知論が、むしろ突如、その他者性に対する最悪の侵害となってくるからである。それというのも、この不可知論を唱える人は、その不可知論がそれに耳を傾けるすべての人に適用されうることを含意しており、彼は自分と自分のパースペクティヴについて、しかも自分自身のために語っているだけではなく、万人のために語っているからである。つまり彼は、〈対自〉（一般）だけが存在する……とか、あるいは対他存在は〈対自〉の死である、といった類のことを言っているわけであるが、ただし自分がそれを生きているとおりの対自存在が問題なのか、それとも彼のその話を聞いている人たちが生きているような対自存在が問題なのか、また自分が体験しているがままの対他存在が問題なのか、それとも他人たちが体験しているような対他存在が問題なのかを特定せずに、そう言っているのだ。彼がみずからに許容している〈対自〉(le Pour Soi)、〈対他〉(le Pour Autrui) といった単数は、彼が万人の名において語ろうと思っているということ、彼がその記述のうちに万人のために語る能力を暗示しているということ――その記述がその能力を否認しているにもかかわらず――を示している。したがって、私が私の経験――私にとっての私の存在と他人にとっての私の存在――だけに依拠し、他人の対自と私にとっての彼の存在の根本的独自性を尊重しているというのは、見かけにすぎない。私が私の独我論の壁に他人の眼差しが通過しうる割れ目を開けているというその事実だけからしても、私が相手にしているのはもはや、〈対自〉「なるもの」と〈対他〉「なるもの」との二分法ではなく、それは、私にとっての私の存在と、他人にとっての私の存在、他人の対自、私にとっての他人の存在という四つの項からなる一つの系なのである。私が私の宇宙の地平に、私に恥をかかせた相手とその彼が私についてもっている不当なイメージとを住まわせるべくしつらえようとしていた空虚は、私がどう考えようとも、単なる空虚ではないし、私自身と私の宇宙の単純で直接的な否定でもないのだ。たとえ点線によってであれ、私がその空虚を囲んでいるというそのことだけからしても、その空虚は私の宇宙の中から切りとられたものであり、私の宇宙と他人の宇宙との交叉があるということになる。われわれは〈対自〉なるもの（*le* Pour Soi）一般と並んで、それを支える〈即自〉なるもの（*l'*En Soi）一般と、〈対他〉なるもの（*le* Pour Autrui）一般とを、すなわちすべての〈対自〉にある、他人の眼差しによって〈即自〉なるもの一般に合体される可能性とをもっているのではない。言いかえれば、われわれは、私にとっての私の存在と他人にとっての私の存在を、潜在的にn通りに多元化された形でもっているのではない。われわれは、私にとっての私の存在と、他人に対して光景として開かれているこの同じ私にとっての私の存在と、私の眼差しの写しではあるが、しかし私の眼差しを物言わぬ石にしてしまうことも可能な、対自存在の担い手としての他人の眼差しと、そして最後に、他人に注がれた私の眼差しによって目指され、何らかの形で到達され、知覚されている、他人の対自にとってのその同じ私の対私的存在とを対等な形でもっているのである。確かに、私と他人との間の互換的な関係などということは、論外である。私が私であるのは私独りであり、私自身にとっては私が人間性の唯一の原本《オリジナル》であって、視覚の哲学が自－他の関係のいかんともしがたい非対称性を強調するのも当然なことだからである。しかし、その見かけがどうであれ、視覚の哲学こそは独断的にも、右のような諸状況を互いに不可侵なものと言明し、それらを互いに他の否定と考えながら、それらの状況すべてに同時に身を置いているのである。独断的というのは、私がこの絶対の否定にまで行くことはありえず、否定はここでは独断論であって、それはひそかに対立者の絶対的肯定を含んでいるからである。私と他人たちが原理的に等価な宇宙として独断的に措定されないためには、そして自我にとっての〈対自〉の特権が認められるためには、他人からの私への移行と私からの他人への移行がなければならない。ところが、視覚の哲学は、他者経験を他者の面前での私の客観化の経験にもとづけることによって、他者と私との間に、存在の関係であると同時に純粋な否定の関係であるような関係を設定しうると信じたのである。存在の関係というのも、私が私についての他人の見方によって傷つけられるのは私の存在そのものにおいてだからであり、そして純粋な否定の関係というのは、私のこうむるその客観化の働きが私には文字通り捉え難いものだからである。われわれはここで改めて、次のいずれかを選択しなければならないことを確認する。すなわち、他者と私との関係は、真に存在の関係であるか、それとも［……］であるかのいずれかだということである。[1] もし前者なら、他人は私の眼には〈対自〉の価値をもち、私もまた、彼の捉える私自身の外部を通して、純粋な〈対自〉として彼の思いのままにされ、私を構成している無が私自身の眼下で私の状況にはめこまれるのでなければならず、そして最後に、他人と私とが、それぞれ同じ致命的な病魔――すなわち、われわれ自身の〈即自〉の宇宙の中でわれわれをかわるがわる押しつぶす他者なるものの現前――に襲われた二つの並列的な〈対自〉となる代わりに、それぞれのペアが互いに[2]他のペアに対して〈対自〉の体系となるのでなければならない。それら〈対自〉の二体系は、互いに他を感知しうるのであり、相手からどんな被害を受けるかという点でだけではなく、もっと一般に一個の証人として、しかもおのれ自身忌避されうる証人として他を知っているのである。忌避されうるというのは、その証人もまた偏見をもっており、そして私と同様、純粋な存在に対する純粋な眼差しではないし、また彼の見方と私の見方とは、あらかじめ部分的な諸パースペクティヴからなる一つの体系の中にはめこまれ、そしてわれわれの共存の場であり、部分的パースペクティヴの交叉の場である同じ一つの世界に指し向けられているからである。

（1）［テキストの後続部分には、もう一つの「……であるか」が言明されていないが、選択肢の最初の項への反省が、第二の項の成り行きを決定してくれる。実際、すぐに明らかになるように、他人は私を私の即自の宇宙で押しつぶすのではないということと、他人は私という〈対自〉の不可解な否定なのではないということとは、同じことなのである。著者は、以下の注で、この点についてさらに再論している。］

（2）それぞれのペアが互いに他のペアに対してということであって、他人と私とが互いにということではない。他人の問題は負的なものの諸哲学にあっては、あたかも一切の困難が一方から他方に移ることにあるとでも言わんばかりに、つねに他者なるものという問題の形で立てられている。これは意味深長なことである。それは、他者なるものがそこでは一人の他者ではなく、非我一般、私を有罪にしたり無罪放免にしたりする裁判官、それに他の裁判官を対立させることさえ私には思い浮ばぬような裁判官だということだからである。ところで、もしも、例えばシモーヌ・ドゥ・ボーヴォワールの『招かれた女』がやっていたように、三人組《トリオ》が三つの二人組《カップル》に分解するということが示されうるとしても、そして一切の抽象的相互性の枠外に成功した二人組《カップル》が存在すると仮定すれば、同じ意味で成功した三人組《トリオ》は存在しえないことになる——それは、二人組《カップル》のもつ諸問題に、その二人組《カップル》を作り上げている可能的な三つの二人組《カップル》どうしの間の一致という問題をつけ加えることになるのだから——ということが示されうるとしても、いずれにしても、他人の問題は他者なるものの問題に還元されないし、厳密な意味での二人組《カップル》がつねに第三の証人をもっているとすればなおさらそうなのである。おそらくは、負的なものの哲学の慣用の順序を逆にして、他者なるものの問題はもろもろの他者という問題の特殊例にすぎず——誰かとの関係はつねに第三者との関係によって媒介されているのだから——、第三者たちもお互いどうしの間に、それぞれに違った第三者との関係が出来上るような関係をもっており、そしてこのことは、生涯の初めに遡るほどに遠くまで及ぶ——オイディプス的状況もやはり三角関係なのだから——とさえ言わなければならないだろう。ところで、ここで問題になるのは、単に心理学ではなく、哲学、——他人との関係の内容のではなく、その形式とその本質の——でもある。もし他人へのアプローチが他人たちの星座（そこにはもちろん、さまざまな大きさの星がある）への入場だとすれば、他者が私自身の唯一絶対的な否定にほかならないと主張することは難しい。というのも、絶対的否定はただ一つしか存在せず、それはそれ自身のうちにいかなる敵対する否定をも呑みこんでしまうからである。たとえ、或る主要な他者というものがあって、それからわれわれの人生における多くの二次的他者が派生してくるのだとしても、その主要な他者がただ一つの他者ではないというだけで、すでにそれを絶対的否定としてではなく、モデル化された否定として理解せざるをえなくなるのだ。言いかえれば、そのような他者は結局のところ、私の生にさからうものとしてではなく、私の生を形作っているものとして、私がそこで疎外されるであろうもう一つの宇宙としてではなく、単に私の生というだけでは決してなかったような或る生の私好みの異本《ヴァリアント》として理解されざるをえないのである。たとえわれわれ各自が各自の他者の原型をもっているとしても、その原型が共有可能なものであり、他者の一種の暗号ないしシンボルであるということとそのことからすれば、他人の問題は、もう一つの無化へのアプローチの問題としてではなく、さまざまな他者——対自存在や対他存在というのは、その反省的異本であって、本質形式ではない——の象徴論や類型論への導入の問題として立てざるをえないのである。

他人が真に他人であるためには、他人が厄介者だというだけでは、つまり他人は味方から敵への絶対的逆転というたえざる脅威であり、強迫観念のように、いかなる異議申し立ても無視してひとり聳え立ち、場所も相対的関係も顔もなく、一瞥のもとに私を私自身の世界の塵へと粉砕する力をもった裁判官だというだけでは不十分であり、またそのようなものであってはならない。他人は私を脱中心化する力をもち、私の中心化の働きに彼の中心化の働きを対立させる力をもっていなければならないし、その力をもつだけで十分であるが、彼がそのようなことをなしうるというのも、われわれが比較を絶した〈即自〉の二つの宇宙に据えつけられた二つの無化作用なのではなく、同一の〈存在〉への二つの入口だからであり、それぞれの入口は事実上は各自にしか近づきえないものではあっても他の一人にも権利上は近づきうるものであり、それらの入口がいずれも同じ〈存在〉に属しているからにほかならない。私の見る他人の身体、私が聞き私に与えられている彼の言葉は、私の領野に直接に現前しているという限りでは、私が決していそれに居合わせることがないだろうようなもの、私にはつねに見えないものであり、私は決して直接にその証人とはなれないようなものを、それらなりの仕方で私に呈示しなければならないし、その呈示でそれらの役目は終わるのである。そのようなものは、したがって一種の不在ではあるが、それはどんな不在でもいいというわけではない。それは、初めからわれわれに共通するような次元、つまり他者を私の鏡であるように——私が彼の鏡であるのと同様に——予定し、われわれ自身が誰かの像とわれわれの像とを別々にもつのではなく、われわれ二人がともに含まれているような唯一つの像をもち、そして私自身についての私の意識と他人についての私の神話が二つの矛盾ではなく、互いに他方の裏面となるといったさまざまの次元に応じた特定の不在、特定の差異なのである。おそらく、このことが、他人とは私の見られてあること（mon être-vu）に責任を有するXだ、と言われるときに意味されているすべてなのだ。だが、そのとき、次のことをつけ加えなければならないだろう、——他人がそのようなXでありうるのは、私には彼が私を眼差しているのが見えるからにほかならず、彼が、私、見えないものとしての私を眼差しうるのも、われわれが対自存在と対他存在とからなる同じ体系に属し、われわれが同じ構文法の契機となり、同じ世界に数え入れられ、同じ〈存在〉に属しているからにほかならないのだ、と。ところで、このことは純粋な視覚という資格での人間にとっては意味のないことである。もちろん、そのような人間も、物そのものに到達するという確信をもってはいる。しかし、そのような人間は、見るという行為そのものに捕えられ、自身はたちまち物の一つになるのであって、そこには一方の見方から他方の見方への移行というものはない。純粋な見る者としての彼が見られた物になるのは、存在論的な大異変によって、すなわち彼にとっては不可能事であるような純粋な出来事によってなのである。もっとも、仮に彼がそうした大異変を理解することができるとしても、それは、視覚の遍在性と言われるものを再検討し、一切であろうとすることを断念し――それは言いかえれば、何ものでもないということを断念し、ということになるが――、視覚そのものの中で、物への一種の触診を知り、俯瞰そのものの中で、内属ということを知るようになることによってでしかないのである。確かに、われわれの世界は、原理的に、また本質的に視覚的である。世界を匂いや音で作るというのはできない相談であろう。だが、視覚の特権は、無から(ex nihilo)純粋な存在へと限りなく開かれていることなのではない。視覚もまた、領野をもち、射程をもっている。視覚によってわれわれに与えられる物が、それ自身と同一で完全に肯定的な純粋事物であるのは、例えば星の場合のように、きわめて遠距離にある場合だけであり、そしてこの〈即自〉の地平は、近くにある事物群――物は物で、開かれた汲み尽し難いものなのだが――の素地としてしか見えてはこないのである。

私と物との関係が問題になるにせよ、また私と他人との関係が問題になるにせよ(その二つの問題は、〈対自〉の孤島的在り方からの超出が、私と他人が「同じ」物に開かれているということによってのみ可能である以上、実は一つなのだ)、問題は、われわれの生が結局のところ、われわれの背後の絶対に個体的で絶対に普遍的な無と、われわれの前の絶対に個体的で絶対に普遍的な存在との間で営まれるのか――その場合には、われわれは、〈存在〉から獲得したすべて、つまりわれわれがそうであるすべてを、思考や行為という形で〈存在〉に返すという不可解かつ不可能な課題をもつことになる――、それとも、私と〈存在〉との関係は、視覚や言葉に至るまですべて、世界の肉との肉的関係ではないかどうか、ということなのだ。この世界の肉との肉的関係にあっては、「純粋な」存在なるものは、地平線にすけて見えるだけであり、無ではない距離、私によって繰り拡げられたのではなく、何ものかであり、したがってそれ自身存在に属している距離、「純粋な」存在と私との間にあって、その存在の私にとっての在り方や他者にとっての在り方の厚みをなすところの距離のうちにすけて見えるだけなのである。そして、その距離のおかげで結局、存在の名に価するのは「純粋」存在の地平ではなく、そこに導くさまざまのパースペクティヴの体系であるということになるのだし、また完全な存在は私の面前にあるのではなく、私のさまざまな所見の交叉点や私の所見と他人たちの所見の交叉点に、また私の諸行為の交叉点や私の行為と他人たちの行為の交叉点にあることになるのであり、感覚的世界と歴史的世界とはつねに間世界（intermondes）なのである。というのも、それらの世界は、われわれのいろいろな見方の彼方で、それらを相互に連帯させ、また他人たちの見方とも連帯させる当のものであり、われわれが生きるやいなやそれに差し向けられる法廷、われわれが見たり行ったりすることがそこに記入されて、物や世界や歴史となるべき登記簿だからである。われわれの生は、純粋な〈存在〉ないし〈客観〉のまばゆい光に開かれているどころか、その語の天文学的意味で、気圧をもっている。それは、感覚的世界とか歴史、身体的生の〔非人称的主体としての〕ひと*や人間的生の〔非人称的主体としての〕ひと、現在と過去などと呼ばれるもやにたえず包まれているのだ。それらは身体と精神との入りまじった全体、顔や言葉や行為の混淆であって、それらの間にはいかにしても拒みえない凝集力が働いているのである。拒みえないというのも、それらはすべて、同一の或るものの差異であり、極端な隔たりだからである。この錯綜した含み合いに関しては、二つの誤りがありうる。その一つは、その含み合いが私の身体のさまざまの偶発事、例えば死によって、あるいは単に私の自由によって引き裂かれうるという口実のもとに、その含み合いを否定するということである。しかし、その含み合いが引き裂かれうるということは、その含み合いが生起する際には、それがその存在の条件をなす部分的諸過程の総和にすぎないということを意味するわけではない。ここで原理中の原理となるのは、生の諸力を死の力によって判断することはできないし、また生、つまり死に抵抗する諸力の総和を、あたかも非存在の抑圧であることが〈存在〉の必要かつ十分な定義であるかのように定義することほど恣意的なことはない、ということである。世界への人間の内含、人間どうしの間での含み合いは、たとえ知覚や行為を介してのみなされうるとしても、現実的なものの空間的・時間的多様性に対しては横断的な関係にあるのだ。このことをわれわれは逆の形に誤解して、この含み合いの秩序を非時間的な超越論的秩序として、すなわちア・プリオリな条件の体系として扱うようなことがあってはならない。それは再び、生とは破棄された死にすぎないと仮定することであろう。そこでは、生の必要条件の単なる寄せ集めを越えた生のうちなるすべてが、或る外的な原理によって説明せざるをえないと信じられているのである。自然的かつ歴史的世界への開在は、幻想ではないし、また一つのア・プリオリでもなく、それは〈存在〉へのわれわれの係り合いなのだ。サルトルはそれを、〈対自〉は必然的に想像的な〈即自-対自〉(En-Soi-pour-soi)*につきまとわれているという言い方で表現していた。われわれはただ、〈即自-対自〉は想像的なもの以上のものだとだけ言っておこう。想像的なものははかなく、観察しえないものであり、われわれが視覚に移れば消え失せてしまうものである。そのようにして、〈即自-対自〉は、哲学的意識の前では、自己分解して、あるところの〈存在〉と、あるのではないところの〈無〉、〈無〉についての厳密な思考とに席を譲るが、その思考は〈存在〉を必要とし、自己の否定であることによって無に到達し、かくして〈存在〉に内在していたような無言の自己肯定を完成するのである。サルトル的〈即自-対自〉の真理は、純粋〈存在〉の直観と〈無〉の負的直観である。ところが、その〈即自-対自〉には、神話の堅固さ、すなわちわれわれの制度の一部をなし、したがって〈存在〉そのものの定義に不可欠な〈作動しつつある想像的なもの〉の堅固さを認めてやらなければならぬようにわれわれには思われる。が、そのことを別にすると、われわれが語っているのは確かに同じものについてなのであり、そしてサルトル自身、〈存在〉と〈無〉とを仲介するものを指で指し示してくれているのである。

探究の原初に、何ものでもないものである限りでの何ものでもないもの（したがって、存在である限りでの存在）を置く否定性の哲学は、これらの見えないものを純粋なままに考えると同時に、また無についての知が知の無であり、無には雑種の形でしか、存在に受肉された形でしか接近できないということを認める。否定性の哲学は、論理であるのと不可分に、経験なのである。その哲学においては、存在と無の弁証法は経験への準備にすぎず、そして逆に、それによって記述された限りでの経験は、存在の純粋な存在性（entité）、無の純粋な負的存在性（négatité）によって支えられ、仕上げられている。純粋に負的なものが、おのれ自身を否定することによって、肯定的なものに身を捧げ、純粋に肯定的なものが、無制限におのれを肯定する限りで、その犠牲を批准するわけである。意味のこうした運動は、存在の存在と無の非存在とをその帰結までたどり、無矛盾性の原理を適用したものにほかならないが、この運動が、哲学者がそれと一致すべき純粋視覚の図式を与えてくれるのだ。もし私が世界についての私の見方と一体になり、その見方を反省的後退などまったくなしに現実態として考察するならば、その見方はまさしく、存在そのものないし即自的にあるがままの存在がそこで〈見られた存在〉になるべき無の一点への集中となるわけである。具体的記述と論理的分析とに共通するもの、さらに言えば、負的なものの哲学において、存在と無の絶対的区別と存在にはめこまれた無の記述とを同一化するものは、それらが直接的思考の二形式だということである。すなわち、その哲学は一方では、存在と無を純粋な状態で探し求め、両者をできる限り近づけ、充実した姿での存在そのものと空虚な姿での無そのものとを目指し、存在性と否定性が出てくるまで混濁した経験を搾り上げ、そうした経験をペンチではさむように存在性と負的存在性とではさみつけ、われわれが存在と無という語で考えているものを見えるものの彼方に全面的に期待し、そして経験を超えたさまざまの意味を拠り所とするような「本質主義的」な思考を実践し、そのようにしてわれわれと世界との関係を構築する。そして同時に、「他方で」それは、見る者としてのわれわれの身分に身を置き、その身分と一体になり、自分が話題にしている視覚をみずから行使し、内から生きられている視覚そのものに由来しないようなことは何も語るまいとするのである。意味の解明と生の行使が一体になるのは、生きることと考えることが、言うなれば自己同一化ないし無化の働きだということが言外に意味されているからである。負的なものの哲学が本質の固定であると同時に生きられるものとの一体化であるのは、偶然でも不整合でも折衷主義でもなく、自発性の本領が、あらぬという仕方であるということに存し、反省的批判の本領があるという仕方であらぬということに存するからであり、またこの二つの関係がわれわれという一つの回路を形成するからである。われわれがすでに言ったように、負的なものの哲学は、この普遍的両極性の中にあって捉え難いものになっており、事実、その哲学は、それに対峙されるすべてを受けいれてしまっている。そのすべてとは、無はあるのではないということだろうか？　無の観念は疑似観念だということだろうか？　存在は超越的だということ、あるいは「人間存在」は存在への接近だということなのか？　人間が存在をもつのではなく、存在が人間をもつのだということなのだろうか？　いずれにしても、負的なものの哲学は、そうしたことを認める最初の哲学であり、それらがその哲学自身の原理なのだ。ただ、その哲学においては、それらが、対立する諸原理と同一化されているのである。まさしく、空虚な無（le nichtiges Nichts）*はあるのではないから、「がある」（il y a）は、無垢で肯定的な充実した存在のために取っておかれることになる。まさに、無の観念というものはないのだから、無は、存在がある一方で、自由に無化する。まさしく、超越とは〈存在〉への接近であり〈自己〉からの逃亡なのだから、われわれ自身がそれにほかならないこの遠心的で感知されない力が、〈存在〉のあらゆる現出を支配するのであり、そして「がある」が産み出されるのは、〈自己〉から出発して、脱自（ek-stase）ないし疎外によってだ、ということになる。存在が人間をもつのだが、ただしそれは、人間がおのれを存在に与えるからである。ここから、負的なものの哲学の与える次のような種類の居心地の悪さが生じてくる。すなわち、その哲学はわれわれの事実的状況を、かつてない鋭さで記述しているが、それにもかかわらず、その状況は上空から俯瞰されているような印象をとどめており、事実俯瞰されている、ということである。また、経験が存在と無の混合として記述されればされるほど、それらの絶対的区別が確認されるし、思考が経験に密着すればするほど、ますます経験から離れてしまう。これが、負の思想の魔法なのだ。だが、このことはまた、その哲学が、それの肯定するもの――それは一切を肯定するのだ――によって画定されたり判別されることはありえず、ただ、まさに一切であろうとするその意志の故に脇に取り残されるものによってのみ画定ないし判別されるということを意味する。脇に取り残されるものとは、言いかえれば、当の哲学者によって語られているものとは異なるものとしての、語っている哲学者の状況であり、彼の言っていることに彼の明示的内容とは異なる或る種の潜在的内容によって影響を与える限りでの哲学者の状況であり、彼の確定する諸本質とその本質が適用される体験内容との間に隔たりをもたらし、世界を生きる働きと彼がその働きを表現する際の存在性や負的存在性との間に隔たりをもたらす限りでの哲学者の状況である。もしこうした残余を考慮に入れるならば、もはや体験されるものと無矛盾性の原理との同一性ということはなく、まさしく思考としての思考は、生きられている一切を再現するなどとうぬぼれることはできない。思考は、おのれの厚みと重みを除いた限りで、一切を保持しているにすぎない。生きられている体験はもはや、われわれがそこから引き出すさまざまの理念化のうちにおのれ自身を認めることはできない。上空飛行的俯瞰にほかならない思考や本質の確定と、世界への内属ないし視覚にほかならない生との間に再び隔たりが出現し、その隔たりが思考に、前もっておのれを経験に投射することを禁じ、そしてより近くからの記述をやり直すように促すのである。みずからを認識として、また以前になされた経験の二次的確定として意識している哲学にとっては、存在はあり、無はあるのではないという定式は、状況全体の一つの理念化、近似的表現なのであって、状況全体は、われわれが言っていることのほかに、それをそこから汲みとってくるべき無言の経験をも含んでいる。そして、われわれは、存在への直接的現前としての視覚の背後に、存在の肉と見る者の肉とを再発見するように促されているのと同様に、存在と無が単なる「語られたもの」（λεκτα）として互いに他に対して働きかけ合う共通の場を再発見しなければならない。われわれの出発点は、存在はあり、無はあるのではないということではないし、存在だけがあるということでさえなく――それは、全体化的思考、上空飛行的思考の定式なのだ――、存在があり、世界があり、何ものかがあるし、そしてギリシャ人が「語ること」(τὸ λέγειν) について語っているような勝義において、凝集があり、意味があるということであろう。われわれは無から出発して、「無から」(ex nihilo) 存在を出現させるのではなく、そこでは〈地〉は何ものでもないとさえ決して言えないような存在論的起伏《レリーフ》から出発するのだ。最初にあるのは、無の地の上の充実した肯定的存在ではなく、現象の領野なのであって、一つ一つ切り離して考えられた現象は、おそらくは後になって分裂したりあるいは削除されたりすることもあろうが(これが無の部分なのだ)、しかしそれについて私が知っているのはただ、一つ一つの現象が、その真理となるような別の現象にとって代わられるだろう――なぜなら、世界や、何ものかが、つまり自分の存在のためにまず何ものでもないものを無効にしておくという必要もないような世界や何ものかがあるのだから――ということだけである。無について、無はあるのではないし、それは純粋な否定だと言うのは、やはり言い過ぎである。それは、無をその否定性のうちに固定し、一種の本質として扱うことであり、否定性は名前も切れ目も本性もないものとしてのみ妥当しうるにもかかわらず、その否定性にいろいろな語のもつ肯定性を入れこむことになるのだ。原理的に言って、負的なものの哲学は、「純粋な」否定から出発することもできないし、否定作用を自分自身の否定の主体とすることもできない。負的なものの哲学は、あらゆる肯定的なものを内に置き外を単なる負として扱っていた反省哲学の立場を逆転させ、逆に精神を外的存在との接触のみによって生きる純粋な負と定義することによって、目標を回避してしまうのだ。繰り返して言うなら、今度は逆の理由によってではあるにせよ、その哲学は、知覚的信念そのものにほかならない存在への開在性を不可能にしてしまうのである。反省哲学は、観念と観念の観念との間の距離、反省する者と反省以前のものとの間の距離をしつらえることができないために、その開在性を説明することができなかった。が、今欠けているのも、やはりその距離である。というのも、考えている者は何ものでもないのだから、素朴に知覚していた者から何ものによっても隔てられていないし、知覚する者も自分の知覚していたものから隔てられていないからである。思考およびわれわれの内在的思考の哲学にとっては、存在への開在性は存在しないが、しかしまた、無と存在の哲学にとっても存在への開在性は存在しない。というのも、どちらにおいても、存在はまことに遠く、隔たっているからである。存在への開在性について語りうるためには、思考はあまりに自己に閉じこもっているが、無はあまりに自己の外にあり、こうした関係のもとでは、内在と超越は区別されないのである。そこで、こう言われるかもしれない、――おそらく、そうかもしれない。だから、存在への開在性から出発しよう。だが、真に開在性があるためには、われわれは、形而上学的充実から離れる必要がないのか、存在に開かれ、そして見ている当の人が、存在の中の絶対的間隙であり、要するに純粋な負である必要はないのか。さもなければ、われわれは、通俗の相対主義と同じように、現象から現象へと送り返され、決して絶対的現象ないし意識も即自存在も生起しない、ということになるのではないのか。絶対的否定性なしでは、われわれは、誰もそれを意識することなしにただ浮遊している物理的ないし心的イマージュの宇宙の中にいることになるのではないのか、と。この反論は、問題になっていることがら、すなわちひとが考えうるのは、さまざまの存在者（物理的、生理的、「心的」な）か、あるいは物としての実在（existence）にまったく無縁な「意識」である、ということを仮定している。それは、さまざまの反省的二分法を乗り越えるよりは、むしろそれをあらかじめ自発的生に混入しておくような思考特有の反省的二分法への逆戻りを告げているのである。

　したがってわれわれは、存在に埋めこまれた無の記述に到達したときにも、〈存在〉と〈無〉の二分法が存立しつづけるとは思わない。だから、その二分法は、存在にはめこまれた無のいろいろな記述への抽象的導入であり、その二分法からそうした記述に至るべき運動・進歩・止揚があるように見える。われわれはそのことを、存在の直観と無の負的直観には弁証法がとって代わるべきだという言い方で単純に表現することができないだろうか。最も表面的なものから最も深いものへの弁証法的思考とは、さまざまの逆作用ないし相互作用を認める思考であり、したがって、項Aと項Bとの間の包括的関係はただ一つの命題では表現されえず、その関係は、その上に重ね合わせることはできないし対立しさえする他の多くの命題、論理的には両立できないが現実にはそこに統一されている多くの視点を規定するような多くの命題をカヴァーしていることを認めるような思考である。それどころか、そこでは、その視点の各々は、その対立ないし逆に導くのであり、しかも自分自身の運動によってそこに導くのである。したがって、〈存在〉は、それへのパースペクティヴの一つ一つとそのパースペクティヴを規定する視点との要求そのものによって、多くの入口をもった体系となる。だから、〈存在〉は外から、同時性の中で観想しうるものではなく、それを実際にたどってみるべきものなのである。この移行の中では、過去の諸段階は、私が飛び越えてきた道のりのように、単に過ぎ去ったのではなく、現在の諸段階を、まさにこれらのもつ新しい予想外な点で呼び求め、要求していたのであり、したがって過去の諸段階は現在の諸段階のうちに存在し続けているのであり、ということはまた、前者が後者によって遡及的に変容されているということでもあるのだ。だからまた、ここで問題になるのは、既定の道に従うような思考ではなく、自分で自分の道を作り、前進することによっておのれ自身を発見し、道を作りながら道が作られうることを証明するような思考だということになる。自分の内容に完全に服従し、そこから刺激を受けとるこの思考は、おのれ自身を或る外的な過程の反映ないし写しと考えることはできないであろう。それは、或る関係を別な関係から産み出す働きなのだ。したがって、そのような思考は、はたからの目撃者でもなければ純粋な主体でもなく、その産出の運動に巻き添えにされているのであって、それを上空から俯瞰しているのではない。とりわけ、その思考は、額面通りに受けとられるべき継時的言表には表現されえず、それぞれの言表が真であるためには、それは、当の運動全体の中で、その言表の属している段階に関係づけられなければならず、その言表が十全な意味をもつのは、それが明白に述べているることだけではなく、その言表を潜在的内容にしている全体の中でのその言表の位置を考慮に入れる場合だけなのである。そのようにして、話す人（と、彼が言外に理解していること）は、つねに、彼の言っていることとの意味決定に参加しており、哲学者もつねに、自分の立てている問題に巻き添えにされているのであって、もしすべての言表を評価するのに、それを言明している哲学者というものを考慮に入れないならば、真理などは存在しないことになるのだ。明示的内容と潜在的内容との間には、違いのみならず、矛盾もまたありうるのであり、それにもかかわらず、その二重の意味はその言表に所属しているのである、――ちょうど、われわれが物を即自的に考察しようとしながら、まさにそのこと自身のためにその物に注意を集中し、そのあげく、われわれにとってあるような形でのその物を規定するに至るときのように。そんなわけで、弁証法的思考にとっては、〈即自〉の観念と〈対我々〉（Pour Nous）の観念はいずれも、おのれの真理を自己自身の外にもっているのであって、限りない解明によって定義されるような全体的ないし完全な思考には属さないのである。したがって、結局のところ、弁証法的思考とは、存在内部の関係においてであれ、存在と私との関係においてであれ、各項は対立項へと運ばれることによってのみそれ自身であるのであり、運動によってみずからがあるところのものになるのだということを認める思考であり、それぞれの項にとって、他の項に移るか自己になるか、自己から立ち去るか自己に立ち戻るかは同じことであって、各項が自分自身の媒介、生成の要求、さらには他の項を与える自己破壊の要求なのだから、求心運動と遠心運動とは一つの運動なのだということを認める思考にほかならない。もしそのようなものが弁証法的思考だとするなら、われわれが〈存在〉と〈無〉の二分法に適用しようと試みてきたのはその思考ではないのだろうか。われわれの議論は、二つの項（それを、世界の内部で相対的な意味に解するのであれ、あるいは、考える者と彼によって考えられるもののインデックスとして絶対的な意味に解するのであれ）の関係が、両立しえないがしかし互いに他を必要とする（今日、物理学者が言っている意味で、相補的な）二重の意味をもつ多くの関係をカヴァーしていること、そしてこの複雑な全体が、われわれがそこから出発した抽象的二分法の真理であることを示すためのものではなかったのか。いずれにしても、弁証法とは、そのさまざまな変化を貫いて、関係の逆転と、その逆転による諸関係の連帯性であり、また存在はあり、無はあるのではないといった定立や言表の総和ではなく、むしろそうしたものを多くの平面に配置し、それらを奥行をもった存在に統合する可知的運動ではないのか。とりわけ思考と〈存在〉の関係については、弁証法は、上空飛行的思考の拒否、まったく外的な存在や反省性の拒否であり、〈存在〉の中で〈存在〉に接触しながら働きつつある思考ではないのか。その思考は、〈存在〉に顕現の空間を開いてくれるものではあるが、しかしその思考の発意はすべて、もはや乗り越えられた誤りとしてにもせよ、〈存在〉に書きこまれ、登録され、あるいは沈積されており、そして堂々めぐりやジグザグコースをとるにもせよ、特定の方向をもった歴史という形式をとるのではないのか。要するに、弁証法というものは、両義的・「腹話術的」ではなく、すでにヘラクレイトスが対立する方向も円環運動の中では一致していることを見せてくれたように、二重の意味ないし多様でさえある意味を分化させ、そしてただ一つの宇宙のうちに統合しうるような、まさにわれわれの求めている思考なのである。そしてまた、それがそのような統合をなしうるというのも、円環運動は対立した運動の単なる総和でもなければ、それらにつけ加えられた第三の運動でもなく、それら対立した運動の共通の意味、ただ一つの運動として見られうるような、全体性すなわち光景となったところの二つの合成運動だからである。したがって、それはまた、弁証法が、〈見られた存在〉(Être-vu) の思考、すなわち単純な肯定性、〈即自〉ではなく、また思考によって〈措定された存在〉(Être-posé) でもなく、自己形成の途上にある〈自己顕現〉、露呈であるような〈存在〉の思考だからだ、とも言えよう……

　弁証法とは、確かにまったくそのようなものであり、そしてわれわれが求めているのも、この意味では弁証法である。しかし、われわれがこれまでその語を口にしなかったのは、哲学史の中で、弁証法が純粋な状態で完全にそのようなものであったためしはなく、それは化学者が言うような意味で不安定であり、本質的にまた定義からして不安定でさえあって、変質されることなしにはテーゼとして定式化されえなかったし、もしその精神を維持しようとすれば、おそらくそれに命名しないでおく必要さえもあるのだ。弁証法が準拠しようとしており、またわれわれがさっき指し示そうと試みていたような種類の存在は、事実、積極的表示を許すようなものではない。そうした存在は感覚的世界には満ちあふれているが、しかしそれは、感覚的世界からもろもろの存在論によってそれに付加されてきた一切を除き去った限りでのことなのだ。弁証法の責務の一つは、それが状況の思考、存在に接触しながらの思考である以上、にせの明証を振るい落し、存在経験から切り離された空虚な意味を暴き出し、そしてそうした意味の一つになる限りでのおのれを自己批判することである。しかるに弁証法は、テーゼとして、一義的な意味で言表されるやいなや、またその前述定的な文脈から切り離されるやいなや、そうした空虚な意味になる危険にさらされているのだ。弁証法にとっては、自己批判的であることが本質的なのであり、そしてそれが哲学と呼ばれるものになるやいなや、そのことを忘れてしまうこともまた必須なのである。そのときには、弁証法が存在の運動を記述するときの諸定式そのものが、その運動を歪曲する危険にさらされることになる。いま、自己による媒介という深い観念、各項がおのれ自身となるためにおのれ自身であることを止め、おのれを実現するためにおのれを破壊し、開き、否定するという運動の深い観念があるとしよう。その観念が純粋なままでありうるのは、媒介項と被媒介項——それらは「同一」なのだ——が、同一性という意味では逆に同一ではないという場合でしかないのだ。というのも、同一性という場合には、一切の差異がないために、媒介も運動も変形もないだろうし、われわれは全き肯定性にとどまり続けることになろうからである。だが、もし媒介項が被媒介項の単純なあるいは絶対的否定だとすれば、自己による媒介ということもないことになる。絶対の否定は被媒介項を単に廃棄するだけであり、そしてみずからに振り返っておのれをも廃棄するだろうし、したがっていつになっても媒介は存在せず、肯定性に向かっての純然たる後退があるだけであろう。してみれば、媒介が、あたかもそれが肯定的な項の特性の一つだとでもいわんばかりに、肯定的な項のうちにその起源をもつということは排除されるし、しかしまた媒介が、肯定的な項には何の働きかけもせずそれを手つかずのままにしておくような外的否定性の深淵から、肯定的項にやってくるということも排除されることになる。ところが、弁証法が、われわれの接触している存在、自己顕現しつつある存在、状況の存在を解読する一つの仕方であることを止め、一挙に残りなくおのれを定式化し、みずからを教説として言表し、おのれの総決算をしようとする際には、後者のような解釈がとられるのだ。その場合には、結局、否定が絶対にまでもたらされ、おのれ自身の否定となる。と同時に、存在は純粋に肯定的なものに舞いもどり、否定が、肯定的なものの彼方に絶対の主観性としておのれを結集し、そして弁証法的運動は、対立者の純粋な同一性、つまり両極性《アンビヴァランス》となるのである。ヘーゲルにおいて、深淵ないし絶対的主観性として定義された神がおのれ自身を否定し、その結果、世界が存在するようになるのは、つまり神自身のものならざる神の見方、それに照らしてみれば神も存在より後なるものとして見えてくるような見方が存在するようになるのは、そのようにしてである。言いかえれば、神はおのれを人間とするわけだが、そうしてみると、ヘーゲルの哲学とは、神学的なものと人間学的なものとの両極性《アンビヴァランス》なのである。サルトルにおいて、〈存在〉と〈無〉の絶対的対立が、肯定的なものへの還帰、〈対自〉の犠牲にきっかけを与えるのも、そのようにして以外ではなかった、——もっとも、彼は、否定的なものの意識を存在の欄外に厳密に保持しており、彼においては、否定の否定が思弁的操作、つまり神の展開ではなく、したがって〈即自‐対自〉は彼にとっては〈対自〉の抱く自然的錯覚であり続けるという点は別にしてのことだが。しかし、そうした保留をしたうえでもなお、ヘーゲルとサルトルにおいては、弁証法の同じ変身、両極性《アンビヴァランス》への同じぶり返しが起こっており、しかもそれは同じ理由でなのだ。その理由とは、思考が弁証法的運動に同行したりその運動であることをやめて、その運動を意味、テーゼ、言われたことがらに変え、それと同時に、〈存在〉をあらしめるためにおのれを犠牲にする〈無〉と、その優位性の底で〈無〉によって承認されることを黙認している〈存在〉とのアンビヴァレントなイメージに舞いもどってしまう、ということである。弁証法には、罠がある。弁証法は、運動の自己構成によって実現されるような内容の運動そのものであり、呼びかけと応答、問題と解決の諸関係をたどり直し、その関係に従う術であるのに、また弁証法は原理的に形容語であるのに、その弁証法がスローガンとして受けとられ、それを実践する代わりにそれについて語られるやいなや、それは存在力、説明原理となるのだ。〈存在〉の在り方であったものが、悪霊となる。哲学者は、おそらく真の哲学は哲学を冷笑するはずだと気づいたとき、「おお、弁証法よ！」と言うのだ。ここでは弁証法は、ほとんど不特定な人間のようなものであり、皮肉なことに、われわれの期待を笑いものにしている世界への呪い、われわれを戸惑わせる上に、みずからの秩序や合理性をもっているわれわれの背後の狡猾な力になっている。したがって、それは、単に無意味の危険であるだけではなく、もっと悪いことに、物にはわれわれがそれに認めうるのとは異なる別な意味がある、という保証にもなっているのだ。こうなるとわれわれはもう、悪しき弁証法、その原理に反して、内容に外的な掟やたがをはめ、そしておのれのために弁証法以前の思考を復興するような弁証法の道を歩み始めているのである。弁証法的思考は、原則として、あらゆる外挿法を排除する。その弁証法的思考こそは、存在の補足がつねに存在のうちにあること、量的な差異が質的なものに変わること、外的なものの意識としての意識は、部分的・抽象的であって、つねに出来事によって裏切られるということを教えるものだからである。しかし今や、さまざまの問題を外的なものの意識がやったであろう（時にはうまく、時にはまずく）やり方とは違う形で解決する、生と歴史からのこの逸脱が、一つのヴェクトル、弁証法的運動の一つの極性として理解され、つねに同じ方向に働き、過程の名において過程をまたぎ越し、したがって不可抗的なものの決定を権威づけるような優越した力として理解されている。弁証法的運動の意味が具体的な配置を離れて定義されるやいなや、事態はそんな具合になるのである。悪しき弁証法は、ほとんど弁証法とともに始まるのであって、おのれ自身を批判し、分離した言表としてのおのれを止揚する弁証法以外に、よい弁証法というものは存在しない。超弁証法だけが、よい弁証法なのだ。悪しき弁証法とは、おのれの魂を救うために魂を失うことを欲せず、直ちに弁証法的であろうとし、おのれを自律化し、そしておのれ自身の二重の意味を失ったために犬儒主義《シニシズム》、形式主義に帰着するような弁証法のことである。そして、われわれが超弁証法と呼ぶものは、それとは逆に、関係の複数性や一般に両義性と呼ばれてきたものを限りなく考慮するが故に、真理に到達しうるような思考なのである。悪しき弁証法は、存在を定立的思考によって、言表の寄せ集めによって、定立と反定立と総合によって再構成しうると考えるような弁証法である。よい弁証法は、すべての定立が理念化なのであって、〈存在〉は、古い論理学で考えられていたように、理念化や言われたことがらからなっているのではなく、結びつけられた諸全体からなっているということを意識しているような弁証法なのである。そうした全体においては、意味は傾向として以外存在せず、内容の惰性も、或る項を肯定的なものとして、他の項を否定的なものとして、ましてや第三項を否定的項のそれ自身による絶対的廃棄として定義するようなことを許しはしないのだ。ここで注意すべき点は、次のことである。すなわち、われわれの語っている総合なき弁証法は、だからと言って、懐疑主義でも通俗の相対主義でも、また曰く言い難いものの君臨でもないということである。われわれが拒否ないし否定しているのは、再総合するような止揚という観念ではなく、その止揚が新たな肯定的なもの、新たな措定に到達するという観念である。生における同様、思考においても歴史においても、われわれの知っている止揚は、具体的・部分的で、さまざまの生き残りに満ちあふれ、不足に悩む止揚だけなのだ。前の諸段階が獲得したすべてを保持し、それに機械的により以上の何ものかを付け加え、そして弁証法的な諸段階をより非現実的なものからより現実的なものへ、より妥当性の少ないものから多いものへという一つの序列の中に並べることを許すような、あらゆる点での止揚というものは存在しないのである。しかし、道のりの特定の部分には、進歩がありうるし、とりわけ、時のたつにつれて排除されたさまざまの解答があるのだ。言いかえれば、われわれが弁証法から排除しているのは、純粋な負という観念であり、われわれが求めているのは、対自存在でも即自存在でもありえないような――それらは軽妙で脆く、不安定で、ヘーゲルが言ったように、われわれを一方から他方へ導き返す定義なのだ――、また両極《アンビヴァランス》性を頂点とする〈即自－対自〉でもありえないような存在の弁証法的定義であり、存在を反省による分裂の以前に、その裂け目の回りに、その地平に再発見し、存在をわれわれの外にでも内にでもなく、二つの運動の交叉点に、何ものか「がある」その地点に再発見するはずの［定義］(1)なのである。

（1）［あいまいさを避けるために、カギで囲んでこの語を再び入れておくことにする］。

［知覚的信念と問いかけ］

否定性についての以上の注意はすでに、世界を前にしたわれわれの問いの意味を明確にしてくれる。というのも、最も難しいのは、その問いが何であり、何でありうるか、その本来の正しい意味がどこにあるか、それが何を求めているかについて思い違いをしないことだからである。われわれがすでに知ったのは、その問いは、世界が本当にあるのか、それともそれはうまく辻褄の合った夢なのではないかどうかにあるのではない、ということである。このような問いは、さまざまの他の問いを内に隠しているのであって、それは、夢とかイメージとかをよく知られたもの、しかもよりよく知られたものと仮定し、世界に向かって、心的なものの肯定性と思いこまれているものの名において問いかけをしているにすぎず、世界に対して可能的非存在の影を投げかけているが、しかしその問いは、世界にとって代えようとしている心的存在を解明するわけではなく、むしろそれを色あせて格下げされた実在的存在と本気で考えており、したがってそのように解された懐疑が何らかの論証によってとり払われたとしても、われわれの夢に還元されたでもあろう「実在的」存在は、そこからわれわれが出発していたあいまいで不可解な存在そのものなのであり、すべては振り出しに戻るのである。われわれは世界が実在するかどうかを自問しているのではないのであって、われわれが問うているのは、世界にとって実在するとはどういうことか、なのである。だが、その問いは、このように形を変えられたとしてさえ、まだ不徹底である。というのも、その問いはまだ、その真の動機を隠した表面的意味に解されうるからである。われわれが、物や世界にとって実在するとはどういうことかと自問するとき、語の定義が問題になっているにすぎないと信ずることもできなくはない。要するに、問いが言語の中で起こっているわけである。たとえ、肯定的思考は語から切り離され、おのれの内的適合に安らうことができるように見えるとしても、物の内的特性について何の言明もしないような否定や、とりわけ問いかけは、言語の装置によってしか維持されないのである。したがって、ひとは世界に関する哲学的問いを、言語的事実に加えようという気になりうるし、その回答について言えば、その問いへの答えは言葉によってなされるであろうから、その回答も語の意味のうちにのみ求められるように見えるのである。しかし、われわれのこれまでの反省はすでに、そのようなやり方自体が問題の回答を回避するゆえんだということを教えている。世界の存在の意味についての問いは、語の定義――それは、言語の研究、その諸能力やその働きの実際的諸条件の研究から引き出される――によってはほとんど解決できないのであって、それどころか、その問いは言語の研究の中にも再び出現してくるのであり、言語の研究は、世界の意味への問いの特殊形態にすぎないのである。哲学が言語的分析に帰着させられるのは、言語がそれ自身のうちにおのれの明証性をもっており、「世界」とか「物」といった語の意味が原則として何の困難も含まず、語の正しい使用規則は一義的意味のうちにまったく明瞭に読みとりうるものだ、と仮定されているからにすぎない。しかるに、言語学者たちがわれわれに教えているのは、まさしく、事実はそうではないということ、一義的意味は語の意味の一部分でしかなく、そのかなたにはつねに、予期しなかった新しい用法の中で顕わになるような意味の暈《かさ》があるということであり、また言語の言語への働きかけというものがあって、それが、他の誘因がないとしてさえ、言語を新しい歴史へと投げ返し、語の意味そのものを一つの謎たらしめるのだ、ということである。言語は、世界の存在の秘密を握っているどころか、言語それ自身が世界であり、それ自身が存在――二乗された世界ならびに存在なのである。というのも、言語は、空虚の中で語るのではなく、存在と世界について語っているのであり、したがってそれらの謎を消失させる代わりに、その謎を倍加させるからである。してみれば、世界についての哲学的問いかけは、世界そのものから、われわれがそれについて語っていることがらへと関心を向けることにその本領があるのではない、――その問いかけは、言語の内部でも繰り返されるのだから。哲学するとは、あたかも言われたことがらの宇宙のほうが生まな物よりもより明晰だとでも言わんばかりに、またあたかも実際の世界が言語の一区画であり、知覚があちこち切断された混濁した言葉であり、語の意義が完全な保証つきの肯定性の一領域であるとでも言うかのように、語の名においてあらゆる物を疑問に付すということではないのだ。ところで、こうした指摘は、単に言語の実証主義にのみ反対しているのではない。それは、言語について何の言及もなされていない場合でさえ、意味（sens）の起源を純粋な意義（signification・語義）に求めようとするすべての企てに及ぶのである。例えば、世界についての哲学的問いかけの本領は、即自的世界や即自的事物を疑問に付して、代わりに「人間的諸現象」の秩序、つまりわれわれに与えられている事実的諸条件のもとで、われわれ多くの人間がわれわれの精神物理的構造やわれわれに「対象」への関係を可能ならしめる結びつきのタイプに応じて構築しうるような、諸現象の体系を立てることにあるのではない。そうした対象構築が科学の方法にもとづきながら、算式《アルゴリズム》の手段によって理解されていようとも、あるいはそうした構築物（constructa）が具体的なものと対比されようとも――科学は結局のところ、世界そのものの直観知（scientia intuitiva）、理解たらんとしているのだから――、そして最後に、もっと一般的に、情動的・実践的・価値論的作用や態度など、それによって意識が対象や準対象に関わり、またそれらの対象どうしを関係させ、そして或る態度から別な態度への移行を果しうるようなあらゆる種類の作用や態度が解明されたとしても、そこに立てられた問いはまだ徹底した究極のものではない。というのも、そこでは、あいまいな物や世界の真向かいに、世界や物がその終極的産物だと仮定される意識の諸操作や構築された諸意義の領野が措定されているからであり、哲学者は、言語の領野と同様にこの領野についても、それは閉じていて自足しているのかどうか、それは人工物（artefact）として、自然的存在の根源的眺望に開かれているのではないかどうか、またその領野が、検証による存在（l'être-vérifié）や確証による存在（l'être-avéré）、対象と化した存在については決定的だと仮定してさえ、その領野は生まな存在と生まな精神の地平——構築された対象やさまざまの意義はそこから出現してくるのであって、それらがその地平を説明するのではない——をもっているのではないかどうかを、自問してみなければならないのである。

以上のようにして、知覚世界を前にしたわれわれの驚きの意味は明確になったであろう。それはピュロン的懐疑ではないし、知覚世界がその影にすぎないような肯定的思考の内在的一領土へのアピールでさえない。影は、外にあるよりもむしろわれわれのうちにあるのだ。世界の明証を放り出し、世界についてのわれわれの思考や意識、その諸操作や諸テーゼに救いを求めたところで、われわれは、われわれの眼下の世界の堅固さや世界内でのわれわれの生の凝集力を超え、あるいはそれに匹敵するだけの何ものも、そしてそれを説明するような何ものも見いださないであろう。今や、このイエスとノーの逆転——われわれはそれによって、否定的思考を思考の独自の仕方として復権させるだけではなく、因果性の原理を否定的に、それなしでは表象などありえないものとして定式化し、ついにはスピノザにとっては負的なものそのものにほかならなかった思考を否定性として考えるに至ったのだが——、その逆転を、次のような言い方で完成させ、あるいはむしろ乗り越えるべきなのだろうか。すなわち、私が私にとって存在しうるのは、私が私自身の中心においてはまったく何ものでもない限りにおいてでしかないが、しかしこの中心の空虚は、存在・状況・世界によって支えられていなければならないし、それらの呈するさまざまな射映《パースペクティヴ》の指し示す焦点としてしか認識されず、その意味では思考に対する存在の優位というものがあるのだ、と。もしそのように考えれば、デカルトが、見ているという思考は見られている物や視覚よりももっと確かだということを示したとき、つまり、思考は、まさにそれが絶対的現象にほかならないのだから、絶対に疑いえないものであり、存在と無の中間として、肯定的で充実した物よりもむしろ懐疑の前でこそ堅固なのだということを示したときに開いていた輪は閉じられることになろう。確かに、半分だけ存在するこの〈考えるもの〉を、デカルトやデカルト主義は最後には〈存在〉の側に押しやってしまった。〈考えるもの〉は所詮は何ものでもないものではなく、そして無は何の性質ももってはいないのだから、〈考えるもの〉は、無限な〈存在〉の、つまりは精神的肯定性の目印や痕跡となったのである。そうは言っても、その「われ思う《コーギト》」によって、世界からの後退、内面的人間への還帰、反省的な「否《ノン》」もやはり、哲学の中に据えられていたのであり、それらは、思考がもはや自分自身のうちに自己原因としての〈存在〉の自発的生成を捉えうると思えなくなったときには、それらから帰結する一切をその哲学に繰り拡げてみせる手筈になっていたのである。そのときには、見えるものでもなければ性質ももっていない否定性は、世界そのものによってしか支えられないであろうし、〈存在〉における隙間以上のものではないことになるのだ。否定性と存在との間にはもはや、懐疑を吊り下げるための余地さえもないであろう。現実態としての否定性とは、事実存在（existence）そのもの、少なくとも世界の「がある」（il y a）であろうし、そして哲学は問いであることを止めて、二つの顔をもったこの現実態の意識、イエスであるようなノー、ノーであるようなイエスの意識となるであろう。いわば長い進化を経て、肯定的なものが世界の側から、その相関者でありその結合の原理となった意識の側に移されていたわけであるが、――しかしまた同時に、それによって哲学は非存在を存在の要《かなめ》として設定する準備をしたわけであるが――、その進化が突然、観念論の果てで、〈即自〉の回復とその優位性によって完成されようとするのだ……

だが、そのことこそは、われわれには結局のところ不可能に思われたことなのだ。この最後の転身は、観念論を超えるというよりもむしろそれを過補償（surcompenser）* するものであって、何ものでもないものと存在するものとの無限な距離によって作り上げられると同時に破壊されもする私の〈即自〉への直接的現前は、解決であるよりは、実在論から観念論への往復運動であるようにわれわれには思われたのである。哲学は、世界との訣別でも世界との合致でもないが、しかしまた訣別と合致との交代でもない。この二重の関係は『存在と無』の哲学にはまことに巧みに表現されているが、そこでもおそらくは不可解なままにとどまっているのだ。なぜなら、その関係を支える責めを負わされているのは、やはり意識、すなわちまったく現象（apparaître）であるような存在者だからである。しかし、われわれにしてみれば、課題は、われわれの世界への関わり、無の存在への開在性としての関わりではなく、単に開在としての関わりを厳密に記述することにあるように思われた。われわれが存在や無を理解できるのは、開在性によってであって、開在性を存在と無によって理解することはできないからである。『存在と無』の観点からすれば、存在への開在性とは、私がそれ自体としての存在を訪れることを意味する。もし存在が私から隔たったままでいるとすれば、それは、無、つまり見ている私のうちなる無名のものが、おのれ自身の前に真空地帯を繰り拡げるからであり、そこでは存在はもはや単にあるのではなく、見られているのである。したがって、存在の近さとまったく同様、存在からの距離を作り出し、物それ自身とは異なるものとしての物の射映《パースペクティヴ》を作り出し、私の領野の限界を限界として構成するのは、私を構成している無なのである。私の無は、この間隔を作り出すことによって、この間隔、私の領野のその限界を飛び越える。それは、まず実測図を出現させることによってのみさまざまの射映《パースペクティヴ》像を出現させるのであり、何ものでもないが故にすべてに到るのである。こうなると、もはや何ものかとか開在性とかはないことになる。というのも、もはや領野の限界に抵抗する眼差しの作業もなければ、われわれには世界への開在性があると言わしめるような視覚の惰性もないからである。見られるべき全体と妥協しながら世界に対する私の視点を与えてくれる視覚の一種の絞りは、確かに固定してはいない。われわれが眼差しの運動によってさまざまの限界を飛び越すことを妨げるものは何もないが、しかしこの自由はひそかに縛られている。われわれはただ眼差しを移動させる、つまりはその限界をよそに移すことができるだけなのである。だが、その限界はつねにあるのでなければならない。一方で得られたものは、他方で失われなければならない。間接的で鈍い必然性が、私の視覚に重くのしかかっている。その必然性とは、永久に渡ることのできない客観的境界の必然性ではない。私の領野の輪郭は線でもなければ、闇の中に切り取られているのでもない。私がその輪郭に近づくならば、むしろ物がばらばらになり、私の眼差しは脱差異化し、そして見る者も分節化された物もないために視覚がなくなってしまうのである。私の運動能力について語るまでもなく、私は見える世界の一隅に閉じこめられているわけではない。だがやはり私は、檻も格子もない動物園の動物のように縛られている。その動物たちの自由は、それを一跳びに飛び越すにはいささか大きすぎるような或る溝によって、しだいになくなっていくのだ。世界への開在性は、世界が地平であり、またそうあり続けることを前提にするが、それは、私の視覚が世界を視覚自身の向こう側に押し戻すからではなく、ものを見る人が何らかの形で世界に属し、そこにいるからである。したがって、哲学は、世界とのわれわれの関係を、あたかもそれが寄せ集めでできていたとでもいわんばかりに、分析、すなわち解体しようとするのではない。しかし哲学は、それについてもはやそれ以上何も言うことがないような〈存在〉の直接的・包括的確認で終わるのでもない。哲学は、その関係を解明しながら、そこにわれわれが置き入れていたでもあろうようなものを再発見して得意になるわけにはいかず、われわれが後で物や世界について考えまた言いえたようなすべてを含蓄という形でそれらのうちに圧縮しておくというやり方で、物や世界を再構築するわけにもいかない。哲学は依然として問いなのであり、世界と物に問いかけ、われわれの面前でのそれらの結晶化を捉え直し、反復ないし模倣するのである。というのも、その結晶化は部分的には所与のものとしてわれわれに与えられているが、他の点では決して完結するものではなく、そのことを通してわれわれは、いかにして世界が生まれるかを見ることができるからである。世界は或る種の構造的諸法則の支配のもとで生まれてくるのだ。さまざまな出来事が、或る同定可能なスタイルや「もし……なら、……」という諸関係や作動する論理に従って働く、眼差しとか言葉のようなかなり一般的な力を垣間見せてくれるのであって、もしわれわれが思考とか主観・客観といった既定の概念によって投げこまれている窮地を脱しようと思うならば、そうした諸力の哲学的身分を定義し、そして結局は、世界とは何であり存在とは何であるかを知らなければならない。哲学は、世界とのわれわれの関係を、実在的な諸要素や、さらには世界を観念的対象にしてしまうような観念的指示関係に分解するのではなく、そこにさまざまの分節化を見分け、そこに先取りや要約、またぎ越しなどの規則的諸関係を蘇らせるのだ。そうした関係は、いわばわれわれの存在論的風景の中にまどろんでいて、もはや痕跡の形でしかそこに残ってはいないが、それでもやはりそこで働き続け、新しい関係を設定し続けているのである。

したがって、哲学者の問い方は、認識のやり方ではない。彼にとって、存在と世界とは、捕捉的思考がその近くにもっと近づこうとしている変項のその次元に初めから属している既知の項との関係を通して決定すべき、単なる未知の項なのではない。哲学はまた、意識化する仕事なのでもない。哲学にとっては、立法的意識が名目的定義によって世界と存在に与えたでもあろうような意味を、そうした意識のうちに再発見することが問題なのではない。われわれは話すために話すのではなく、誰かに向かって何かについてまた誰かについて話しているのだし、言葉のこの主導権の中にも、世界と他人たちへの思念――われわれの語る一切はそこにかかっているのだ――が含まれているのと同様に、語彙の意味や、さらには幾何学の意味のような意図的に構築された純粋な意味でさえ、生まな存在と共存の宇宙を目指しているのであって、その宇宙こそは、われわれが話したり考えたりしたときにそこに投げ出されていたものであり、それこそは原理的に、客観化的ないし反省的な近似法の歩みを許さないのである。なぜなら、その宇宙は、地平として離れた所にあり、潜在的にあるいは隠れて存在しているからである。哲学が目指し、またよく言われるように哲学の対象をなすのは、まさにその宇宙なのだ。しかし、ここでも間隙が埋められることは決してないだろうし、未知の項が既知のものに変えられることはなく、哲学の「対象」なるものが哲学的問いを満足させることは決してないであろう。というのも、そこで充足してしまうなら、その充足は、その問いから、それにとって本質的な奥行と距離を奪ってしまうだろうからである。実際に現前している、究極的で第一の存在や物そのものは、原理的に、それらの射映《パースペクティヴ》像を通して透視されるような形で把握されるのであり、したがってそれらが与えられるのは、それらを所有するのではなく見ようと欲する人にのみ、またそれらをいわばペンチではさんだり顕微鏡で見るように固定させようとするのではなくそれらを存在するがままにしておいてそれらの連続的存在に立ち会おうとする人にのみであり、したがってそれらに対してそれらの求めているくぼみないし空地、それらの要求している反響を返し与えるにとどめ、それら自身の運動に従う人にのみである。そのような人はまた、充実した存在が満たそうとするような無ではなく、そこで問われている孔だらけの存在に調律された問い、そしてその問いがそこから答えを得るのではなく、みずからの驚きの確認を得るような問いであろうとする人だと言ってもよいであろう。だから、知覚は、知覚された世界を措定するというよりは、それをあるがままにあらしめ、その面前で物が、イエスやノーの以前に、一種の地滑りのうちで形成されたり解体されたりする問いかけの思考として理解されるべきものなのである。

　負的なものについてのわれわれの議論は、哲学のもう一つのパラドクス、哲学を一切の認識問題から区別し、哲学において解答（solution）について語ることを禁ずるようなパラドクスをもわれわれに告げている。それはつまり、哲学は、遠方そのものからのアプローチであるが、それはまた、何も語らないものに向かって立てられた問いでもある、ということである。哲学がわれわれの世界経験に尋ね求めているのは、世界が、人々によって語られる自明なものとしての物である以前に何であるのか、それが操作可能でわれわれの思いのままになる諸意味の総体に還元されてしまう以前には何であるのか、ということである。哲学はこの問いをわれわれの無言の生に向かって立てるのであり、反省以前の、世界とわれわれとの混合物に向かって話しかけるのだ。なぜなら、意味の意味自身としての限りでの検討は、われわれの理念化や構文法に還元された世界を与えてくれるだけだからである。しかし、哲学は他方では、それがそのようにして種々の起源に遡ることによって何を見いだしたかを語るものでもある。哲学はそれ自身、一つの人間的構築物なのであって、哲学者も、その努力のいかんにかかわらず、哲学が、最善の場合には、人工物（artefacts）や文化の所産の間にその見本という資格で位置を占めるだろうということをよく知っている。もしこの逆説がありえないものではなく、そして哲学も何かを語りうるのだとすれば、それは、言語が単に固定した既得の意味の陳列館ではなく、言語の累積力それ自身が予料や先取りの力から結果しているからであり、ひとはただ自分の知っていることについて、いわばそれを誇示するために語るだけではなく、自分の知らないことについても、それを知るために語るのだし、そして形成されつつある言語は、少なくとも側面的には、自分がその一部をなすような一つの個体発生を表現しているからである。だが、そこから帰結するのは、最も哲学を充填された言葉《パロール》は必ずしもそれの言うべきことをしまいこんでいるような言葉ではなく、むしろ最も精力的に〈存在〉に道を開く言葉だということである。なぜなら、そのような言葉は、あらゆるものの生を最も厳密に伝え、われわれの習慣的明証を、それを分解するまでに揺るがすものだからである。したがって問題は、生まなあるいは野生の存在の回復としての哲学が、雄弁な言語という手段で達成されるものかどうか、それとも言語からその無媒介的で直接的な意味の能力を奪うことによって、かえってその意味の言わんとしていることに比肩させるようなふうに言語を使用すべきではないのかどうか、ということなのだ。

要するに、哲学は知覚的信念に問いかけるが、しかし通常の意味での回答を期待もしないし、受けとりもしない。なぜなら、その問いを満足させるのは、或る変項や未知の常項の露呈ではないからであり、また実在の世界は、疑問的様態で存在しているからである。哲学とは、おのれ自身に問いかけている知覚的信念なのである。あらゆる信念と同様、哲学についてもそれが信念であると言いうるのは、それが疑いの可能性だからであり、そしてわれわれの生そのものにほかならないこの飽くなき物の巡回もまた、連続的問いかけなのだ。物に問いかけるのは、哲学だけではなく、それはまず眼差しである。われわれには、観念論の考えるように、物を構成する意識があるのでもなければ、実在論の信ずるように、意識へと定められた物の先定（préordination）があるのでもない（そのどちらの立場もともに物と精神の適合を肯定するので、ここでのわれわれの関心事に関しては、それらを区別する理由はないのだ）。われわれはわれわれの身体とともに、われわれの感官、眼差し、言葉を解しまた話す能力、〈存在〉に対するさまざまの測度（mesurants）、〈存在〉をそこへと関係させうるさまざまの次元をもってはいるが、適合や内在の関係をもっているのではない。世界と歴史の知覚とは、この測定の実践であり、われわれの諸基準に対するそれらの隔たりないし差異の標定なのだ。もしわれわれの生の展開の中でわれわれ自身が問われているとすれば、それは、中心の非存在がたえずわれわれの存在への同意を取り消すようにおびやかすからではなく、われわれ自身が唯一のたえざる問いであり、世界のさまざまな配置の上でのわれわれ自身の再興とわれわれの諸次元の上での物の再興のたえざる企てだからである。好奇心からの問いや科学の問いでさえ、哲学の中に赤裸々に現われている根本的問いかけによって内的に活性化されているのだ。「時折、一人の男が頭をもたげ、辺りを嗅ぎ、耳を澄まし、眼をこらして、自分の位置を探る。彼は考え、ため息をつき、そして肋骨のそばのポケットから懐中時計を取り出して、時刻を見る。私はどこにいるのか、そして今は何時なのか、かくの如きが、われわれから世界へ向って発せられる汲めど尽きせぬ問いなのである……」[1]時計や地図は、その問いに見かけの回答を与えてくれるにすぎない。それらがわれわれに指し示すのは、われわれがそれを生きつつあるところのものが、星々の運行や人間の一日の移り変わりに対して、あるいは名前をもっているいろいろな場所に対してどんな位置にあるかということである。だが、それらの目安となる出来事や名のある場所自身はどこにあるのか。それらは別な出来事や場所にわれわれを送り返すのであり、その回答がわれわれを満足させるのは、われわれがよく注意もしないし、自分で「勝手」を知っているつもりになっているからにすぎない。もしわれわれが今度はわれわれのもっているさまざまな水準を位置づけ、われわれの標準そのものを測ろうと思い、次のように尋ねるならば、右のような問いが再び現われて来ようし、それは事実汲み尽し難く、ほとんど常軌を逸した問いであろう。すなわち、だが世界そのものはどこにあるのか？　また、なぜ私は私であるのか？(2)　私は本当は何歳なのか？　私であるのは、本当に私だけなのか？　私にはどこかに、生き写しの人間、双子がいないのか、と。病人が小康状態のときに立てるこうした問いや、あるいは単に、苦悩が太陽の或る傾きのもとで、世界の生の或る時刻に起きたということがまるで重大事だと言わんばかりに時計を見つめるというそのことでさえ、生がおびやかされているその瞬間には、われわれを世界に据えつけた深い運動、そしてたちまち再開されることになる深い運動を露呈させるのである。古代人たちは、交戦の時刻を空のうちに読んでいた。われわれはもはや、そのような時がどこかに書かれているとは信じていない。われわれが今信じ、これからもつねに信じるであろうことは、ここで今起こることは同時性と一体だということである。もしわれわれが何時に起こったかを知らないならば、起こっていることがわれわれにとって完全には実在的にならないのだ。もはや時刻があらかじめ出来事に予定されているのではなく、出来事がどんな時刻をも自分に取りこんでしまうのだ。もしわれわれが出来事を世界の巨大な同時性とその共同の推進力のうちに位置づけるのでないならば、出来事は完全には出来事自身とはならないであろう。すべての問いは、単純な認識の問いですら、われわれ自身がそれにほかならない中心的問い、いかなる客観的存在もそれに回答することのできない全体性への訴えかけの一部なのであって、今やその訴えかけをより詳しく検討してみなければならない。

（1）　Claudel, *Art poétique*, Mercure de France, p. 9.〔クローデル『詩法』、斎藤磯雄訳、『筑摩世界文学大系』第五六巻、一九二頁。〕

（2）　アランが言うには、これが『マノン・レスコー』において、不幸の極点で現われてくる問いである。奇妙な説明だ。われわれは『マノン・レスコー』の中にそんな話を見つけることはできないのだ。われわれは、どんな夢の深みからそれがアランにやってきたのか、またなぜ引用に際して姿を変えてしまったのか、不思議に思ってもいいのである。

問いかけと直観

哲学は、間隙を少しずつ埋めていくような問いを立てたり、答えをもたらしたりするのではない。問いはわれわれの生、われわれの歴史の内部にあるのだ。問いはわれわれの生と歴史の内部で生まれ、そこで死んでいくのであって、もし問いに答えが見いだされたとすれば、問いは大抵の場合そこで変貌するが、いずれにしても、問いというこの大きな口に、経験と知の過去はいつかは呑みこまれてしまうのである。哲学は、文脈を所与のものとしては受けとらず、問いの起源と意味、答えの意味、問う者の身元を求めて文脈に立ち帰るのであり、そのようにして哲学は、あらゆる認識上の問いを生気づけてはいるがそれとは別な種類の問いかけにたどりつくのである。

われわれの通常の問い――「私はどこにいるのか」「今は何時か」――は、事実や肯定的言表の欠如ないし暫定的不在であり、われわれがその連続性を確信している物や直説法の織物の中の孔のようなものである。というのも、時間や空間があるのだし、したがって通常は、この空間と時間のどの点にわれわれがいるのかということが問題になるにすぎないからである。一見したところ、哲学はこの種の問いを一般化しているだけのように見える。哲学が、そもそも空間、時間、運動、世界があるのかどうかと尋ねるとき、問いの範囲は右のような問いよりも広いが、しかしその問いは、自然的な問いと同様に、まだ、根本的な信念に包まれた半ばの問いにすぎない。何ものかがあるわけであって、問題はただ、それが本当に、われわれの見たり感じたりしていると信じているこの空間、この時間、この運動なのかどうかを知ることだけだからである。さまざまな信念の破壊、他人や世界の象徴的抹殺、視覚と見えるものとの断絶、思考と存在との断絶は、それらが自称するほどにわれわれを否定的なものに据えつけてしまうわけではない。そのようなものがすべて除き去られたとしても、ひとはなお残りのもの、感覚や臆見に身を置いているのだ。しかも、残ったものは無でもなければ、除去されたものと違った種類のものでもない。それは、疑いが向けられていた茫漠とした全実在(omnitudo realitatis)の切り離された断片なのであり、その実在を、現象とか夢、魂(Psyché)、表象などという他の呼称のもとに再生させているだけなのである。確固とした実在が疑いに付されるのは、これらの浮動する事象の名においてであり、またそうした事象の擁護のためである。われわれは何ものかから離れてしまうわけではなく、そして、そもそも確実さの破壊としての懐疑は疑いではないのである。懐疑が方法的になされ、それがもはや確実性を流動化するのではなく、意図的な後退であり、確実性と一体化することの拒否であるような場合でも、事情は異ならない。この場合でも、さまざまな明証があるということ、それらが今のところ不可抗的だということに異論が唱えられているわけではないのだ。したがって、もしそれらが留保されるとすれば、それはただ、それらがわれわれの生の流れの中に取りこまれたわれわれの明証であり、そしてそれらを一瞬間以上保存しておくためには、おそらく整合的な錯覚しか与えてくれないかもしれないわれわれの内的工場の暗い時間装置を信頼しなければならないという、それだけのためなのである。このにせの自然、われわれをわれわれ自身の明るさの中に閉じこめておくこの不透明な何ものかは、われわれの厳格主義の亡霊であり、一つの可能性(un peut-être)にすぎない。もしこの可能性(ce possible)だけでもわれわれの諸明証に畏敬の念を抱かせうるとすれば、それは、われわれが何ものも断りなしに前提することはしまいという決意によってその仮定に重みを与えているからである。もしわれわれがその可能性の名において、実際には消すことのできない光を消したつもりになり、条件づきでしかないものを偽とみなし、明証的なものと真理との間の偶発的な隔たりを無限の距離とし、思弁的な懐疑を否認と等価なものにしてしまうとすれば、それは、受動的な存在としてのわれわれが、われわれの手の届かない〈存在〉の塊に取りこまれ、さらには悪い手先に操られていると感じ、そしてこの逆境に、一切の事実性から解き放たれた絶対の明証の願いを対立させているからである。かくして、方法的懐疑、われわれ自身の意志的地帯で行われる懐疑は、〈存在〉に関係させられることになる。その懐疑は、事実上の明証に抵抗し、そしてすでにそこにあることをみずから自白せざるをえないような、また絶対的な明証の企てそのものの着想の源になった非意志的真理を抑圧しているのだから。もし懐疑が残るとすれば、それはおそらくは、懐疑主義のあいまいさを更新し、〈存在〉からの多くの借り入れに言及することを怠り、〈存在〉そのもの、〈偉大な欺瞞者〉、つまり積極的にみずからを隠し、みずからの前にわれわれの思考とおのれの諸明証のスクリーンを立てるような――この捉えどころのない存在は何ものでもないと言わんばかりに――〈存在〉の虚偽性を言い立てることによってでしかないであろう。したがって、哲学的問いかけが懐疑や「それは……だろうか」(an sit) という平凡な問いを一般化し、それらを世界ないし〈存在〉に拡大するだけのことであり、そしてみずからを懐疑、非知ないし不信として規定するならば、その問いかけが終りに達することはないであろう。これはそれほど単純な話ではないのだ。平凡な問いも、すべてに拡大されるなら、その意味を変える。そこで哲学は、存在全体から身を引くために、或る種の存在、「感覚」とか「表象」「思考」「意識」、さらには欺瞞者をさえ選び出すようになる。哲学は、まさしくおのれの徹底主義《ラディカリスム》の願いを完成させるために、哲学をつねに〈存在〉に結びつけ直す臍の緒を主題としなければならず、哲学が今からすでにそれに包まれている譲り渡せない地平、哲学がそこに立ち返ろうと思っても無駄な事前の加入を主題としなければならないのであり、もはや否定したりまた疑うのでさえなく、ただ世界と〈存在〉を見んがために一歩後退し、あるいは他人の話に対してよくやるようにそれらに引用符をつけ、それらを語るがままに任せ、耳を傾けなければならないのだ……

そこで、もし問いがもはや「それは……だろうか」の問いではありえないとすれば、それは「……は何であろうか」(quid sit) の問いとなり、後に残るのは、世界とは何か、真理とは、存在とは何かを、それらとのわれわれの共犯関係の用語で探求することだけとなる。懐疑が放棄されると同時に、絶対の外部の肯定、どっしりした個体であるような世界や〈存在〉の肯定も放棄され、ひとはそれらの全延長にわれわれの思考を重ね合わせたような——というのも、思考とは何ものかの思考であり、思考自身は無ではないのだから——、したがって意味であり、また意味の意味であるような〈存在〉を振り返ることになる。その〈存在〉は、語に密着し、言表や言われたことがらに属し、世界の限られた領域、〈存在〉の或るジャンルに属する意味であるばかりではなく、世界の開陳と同様、論理的操作や言語をも支えうるような普遍的意味なのである。そのような意味は、それなしでは世界も言語も、またいかなるものも存在しないような「必須条件」(ce sans quoi)となり、本質となるであろう。純粋な眼差しが世界から世界をたらしめているものに、さまざまの存在からそれらをあらしめているものに向き直る場合、純粋な眼差しは、言外の含みなどというものをもたず、われわれの眼の眼差しとは異なって、みずからの背後に身体や過去の闇をもっていないのであるから、それが傾注されるのは、その眼差しの前に何の制限も条件もなしにある何ものかにでしかありえないということになろう。その何ものかとは、言いかえれば世界を世界であるようにしているゆえんのものであり、〈存在〉そのものの絶対的文法であり、分解不能な意味のさまざまな核であり、分離不能な諸性質の網である。本質とは、この内的意味であり、原理的必然性なのであり、そしてそれら諸本質がそこで混ぜ合わされかき混ぜられるべき実在がどうあろうとも(ただし、それら諸本質の含み合いの関係が妥当しなくなることはないとしてのことだが)、それらの本質こそが、存在の要求と権利をもち、おのれ自身を肯定する唯一の正当で本来的な存在なのである。なぜなら、その存在は、純粋な傍観者にとって可能なあらゆるものの体系であり、あらゆるレベルで何ものか——何ものか一般とか物質的な何ものか、あるいは精神的な何ものか、生きた何ものか——であるようなものの見取図ないし素描だからである。

哲学は、懐疑よりもむしろ「何であるか」の問いによって、あらゆる存在から身を引くことに成功する。それは、すべての存在の意味を変えるからである。これはすでに、科学がイエスとノーとの間のためらいにすぎない生の問いに答えるべく、既定のカテゴリーを告発し、〈存在〉の新たなジャンル、本質の新しい天空を発明する際の、その科学と同じ歩みを歩むことにほかならない。だが、科学がその仕事を完結させることはない。科学は、その諸本質を完全に世界から切り離すのではなく、事実の管轄のもとに置き続けるのであり、その事実が、明日はもっと違った仕上げを要求するということもありうるからである。ガリレイも、物質的事物のスケッチを与えているにすぎず、古典物理学全体は、おそらくは〈自然《ピュシス》〉の真の本質とはなりえないような或る一本質を糧としているのである。古典物理学の原理だけを保持しておいて、何かの補助仮説によって、波動力学を何とかその原理に引き戻すべきなのだろうか。それとも反対に、われわれは、物質世界の新しい本質を目標にしているのだろうか。歴史のマルクス主義的本質を保持しておいて、その本質の告発し直しを求めているように見えるさまざまの事実をも、マルクス主義的本質の経験的なぼんやりした異本として扱うべきなのだろうか、それとも逆にわれわれは、マルクス主義的本質の下に、もっと本来的でもっと充実した本質が透けて見えるような曲り角にいるのだろうか。この問いは、科学的知においては未解決のまま残されている。なぜなら、そこでは、事実の真理と理性の真理とが互いに蚕食し合っていて、事実の切り取りが、本質の仕上げと同様、さまざまな前提のもとで行われており、もし科学が何を意図しているかを十分に知るべきだとすれば、その前提こそが今後問いかけられるべきだからである。哲学は、まさしく意味の徹底的解読であり、精密科学、唯一の精密科学と言うべきであろう。なぜなら、ひとり哲学だけが、〈自然〉と〈歴史〉と〈世界〉と〈存在〉とは何であるのか、しかもわれわれがそれらと単に経験や物理的計算ないし歴史的分析といった部分的かつ抽象的接触をもつだけではなく、世界と〈存在〉の中で生きながら、おのれの生活、とりわけその認識生活を十分に見ようと望む人間にふさわしい全面的接触、つまり世界の住人として自分を世界のうちで考え、世界を自分自身のうちで考え、両者の錯綜した諸本質を解きほぐし、そしてついに「存在[1]」という意味を形成しようと試みる人間にふさわしい全面的接触をもつ場合に何であるのか、を知るためにその全力をつくすからである。

（1）［欄外に］ここにある真なるもの、無ではないものとは「何ものか」(quelque chose) であるが、しかしこの何ものかは、ダイヤモンドのように固くもなければ無条件的なものでもない、「経験」(Erfahrung)。

哲学が懐疑の底にそれに先立つ「知」を発見し、事実としてのしかも疑わしい事実としての物と世界の周りにわれわれの肯定も否定も包括するような地平を発見し、その地平に沈潜するならば、そのとき哲学がこの新しい何ものかを改めて定義しなければならなくなることは確かである。それは本質だと言うことで、哲学はその何ものかをよくかつ十分に定義したことになるだろうか。本質の問いが究極の問いであろうか。本質とそれを見ている純粋な傍観者を考えるだけで、われわれは起源に到達したことになるだろうか。本質が何かに依存しているということは確かなことである。さまざまな本質的必然性の総目録は、つねに一つの仮定（カントの場合にあれほどしばしば蒸し返されるのと同じ仮定）のもとで作られるのだ。すなわち、もしわれわれにとって世界が実在すべきであるなら、あるいは世界があるべきであり、また何ものかがあるべきであるなら、そのときそれらはしかじかの構造的法則に従っていなければならない、と。だが、われわれはその仮説をどこから手に入れ、また何ものかがあり、世界があるということを、どこから知ったのか。その知こそが、本質の底にあるのであり、それは、本質がその部分をなしていて、決して本質によって包みこまれてしまうことのない経験なのである。本質の存在は最初にあるのでも、おのれ自身に自足しているのでもなく、そもそも、それはわれわれに〈存在〉とは何かを教えうるようなものではないのだ。本質は、哲学的な問いに対する唯一の回答 (*la* réponse) なのではないし、哲学的問いは、純粋な傍観者によってわれわれのうちに立てられたのではない。その問いは何よりもまず、そもそも純粋な傍観者というものがいかにして、またどんな土台の上に身を置いているのか、それ自身、より深いどんな源から発しているかを知ることなのだ。なるほど本質的必然性や揺るぎない結合、不可抗的な含み合い、耐久的で安定した構造がなければ、世界も何ものか一般も〈存在〉もないであろう。しかし、それらの本質としての権威、それの肯定の力、原理としての尊厳は自明なものではない。われわれには、われわれの見いだすさまざまの本質について、それらが〈存在〉の原初の意味を与えてくれるとか、それらがそれ自体として可能なものであり、可能なもののすべてだなどと言う権利もなければ、それらの本質の法則に従わないものをすべて成り立たないものとみなす権利もないし、〈存在〉と世界をそれらからの帰結として扱う権利もないのだ。それらは、〈存在〉と世界の様式（manière）ないしスタイルにすぎず、〈……であるという意味での存在〉(Sosein) であって、〈存在〉(Sein) ではないのである。そして、仮にわれわれの思考ばかりか、あらゆる思考がそれら諸本質を尊重していると言っても差し支えないし、また事実、それらが普遍的価値をもっているとしても、それは、われわれのとは別な原理にもとづく他の思考が、われわれに承認されるべく、われわれとのコミュニケーションに入り、われわれの思考やわれわれの経験の諸条件に適合しなければならず、そして結局のところ、すべての思考者やすべての可能的本質がただ一つの経験と同じ一つの世界とに開かれる限りにおいてのことなのである。もちろん、そのこと自身を確定し言明するために、われわれは諸本質を使用するし、この結論の必然性は本質的必然性ではあるが、しかしそれにしても、その必然性が一つの思考の限界を飛び越えてすべての思考に押しつけられ、私のその時の直観の後までも生きのびて、私にとって持続的真理として妥当するのは、私の経験が唯一の世界に開かれ、唯一の〈存在〉に記入されることによって、私の経験自身と結びつけられると同時に他人たちの経験にも結びつけられるからにほかならない。したがって、究極の存在論的な能力は経験にこそそなわっているのであって、諸本質や本質的必然性、内的ないし論理的可能性が精神の眼差しのもとにどれほど堅固で不可抗的なものに見えようとも、それらがそれらの力と説得力をもつのは、私のあらゆる思考や他人たちの思考が唯一の〈存在〉の生地に取りこまれているからにほかならない。すべての物を本質にまで高め、みずからの諸観念を産出する私の内なる純粋な傍観者が、諸本質によって

〈存在〉に触れていることを確信するというのも、その傍観者が、現実の諸経験や現実の世界に囲まれた現実の一経験、述語的〈存在〉の土壌である現実の〈存在〉に囲まれた現実の一経験の中から出現したものだからにすぎない。本質の諸可能性は確かにさまざまの事実を包み支配することができるが、その可能性それ自身は、もっと基本的なもう一つの可能性から派生しているのだ。それはすなわち、私の経験に働きかけ、それを世界と〈存在〉に開き、そしてもちろんそれらの諸可能性をおのれの前に事実として見いだしはしないが、しかしそれらの事実性を生気づけ組織化する可能性なのである。哲学が懐疑であることを止めて露呈や解明となるならば、哲学はさまざまの事実や存在者から切り離されてしまう以上、それに開かれる領野は確かにさまざまの意味や本質からなっていることになるが、しかしそれらの意味や本質は自足しうるものではなく、はっきり言えばわれわれのイデア化の作用に関連づけられ、生まな存在からそれらの作用によって切り取られたものなのであり、したがって、そこで大事なことはわれわれの本質や意味の保証人を野生の状態でその生まな存在のうちに再発見することなのである。

　何ものかとは何か、世界とは、物質的な物とは何かと自問するとき、私はまだ純粋な傍観者ではなく、私は、イデア化の作用によって初めてそのようなものになるのだ。私とは、経験の領野であって、そこにはただ、物質的な物の一族や他の一族、それらの共通のスタイルとしての世界が描かれ、言われたことがらの一族、それらの共通のスタイルとしての言葉《パロール》の世界、そして最後に何ものか一般という抽象的で肉をそぎ落されたスタイルが描かれているにすぎない。そこから本質に移るためには、私が能動的に介入して、物や領野を変えなければならない。それも、何かの手段を講ずるのではなく、それらには手を触れずに、ただ或る関係や或る構造が変わったと仮定したりその作用を停止させるにとどめ、そのことから他の関係や構造にどんな結果が生ずるかに注目し、そのようにしてそれらの関係や構造のうちで物と切り離しうるものはどれか、逆にそれらのうちのどれを除き去ったり変えたりすると物が物自身でなくなってしまうかを見定めるというふうにして、物や領野を変えるのでなければならない。本質はこうしたテストから浮び上ってくるのであり、したがってそれは肯定的存在なのではない。それは、不変項（in-variant）であり、正確に言えば、それが変化したり不在になれば、物そのものが変わったり、破壊されたりしてしまうといったもののことなのだ。本質の堅固さ、本質性は、まさしくわれわれのもっている物を変える力に釣り合っている。さまざまの事実によってまったく汚染されも濁されもしないような純粋本質は、全面的変容の試みからしか帰結しえないのである。そのような純粋本質は、もしわれわれがそこには何ものもひそかに導入されていなかったと確信すべきだとすれば、それ自身何の秘密も潜伏もないような傍観者の存在を要求するであろう。或る経験を本当にその本質に還元するためには、われわれはその経験に対して或る距離をとり、その経験全体をその中で働いている感受性や思考の一切の含蓄とともにわれわれの眼差しのもとにおさめ、その経験とわれわれ全部を想像的なものに特有の透明な世界に移しかえ、その経験をいかなる地盤の支えもなしに考えるのでなければならず、要するにわれわれは無の底に後退しなければならないであろう。そのときわれわれに許されるのは、ただ、どんな契機が積極的にこの経験の存在を作り上げているかを知ることだけとなる。だが、私がその経験を上空から俯瞰しようとしている以上、それもやはり一つの経験だと言えるのだろうか。そして、もし私がその経験に対して思考の中での一種の同意のようなものを与え続けようとするのであれば、私は正確に言って、本質を見ていることになるのだろうか。イデア化というものはすべて、それがイデア化であるからには、現実存在の一空間の中で、私の持続に保証されて行われるのである。私の持続は、私が一瞬前に考えていたその同じ観念を再発見するために自分自身に立ち帰り、またその観念に他の瞬間においても再び出会うために他の諸瞬間に移っていくようなものである。すべてのイデア化は、私の持続と他のさまざまな持続の枝分かれに支えられているのであり、この知られざる樹液が、観念の透明さを養っているのである。観念の背後には、すべての現実的および可能的持続の統一・同時性があり、唯一の〈存在〉の隅から隅に及ぶ凝集がある。本質と観念の連帯性の下には、経験という生地、時間のこの肉があるのであり、だからこそ私は、存在の堅い核にまで貫いたという確信はもてないのである。前進するために一歩後退し、現実的なものから可能的なものを引き出す私の紛うかたなき力も、光景のあらゆる含蓄を支配し、現実的なものを可能的なものの単なる変形としてしまうまでには至らないのだ。それどころか、可能的な諸世界や諸存在のほうこそ、現実的な世界と〈存在〉の変形であり、その写しなのだ。確かに私は、私の経験の或る契機を他の契機で置きかえるに必要なだけの、そしてそうしたからといって経験を消滅させはしないことを確認するに必要なだけの、したがって非本質的なものを確定するに必要なだけの領分というものをもっている。しかし、そのような入れかえや除去の後に残ったものは、必然的に問題の〈存在〉に属しているのだろうか。そのことを肯定するためには、私は、自分の領分を上空から俯瞰し、それを取り囲んでいる一切の沈澱した思考、そして何よりも私の時間、私の身体を一時停止させ、あるいは少なくとも再賦活させなければならないだろうが、そんなことは私にとって事実上不可能であるばかりではなく、それによってまさしく世界と〈存在〉の厚みをもった凝集が私から失われてしまうのであり、そしてこの凝集なしでは、本質も主観的な狂気やおごりでしかないことになるのだ。したがって、私にとっては、何か非本質的なものが存在するのであり、また非本質的でないものや不可能ではないものがそこに集められるべき一つの地帯、くぼみが存在するのであって、私に決定的に本質の本質性を与えてくれるような積極的視覚というものは存在しないのである。

それでは、われわれは本質を欠いており、それを原理的にしか所有しておらず、本質はつねに不完全でしかない理念化の極限にある、と言うべきだろうか。原理と事実を対立させるこの二股かけた考えは、今こそ本質の偏見に根拠があるかどうかを決定すべきそのときに、「原理」の名においてその偏見を救うだけであり、またその逆に、もし非時間的で局所性もないような本質を放棄するならばおそらくは本質についての真の思想が得られるはずのそのときに、やはりその偏見を救うべく、われわれを相対主義に隔離してしまうことになるのだ。われわれがついには本質を極限の理念として扱いたくなり、言いかえればそれを接近不可能なものにしてしまいたくなるのは、まず初めに事実と本質とを対立させ、空間と時間の一点に個体化されているものといかなる時間と空間にもないものとを対立させておいたからである。というのも、その対立こそは、われわれに本質の存在を「事実」の次元の彼方の第二の肯定性《ポジティヴィテ》として扱うことを余儀なくさせていた当のものであり、また物から本来の意味で物ではないような一切を除き去って、物がいつも衣服をまとっているにもかかわらず、その物を完全に裸のままで出現させるような物の変容を熱望させていた当のものだからである、——それは、言いかえれば、経験からその事実性を不純物として除き去るという、到底不可能な経験に対する経験の働きかけを熱望するということなのだ。もし事実と本質との対立を再検討してみるならば、おそらくは逆に、本質をわれわれにも接近可能なように定義し直すことができるであろう。なぜなら、本質は彼方にあるのではなく、さっきは難問になっていた経験に対する経験の巻きつきのただなかにあるからである。

本質と事実との分岐は、存在を別な所から、いわば正面から眺めるような思考にのみ課せられるものである。もし私が宇宙の観察者（kosmotheōros）だとすれば、私の至高の眼差しは、物の一つ一つをその時と場所において、唯一の局所的・時間的地点における絶対的個体として見いだすであろう。物は、それぞれの場所から同じ意味にあずかるわけであるから、ひとは平板なこの多様性を横断するもっと別な次元、つまり局所性も時間性もないような意味の体系を考えてみたい気にさせられるのだ。そのあげくに、この二つの次元を縫い合わせなければならず、またそれらがどのようにしてわれわれを通して結びつくのかを理解しなければならないために、本質の直観という抜け道のない問題に行きつくのである。だが、私は宇宙の観察者なのだろうか。もっと正確に言うなら、私は究極の意味で宇宙の観察者なのだろうか。私は初めから、瞑想する力、物をそれぞれの時間的・局所的位置に固定し、本質を見えざる天に固定する純粋な眼差し、どこからも姿を現わすはずのない知の光線なのだろうか。しかるに、私が〈存在〉のこのゼロ点に身を置いている間、私は、そのゼロ点が局所性や時間性と不思議な結びつきをもっていることを知っている。この上空から俯瞰した眺めも、そこに含まれている一切とともに、明日はたちまちカレンダーの或る日付をつけられるのであり、私はそれに、地上や私の生涯における或る出現点を指定することになるであろう。下界には時間が流れ続け、地球が存在し続けたことを信じなければならないのだ。それにしても、私は彼岸に移ったのであるから、なぜ私は、時間と空間の中にいるとか、どこにもいないなどと言う代わりに、むしろ、この瞬間・この場所にいることによって、いつでもどこにでもいるのだ、と言ってはならないのだろうか。

そんなことを言うのも、見える現在は、時間と空間の中にあるのでもなければ、もちろんそれらの外にあるのでもないからである。見える現在の前にも後にも、またその周りにも、その現在の可視性に匹敵しうるものは何もないのだ。それにもかかわらず、その現在だけがあるのでもなければ、それがすべてだというわけでもない。正確に言うなら、見える現在は私の視界をさえぎるのであり、言いかえれば、時間と空間が彼方に拡がっていると同時に、それらは見える現在の背後に、奥の方にひそかに存在しているのだ。そんなわけで、見えるものが私を満たし、私を占有しうるのは、それを見ている私が無の底からそれを見るのではなく、見えるもののただなかから見ているからであり、見る者としての私もまた見えるものだからにほかならない。一つ一つの色や音、肌ざわり、現在と世界の重み、厚み、肉をなしているのは、それらを把握している当の人間が、自分をそれらから一種の巻きつきないし重複によって出現して来たもので、それらと根底では同質だと感ずることであり、彼が自分に立ち返った見えるものそのものであり、その引きかえに見えるものが彼の目にとって彼の写しないし彼の肉の延長のごときものとなることとなのである。物の空間・時間とは、彼自身の断片、彼の空間化・時間化の断片なのであり、もはや共時的および通時的に配置された諸個人の同時性ではなく、同時的なものと継時的なものとの起伏であり、諸個人が分化によってそこに形成される空間的および時間的な果肉なのである。そうなると、ここやあそこにある物は、もはや即自的に、それらの場所とそれらの時にあるのではなく、私の肉の秘義から発せられた空間性と時間性の光の行きついた果てに存在するにすぎず、さまざまな物の堅固さも、精神が上空から俯瞰した純粋な対象のそれではなく、むしろ私がさまざまの物の間にいて、物どうしが感覚をそなえた物としての私を介して交流し合う限りで、私によって内側から体験されるのである。精神分析学者たちの言う隠蔽記憶のように、現在ないし見えるものが私にとってあれほど重要であり、私にとって絶対的な威光をもつのは、それが告知しまた隠している過去と未来と〈よそ〉との膨大な潜在的内容の故にほかならない。したがって、空間‐時間的諸原子の多様性に、本質のための横断的次元をつけ加えるという必要はない。存在しているのは、建築全体、現象の「階層」全体、「存在の諸次元」(1)の全系列であって、「存在の諸次元」は、見えるものと普遍的なものとが或る種の見えるものの上で巻きつき、その巻きつきがその見えるもののうちに重複され記入されることによって、分化してくるのである。事実と本質はもはや区別されないが、それというのも、それらがわれわれの経験の中で混じり合っていて、それらの純粋な形には到達できず、経験の彼方の極限観念としてのみ存続するからではなく、〈存在〉がもはや私の前にあるのではなしに、私を取り囲み、或る意味では私を貫いており、私の〈存在〉の直視もどこかよそでではなく、〈存在〉のただなかでなされるために、いわゆる事実ないし空間‐時間的個物が、一挙にさまざまの軸や回転軸・次元・私の身体の一般性を備えていることになり、したがってそれらの個物の継ぎ目にはすでに理念が象眼されていることになるからである。他の諸地点や諸時点に拠ることもなく、他の諸地点や諸時点の異本でもないような或る地点・或る時点というものが存在しないのは、他の諸地点や諸時点がその地点・時点の異本であるのと同様である。〔また、個物についても同様であって、〕或る種や仲間の代表でもなく、或るスタイルももたず、そのようなスタイルそのものでもなく、自分の権限の及ぶ空間と時間の領分を管轄する或る仕方、その領分を画定し、それを分節化し、まったく潜在的な中心の周りに放射状に広がる或る仕方、要するに能動的な意味での存在（être）の或る仕方、ハイデガー(2)が Wesen という語を動詞〔wesen＝現成する〕として使う場合に*、その語がもつと言われる意味での或る Wesen をもっていないような個物も存在しないのである。

（1） Jean Wahl, Sein, Wahrheit, Welt, par E. Fink: *Revue de métaphysique et de morale*, 1960, nº 2.

（2） この高等中学校は、三十年後に再びそこにやって来たわれわれにとっても、今日そこに住んでいる人たちにとってと同様、その諸特徴によって記述することが有益だとか可能だといった一つの対象であるよりも、むしろ、或る臭い、空間の或る周辺に作用を及ぼすような或る感情の木目である。このビロード、この絹は、私の指の下では、指に抵抗したり屈服したりする或る仕方であり、或る場所Xから私の肉に応え、私の肉の筋肉の運動に応じたり、その惰性によって筋肉の運動を試したりするざらざらした、なめらかな、きしむような或る力なのである。[Heidegger, *Einführung in die Metaphysik*, Niemeyer, Tübingen, 1953, S. 26.]〔『形而上学入門』、川原栄峰訳、理想社、四七‐八頁。——ただし、右の文はハイデガーの叙述そのままではない。訳者〕

要するに、歴史学や地理学の領分に依拠しないような本質も観念も存在しないのであって、それも、本質ないし観念がそうした領分に閉じこめられていて、他人には近づき難いものだからというのではなく、文化の空間ないし時間が、自然のそれと同様に上空から俯瞰できないものであり、そして或る構成された文化と他の文化との交流も、それらがともにそこで生まれた野生の領域を通じて行われるからである。だが、以上のどこに本質があるのか。現実存在はどこにあるのか。……であるという意味での存在（Sosein）はどこにあり、存在（Sein）はどこにあるのだろうか。われわれは決してわれわれの前に純粋な個物、分割不可能な存在者の氷河をもっているのでもなければ、場所も日付もない本質をもっているのでもなく、しかもそれは、それらがわれわれの手の届かないどこかにあるからではなく、われわれ自身が経験であるからである。言いかえれば、われわれが、おのれの背後に思考が向けられつつある空間・時間や〈存在〉そのもののもつ重さを体験するような思考であり、したがって、その眼差しの下に系列的な空間や時間をかかえこむのでもなければ、諸系列の純粋観念をかかえこむのでもなく、おのれの周りに、累積と増殖・蚕食・混交の時間と空間——つまりは恒常的な受胎（prégnance）、恒常的な出産、生産性（générativité）と一般性（généralité）、*生まな本質と生まな存在など——、同じ存在論的波動の腹（ventres〔定常波の極大部〕）と節（nœuds〔定常波の不動点〕）とも言うべきものをもっているような思考だからなのである。

そして、もしわれわれが、事実と本質の区別が一度放棄された後、どんなものがわれわれのいる不確かな場となるのかと問われるならば、それはわれわれの生活の場、われわれの認識生活の場なのだと答えなければならない。今や、大義名分として世代から世代へと伝えられている帰納性や本質直観（Wesensschau）の神話を捨て去るべき時であろう。そうは言っても、フッサール自身が決してただ一つの本質直観を獲得していたのではなかったということ、彼が後でそれを捉え直し手直ししたのも、それを否認するためではなく、その直観が初め完全には語っていなかったことをその直観に語らしめんがためだったのであり、したがって堅固さを観念の天空や意味の底に求めるのは素朴に過ぎるということは明らかである。堅固さは、現出の上にあるのでもなければ、その下にあるのでもなく、諸現出の継ぎ目にあるのであり、それは、或る経験をそのさまざまな異本とひそかに結びつける紐なのだ。純粋帰納性が一つの神話だということも明らかである。物理学の領域は今は措いておき、また客観的認識の精神分析も果てしのないものだということの証明は、もっと後に残しておこう。その証明は、もっと正確に言えば、客観的認識は、すべての精神分析と同様、過去や幻覚を除去するためにあるのではなく、それらを死の力から詩的生産力に変えるためのものだということ、そして客観的認識という理念そのものや精神の自動装置としての算式《アルゴリズム》という理念そのもの、最後におのれ自身を形成しおのれを知る対象という理念そのものは、他の理念と同じくらい、あるいはそれ以上にわれわれの夢想に支えられているのだということの証明と言ってもよいが、そのようなことは、今は放っておくことにしよう。いずれにしても、生物や身体、ましてや人間が問題になるやいなや、いかなる稔りある探求も純粋な帰納、さまざまの即自的不変量の純粋な調査ではないということは明らかであり、心理学や民族学・社会学がわれわれに何かを教えたのは、病的なあるいは古風な経験、あるいはわれわれとは別な経験をわれわれの経験と接触させ、一方を他方によって照射し批判し、「相互内属」（Ineinander）の関係を作り上げることによってのみであり、最後にかの形相的変更——それは本来は、科学と呼ばれる「共通意見」（opinio communis）の支柱であり、場そのものであるにもかかわらず、フッサールはそれをまず哲学者の孤独な想像と直観のためにとっておくという、ただ一つの誤りをおかしたわけだが——を実践するということによってのみなのである。少なくとも、この方途をとるならば、われわれが〈即自〉にはまり込むのではなく、外的所与とわれわれがそれから手に入れる内的写しとを露呈し、一方を他方によって矯正するという仕方で、客観性に近づいていくということはまことに確かなことである。これはつまり、われわれが感じ-感じられるものであり、人間性と生命の祖型でもその異本でもある限りでということであり、それは言いかえれば、われわれが生命と人間存在と〈存在〉の内にあるのと同様に、〈存在〉がわれわれの内にある限りで、またわれわれが不透明な事実と透明な観念との中間で生きかつ認識するのではなく、事実の諸家族がそこにおのれの一般性と血縁性を刻みこみ、そしてわれわれ自身の存在の諸次元と場所の周りにグルーピングされることになるような交切と交叉の地点でわれわれが生きかつ認識する限りで、ということなのである。生まな存在と本質からなるこの場には、何の神秘もない。われわれはそこから離れるわけでもなければ、われわれにそれ以外の場があるわけでもないからである。事実と本質というのは抽象である。存在するのは、さまざまな世界や一つの世界や一つの〈存在〉であり〔以下の数行先を参照せよ——訳者〕、事実の総和や観念の体系ではなく、無意味と存在論空虚の不可能性なのである。それはちょうど、空間と時間が、局所的・時間的個体の総和ではなく、それら一つ一つの背後にある他のすべての個体の現前と潜在であり、またそうしたすべての個体の背後にあるさらに他の個体の現前と潜在であるのと同様である。そうした他の個体がどんなものかについては、われわれは知らないが、ただ少なくともそれらが原理的に規定可能なものだということをわれわれは知っているのだ。事実性と理念性とが不可分なこの世界ないしこの存在、それが含んでいる個体のような意味では一つでもなければ、また同じ意味で、二つとか複数でもないこの世界ないしこの存在は、何ら不可思議なものではない。われわれが何を言おうとも、われわれの生とわれわれの科学やわれわれの哲学が住みついているのは、まさにそこになのである。(1)

（１）［テクストの流れはそのままにして、ここに次の一文が挿入されている。］本質の肉的な文脈をなす、経験に対する経験のこの働きかけの中では、特に言葉《パロール》の働きかけに注意しなくてはならない（議論が進行中のこのパラグラフと、本質を言葉《パロール》間の隔たりとする捉え方を、再びとり上げること）。

われわれはやがて、時間の凝集と空間の凝集、空間と時間の凝集、それらの諸部分の「同時性」（空間における文字通りの同時性、時間における比喩的な意味での同時性）、空間と時間の絡み合いを明らかにし、また私の身体の表と裏の凝集——まさにそのおかげで、物のように見えるものであり触れられるものである私の身体が、自分を二重化し統一するような自己についての視覚、自分自身との接触をもつのでありその結果、客観的身体と現象的身体が互いに相手の周りを回り、互いに相手の領分をおかし合うのだ——を明らかにするであろう。しかし、目下のところは、唯一の〈存在〉、つまりこれらの諸契機や諸側面、諸次元がそこに属している唯一の次元性が、古典的な本質および事実存在のかなたにあり、それらの関係を理解させてくれるものだということを示すだけで十分である。

本質についても事実についても、最も望ましいのは、論じようとする存在を外から眺める代わりに、その中に身を置くことであり、あるいは同じことであるが、存在をわれわれの生活の織物の中に置き直し、私の身体の裂開にも似た存在の裂開（déhiscence）——それが存在を存在自身に開かしめ、またわれわれを存在に開かしめるのであり、そして本質が問題になる場合には、それは、語りまた考えることとの裂開となるのだ——に立ち会うことである。見えるものの一つである私の身体は、自分自身をも見、そのことによって、おのれの内面を見えるものに開く自然の光となり、その結果、見えるものが私の風景となり、よく言われる言い方で言えば〈存在〉の「意識」への奇跡的な昇進が実現し、われわれの言い方ではむしろ「内」と「外」との分凝とも言うべきものが実現するのであるが、それと同じように、言葉《パロール》もまた、もちろんそれは特定言語《ラング》のもつ何千もの理念的諸関係に支えられており、したがって科学の眼から見れば、構成された言語として意味の宇宙の或る一領域をなすにすぎないが、その言葉もまた、他のあらゆる意味の領域の器官ないし共鳴器なのであり、そのことによって考えうるものそのものと外延を等しくするのである。言葉《パロール》は、見えるものの肉と同様、意味の完全な部分集合であり、見えるものの肉と等しく、存在者を通した〈存在〉への関係であり、そして見えるものの肉と同じく、ナルシス的・エロス的であって、身体がおのれを感ずることによって世界を感ずるように、自分の網の中に他のさまざまの意味を引き込む自然の魔力を与えられている。実のところ、そこには平行関係ないし類比関係よりも、むしろ連帯性と絡み合いがあるのだ。つまり、もし可知的世界の一領域にすぎない言葉《パロール》が、その世界の隠れ家でもありうるとすれば、それは言葉《パロール》が、存在への身体の帰属と、身体へのあらゆる存在の関与性——それは、見えるものによって一挙に私に証示されるのであり、すべての知的明証はその理念をもう少し遠くにまで反響させているのだ——を、見えないものに延長させ、意味論的操作に拡張しているからなのである。作動し、働いている世界、現前する首尾一貫した世界をありのままに考慮しようとする哲学においては、本質は少しもつまずきの石ではない。そこでは、本質は、作動し働いている本質として、それなりの位置を与えられるのである。もはや精神的な眼に提供される肯定的対象としての、われわれの上なる本質があるのではなく、能記と所記の共通の葉脈としての、また能記と所記相互の癒着と転換可能性——というのも、見えるものはわれわれの肉の秘められた襞であり、それにもかかわらず、われわれの身体は見えるものの一つなのだから——としての、われわれの下なる本質があるのだ。私の身体の背後には世界があるのだから、作動する言葉《パロール》の背後にも作動する本質があるのであり、意味を所有するというよりは意味によって所有されている本質、意味について語るのではなく、意味を語り、あるいは意味に則して語り、意味をして語らしめ、私の中でみずからを語る本質が私の現在を貫いているのである。もし理念性というものがあるとすれば、すなわち私のうちに未来をもち、私の意識の空間をまさに貫いており、他者のうちにも未来をもち、そしてついには文書になってあらゆる可能的読者のうちに未来をもつような思考があるとすれば、それは、私や他人に満ち足りた感じを決して与えず、私の風景が総じてゆがんでいることを教え、それを普遍的なものへと開くような思考でしかありえない。なぜなら、そのような思考は、むしろ思考を絶したもの (*un impensé*) だからである。あまり完全に所有された観念はもはや観念ではないのであって、私がそうした観念について話すとき、私はもはや何も考えてはいない。まるで、本質にとっては、明日のためにあるということが本質的であり、本質は言《パロ》葉《ール》の織物の一本の絹糸である、と言ってもいいのである。討論というものも、あたかも各自が自分の観念を形成し、それを他人に示し、他人たちの観念を見つめ、そして他人の観念を正すために自分の観念に戻ってくる……とでもいうかのような、観念の交換ないし対決なのではない。誰かが話すと、他の者たちはたちまち彼の話に対する或る隔たりにすぎなくなり、そして話している本人自身が、他人たちに対する自分の隔たりを明確にするのだ。大声にであれ、小声にであれ、各人は全身全霊で、彼の「観念」なるもので話すわけであるが、しかしそこには、他人がそれを観念として表現すればたちまち裸にされてしまうような彼の強迫観念や秘められた歴史というものもあるのである。生活が観念になり、観念が生活に立ち戻るわけであって、各人は、初めに応分の賭け金だけを賭けていたような渦巻の中に取りこまれ、自分が言いまた他人が答えてくれたことによって導かれ、もはや自分だけがその思考者ではないような自分の思考によって導かれるのだ。もはや誰も考えてはおらず、すべての人が話し、〈存在〉の中で生き、身振りをしているのである。ちょうど私が、もし私がここに留まろうと思ったりそこに行こうと思えば、それに従ったり加減されるべき差異の勾配に導かれながら、私の風景の中で身動きしているように、である。話し合いの中でであれ独り言の中でであれ、生きた活動状態における本質とはつねに、さまざまな言葉《パロール》の配列によって指し示される或る消失点であり、まずそしてつねに言葉の中で生きることを受け入れる人にとってしか近づきえない言葉の「あちら側」なのである。

　葉脈が中から、その肉の底から葉を支えているように、観念は経験の木目であり、初めは無言であるが、やがて言葉に発せられる経験のスタイルである。そして、あらゆるスタイルと同様、観念も存在の厚みの中で仕上げられるのであり、そして単に事実上だけではなく権利上でも、観念を存在の厚みから切り離して眼差しの下に広げて見せることはできないであろう。

したがって、哲学的な問いかけは、それを満足させてくれるような或る意味の単なる期待ではない。「世界とは何か」、あるいはもっと正しくは「〈存在〉とは何か」といったそれらの問いも、一種の複視によって、事物の状態と同時に問いとしてのおのれ自身に狙いを定め、「存在」という意味と同時に意味の存在と〈存在〉における意味の位置を目指す限りでのみ、哲学的な問いとなるのだ。自分自身を振り返り、問うとは何であり、答えるとは何であるかをも自問することが、哲学的問いかけの特性なのである。この二乗された問いは、それが立てられるやいなや、決して消し去られることはないであろう。それ以後、もはや何ものも、あたかも何の問いもなかったかのようにしてあることはできないであろう。問いの忘却や肯定的なものへの還帰が可能なのは、当の問いかけが単なる意味の不在であり、何ものでもない無への後退である場合だけなのだ。しかし、問いを発している人間は、何ものでもないものではなく、彼は——これがまったく他の場合と違う点なのだが——、みずからに問いかけている存在者である。彼のもっている負的なものは、存在の下部構造によって支えられており、したがって考慮の埒外に置かれる何ものでもないものなのではない。われわれは以前に、懐疑とは内密の肯定主義であり、したがってそれが否定しながらやはり肯定している或るものへ向けて、その懐疑を乗り超えなければならない、と言っておいた。だが逆に、もしさまざまの意味ないし本質の領域にほかならない絶対的確実性の領域へ向けてその懐疑を乗り超えようというのであれば、この絶対的肯定主義はその意味を変え、問いを発している者があまりに〈存在〉と世界を自分から遠ざけたために、彼はもうそこにはいない、という趣旨になろう。懐疑の否定主義と同様、本質の肯定主義も、ひそかに、自分が公然と言っていることの逆を言っていることになるのだ。本質の絶対に堅い存在に近づこうという偏見は、自分は何ものでもないのだという偽りの主張を隠しているのである。いかなる問いも、〈存在〉へ向けられるのではない。問いは、その問いとしての存在によってにほかならないとしても、すでに存在と親交を結んでいたのであり、そこに帰ろうとしているのである。問いが〈存在〉との現実の断絶、つまり生きられる無であるということが排除されているように、問いが〈存在〉との理念的断絶、その意味ないし本質に還元された経験への絶対に純粋な眼差しであるということも排除される。問いが答えのないもので、超越的〈存在〉に対する純粋な開口だということが排除されているように、答えが問いに内在し、マルクスが言ったような、人類は自分の解決できる問いのみを立てるということも排除されている。しかも、それら二つの見解が排除されるのは、同じ理由でなのであって、それは、二つの仮定の中には結局のところ何の問いもなく、そしてそれら二つの見解においては、われわれが〈存在〉から切り離されているために問いを立てるに足るほどの肯定的なものをもっていないからにせよ、また〈存在〉のうちに取りこまれているためにわれわれがすでにあらゆる問いの彼方にいるからにせよ、いずれにしてもわれわれの出発点となっていた状況が忘れられている、ということなのだ。ひとが哲学をそこへと還元しようとしている本質への問いが、それだけで事実に関する問い以上に哲学的な問いだとは言えないのであって、事実に関する問いも、時には本質への問いと同じくらい哲学的なのである。哲学の次元は、本質の次元と「事実」[1]の次元を交叉させるのである。時間と空間の本質について問い直してみても、それはまだ、続いてすぐに時間そのもの・空間そのものとそれらの本質との関係について問い直すのでない限り、哲学をすることにはならない。そして、或る意味では、事実への問いは、理性の真理よりも遠い射程をもっている。「時折、一人の男が頭をもたげ、辺りを嗅ぎ、耳を澄まし、眼をこらして、自分の位置を探る。彼は考え、ため息をつき、そして肋骨のそばのポケットから懐中時計を取り出して、時刻を見る。私はどこにいるのか、そして今は何時なのか。かくの如きが、われわれから世界へ向って発せられる汲めど尽きせぬ問いなのである。……」[2]汲み尽くし難いというのは、時刻と場所がたえず変わるからであるが、しかしとりわけ、そこに生起している問いが実は、所与のものと解された空間のどんな場所にわれわれがおり、所与のものと解された時間のどんな時にわれわれがいるかを知ることにあるのではなく、何よりもまずさまざまの時や場所へのわれわれの解き難いこの結びつき、さまざまな物へのたえざる勢力伸張とそれらの間へのたえざる居住――そのおかげで、私は、それがどんな時や場所であれ、或る時、或る場所にいなければならぬことになるのだ――が、いったいどんなものかを知ることにあるからなのである。肯定的な情報や何らかの言表は、この問いを引きのばし、われわれの飢えを一時まぎらすにすぎない。それらは、われわれの存在の何らかの法則、すなわち或る空間の後ろに一つの空間があり、或る時間の次に一つの時間があることを内容とするような或る法則に送り返すが、しかしわれわれの実際の問いが狙っているのは、この法則そのものなのだ。もしわれわれがそれらの問いの究極の動機を探ることができるならば、われわれは〈私はどこにいるのか〉と〈今は何時か〉という問いの下に、問いかけられるべき存在として空間と時間についての認識があり、〈存在〉への究極の関係としての、また存在論の一器官としての問いかけについての認識があることを見いだすであろう。本質の必然性が、哲学の求めている「答え」でないのは、事実がそうでないのと同様である。「答え」と「事実」と「本質」が共同で存在していた〈野生の存在〉の中では、またそれらがわれわれの獲得した文化のさまざまな区別の背後やその下で共同で存在し続けている〈野生の存在〉の中では、「答え」は「事実」より高く、「本質」より低い所にあるのだ。

（1）〔われわれは、誤って消去された「事実」という語を、再びカギカッコで囲んで入れておくことにする。〕

（2）Claudel, *Art poétique*, p. 9. *op. cit.*〔読者は、クローデルのこの同じ文がすでに引用され、注釈が施されていたことに気づくだろう（本書、一四四頁）。この繰り返しは、原稿が未完の状態にあることを証言している。〕

われわれがここで提唱し、本質の探求に対立させようとしているのは、直接的なものへの還帰や、存在者との合致・効果的融合や、原初の完全さの探求、すでに失われ、再発見されるべき或る神秘の探求なのではない。そうした完全さや神秘は、われわれの問いを無効にし、さらにはわれわれの言語活動を告発するものであろう。仮に存在者との合致が失われているとしても、それは偶然の結果ではないし、〈存在〉が隠れているとしても、そのこと自体が〈存在〉の一つの特徴なのであり、いかなる露呈もわれわれに〈存在〉を理解させることはないだろう。すでに失われ、今ではその復原が困難になっている直接的なものは、もしそれが復原されたとしても、それ自身のうちにそれを再発見するに至った際の批判的諸過程の沈澱物をたずさえており、したがってそれは直接的なものではないであろう。もしそれが直接的なもので、われわれのそれへのアプローチの諸作業のいかなる痕跡をも残していてはならず、それが〈存在〉それ自身だとするならば、それは、われわれからそれに通ずるいかなる道もなく、それには原理的に接近しえないということにほかならない。もちろん、われわれの周りのさまざまな見える物はそれ自身のうちに安らっており、それらの自然的存在は、それらの知覚的存在をも含んでいると思えるほどにきわめて充実しており、まるでわれわれのそれらの知覚はそれらのうちで行われるといわんばかりである。しかし、もし私がこの経験を、物はそれぞれの場所にあり、そしてわれわれは物と溶け合うのだという言い方で表現するならば、私はたちまちこの経験を不可能なものにしてしまうのだ。というのも、物に近づくにつれて、存在するのは私ではなくなるし、私が存在するにつれて、物があるのではなく、ただ私の「暗室」の中の物の写しがあるだけになるからである。私の知覚が純粋知覚*・物・〈存在〉になるというのであれば、そのとたんに物は消えてしまうし、そして物の明りがともった瞬間、私はもうすでに物ではないのだ。同様に、過去の存在に対しては、本当の合致は存在しない。もし純粋記憶*が保持されている現在の昔であり、またもし想起の中で私がかつてあったものに本当に立ち返るのだとすれば、いかにして想起が私に対して過去の次元を開きうるかが分からなくなってしまうからである。そして、もしそのつどの現在が、私のうちに登記されることによって、その肉を失ってしまい、またそのつどの現在がそれへと変身する純粋記憶が見えないものだとすれば、そのときには、なるほど過去は存在するが、過去との合致は存在せず、私は私の現在の厚み全体によって過去から分離されているのであって、過去が私の過去となるのは、それが新たに現在となることによって、何らかの仕方で私の現在の厚みの中に場所を見いだすというふうにしてなのである。物と物の意識が同時に存在することは決してないのだから、過去と過去の意識が同時に存在することは決してないし、同じ理由で、合致と融合による直観の中では、〈存在〉に与えられるすべては経験から除き去られ、経験に与えられるすべては〈存在〉から取り除かれてしまう。実を言えば、合致の経験とは、ベルクソンがしばしば言っているように、「部分的合致」*でしかありえないのだ。それにしても、部分的でしかないような合致とは何だろうか。それは、つねに乗り超えられ、あるいはつねに未来にある合致であり、自分にとっては不可能な過去を思い起こし、不可能な未来を先取りする経験であり、言いかえれば〈存在〉から出現したり、〈存在〉に合体しようとしたりして、「それに拠って存在している」**が、決して〈存在〉そのものではなく、したがって二つの積極的な項ないし或る合金の二つの要素について言えるような合致ないし実質的融合ではなく、別個なままでありつづける凹と凸について言える覆い合いのような経験なのである。哲学は、世界・自然・生活・思考の後にやって来て、それらがすでに自分の前に構成されているのを見いだしながら、この前もってある存在に問いかけ、そしてその存在と自分との関係について自分自身に問いかける。哲学は、自己とあらゆる物への還帰であるが、ただし直接的なものへの還帰ではない。そのようなものは、それに近づき、そこに溶けこもうとするにつれて、遠ざかっていくのである。直接的なものは地平にあるのであり、地平として考えられなければならないのであって、直接的なものがそれ自身でありつづけるのは、距離をおいてでしかないのだ。私の視覚の以前にあるものとしての見えるものの経験が存在するが、その経験は融合や合致ではない。つまり、見るものである私の眼や触れるものである私の手もまた、見られたり触れられたりしうるし、したがってその意味では、それらは見えるものや触れられるものを内側から見、それに触れていることになり、われわれの肉は、自分が囲まれているあらゆる見える物や触れうる物を逆に織り上げ、さらには包んでいることになるのだから、世界と私は、互いに相手の中におり、そして「知覚する」(percipere) の「知覚される」(percipi) に対する優先ということもなく、そこには同時性あるいは遅れさえあるのである。というのも、自然的世界の重さは、すでに過去の重さだからである。私の生活のどの光景も、諸感覚のとりとめのない群や束《つか》の間の判断の体系ではなく、世界の持続的な肉の一片なのだから、それらはみな、見えるものである限り、私の視覚以外の多くの視覚を孕んでいる。そして、私が見、語っている見えるものは、たとえそれがヒュメトス山やデルフォイのプラタナスではないとしても、プラトンやアリストテレスが見、語っていたものと数的に同じものなのである。私が、私の手や目の下に、私の身体に対してあるがままの現実の世界を見いだすとき、私は一つの対象よりもはるかに多くのもの、すなわち私の視覚がその部分をなしている〈存在〉、私のさまざまな作業や作用よりもはるかに古い可視性を見いだすのだ。だが、このことは、私からその〈存在〉に対して融合や合致があるということではない。むしろ、そのようなことが起こるのは、一種の裂開が私の身体を二つに切開し、眼差された身体と眼差す身体、触れられた私の身体と触れる身体との間に覆い合いないし蚕食が生まれ、その結果、われわれが物へと移行すると言うのと同様に、物がわれわれのうちに移行すると言わなければならなくなるからである。かつてベルクソンは、われわれの直観は反省だと言っていたが、それももっともなことであった。彼の直観は、一種の堕罪以前論的偏見、すなわち〈存在〉の秘密はわれわれの背後の原状態にあるという偏見を、反省哲学と共有しているからである。そこで彼に欠けているのは、反省哲学の場合と同様、二重の指示関係、つまり自己への還帰と自己からの離脱の同一性、生きられているものと距離の同一性なのだ。確かに、直接的所与への還帰、経験のその現場での深化ということが、素朴な認識と対比した場合の哲学のモットーではある。それにしても、過去と現在、本質と事実、空間と時間は、同じ意味で所与であるのではなく、しかもそれらのうちのどれ一つとして、合致という意味での所与ではない。「原初的」と言われるものはただ一つのタイプをもっているわけではなく、それがすべてわれわれの背後にあるのでもない。真の過去、先在（préexistence）の復原がすべて哲学というわけではない。生きられているものは、奥行も次元もなしに平板になっているのではないし、それは、われわれがそれと溶け合うべき不透明な一つの層ではないのだ。原初的なものへの訴えかけは、いろいろな方向に向かう。すなわち、原初的なものは炸裂するのであって、哲学は、この炸裂、この不一致、この差異化につき添うべきなのである。合致の難点は、単に、当の原理そのものは無傷のままにしておくような事実上の困難さにあるのではない。われわれはすでに本質の直観に関して、二重の虚偽でもあるような二重の真理の体系に遭遇している。というのも、原理的に真なるものは決して事実上真なのではなく、また逆に事実的状況は決して原理を巻き添えにはしない以上、二つの法廷の一方が他方に有罪を宣告することになり、しかも他方にその領分での権限を残すというふうにして執行猶予つきの有罪を宣告することになるからである。もし合致が部分的なものでしかないとすれば、真理を全面的ないし実質的合致として定義することは許されない。そして、もしわれわれが物そのものや過去そのものの観念をもっているとすれば、その観念は、事実のうちにも何らかの保証をもっているはずである。したがって、それなしでは物や過去の経験が無に帰してしまうはずの隔たりは、物そのもの、過去そのものへの開在性でもあり、その隔たりが物や過去の定義のうちに入りこんでいるはずなのである。そうだとすれば、与えられているのは、裸の物、かつての時間のうちにあったままの過去そのものではなく、まさに見られようとしている物、ひとがそれについてもちうるあらゆる視覚を原理的にも事実上も孕んだ物であり、或る日にあっただけではなく、それに何とも説明し難い変質、不思議な距離を加えた過去、言いかえれば、その距離を跳び越しながらもそれを無にしてしまうことのない想起に事実上も原理上も結びついた過去なのである。あるのは、原理的ないし推定上の合致や事実上の不一致、悪しきあるいは誤った真理ではなく、欠如的不一致、遠くからの合致、隔たりであり、「よい誤り」とも言うべき或るものなのである。

物それ自体にどのように帰ってはならないか、またどのように帰るべきかが最もよく知られるのは、言語に関してであろう。もしわれわれが、自然的世界や時間を合致によって取り戻すことができるし、われわれがあそこに見ているO点やわれわれの底からわれわれの想起を支配している純粋記憶と一体化しうると夢想するならば、言語は誤謬の力ということになる。というのも、言語は、われわれを物や過去に根本的に結びつけている切れ目のない生地を断ち切り、そして過去とわれわれとの間に、幕のように立ちふさがっているからである。哲学者は言葉を話すが、そのことが哲学者における弱さ、しかも説明し難い弱さとなる。つまり、彼は黙るべきであり、沈黙したまま合致し、そして〈存在〉のうちで、そこにすでに出来上っている哲学にたどりつくべきなのだ。ところが、すべての事態は逆に、あたかも哲学者は、自分が聞いている内なる或る種の沈黙をさまざまな語に置き直そうと欲しているかのように進む。彼の「仕事」全体が、この不条理な努力なのだ。彼は、〈存在〉との接触を語るために書いていた。しかし、その接触は沈黙に属している以上、彼はそれを語りはしなかったし、また語ることもできないであろう。そこで、彼はやり直す。……こうしてみると、言語は単純に真理ないし合致の反対なのではなく、合致の言語、物それ自身をして語らしめる仕方——それが彼の求めているものなのだ——がある、あるいはありうると信じなければならぬことになる。そのような言語は、彼がその組織者ではないような言語であり、彼が集めるのではなく、彼を介して意味の自然的な絡み合いによって、隠喩《メタファー》という隠れた交通によって統一されるような語群であろう。つまり、ここで大事なのは、それぞれの語やイメージのもつ明示的な意味ではなく、それらの振替えや交換の中に含まれている側面的関係、血縁性なのである。これは、確かにベルクソンその人が哲学者のために要請したような種類の言語である。しかし、われわれはその帰結をしっかりと見なければならない、——もし言語が必ずしも欺くものではないとすれば、真理は、合致でも無言なものでもないのだ、と。

われわれは言語についても、それを生きたあるいは生まれつつある状態で、そのあらゆる指示の働きとともに受けとりさえすればいいのである。その指示関係とはすなわち、言語を、それによって呼びかけられている無言の物に結びつける、言語の背後への指示関係や、言語がおのれの前方に送り出して、世界を語られた物たらしめる指示関係であり、それも言語の運動、言語の煩雑さ、その倒錯、表現することによって裸の物の生命を十倍にもふくらましてしまう言語の生を含めてのことである。言語とは、一つの生命であり、われわれの生命と言語自身の生命である。それは、言語が生命を横取りし、それを自分のために取っておくというのではない。実際、もし言われた物しかないとしたら、言語にとって、言うべき何があるだろうか。言語を、まるでそれが自己についてしか語らないかのように閉じてしまうのが、さまざまな意味論的哲学の誤謬である。そこでは、言語は沈黙を糧としてのみ生きるのであり、われわれが他人に投げ与えるすべては、われわれから離れることのないこの大いなる無言の国に芽ばえていた、とされるのだ。しかし、哲学者は、自分自身のうちに語ることの必要を体験し、語り《パロール》の誕生をおのれの無言の経験の底の泡として体験したのであるから、彼は、体験 (le vécu) が語られた体験 (vécu-parlé) であり、この深みに生まれた言語も〈存在〉にかぶせられた覆面ではなく、もし言語をその根や葉のすべてとともに捉え直す術を知っているならば、〈存在〉の最も信頼すべき証人になるということ、言語は、言語がなければ完全なはずの直接性をそこなうものではないし、視覚自体、思考自体も、よく言われてきたように、「言語と同様に構造化され」[1]ており、まだそう呼ばれる以前の分節化であり、何もなかったかあるいは他の物があった所への何ものかの出現だということを、誰よりもよく知っているのである。したがって、言語の問題は、そうしようと思えば、一つの領域的問題にすぎないとも言える。そうしようと思えばというのは、言いかえれば、すでに出来上っている言語を取り上げ、また翻訳とかコード化やコード解読といった二次的・経験的操作、さまざまの人工言語、音と意味——それらは、特別な規約によって結びついているにすぎないから、観念的には切り離しうるのだ——の技術的な関係を考察するならば、ということである。しかし、逆に、語る言葉 (parole parlante) を取り上げ、言語《ラング》のうちに生きている人が言語《ラング》の諸規約を自然的なものとみなしており、彼においては見えるものと生きられるものとが言語に巻きつき、また言語が見えるものと生きられるものとに巻きついているというその事態、また彼の見る無言の風景の分節と彼の言葉《パロール》の分節との交流、最後に、意味や思考へと翻訳される必要のない作動している言語（langage opérant）、つまりは武器や働きかけ、凌辱や誘惑ともなりうる〈物としての言語〉(langage-chose)――というのも、言語は、その形成の場となった生きられるもののあらゆる深い関係を露呈させるのだから――、生活と行動の言語であると同時に文学や詩の言語でもある〈物としての言語〉を考察するならば、そのようなロゴスこそは、絶対に普遍的な主題となるのであり、それが哲学の主題なのである。哲学それ自身が言語であり、言語にもとづいている。だが、だからといって、哲学は、言語について語る資格を失うわけでも、前言語（pré-langage）と無言の世界――それが言語と前言語に裏打ちをするのだ――について語る資格を失うわけでもない。それどころか、哲学は、作動する言語なのであり、実践によって内側からしか知られえないその言語は、物に開かれ、沈黙の声によって呼び求められており、そしてあらゆる存在者の〈存在〉である分節化の努力を引きつぐのである。

（1） J. Lacan.

哲学を本質の探求と定義したり、物との融合と定義すればするほど誤りに陥ることになるだろうし、しかもこの二つの誤りは、別のものではない。本質は、それを見ている者が世界に関与しなければしないほど、したがって無の底から眼差せば眼差すほど純粋になるわけであるが、われわれがそのような純粋な本質に定位するにせよ、あるいは現存する物にそれらがある地点と時点とにおいて溶けこもうとするにせよ、この無限の隔たりとこの絶対の近さは、俯瞰と融合という二つの仕方で、物そのものへの同じ関係を表わしている。それらは、肯定主義《ポジティヴィスム》の二形態なのである。本質の固有の次元である言表の水準に身を置くにせよ、あるいは物の沈黙に身を置くにせよ、また言葉《パロール》に絶対の信頼を置くにせよ、反対に言葉《パロール》を絶対に信じないにせよ、そこでは言葉《パロール》の問題が無視されているのであり、その無視があらゆる媒介の無視になっているのである。哲学が、理念性のただ一つの平面か、あるいは事実存在のただ一つの平面かに押しつぶされている。どちらの側でも、何かが——つまり、観念の内的適合性、あるいは物の自己同一性が——眼差しをふさごうとしているのであり、そして遠方の思考、地平の思考を排除し、あるいは格下げしようとしているのだ。あらゆる存在は或る隔たりの中で提示されるのであって、その隔たりはその存在を知るための障害ではなく、むしろその保証だというまさにそのことが、そこで吟味されていない当のものなのである。形而上学はあくまでも合致なのだと言われるやいなや、世界の現前はまさに世界の肉の私の肉への現前であり、私は「それに拠って存在している」のであって、世界ではないというそのことが、忘れ去られてしまう。もしわれわれと〈存在〉の「固い核」との間の肉の厚みは私の責任によるのであり、それは、主観性がたえずおのれの周りにたずさえている非存在のマフだと定義するならば、その定義からは、まさしくそのような厚みがあるということが脱け落ちてしまうのだ。ところで、無限の距離を言うにせよ絶対の近さを言うにせよ、また否定を語るにせよ同一化を語るにせよ、どちらの場合も、われわれの〈存在〉への関係が同じ仕方で無視されている。それが捉え損われるのは、どちらの場合も、本質ないし物に近づけば近づくほど、その関係をより確保できると信じられているからである。そこでは、われわれの前にあるこの真向かいの存在は、それを措定したのがわれわれであるにせよ、あるいはそれ自身が措定された存在としてわれわれのうちにみずからを措定しているにせよ、いずれにしても、一つの地平——それは何ものでもないというわけではないし、共措定（com-position・組み立て）によってそのようなものとして存在しているのでもない——の上に切りとられた原理的に二次的なものだ、ということが忘れられている。われわれの開在性、われわれの〈存在〉への根本的な関係、つまりわれわれに存在しないかのように装うことを不可能ならしめている当のものは、決して措定された存在（l'être-posé）の次元で形成されうるものではない、ということが忘れられているのだ。というのも、まさにその開在性こそは、われわれに次のことを教えているものだからである、——措定された存在は、それが真の存在であれ偽りの存在であれ、決して何ものでもないというわけではなく、どんな経験であれ、経験はつねにもう一つの経験と隣接しており、われわれのさまざまな知覚や判断、世界についてのわれわれの認識全体でさえ、フッサールの言うように、変えたり取り消したりされうるが、しかし無にされることはありえず、そしてわれわれが〈存在〉のうちにあり、何ものかがある以上、右のような知覚や判断・認識を襲う懐疑の下から、必ずより真なる別な知覚や判断が現われてくるのだ、と。ベルクソンがいみじくも言っていたように、根本的な知は、時間をピンセットではさむようにして取り抑え、固定し、その諸部分間の比によって規定し、測定しようとするような知ではなく、むしろ時間そのものは、ただ「それを見[1]」ようとする人、そしてまさにそれをつかまえることをあきらめたのだから、直観によってその内的推進にたどりつくような人にのみ提供されるのである。だが、まことにしばしば、融合や合致の観念が、裂開としての〈存在〉に対する真の近さの極大値であるような哲学的見方ないし視覚理論を呼び求めていたこれらの指示にとって代わってしまうのだ。……われわれは、隔たりを通した近さという、この観念、深みへの聴診ないし触診としての直観の観念、あるいは自己についての一つの見方であり自己の自己へのねじれであるような、したがって「合致」なるものを疑問に付すような見方の観念に立ち返るべきであろう。

(1) Bergson, *La pensée et le mouvant*, PUF, 1950, p. 4.〔『哲学の方法』、河野与一訳、岩波文庫、一一頁。〕

以上のようにすれば、ついには、哲学的問いかけとは何であるか、が分かるであろう。それは、〈存在〉を暗にほのめかす「……であろうか」(an sit) や懐疑でもなければ、そこにすでに観念の絶対的確実性が貫いているような「私は何も知らないことを知っている」でもなく、本当の意味での「私は何を知っているのか」(que sais-je?)、必ずしもモンテーニュが言ったのと同じではないような「私は何を知っているのか」なのである。本当の意味でのというのも、「私は何を知っているのか」は、知るという観念をまったく吟味にかけずに、ただわれわれの知っている物の解明を求めることでもありうるからである。その場合には、その問いは、「私はどこにいるのか」という問いもそうでありうるように、認識上の問いの一つなのであって、そこでのためらいはただ、それ自身で自明なものと解された存在者、例えば空間や知にどんな呼称がふさわしいのかという点にあるにすぎない。だが、私が或る文の中で「私は何を知っているのか*」と言うとき、そこに生まれるのは違った種類の問いである。というのも、その問いは、知そのものの観念にあふれ出し、私には欠落しているさまざまの事実や事例や観念がそこに見いだされるはずの或る英知的な場所を呼び出し、そしてこうほのめかすからである、——疑問文とは、直説法や肯定文の転倒ないし逆転から派生した叙法でもなければ、覆われたあるいは期待されている肯定ないし否定でもなく、何ものかを思念する独自の仕方であり、どんな言表や「答え」も原理的にそれを乗り超えることのできないいわば知としての問い(question-savoir)であって、したがっておそらくはわれわれの〈存在〉との関係に固有な叙法であり、まるで〈存在〉がわれわれのさまざまな問いの無言のあるいは寡黙な話相手ででもあるかのようなのだ、と。「私は何を知っているのか」というのは、単に「知るとは何か」ではないし、単に「私は誰か」というのでもなく、結局は「何があるのか」、さらには「あるとは何か」ということである。こうした問いは、その問いに終止符を打つような何か特定の物の提示を求めているのではなく、措定されたものではないような〈存在〉の露呈を求めているのだ。〈存在〉が措定されたものでないというのは、それは措定される必要がなく、われわれのあらゆる肯定や否定の背後に、さらには言葉に表わされたあらゆる問いの背後に沈黙したままあるからであり、それもそれらの問いを〈存在〉の沈黙のうちに忘れ去る必要があるためでも、その沈黙をわれわれのおしゃべりの中に閉じこめる必要があるためでもなく、哲学が、沈黙と言葉《パロール》との相互転換だからである。「それ自身の意味の純粋な表現にもたらされる必要があるのは、まだ無言な[……]経験である[1]」。

（1）［Husserl, *Méditations cartésiennes*, trad. fr., Vrin, Paris, 1947, p. 33.］〔*Cartesianische Meditationen: Husserliana* Bd. I. 1963の版では、S. 77.『デカルト的省察』、船橋弘訳、中央公論『世界の名著』第五一巻、二二一頁。〕

絡み合い——交叉配列

もし、哲学がおのれを反省ないし合致にほかならぬと公言するやいなや、哲学は自分の見いだすであろうものを予断することになるのだということが本当だとすれば、哲学はもう一度すべてをやり直し、反省と直観が自分に与えてくれたさまざまの手段を放棄し、そしてまだ反省と直観とが区別されない場所、すなわちまだ「磨きをかけ」られてはおらず、われわれに「主観」と「客観」、事実存在と本質を同時にごたまぜに与えてくれ、したがってそれらを定義し直す手段を哲学に与えてくれるような経験の場に身を置く必要があることになる。見るとか話すとか、さらには考えるということでさえ——考えることと話すこととを絶対的に区別するやいなや、すでに反省の体制の中にいることになるのだから、或る種の留保つきでそう言っているのだが——、異論の余地がないと同時に謎めいた、そうした種類の経験なのである。そのような経験は、どんな言語においても一つの名称をもっているが、しかしその名称はどんな言語においてもさまざまな意味の束、本来の意味や比喩的意味の茂みをたずさえており、したがってその名称は、科学のいろいろな名称のように、名づけられているものに特定の意味を帰属させることによって物事を明らかにするような名称ではなく、むしろ説明し難いが同時になじみ深い神秘、あるいは爾余のものを照らしながらも、暗がりの出所にとどまり続ける光のたえざる指標、執拗な呼びかけにほかならない。もしわれわれが、見たり話したりする行為の実践の中で、それらが言語の中で右のような運命にゆだねられるようになるための若干の準拠枠を再発見しうるとすれば、その枠組みはおそらくわれわれに新しい手段の形成の仕方、そして何よりも、われわれの探求そのものと問いかけそのものの理解の仕方を教えてくれることであろう。

　われわれの周りの見えるものは、それ自身のうちに安らっているように見える。その様はまるで、われわれの視覚が見えるものの中心で形成され、また見えるものとわれわれの間には、海と海岸との関係にも似た緊密な親交があるとでも言わんばかりである。それにもかかわらず、われわれが見えるものに溶けこんだり、見えるものがわれわれのうちに移行するということはありえない。というのも、そうなれば、視覚は生まれたとたんに、見る者かあるいは見えるものかが消去することによって、消え失せてしまうからである。したがって、そこにあるのは、後になって見る者に提供されるような自己同一的な物ではないし、また初めは空虚で、後で物へと開かれるような見る者でもなく、眼差しで触診することによってしかそれに近づきえないような或る物、それを「まったく裸の」ままで見ることなど望むべくもないような——なぜなら眼差しそのものがそれを包み、おのれの肉でそれを覆ってしまうのだから——物なのである。それでは、いったいどうして、眼差しがそのようにしながらも、それらの物をそれぞれの場所に置きゆだね、われわれの獲得するそれらの視覚がわれわれには物からやって来るように思え、そして見られているということがそれらにとってはそれらの卓越した存在の格下げにすぎないということが起こるのか。色のこの魔力、見えるもののこの不思議な力、すなわち見えるものが眼差しの末端につなぎとめられながらも私の視覚の相関者以上のものであり、見えるもの自身がその至高の存在の結果としておのれを私に押しつけてくる、といったふうにさせるその不思議な力とは何なのか。いったいどうして、私の眼差しは、それらの物を包みながらも、それらを覆い隠すわけではなく、要するにそれらを覆い（voiler）ながら露呈（dévoiler）するのであろうか。(1)

（1）［本文の流れそのものの中で、ここにカッコに入れられて、次のような文が挿入されている。］それは、眼差し自身が、見る者の見えるものへの合体であり、見えるものに拠って存在し（en être）、見えるもののうちにあるおのれ自身の探求だからであり、また世界の見えるものが質（quale）の外皮ではなく、さまざまな質の間にあるもの、外部地平と内部地平の結合組織——可視性（Sichtigkeit）と一般性としての

「肉」(la chair) ——だからである。——→だから、視覚は、問いであり答えである。……肉による開在性：私の身体の両面と見える世界のさまざまな面……可視性が存在するのは、これらの絡み合わされたさまざまな面の間である……物のモデルとしての私の身体と、私の身体のモデルとしての物：その諸部分を通して、世界へと、また世界に対して結びつけられている身体——→以上の意味するところは、事実ないし事実の総和としてではなく、真理の記入の場としての世界、肉：無にされたのではなく、線で消された誤り。

初めに理解しておかなければならないのは、私の眼下のこの赤は、いつも言われているような一つの質(quale)、厚みのない存在の薄皮、ひとがそれを受けとったり受けとらなかったりするような解読不能であると同時に明証的なメッセージ——ただし、それを受けとったときには、それについて知られるべき一切が知られ、それについては結局何も言うべきことがないといったメッセージ——ではない、ということである。それは、短時間のものにもせよ焦点合わせを要求するのであり、そしてよく言われるように、私の眼差しがそれを固定させる以前にはそこに取りこまれ浸りこんでいた、もっと漠然としたもっと一般的な赤さから浮かび出てくるのである。そして、私がその赤を固定させた今、もし私の眼差しがその赤の中に、その固定した構造の中に沈潜するか、あるいは再び周囲をさまよい始めるならば、その質は再びその雰囲気らしい存在をとり戻してくる。赤の明確な形は、或る種の布置、織物状ないし金属状の、あるいは多孔性の[?]組成《きめ》と連帯関係にあるのであって、質そのものは、これらの関与に比べれば何ものでもないのである。クローデルも、海の或る青は、それより赤く見えるものは血しかないほどに青いものだ、とほぼそのように述べている。そのうえ、色は、変容のもう一つの次元、すなわちその色と周囲との関係という次元における異本《ヴァリアント》である。つまり、この赤は、その位置から、その周りにあってその赤と布置をなしているさまざまな他の赤と結びつくことによってのみ、あるいはその赤に支配されたりそれを支配したり、その赤に引きつけられたりそれを引きつけたり、さらにはその赤に反発されたりそれを反発したりする他のさまざまな色と結びつくことによってのみ、その赤なのである。要するに、それは、同時性と継起の網の或る結節点である。それは、可視性の具体化であって、一つのアトムなのではない。まして、赤い服ともなれば、それはその全繊維によって見えるものの生地に結びつき、またそれを通して、見えない存在の布地に結びついているのである。屋根瓦や、踏切番や革命の赤旗、エクスとかマダガスカル付近のどこかの地層を含む赤い物の領野の句読点は、婦人たちのドレスばかりか、教授や司教や検事のガウンを含む赤い服の領野、さらにはアクセサリーやユニフォームの領野の句読点でもあるのだ。そして、その服の赤は、厳密には、それがどんな布置に出現するかによって同じではないし、その赤に沈澱しているものが一九一七年の革命の精髄であるのか、永遠に女性的なものの精髄であるのか、それともフランス革命時の訴追官、あるいは二五年前にシャンゼリゼのビアホールに陣どっていた、軽騎兵の服装をしたジプシーたちの精髄なのかによっても同じではない。或る種の赤は、いろいろな架空の世界の底から連れもどされた化石でもあるのだ。もしこうしたあらゆる関与を考慮に入れるならば、むき出しの色や一般に見えるものは、一切か無かでしかありえないような視覚に丸裸のまま提供された、絶対に堅固で分割不能な存在の一片ではなく、むしろつねに開かれた外部地平と内部地平の間の一種の海峡であり、色のついた見える世界のさまざまな領域にそっと触れながら、それらを間接的に反響させている何ものかであり、この世界の或る種の差異化、束の間の転調なのであって、したがって色ないし物というよりは、むしろ物と色との間の差異であり、色のある存在ないし可視性の瞬間的結晶であるということに気づくだろう。色と言われるものと見えるものと言われるものとの間には、それらを裏打ちし、支え、養っている生地が見いだされるのであり、そしてその生地自身は、物ではなく、可能性、潜在性であり、物の肉なのである。

もしわれわれが見る者を振り返ってみるならば、以上のことが漠然とした類比ないし比喩ではなく、文字通りに受けとられるべきだということが確認されるであろう。すでに述べたように、眼差しはさまざまの見えるものを包み、触診し、それらと合体する。眼差しは、あたかも見えるものと予定調和の関係にあり、それらと知り合う前からそれらを知っていたとでも言わんばかりに、おのれのぎごちない気ままなスタイルの中を自己流に動き回るが、それにもかかわらず、まったく恣意的な見方をするわけではない。私は、混沌を見るのではなく、物を見ているのであり、かくして命令しているのは眼差しなのかそれとも物なのかはついに言うことができないのである。見えるもののこの前もっての所有、見えるものにその願い通りに問いかけるこの技術、この天来の解釈とは何だろうか。その回答をわれわれはおそらく、問うものと問われるものとが最も近い関係にある触診、そして結局のところ眼の触診もその注目すべき異本にほかならぬ触診に見いだすであろう。だが、私はどのようにして特に私の手に、滑らかな物やざらざらした物の木目を感じさせてくれるその程度と速さと方向をもった運動を与えるのだろうか。手の探索とそれが私に教えてくれるもの、私の運動と私が触れるものとの間には、或る原理的な関係、或る血縁性があり、そのおかげで、それらが単にアミーバの偽足のような、身体的空間の漠然とした束の間の変形《デフォルマシオン》ではなく、触れうる世界への加入・開在性となるのでなければならない。そして、このようなことが起こりうるのも、私の手が内側から感じられるものであると同時に、外から近づきうるもの、例えば私のもう一方の手で触れうるものであり、私の手が、それによって触れられている物の間に位置し、或る意味ではそれらの一つであり、要するにそれがその部分をなしている触れられうる存在に開かれているからにほかならない。私の手における触れるものと触れられるものとのこの交叉によって、手自身の運動が、それの問いかけている宇宙と合体し、宇宙と同じ地図に記載されることになるのだ。手の運動と宇宙というこの二つの系は、オレンジの両半分のように、互いに重なり合うのである。視覚においては、その探索とそれによって集められる情報とが「同じ感覚」には属さないという点を除けば、視覚の場合も事情は変わらない、とよく言われる。しかし、感覚のこの分け方は、大雑把なものである。われわれはすでに「触覚」の中に、互いに裏打ちし合う異なった三つの経験、互いに交わるがしかし区別されうる三つの次元を見いだしたばかりである。すなわち、滑らかなあるいはざらざらした感触、物の感触——身体とその空間に起こる受動的な感じ——、そして最後に、私の右手が物に触れようとしている私の左手に触れるときの、触覚についての真の触覚がそれであり、この最後のものによって「触れる主体」が触れられるものの地位に移り、物の間に降りてくることになり、その結果、触覚は世界のただなかで、いわば物のなかで起こるようになるのである。私を閉じこめている袋について私の感ずる鈍い感じと、私の手が私の手に及ぼす外からのコントロールとの間には、私の眼の運動とそれが見えるもののうちに産み出す変化との違いと同じだけの違いがある。そして逆に、見えるものについての経験はすべて、つねに眼差しの運動を文脈にして私に与えられたものであるから、見える光景が触覚に属するのは、「触覚的諸性質」が触覚に属する以上でも以下でもないということになる。われわれは今や、見えるものはすべて触れられうるものの中から切り取られるのだし、触覚的存在はすべて何らかの仕方で可視性へと約束されており、そして触れられるものと触れるものとの間にだけではなく、触れられうるものとそれに象眼された見えるものとの間にも蚕食とまたぎ越しがある——ちょうど、逆に、触れられうるもの自身も可視性の無ではなく、視覚的存在なしでは存在しないように——、と考える習慣を身につけなければならない。同じ身体が物を見、物に触れている以上、見えると触れうるとは、同じ世界のことがらなのである。私の眼のいかなる運動も——ましてや私の身体のいかなる移動も——、私が眼の運動によって仔細に観察し探索しているその同じ見える宇宙に場所を占めているのであり、それは逆に言えば、いかなる視覚も触覚的空間のどこかで起こっているのと同様だということは、これまであまりにも注意されずにきた不思議である。触れられるものと見えるものとの間には、互いに二重の交叉した帰属の関係があるのであり、二枚の地図は完全であるが、それにもかかわらず、両者が混同されてしまうということはない。それら二つの部分は、まったくの部分であるが、しかしそれらを重ね合わすことはできないのである。

したがって、見る者と見える物との独自な含み合いに立ち入るまでもなく、視覚が眼差しによる触診である以上、視覚もまたそれの露呈する存在の秩序に書きこまれていなければならず、眼差す者自身がそれによって眼差されている世界と無縁であってはならない、ということが分かる。私が物を見るやいなや（見るという語の二重の意味がよく示しているように）、視覚は、補完的な視覚ないしもう一つの視覚によって、つまりは、外から見られた私自身、他人から見れば見えるもののただなかに位置して、それを或る場所から見ているのが分かるような私自身によって二重化されているのでなければならない。今のところは、見る者と見える物とのこの同一性がどこまで及んでいるのか、われわれはその同一性についての十全な経験をもっているのかどうか、それともそこには何か欠けたものがあるのかどうか、あるとすればそれは何なのか、は検討しないことにしよう。差し当っては、見る者が見える物を所有しうるのは、見えるものに所有され、それに拠って存在しているから(1)であり、見る者が原理上、眼差しと物との分節化の命ずるがままに、見えるものの一つになり、不思議な逆転によって、見えるものの一つである自分がそれらを見うるから(2)にほかならない、ということを確認するだけで十分である。

（1）［欄外に］l'Urpräsentierbarkeit〔根源的現前化可能性〕、それは肉だ。
（2）［欄外に］見えるものは触れられうるもののゼロではないし、触れられうるものは、可視性のゼロではない（蚕食の関係）。

こうしてみると、なぜわれわれが物それ自身を、それらのあるそれぞれの場所に、それらの知覚的な存在（être-perçu）をはるかに越えた存在に従って見、それと同時に、われわれが眼差しと身体の厚み全体によってそれらから隔たっているかが理解される。それは、この距離がこの近さの反対ではなく、その近さと根底では一致しており、それと同義だからである。このことは、見る者と物との間の肉の厚みが、物にとってはその可視性を、そして見る者にとってはその身体性を構成しているということである。その厚みは、見る者と物との間の邪魔物ではなく、それらの交流の手段なのだ。私が見えるものの中心にいるというのも、それから離れているというのも、同じ理由によってである。その理由とは、見えるものが厚みをもち、そのことによっておのずから身体によって見られるべく運命づけられているということである。質や色のうちにある定義不可能なものとは、ただ一つの或る物、存在のただ一つの調子のうちに、過去の視覚や未来の視覚を丸ごと与える手短かで有無を言わせぬやり方以外の何ものでもない。物を見ている私もまた、私の深みをもっており、そして私が見ているその同じ見えるもの、私の背後で再び自足してしまうことを私自身よく知っているその同じ見えるものに寄りかかっているのだ。身体の厚みは、世界の厚みと張り合うどころか、私が自分を世界たらしめ、物を肉たらしめることによって、物の中心に入っていくための唯一の手段なのである。

間に置かれた身体それ自身は、物でも間質性（interstitiel）の物質でも、つなぎの布地でもなく、対自的な被感覚体（sensible pour soi）である。その言わんとする意味は、おのれを見る色とか、おのれに触れる表面といった背理にあるのではなく、触覚や視覚に住みつかれた色と表面の一組という逆説［?］、したがってそれに住みつきそれを感じている人間に、自分に似た外界のすべてを感ずるための手段を与えてくれる模範的被感覚体（sensible exemplaire）ということである。したがって、その人間は、物の生地に取りこまれるやいなや、それをすべて自分に引き寄せ、併合し、そしてその同じ運動によって、まだ道が通じていないはずの物に、おのれの出生の秘密をなすあの重なり合いなき同一性、矛盾することなき差異、内と外との隔たりを伝えるということにもなるのだ。[1] 身体は、おのれ自身の個体発生によって、それを形作っている二枚の粗描、二枚の唇――つまりは、身体自身にほかならぬ感覚されうる塊と、身体がそこから分離によって出生し、また見る者としてそこへと開かれ続けている感覚されうるものの塊――を互いに溶接するというふうにして、われわれを直接物に合一させる。われわれを物そのものに到達させうるのは、身体であり、また身体だけであるが、それは身体が二つの次元をもった存在だからである。物それ自身は、平板な存在ではなく、奥行をもった、上空飛行的主観には到達不可能な存在であり、もし可能ならば、同じ世界の中で物と共存している主観にのみ開かれている存在なのだ。われわれが見えるものの肉という言い方をするとき、われわれの意図は人類学に従事し、そして、世界に人間の面をかぶせたらどうなるかは別にしても、われわれからのあらゆる投射で覆いつくされた世界を記述しようということにあるのではない。むしろ反対に、われわれの言わんとしているのは、肉的存在が、奥行をもち、幾つもの面や顔をもった存在、潜在的な存在、或る不在の現前として、〈存在〉の祖型であり、そして感覚されうる感覚者としてのわれわれの身体は、その〈存在〉のきわめて注目に値する異本にすぎず、しかもその〈存在〉を構成している逆説はすでにあらゆる見えるものの中にある、ということなのである。というのも、ちょうど私の身体が一挙に現象的身体であると同時に客観的身体でもあるように、立方体はすでに、おのれのうちに多くの両立不可能な可視体（visibilia）を糾合しているからであり、そのような立方体がついに存在するとすれば、それは私の身体と同様に、強引にだからである。すでに述べたように、見えるものと呼ばれるものは、木目をはらんだ質、或る奥行の表面、どっしりとした存在の上の切り口であり、〈存在〉の波に運ばれている一粒ないし粒子である。見えるもの全体はつねに、われわれの見ている諸象面の背後やそのそばやそれらの間にあるのであるから、それに近づくためには、見えるものと同様、まったくおのれ自身の外にあるような経験によるほかはないのだ。われわれの身体がわれわれに見えるものをしつらえるのは、まさにそうした経験の資格においてであって、認識主観の担い手としてではないが、ただしその身体が見えるものを説明したり解明したりするのではなく、身体はただ見えるものの拡散した可視性の神秘を凝集させてくれるだけなのであり、そしてここで問題になっているのは、まさしく〈存在〉の逆説であって、人間の逆説ではないのである。確かに、われわれの身体の二つの「側面」——それをかつてわれわれは、客観的身体と現象的身体と呼んだのだが——の間には、隔たりというよりもむしろ、〈即自〉と〈対自〉を分かつ深淵がある、という反論があるかもしれない。いかにして、感覚されうる感覚体もまた思考でありうるかは、一つの問題であり、われわれはそれを回避するつもりはない。しかしここでは、われわれは古典的袋小路に陥らぬようにわれわれの最初の諸概念を作り上げようとしているのだから、われわれは、それらを「われ思う《コーギト》」——それ自身、再検討を要するものなのだ——と突き合わせた場合にそれらから生じうる問題を特別扱いするには及ばないのである。われわれは身体をもっているのだろうか、言いかえれば思考の不変な対象ではなく、傷つけられると痛みを感ずる肉、ものに触れる手をもっているのだろうか、それとももっていないのであろうか。周知のように、ものに触れるためには、手だけでは十分ではないが、しかしそれだけの理由で、われわれの手は物に触れないと決めてしまい、手を物や道具の世界に追いやることは、主観と客観の分岐を受け入れ、感覚的なものの理解を初めからあきらめ、われわれから感覚的なものの光を奪うことになるのだ。われわれが提案しているのは、それとは逆に、感覚的なものをまずはその言葉どおりに受けとることである。だからわれわれは、われわれの身体が両面をもった存在であって、一方から言えばさまざまな物の中の一つであり、他方から言えば、それらを見たりそれらに触れたりする存在だ、と言っているのである。そして、われわれがそう言うのも、われわれの身体がみずからのうちでそうした二つの特性を結合させており、そしてそれが「客観」の秩序と「主観」の秩序とに二重に帰属しているというそのことから、それら二つの秩序の間のまことに予期せざる関係を露呈させるということは明白だからである。身体がそうした二重の帰属関係をもつのは、不可解な偶然によってではありえない。身体はわれわれに、一方の関係が他方を呼び求めているということを教えている。というのも、身体が物のうちの一つだというのは、物がそうであるより以上に強い、また深い意味でだからである。つまり、身体は〈物に拠って存在している〉(en être)とわれわれは言っているのであり、その言わんとするのは、身体は物の上に浮き上がり、その限りで物から離れているということである。身体は、単に事実上見られている物だというのではなく(私には自分の背中は見えない)、権利上見えるものであり、それは不可避であると同時に延期された視覚に見えるのである。逆に言えば、身体が物に触れ、それを見るというのは、見えるものを自分の前に対象としてもっているということではない。見えるものは身体のまわりにあり、その構内にさえ入りこみ、身体のうちにあって、その眼差しや手を外や内から織り上げている。身体が物に触れ、それを見るとすれば、それはひとえに、身体が物の仲間であり、それ自身見えるものでありかつ触れられうるものであるために、おのれの存在を物の存在に参加するための手段として使うということ、二つの存在のそれぞれは他にとって祖型なのだし、そして世界が普遍的肉であるが故にこそ身体が物の秩序にも属する、ということがあるからにほかならない。こうなるともはや、さっきのように、身体が両面からできていて、その一面、すなわち「見えるもの」の面は世界の他の部分と連帯している、という言い方さえ許されない。身体のうちには二面や二層は存在せず、それは根本的には単に見られる物でも単に見る者でもなく、それは時にはどこかにさ迷い行き時には取り集められた〈可視性〉（Visibilité）そのものなのであり、その意味で、それは世界の内にあるのではないし、世界の眺望を個人の囲いの中に留め置くようなふうに保持しているのでもない。身体は世界そのもの、万人の世界を、「自己」から抜け出すまでもなく見るのだ。なぜなら、身体は、その全身が――その手や目がまさしくそうなのだから――基準となる見えるものないし触れられうるものの、身体に類似したすべてのものへの指示、身体が視覚ないし触覚そのものという魔法によってその証言を集めているすべてのものへの指示にほかならないからである。さまざまな面や層を問題にするのは、それはまだ、生きて立っている身体の中で共存しているものを反省の眼差しの下に平板化し、並列させることである。もし比喩がお望みなら、感じられた身体と感じる身体は裏と表のようなものだとか、円環をなす一つの軌道の二つの弓形のようなものだと言ってもいいだろう。後者では、その軌道は、上の方では左から右に向かい、下の方では右から左に進むが、それは二つの位相をもったただ一つの運動にすぎないのだ。ところで、感じられた身体について語られるすべては、その身体を部分としている感覚的なもの全体と世界とに反響する。もし身体がその二つの位相をもった唯一つの身体だとすれば、それは感覚的なもの全体をおのれに合体させ、そしてその同じ運動によっておのれ自身を「感覚的なもの自体」に合体させていることになる。われわれは、身体を世界の中に置き、見る者を身体の中に置き入れたり、あるいは逆に、世界と身体を、まるで箱の中にでも入れるように、見る者の中に入れこんでしまうような大昔からの偏見を捨てなければならない。世界とは肉だとしてみれば、身体と世界の境界をどこに置くべきだろうか。また、明らかに、身体の中には、「器官の詰まった暗闇」、つまりはより一層見えるものしかないとすれば、身体のどこに見る者を入れうるだろうか。見られた世界は私の身体の「中に」あるのではないし、私の身体も究極的には見える世界の「中に」あるのではない。世界は、一つの肉に適用された肉なのであって、一つの肉を囲んでいるわけでも、それに囲まれているわけでもないのだ。視覚も、見えるものへの参加と帰属であって、それを包んでいるのでも、それに決定的に包まれているのでもない。見えるものの表面の薄皮は、私の視覚と私の身体にとって存在するだけであるが、しかしこの表面下の深みは、私の身体を含み、したがって私の視覚をも含んでいる。見えるものとしての私の身体は、光景全体の中に含まれているが、しかし見つつある私の身体がこの見える身体およびそれと並ぶすべての見えるものを裏打ちしているのである。見える身体と見る身体との間には、相互着生と絡み合いの関係がある。もっと正確に言えば、われわれが再びきっぱりと平面的で遠近法的な考え方を清算する限り、二つの円ないし二つの渦巻、あるいは二つの球があるのであって、私が素朴に生きる場合、それらは同じ中心をもっているが、私が自分に問い直してみるやいなや、それらの中心はかすかにずれているのである……

（1）［ここで、本文の流れはそのままにして、カッコにくくられて、次のような文が挿入されている。］われわれは物そのものを知覚しているのであり、われわれはみずからを考える世界なのだ——あるいは、世界はわれわれの肉の中心にあるのだ、と言うことができる。いずれにしても、〈身体 - 世界〉関係に一度気づくならば、私の身体の分枝と世界の分枝、世界の内と私の外、私の内と世界の外との照応関係があることになる。

見るものと見えるものとのこの不思議な癒着ということで、正確なところ何を見いだしたことになるのか、われわれは自問してみるべきであろう。視覚ないし触覚が存在するのは、或る見えるものないし或る触れられうるものが、見えるもの全体やそれを部分として含んでいる触れられうるもの全体を振り返るときであり、あるいは或る見えるもの、或る触れられうるものが突然それらの全体に囲まれていることに気づいたり、また或る見えるものないし触れられうるものとそれらの全体との間に、両者の交流によって、事実としての身体にも事実としての世界にもそれに固有なものとしては属さないような唯一の〈可視性〉、〈触れられうるものそれ自体〉が形成されるときである（その可視性と触れられうるもの自体が事実としての身体にも事実としての世界にも属さないというのは、ちょうど、互いに向かい合った二つの鏡の上には、本当の意味ではどちらの鏡面のものとも言えないような――それぞれの像は互いに他方の写しなのだから――、したがって対をなし、しかもそれぞれの像よりももっと実在的な対をなすような枠つきの鏡像の限りない系列が生まれるようなものである）。そのようにして、見る者は自分の見ているものの中に取りこまれているのだから、彼の見ているものは相も変わらず自分自身だ、ということになる。すべての視覚には、根本的なナルシシスムがある。そして、その同じ理由によって、見る者は、自分の行使する視覚を物の側からも受けとるわけであり、多くの画家たちが言ったように、私は自分が物によって見つめられていると感じ、私の能動性は受動性と同一だということになる、――それがナルシシスムの第二の、しかもより深い意味なのだ。つまり、自分の住みついている身体の輪郭を、他人が見るように外部に見るのではなく、むしろとりわけ、外部によって見られ、外部のうちに存在し、外部に移住し、外の影によって魅惑され、捕えられ、疎外されるということ、その結果、見る者と見えるものとが互いに逆転し、もはや誰が見、誰が見られているのか分からないようになる、ということなのである。われわれがさっき肉と呼んだのは、この〈可視性〉、この〈感覚的なもの自体〉のこの一般性、〈私自身〉のこの生得的無名性なのであり、そして知ってのとおり、伝統的哲学には、そのようなものを名指すための名前はないのである。肉は、さまざまの存在者を形作るために互いに加え合わされたりつなぎ合わされたりするような存在の粒子という意味では、物質ではない。見えるものも（物と私の身体も）また、事実上存在し私の事実的身体に働きかけるさまざまな物を通して存在にもたらされるような（どのようにしてかは神のみぞ知るだが）何かしらの「心的」素材ではない。一般に、見えるものは事実でもなければ、「物質的」ないし「精神的」な事実の総和でもない。それはまた、精神にとっての表象でもない。精神が自分の表象のとりこになることはありえないだろうし、精神は、見る者にとって不可欠なあの〈見えるものへの組み入れ〉を拒否するだろうからである。肉は物質ではないし、精神でもなく、実体でもない。それを名づけるためには、水・空気・土・火について語るために使用されていた意味での、言いかえれば空間・時間的個体と観念との中間にある一般的な物、つまりは存在が一かけらでもある所にはどこにでも存在の或るスタイルを導入する一種の受肉した原理という意味での「エレメント」という古い用語が必要になろう。肉は、その意味では、〈存在〉の「エレメント」なのだ。肉は、事実ないし事実の総和ではないが、それでも場所と今とに結びついている。そればかりか、肉は、どこといつとの開始、事実の可能性と要請であり、要するに事実性であって、そのことが事実をして事実たらしめているのである。そのことはまた、同時に、さまざまの事実が意味をもち、細々とした断片的事実が「何ものか」の周りに配置されるというふうにする当のものなのだ。というのも、もし肉があるとすれば、言いかえればもし立方体の隠れた面が、私が眼下に見ている面とまったく同じようにどこかで光を放ち、私の見ている面と共存しているとすれば、そしてその立方体を見ている私もまた見えるものに所属し、私をどこからか見ることができるとすれば、またその立方体と私がともに同じ一つの「エレメント」――見るものと言うべきか、それとも見えるものと言うべきか――に取りこまれているとすれば、この凝集力、この原理的可視性は、そのつどのあらゆる一時的不協和を凌駕するはずだからである。あらゆる視覚と、それを決定的に挫折させる部分的に見えるあらゆるものが、あらかじめ、無にされるのではなく――それは、そこに隙間を残してしまうことになるだろう――、好都合にも、可視性の原理に従ってより正確な視覚と見えるものに置きかえられるのである。可視性の原理は、いわば一種の空虚の恐れによって、すでに真なる視覚と見えるものとを、それらの誤りの代替物としてだけではなく、それらの釈明ないし相対的正当化として呼び求めているのであり、そのおかげで、いみじくもフッサールが言っているように、それらは消滅させられるのではなく、「線で消さ」れるのである。……以上が、視覚というものを真面目に考え、それに問いただしてみたときに導かれる途方もない結論である。もちろん、われわれはわざわざそんな骨を折らずにやり過すこともできるが、しかしその結果われわれはただ、見えるもののこの存在論について、われわれのありとあらゆる認識論、とりわけ諸科学がどうにかこうにかその媒体になっているような認識論と混ぜ合わされた諸断片を、混濁して不分明な、はっきりしない形で見いだすだけであろう。もちろん、われわれはそうした認識論の十分な検討を終わったわけではない。が、この最初のスケッチは、本来の意味での問いがそこに通じているはずのこの不思議な領域を垣間見させることだけを狙っていたのである……

ところで、すぐに気づかれるように、この領域は限りない広がりをもっている。もしわれわれが、肉というのは究極の概念であって、二つの実体の結合や合成ではなく、それだけで考えられうるものだということを示すことができるならば、そして見えるものの自己自身への関係というものがあって、それが私を貫き、私を見る者として構成しているのだとすれば、私がそれを作ったのではなく、むしろそれが私を作っているところのこの循環、見えるものの見えるものへのこの巻きつきは、私の身体と同様に、私以外の他人の身体をも貫き、活性化しうることになるし、またもし私が、いかにして私の中にこの伝播の波が生まれ、いかにしてあそこにある見えるものが同時に私の風景でもあるのかを理解することができたとすれば、ましてや私は、見えるものが他の所でもそれ自身の上に閉じられ、そして私の風景以外の他の風景も存在するのだということが理解されるであろう。もし見えるものがその断片の一つにからめとられているとすれば、籠絡の原理が獲得されたことになり、その領野は他のナルシスたち、つまりは「間身体性」(intercorporéité)のために開かれていることになる。もし私の左手が、触れられうるものを触診している最中の私の右手、つまり触れつつある右手に触れ、おのれの触知を右手に投げ返しうるとすれば、どうして私は、他人の手に触れながら、その手のうちに、自分が手の中で触れていた物と合体するその同じ能力を触知しないわけがあろうか。確かに、ここで問題になる「物」は私の物であり、そしてよく言われるように、私の風景以外の風景を確立しなければならぬにもかかわらず、すべての操作は「私のうちで」、私の風景の中で行われる。ところが、私の手の一方が他方に触れるときには、それぞれの手の世界は他方の手の世界に通じている。なぜなら、その操作は意のままに転換可能であり、私の手は両方とも、よく言われるとおり、意識のただ一つの空間に属しており、ただ一人の人間が両手を通じてただ一つの物に触れることになるからである。しかし、そうは言っても、私の両手がただ一つの世界に開かれるためには、それらがただ一つの意識に与えられているというだけでは十分ではない。あるいは、その場合には、われわれを悩ませる難問も消えてしまう、と言ってもよい。他人たちの身体も、私の身体と同様、私によって知られている以上、彼らと私はやはり同じ世界に関わっているにちがいないのだ。私の両手が同じ物に触れるのは、それらが身体の手だからなのではない。しかも、それらはそれぞれの触覚経験をもっている。それにもかかわらず、それらがただ一つの触れられうるものを相手にしているのだとすれば、それは、ちょうど私の両眼の間におけると同じようなきわめて特殊な関係が、両手の間に、身体空間を貫いて存在しているからである。その関係とはすなわち、私の両眼を〈一つ目の怪物〉キュプロスのただ一つの視覚の二つの導管たらしめるように、それらの両手を経験のただ一つの器官たらしめるような関係である。これはなかなか考え難い関係である。というのも、片方の目、片方の手もそれぞれに視、そして触れることができるし、そしてここで理解されるべきなのは、それら複数の視覚、複数の触覚、複数の小さな主観性、複数の「……の意識」が花束のように一つにまとまる——それらは、一つ一つが「……の意識」であり〈対自〉であって、他方を対象に変えてしまうはずなのに——ということだからである。ここで窮地を脱しうるのは、「……の意識」と対象との分岐を放棄し、次のことを認めることによってのみであろう。すなわち、諸器官の連合としての私の身体（mon corps synergique）は対象ではなく、その両手や両眼に付着している「意識」を、それらに比べれば側面的で横断的な一つの操作によって一つの束にまとめるものだということ、「私の意識」なるものは、それと同じように遠心的な多数の「……の意識」の総合的で少しも創造性をもたない遠心的統一ではなく、それは私の身体の前反省的かつ前客観的統一によって支えられ、裏打ちされているのだ、ということである。このことは次のことを含意する、——それぞれの単眼の視覚、片方の手によるそれぞれの触覚は、みな自分固有の見えるものと触れられうるものをもちながらも、もう一方の視覚やもう一方の触覚と結びついており、それらと一緒になって唯一の世界を前にした唯一の身体の経験をなしうるのだということ、しかもそれは前者の言語の、後者の言語への転換と再転換の可能性、転写と逆転の可能性によってだということ、そしてその可能性によって、各自の小さな私的世界が、他人たち全体の世界と並列されるのではなく、それに取り囲まれ、そこから差し引かれるのであり、そうしたすべてが一緒になって、〈感覚的なもの〉一般を前にした〈感じるもの〉一般になるのだ、ということである。ところで、私の身体の統一をなすこの一般性が、どうして私の身体を他人たちの身体に開かないことがあろうか。握手もまた転換可能であって、私は触れていると同時に自分も触れられていることを感ずることができるのだ。確かに、われわれ各自の身体にとって手や目が器官であるように、われわれの身体がそれの器官になるといった大きな動物がいるわけではない。しかし、諸器官の連合作用が一つ一つの有機体の中で可能だとすれば、どうしてそれが違った有機体の間にも存在しないわけがあろうか。それらの風景は互いに縺れ合い、それらの能動も受動も正確に適合し合うのである。そのことは、感覚作用を同じ「意識」への所属ということで第一義的に定義することを止め、むしろ逆に、それを見えるものの自己還帰として、また感じるものの感じられるものへの、感じられるものの感じるものへの肉的癒着として理解するならば、すぐにも可能なことであろう。というのも、そうした癒着の関係は、覆い合いと分裂、同一性と差異として、私の肉だけではなく、すべての肉を照らすような自然の光の放射を生じさせるからである。他人の感じている色や触覚的起伏は、私にとっては絶対の神秘であり、私には永久に近づきえないものだ、とよく言われる。しかし、それはまったく正しいというわけではなく、私が他人の感じているそれらについての観念や心像や表象ではなく、いわばそれらに迫るような経験をもつためには、私は風景に目を向け、それについて誰かと話すだけで十分である。そのとき、彼の身体と私の身体の調和的操作によって、私の見ているものが彼のうちに移行し、私の眼下の牧草地のこの個性的な緑が私の視覚を離れることなしに彼の視覚に侵入し、ちょうど税関吏が突如としてこの観光案内人のうちにその人相書が与えられていた男を認めるように、私は私の緑のうちに彼の緑を認めるからである。ここには、〈他我〉(alter ego)の問題などは存在しない。なぜなら、見ているのは私でもなければ彼でもなく、ここに今ありながら至る所に永久に放射し、個体でありながら次元でもあり普遍でもあるという肉の第一義的な特性によって、無名の可視性、視覚一般がわれわれ二人に住みつくからである。

したがって、見えるものと触れられるものとの転換可能性によってわれわれに開かれているのは、まだ無形(in-corporel)のものではないとしても、少なくとも間身体的な存在であり、見えるものと触れられるものの推定的領域、私が実際に触れたり見たりしている物よりも広い拡がりをもった領域なのである。

触れられるものと触れるものとの循環があり、触れられているものが触れるものを捉える。見えるものと見るものとの循環があり、見るものは見える存在なしには存在しない(1)。さらには、触れるものを見えるもののうちに、見るものを触れられるもののうちに記入すること、そしてその逆があり、最後に、そうした交換の、同じタイプをもったすべての物体への、また私が見たり触れたりしているのと同じタイプのすべての物体への伝播ということがある。しかもそれは、側面から私の身体の諸器官を交流させ、或る身体から他の身体への移行性を基礎づけるような、感じるものと感じられるものとの根本的分裂ないし分凝によってなのである。

(1)[ここに、本文の流れはそのままにして、カッコでくくって、次の注が挿入されている。]——声と聴覚の癒着に比べると、それらの癒着はどんなものだろうか。

われわれが自分以外の見る者を見るやいなや、われわれの前にはもはやただ、瞳のない眼差し、物の箔を張っていないガラス板、つまり物がわれわれの見ている場所を物の間に指し示すことによって呼びさます、われわれ自身のあの弱い反映、影だけがあるのではない。それ以後われわれは、他人の眼を通して、われわれ自身に完全に見えるものとなるのだ。われわれの眼や背中が存在している隙間の部分は埋められる、しかもやはり見えるものによって埋められるが、しかしその見えるものの所持者はわれわれではないのである。確かに、そのような見えるものの存在を信じ、われわれのものではないような視覚を考慮に入れるためには、われわれはどうしても、またつねにわれわれの視覚というかけがえのない宝庫に源を仰がなければならず、したがって経験といえども、われわれの視覚に素描されていないようなものは何もわれわれに教えることはできない。しかし、すでに述べたように、見えるものの特質は、汲みつくし難い深みの表面だ、ということである。そのことこそが、見えるものをわれわれの視覚以外の他の視覚にも開かれうるようにしている当のものなのである。したがって、その他人たちの視覚が現実のものとなることによって、それらはわれわれの事実的視覚の限界を告発し、すべての超出が自己による超出だと信じるような独我論的錯覚を際立たせるのである。私自身という見る者が、初めて本当に私に見えるようになる。初めて私が、私の眼下で、完全に裏返しになって私自身に現われる。また初めて、私の運動はもはや見られるべき物や触れられるべき物、あるいは物を見たりそれに触れつつある私の身体に向かうのではなく、身体一般、身体そのもの（それが私の身体だろうと他人の身体だろうと）に差し向けられるのである。なぜなら、私は、他人の身体を通して初めて、身体こそが世界の肉との交わりのなかで、私の見ている世界に他人が見ているものという〔世界にとって〕必要不可欠な宝庫をつけ加えるというふうにして、自分が受けとる以上のものを提供することを見るからである。身体は初めて、もはや世界と交わるのではなく、おのれの全幅を〔もう一つの身体に〕(1)入念に適応させながら、また、自分が受けとるすべてを今度は向こうから与えてくれるような不思議な立像をたえずおのれの手で描き上げながら、もう一つの身体に絡みつくのである。身体は、世界と目標物の外にさ迷い出、もう一つの生とともに〈存在〉の中を漂い、もう一つの生の内部の外となり、その外部の内になるという独特の仕事に魅せられているのだ。そして、その時以来、運動、触覚、視覚は、相互に、またそれらすべてに適応し合いながら、それらの起源に向かって遡ることになり、そして欲求の忍耐強く無言な働きの中で、表現の逆説が始まることになるのだ。

（1）［われわれが本文の中に再び加えたこの文字は、明らかに誤って、削除されていたものである。］

ところで、われわれが見たり触れたりしているその肉は肉全体ではないし、そのどっしりした身体性も、身体全体ではない。肉の定義をなす転換可能性は、他の諸領域にもあり、そしてその転換可能性は他の諸領域では比べようもなくもっと軽やかであり、諸身体の間に、見えるものの循環を今度は単に拡大するだけではなく、それを決定的に超えるような関係をとり結ぶことさえできるのである。私の運動の中には、どこにも行かない運動、すなわち他人の身体のうちにおのれの類似物ないしおのれの祖型を認めることさえもしないようなものがある。それは顔の運動や多くの所作であり、とりわけ叫びや声となるのどと口の不思議な運動である。それらの運動は音声となり、そして私はそれを聞く。私は、結晶や金属や多くの物質と同じように、音響的存在であるが、ただし私自身の振動を私は内側から聞く。マルローが言ったように、私は自分の音をのどで聞くのだ。その点で私は、マルローも言ったように、比類のないものであって、他の誰かの声とは異なり、私の声は私の生涯の総量に結びついているのである。*しかし、もし私が、話している他人の息づかいを聞きとり、彼の興奮や疲れを感じとりうるほどに十分彼の近くにいるとすれば、私は彼においても、自分の場合と同様、怒号の恐るべき誕生をほとんど目撃することになる。触覚と視覚と触－視の体系との間に反射性があるように、発声の運動と聴覚との間にも反射性があるわけであって、発声の運動はその音響的記入をもち、怒号は私のうちにその運動的反響をもたらすのである。この新しい転換可能性と表現としての肉の出現こそ、話したり考えたりする作用の沈黙の世界への着生点なのである[1]。

（1）［ここに、カッコでくくって、次のような文が挿入されている。］どんな意味で、われわれはまだ思考作用を導入しなかったのだろうか。われわれが即自のうちにいるのでないことは確かである。われわれが、〈見る〉(voir) とか〈見えるもの〉(visible) などと言い、感覚しうるものの裂開を記述するやいなや、もしお望みなら、われわれは思考の次元にいたのだと言ってもよい。しかし、われわれがそこにいたのは、われわれの導入した思考作用が、〈……と私には思われる〉(il m'apparaît que...)（すべての存在を、〈誰それに……と見える〉たらしめるところの〈と見える〉）ではなく、〈がある〉(il y a) であった、という意味においてではない。われわれのテーゼは、内属的なこの〈がある〉(il y a) がなければならぬということであり、そしてわれわれの問題は、厳密な意味での思考（純粋な意味、見そして感じているという思考）とは、〈がある〉の願いを他の手段によって、つまり〈がある〉の昇華と、まさしく見えるものの裏面であり見えるものの力であるところの見えないものの実現とによって完成させることにほかならない、ということを示すことである。したがって、音と意味、言葉とその言わんとしていることとの間にもやはり転換可能性の関係があるのであり、どちらに優位性があるかは問題ではないのである。言葉の交換は、まさしく、思考がその積分であるところの微分 (différenciation・差異化) だからである。

無言の世界ないし独我論的世界の境界線上で、言いかえれば、私にとって見えるものが、他の見る者たちの立ち合いのもとに、普遍的可視性の範例として批准されるそのとき、われわれが関わっているのは、第二の意味での、あるいは比喩的意味での視覚であり——intuitus mentis〔精神の直観〕*とか観念《イデー》というのは、これのことであろう——、また肉の昇華なのである——それが、精神とか思考というものであろう。だが、他の身体が事実上居合わせたとしても、もし私の身体のうちにあらかじめその種子が含まれていたのでなければ、それが思考や観念を生み出すことはありえないであろう。思考は他人への関係であると同様に、自己と世界への関係でもあり、したがって思考は三つの次元に身を置いていることになる。しかも、視覚という下部構造のうちに、じかに思考を出現させなければならないのだ。いな、われわれは思考を出現させると言い、思考を誕生させるとは言わなかった。それというのも、われわれは、思考が視覚のうちにすでに含まれていたのかどうかという問題を、目下は未決定のままにしているからである。感じる働きが私の身体のうちに分散しているということ、例えば触れるのは私の手なのだということ、したがってわれわれがあらかじめ感じる働きを思考に結びつけ、感じることを思考の一様態とみなすことは禁じられているということが明らかなのと同じ程度に、触覚を寄せ集められた触知経験の一群と考えることはばかげている。われわれがここで目論んでいるのは、思考の経験的発生ではない。われわれが問い求めているのは、ほかでもない、散在しているもろもろの視覚を結びつけているこの中心的視覚とはいかなるものか、私の身体の触覚的生全体をまるごと支配しているただ一つの触覚とはいかなるものか、われわれのあらゆる経験に伴いうるのでなければならない「われ思う」とはどんなものか、ということである。われわれは中心に向かうのであって、われわれはいかにして中心があるのか、その統一性の本領は何に存するのか、を理解しようと試みているのである。われわれは、その統一性を総和だとか結果だなどとは言わないし、仮にわれわれが視覚という下部構造の上に思考を出現させるとしても、それは、思考するためには何らかの仕方で見たり感じたりしなければならず、われわれに知られる思考はすべて肉に生起するという、異論の余地のない明証のためなのである。

もう一度繰り返して言えば、われわれの語っている肉は、物質ではない。それは、見えるものの見る身体への、触れられるものの触れる身体への巻きつきなのであり、そうした巻きつきが証拠立てられるのは、特に、身体が物を見つつある自分を見、物に触れつつある自分に触れ、その結果、身体が、触れられるものとしては物の間に降りていくが、それと同時に触れるものとしてはすべての物を支配し、おのれの塊《マス》の裂開ないし分裂によって、おのれ自身から両者のこの関係を、さらにはこの二重の関係を引き出してくるときである。もろもろの見えるものがそれら見えるもののうちの一つの周りにこのように集められること、身体という塊《マス》が物に向かって炸裂すること——これこそ、私の肌の振動がなめらかなものになったりザラザラしたものになったりすることや、私が物そのものの動きや輪郭を眼で追うことを可能にしてくれるものなのだが——、こうした魔術的関係、私が物に私の身体を貸し与え、そして物が私の身体におのれの似姿を刻みこみ私にその似姿を与えるという、物と私との間のこの契約、この折れ重なり、私の視覚という見えるものの中心にあるこの空洞、見るものと見えるもの、触れるものと触れられるものとが互いに鏡のように映し合うこの二系列、こうしたものが、私の当てにしうる緊密に結ばれた一つの系をなしているのであり、視覚一般と可視性の或る恒常的スタイルの定義をなしているのだ。この視覚一般と可視性の恒常的スタイルは、或る個別的視覚が錯覚と判明したときでさえ、私から追い払うわけにはいかないものである。というのも、そのときでさえ、もっとよく見れば私は真の視覚をもったであろうこと、そして真の視覚かあるいは別な視覚が、いずれにせよ一つの視覚があるということを私は依然として確信しているからである。肉（世界の肉であれ、私の肉であれ）は、偶然性でもなければ混沌《カオス》でもなく、おのれ自身に還帰し、おのれ自身に適合する組成《きめ》なのである。私が自分の網膜を見ることは決してないだろうが、もし私にとって確かなことがあるとすれば、それは、ひとが私の眼球の奥にひそかなくすんだ膜を見いだすだろうということである。そして最後に、私がそのことを信ずるのは——つまり自分が人間の感官、人間の身体をもっていると私が信ずるのは——、私のものである世界の光景、そして互いに突き合わせて判断すると、他者の見ている光景とそれほど違わない〔私の見ている〕世界の光景が、私にあっても他者にあっても、明らかに可視性の類型的諸次元に送り返され、ついには、視覚の虚焦点に、また同じく類型的な探知器に送り返され、その結果、不透明な身体と世界との接点に一般性と光の輻《や》が存在するようになるからである。これとは逆に、私が身体から出発して身体がいかにして見る者になるかを自問する場合には、つまり感覚的身体という臨界領域を検討してみる場合には、かつてわれわれが示したように[1]、まるで見える身体が未完成で、大きな口をあけているとでもいわんばかりの、また視覚の生理学が神経の能作を自己完結させることに成功しないとでもいわんばかりの事態になるのである。それというのも、凝視運動や視線の収斂運動の成否は、それらの運動がその説明を提供するはずであった見える世界が、身体に対して降臨してくるか否かにかかっているからである。したがって、その事態は、まるで資材置場のあちこちに放置されている物質的手段や道具のもとに、不意に視覚が訪れて、それらが待ち受けていた収斂を与えるといわんばかりであり、また敷設されてはいたが未使用の導水路、回路がこぞって、そこを通ることになる流れを流れやすくさせ、やがては流れざるをえないように仕向け、その流れが胎児を新生児に、見えるものを見る者にし、そして身体を精神に、あるいは少なくとも肉にする、といわんばかりなのである。いずれにしても、われわれのあらゆる実体主義的な考え方に反して、見る者は胚の発達の副主題のうちにあらかじめ計画されているのであって、見える身体が、おのれ自身への或る働きかけによって、そこに視覚が生ずるはずのくぼみをしつらえ、長い成熟を始動させるのである。その成熟の果てに、見える身体が突然見るようになる、言いかえれば自分自身にとって見えるようになるのであり、そして見える身体は、見る者と見えるものの果てしなき引き合い、倦むことなき変身を設立し、最初の視覚とともに、その変身の原理が立てられ、そして軌道に乗せられることになるのである。われわれが肉と呼んでいるもの、内側から加工されたこの塊《マス》は、いかなる哲学でも名前を与えられてはいない。客観と主観との形成媒体としてのこの塊《マス》は、存在のアトム、つまり或る特定の地点と時点とに位置する堅固な即自ではない。もちろん、私の身体について、それはよそにあるのではないと言ってもいいが、それが対象と同じ意味で、ここにないしいまあると言うことはできない。が、そうは言っても、私の視覚も、対象を上空から俯瞰するわけではないし、全知の存在でもない。というのは、それにも惰性があり、さまざまの絆があるからである。肉というものを、身体や精神といった実体から出発して考えてはならないのであって――そのような考え方をすれば、肉はさまざまな矛盾の結合体になってしまうだろうから――、われわれがすでに述べたように、エレメントとして、一般的な存在様式の具体的象徴として考えるべきなのである。われわれは初めは概略的に、見る者と見えるもの、触れる者と触れられるものとの転換可能性という言い方をしておいた。今や、問題は、つねにさし迫っていながらも決して実際に実現されることのない転換可能性にあるのだ、ということを強調すべき時である。私の左手はつねに、物に触れつつある右手に触れそうになっているが、しかし私が合致に達することは決してない。合致は、それが生み出される瞬間に消えてしまうのであり、実際に起こるのは、次の二つの事態のいずれか一方である。すなわち、本当に私の右手が触れられるものの地位に移行するか――だが、その場合には、世界に対する右手の支配力は中断してしまう――、それとも、私の右手がその支配力を保持しつづけるか――だが、そのとき、私は本当には右手に触れてはおらず、私はただ右手の外被に触れているにすぎないことになる――、そのいずれかなのである。同様に、私は、他人の声を聞くようには、自分の声を聞くことはできず、私にとっての私の声の音響的存在が、いわばうまく展開されないのだ。それはむしろ、私の声の構音的存在のこだまであり、それは外部というよりも、むしろ私の頭の中に響くのだ。私はつねに私の身体と同じ側におり、私の身体は、私に、或る不変な視角のもとに与えられるのである。ところで、この不断の後ずさり、つまり私が、私の右手による物の触覚と私の左手によるその同じ右手の触覚とを正確に重ね合わすことができないし、また手の探索運動の中で、或る点の触覚経験と「同じ」点の次の瞬間の触覚経験とを――あるいは私の声の聴覚経験と他人の声の聴覚経験とを――正確に重ね合わすことができないということは、失敗ではない。実際、これらの経験が決して正確には重なり合わず、それらが互いに重なり合う瞬間を逸し、それらの経験の間に「ぶれ」や「隔たり」が生ずるのは、まさしく、私の二本の手が同じ身体の部分をなしているからであり、私の身体が世界の中で動き、私が自分の声を内からも外からも聞いているからなのだ。私はこれらの経験の一方が他方に移行し変身するのを、それも自分の好きなだけ何度も体験しており、それもただ、まるでそれらの経験の間にある丈夫でしっかりした蝶つがいが私には決定的に隠されているとでもいった具合にである。しかし、触れられている私の右手と触れている私の左手との間の、聞かれている私の声と発音されている私の声との間の、また私の触覚的生の或る瞬間と次の瞬間との間のこの間隙は、存在論的空虚、つまり非存在なのではない。それは、私の身体の全存在と世界の全存在によってまたぎ越されているのであって、二つの固体間の圧力がゼロになるためにそれらが互いに癒着し合うだけなのである。したがって、私の肉と世界の肉には、それらの不透明な地平がそれを軸にして回転すべき明るい地帯、明るみが含まれていることになり、したがって第一の可視性、つまり質(quale)や物の可視性は、第二の可視性、つまりさまざまの力線や次元の可視性なしでは済まないし、塊《マス》としての身体は感知し難い鋭敏な身体なしでは、また束の間の身体も栄光の身体*なしでは済まないのである。フッサールが物の地平――誰でもが知っている物の外部地平と、その「内部地平」、つまり物の表面はその境界にすぎないとも言える、可視性を詰めこまれた暗闇――という言い方をしたとき**、この地平という語は厳密に受けとられるべきだったのであって、地平とは、天空や大地と同様、細々した物の集まりでもなければ、クラスの名称でもなく、考え方の或る論理的可能性でも、「意識の潜在力」の体系でもない。それは、或る新たな存在のタイプ、多孔性と含蓄性、一般性をそなえた存在のことなのであって、誰かの面前に地平が開かれるならば、その人は必ず地平に取りこまれ、包まれてしまうのである。その人の身体と遠景は、同じ身体性一般ないし可視性一般にあずかるのであり、この身体性ないし可視性一般が、その遠景と彼の身体との間に、さらには地平を越えて、彼の皮膚のこちら側、存在の根底にさえ君臨しているのである。

(1) *La structure du comportement.*〔おそらく p. 230–31。『行動の構造』、滝浦静雄・木田元訳、みすず書房、三一九頁。〕

ここでわれわれは、最大の難関、つまり肉と理念との結びつき、見えるものと、それによって顕わにされもすれば隠されもする内的骨組との結びつきに突き当たる。見えるものと見えないものとの諸関係を見定め、感覚的なものと対立するのではなく、その裏地であり奥行であるような理念を記述するという点で、プルーストほど徹底した人はかつていなかった。というのも、彼は音楽的理念について語っているのと同じことを、『クレーヴの奥方』や『ルネ』のようなすべての文化的存在についても語っているからであり、またあの「小楽節***」がただスワンに思い出させるというだけではなく、それを聞くすべての人に伝えてくれる愛の本質――たとえ彼らが自分では気づかず、おまけに、彼らが自分たちだけが目撃している愛のうちにその愛を再認するすべを知らないとしても――についても語っているからである。プルーストは、それを一般に、音楽そのもののように「匹敵するもののない」他の多くの観念、つまり「われわれの内的領域を多様にし飾っている豊かな富である、光や音や起伏や肉体的快感といった諸観念」(1)について語っているのである。文学や音楽やもろもろの情念や、だがさらには見える世界の経験ですらも、ラヴォワジエやアンペールの科学に劣らず、見えないものの探査であり、彼らの科学と同様に、理念の世界の開示なのである。(2)ただ、ここで言われているこの見えないもの、この理念は、彼らのそれのように、感覚的現象から切り離され、第二の肯定性《ポジティヴィテ》に昇格させられてしまうことはない。音楽的理念や文学的理念や愛の弁証法、そして光の分節、音やタッチの示し方もまたわれわれに話しかけてくるし、それなりの論理、それなりの内的整合性、それなりの交叉、それなりの符合をもっているのであり、ここでもまた現象は未知の「力」ないし「法則」の変装なのである。だが、こう言えば、まるで力や法則の秘められた在り方、文学的表現がそこからそれらを引き出してくるべき秘かさが、力や法則の固有の存在だというようなことになろう。が、これらの真理は、これまで発見することができなかった物理的実在のように、つまりわれわれがいつの日か直接に見ることができるだろうし、もっと好都合な位置にいる他の人たちなら、それを覆っているヴェールが取り払われさえすれば今からでも見ることができるだろうような事実上の見えないもののように、単に隠されているのではない。それどころか、ここには、ヴェールなしの視覚などはないのだ。われわれの語っている理念は、われわれに身体もなければ感性もないなら、われわれにもっとよく知られるといったものではないのであって、そのようなときにはそれらの理念はわれわれの近づきえないものになってしまうであろう。あの「小楽節」や光の観念は、「知性の理念」と同様、その顕現によって汲み尽されはしないし、ただ肉的経験の中でわれわれに理念として与えられうるだけである。それは単に、われわれが肉的経験のうちにそれらの理念を考える機会を見いだすというだけのことではない。それは、それらの理念が、その権威と不滅の魅惑的な力を、まさしくそれらが感覚的なものの背後ないし中心に透けて見えているということから得ているということなのだ。われわれがそれらに直接近づいたり、それ[3]を手に入れたり、あるいはそれを画定したり、それをヴェールなしに見ようとするその度に、われわれはその企てが背理であって、われわれがそれに近づくにつれてそれが遠ざかっていくことを痛感するのである。そのような解明はわれわれに理念そのものを与えてくれるわけではなく、それは二次的な解釈、より扱い易い派生物にすぎない。スワンは、もちろん、「小楽節」を記譜法の印で囲み、その楽節の本質ないし意味をなす「しめつけるような、冷気の身にしみるような快さ」を、その楽節を構成している五つの音相互のかすかな差異と、それらの中の二つの音のたえざる反復に帰着させることができる。彼がそれらの記号や意味を考えている瞬間には、彼はもはや「小楽節」そのものをもっているのではなく、「彼が知覚した〔ソナタの〕神秘な存在の代りに、彼の知性で理解するのに都合のいいように置かれた単なる等価物[4]」をもっているだけである。そのように、こうした種類の理念にとっては、「闇で覆われ」ており、「隠蔽のもとで」現われるということが本質的なのである。それらの理念は、「われわれの魂の、人跡未踏の絶望的な偉大な闇」が空虚ではなく、「無」ではないという保証をわれわれに与えてくれる。しかしその闇は、それを織り上げ、それを満たし、そしてその闇がちょうど暗黒の中に誰かの現前を感ずるようにその現前を感じているところのあれらの存在者、あれらの領域、あれらの世界を、それらが依然として結びつけられている見えるものとの交渉によってのみ獲得したのである。ヴァレリーが言っていた牛乳のひそかな黒さにはその白さを通してしか近づきえないように、光の理念や音楽的理念は、光や音を下から裏づけているのであり、それらの裏面ないし深みなのである。それらの理念の肉的な組成《きめ》は、すべての肉に欠けている組成《きめ》をわれわれに見せている。それは、不思議にもわれわれの眼下に、線引きする者もなしに引かれる航路であり、或る種のくぼみ、或る種の内部、或る種の不在、何ものでもないようなものではないところの否定性なのだ。それが何ものでもないものではないというのは、それがまさにあれらの五つの音に限定され、それらの間に確立しており、光と呼ばれるあれら感覚的なものの一族に限定されているからである。われわれは理念を見るわけでも聞くわけでもなく、精神の眼や第三の耳でそれらを見たり聞いたりするということさえもないのだ。それにもかかわらず、理念はそこに、音の後ろあるいはそれらの間に、光の後ろあるいはそれらの間にあり、しかもそれらの後ろに隠れるつねに特殊でつねに独自なそれぞれの流儀によってそれと知られるようにしながら、「お互いに完全に異なっており、お互いの間で価値と意味が等しくない(5)」ようにしてそこにあるのである。

(1) Proust, *Du côté de chez Swann*. II, p. 190. [NRF, 1926.]〔「スワン家のほうへ　第二部」、井上究一郎訳、『筑摩世界文学大系』第五七巻、二二六頁。〕
(2) *Id*., p. 192.〔同右、二二七頁。〕
(3) [それ (Elle) とは、すなわち理念のことである。]
(4) *Id*., p. 189.〔同書、二二六頁。〕
(5) *Id*.〔同書、二二六頁。〕

最初の視覚、最初の接触、最初の悦びとともに、〔世界への〕加入が行われることになるが、それは言いかえれば、或る内容の措定ではなく、もはや再び閉じられることがありえないような或る次元の開在性、以後それとの対比で他のすべての経験が標定されるようになる或る水準の確立ということである。理念とは、この水準、この次元なのであり、したがって或る対象の後ろに隠れた対象のように事実上見えないものでも、また見えるものと何の関係もない絶対に見えないものでもなく、この世界の見えないもの、つまりこの世界に住みつき、それを支え、それを見えるものにする見えないもの、この世界の内的で固有な可能性であり、この存在者の〈存在〉なのである。「光」と発言されるその瞬間、音楽家たちがあの「小楽節」にたどりつくその瞬間、私のうちにはいかなる間隙もない。私が生きているところのものは、肯定的思考と同じくらい「堅固」で、同じくらい「明示的」であり、あるいはそれ以上に「明示的」だとさえ言える。肯定的思考は、それがあるとおりのものであるが、しかしまさしくそれだけのものであり、その限り、それはわれわれを定着させることができないからである。精神の能弁さが、すでに、精神をどこかよそに連れていってしまうのだ。音楽的ないし感覚的な諸理念は、まさにそれらが否定性ないし限定された不在であるが故に、われわれがそれらを所有するのではなく、その諸理念がわれわれを所有するのである。ソナタを作ったり再生したりするのは、もはや演奏者ではない。彼は、自分がソナタに奉仕しているのを感じ、他の人たちは彼がソナタに奉仕しているのを感じるのであり、まさにソナタが彼を通して歌い、あるいは演奏家がそれについていくために「急いで弓を握りしめ」なければならぬほど突然ソナタが叫び声をあげるのだ。そして、音響的世界の中に開かれたこれらの渦巻きは、最後には、諸理念が互いに順応し合うただ一つの渦巻きにすぎなくなる。「語られた言語は、これほど強く必然化されたことはなかったし、これほどまでに問いの適切さと、答えの明解さに遭遇したことはなかった[1]」。見えない存在、いわばかすかな存在だけが、こんな引き締まった組成《きめ》をもちうるのだ。肉についての経験にほかならぬ経験の中にも、厳しい理念性がある。ソナタの諸瞬間、光の領野の諸断片は、私の身体の諸部分の凝集、あるいは私の身体と世界との凝集と同じタイプの概念なき凝集によって、互いに癒着し合っているのである。それでは、私の身体は物であろうか、それとも理念であろうか。それはそのどちらでもなく、物の測度なのだ。したがって、われわれは、肉と無縁ではなく、肉にその軸や奥行、次元を与えるような理念性というものを認めるべきであろう。

（1） Proust, *Du côté de chez Swann*, II, p. 192.〔邦訳、二二七－八頁。〕

ところで、一度この不思議な領域に入りこんでしまうと、そこから抜け出るという問題がどのようにして生じうるかが分からなくなってしまうのだ。もし身体の生気づけということがあり、視覚と身体が互いに縺れ合っているとすれば——それと相関的に、もし質（quale）の薄い皮膜、見えるものの表面が、その全幅にわたって見えない貯えで裏づけられているとすれば、——そして最後に、もし物の肉においてと同様にわれわれの肉においても、現実的・経験的・存在的な見えるものが、一種の折れ重なり・陥入・充塡によって、可視性、つまり現実的なものの影ではなくむしろその原理となり、或る「思考」に固有の寄与分というよりもその条件をなすような一つの可能性を示すとすれば、さらにすべてのスタイルと同じように暗示的で省略的でありながらも、しかもすべてのスタイルと同じように比類なく譲渡不可能な或るスタイルを示し、また或る内部地平と或る外部地平を示し、そして現実に見えているものがそれらの地平の間の暫定的な間仕切りであるにもかかわらず、それらの地平は限りなく他の見えるものに開かれているのだとすれば、そのときには（見えるものと見えないものとの直接的・二元論的区別や、延長と思考との区別は、延長が思考だとかあるいは思考が延長だからというのではなく、それらは互いに裏と表の関係にあり、永久に一方が他方の後ろにあるが故に、退けられることになる）、確かに、いかにしてそれらの上に「知性の諸観念」が打ち樹てられるようになり、いかにしてわれわれは地平の理念性から「純粋な」理念性に移行するのか、またとりわけどんな奇跡によって、私の身体と世界の自然的一般性に、創造された一般性、文化、自然的一般性を捉え直し矯正するような認識が付け加えられるようになるのか、ということが問題になりうる。しかし、われわれが「純粋な」理念性を最終的にどのように理解すべきだとしても、それはすでに知覚論的身体の諸分節や感覚的事物の諸輪郭ににじみ出ているはずだし、またその理念がどんなに新しいものであろうとも、それはまだ切り開いたことのない道を通ってしのび込み、まだ開いたことのない地平を変形させるのであって、それは、まさに見える世界の継ぎ目として見抜かれていたからこそ、いみじくもプルーストが「匹敵するもののない」と言っていたあれらの諸観念の神秘、精神の闇の中でその暗い生を送っているあれらの諸観念の根本的な神秘から派生してくるのである。その場での超出というこの運動を解明するのに、今はまだ早すぎる。今はただ、純粋な理念性それ自身も肉を欠いているわけでも、地平的諸構造から解放されているわけでもない、とだけ言っておこう。その理念性は、たとえもっと別な肉や別な地平が問題になるにしても、やはりそのようなものを糧にして生きているのだ。それはあたかも、感覚的世界を生気づけている可視性が、すべての身体の外にではなく、もっと軽くもっと透明な別な身体に移住し、まるで身体の肉を放棄して言語の肉をとるとでもいわんばかりに肉を換え、そのことによってあらゆる条件に縛られはしないが、しかしそれから完全に放免されるわけでない、といった具合なのだ。いったい、――それこそはプルーストがよく知っていたし、他の所でも言っていたことなのだが――、音楽とまったく同様に、言語も、それ自身の配置によって意味を支え、それ自身の網目の中に意味を捕えるのだし、しかもその言語が征服的で能動的・創造的な言語であって、強い意味での何ごとかを語るときにはいつも、例外なしにそうなのだということを認めてはならない理由があるだろうか。いったい、音楽の記譜法が事後の複写（*fac-simile*）であり、音楽的存在者の抽象的ポートレートであるように、記号と所記、音と意味との間の明示的な関係の体系としての言語も、作動する言語の一つの帰結や所産なのだということを認めてはならない理由があるだろうか。作動する言語においては、意味と音との関係は、「小楽節」と事後に見いだされる五つの音符との関係と同じなのである。もちろん、そう言ったからといって、われわれは音楽の記譜法や文法や言語学や「知性の諸観念」――それらは、既得の、われわれの意のままになる名誉職的な観念なのだ――が無益なものだとか、あるいはライプニッツが言っていたように、まぐさに真直ぐに進むろばは直線の性質についてわれわれと同じ程度に詳しく知っていると言おうとするのではなく、むしろ、客観的関係の体系やさまざまな既得の観念それ自身が、いわば二次的な生や二次的な知覚の中に取りこまれていて、そうしたものこそが数学者たちをして、まだ誰も見たことのない存在者に真直ぐに赴かしめたのであり、また作動する言語と算式《アルゴリズム》が二次的な可視性を利用したり、観念が言語や計算の他の側面となったりするのも、そうした二次的な生や知覚のためなのだ、と言おうとしているのである。私が考えるとき、さまざまな観念が私の内言を生気づけ、あの「小楽節」がヴァイオリニストの心を捕えたように私の内容にまといつき、そして「小楽節」が音符のかなたにあるようにさまざまな語のかなたにとどまり続けるが、ただしそれは、それらの観念がわれわれには隠されている別な太陽の下で輝くからではなく、それらが記号と記号の間につねに再開されるべき或る隔たりであり、決して終わることのない差異化であり、開在性であって、それはちょうど、すでに述べたように、肉が見る者の見える物への、また見える物の見る者への裂開であるのと同様だからである。そして、私の身体が見る者であるのは、それがそこに出現する見える物の部分をなしているからにほかならないように、音の配置がそこへ開かれている意味は、その配置にはね返るのである。言語学者にとっての言語は、理念的体系であり、英知的世界の一断片である。しかし、私が物を見るためには、私の眼差しがXにとっても見えるというだけでは十分ではなく、私の眼差しが一種のねじれ、逆転ないし鏡像の現象――それは、私が生まれたというその一事によって与えられているのだが――によって、眼差し自身にも見えるものとならなければならぬように、もし私の言葉《パロール》が或る意味をもっているとすれば、それは、私の言葉が言語学者によって露呈されるような体系的組織化を提供するからではなく、その組織化が、眼差しと同様に、自分自身に関係するからである。身体の身体自身への無言の反省が、われわれが自然の光と呼んでいるものであるように、作動する〈言葉《パロール》〉こそは、そこから制度化された光が生まれてくる暗い領域なのだ。見る者と見える物との転換可能性があり、それら両者の変身の交叉する地点に知覚と呼ばれるものが生まれるように、言葉《パロール》と、それの意味するものとの転換可能性がある。視覚が、知覚論的身体を完成させるように、意味は、話し方の物理的・生理的・言語学的な多様な手段に封印をし、閉じ、糾合し、それらをただ一つの作用に集約しようとするのである。そして、見えるものが、それを露呈し、その部分をなしている眼差しを襲うように、意味は、その諸手段に逆にはね返り、知の対象となるような言葉《パロール》を自分にとりこみ、逆向きの運動によって自分の日付を前に遡らせるのである。そして、その逆向きの運動が決して完全に裏切られるということがないのは、すでに言葉《パロール》が、命名し語りうるものの地平を開くことによって、そこにおのれの場所があることを承認していたからであり、またどんな話し手も、前もってみずから話し相手——それが自分自身の相手にすぎないにしても——となることによってしか何かを話すことができず、話し手は一つの動作で、自分自身への関係の回路と他人たちへの関係の回路を閉じ合わせ、その同じ動作で、おのれを話されている者（délocutaire）、つまり話題にされている言葉《パロール》としても確立するからである。彼は、おのれのみならず、すべての言葉《パロール》を、普遍的な〈言葉《パロール》〉に捧げるのだ。われわれは、無言の世界から語る世界（monde parlant）へのこの移行をもっと詳細にたどってみなければならないだろう。しかし、今のところわれわれは、ここで沈黙の破壊という言い方も沈黙の維持という言い方もできないということ（ましてや、維持であるような破壊とか、破壊であるような実現について語ることはできないということ——それは、問題を解決することではなく、新たに立てることなのだから）を指摘するだけにしておきたいと思う。沈黙した視覚が言葉《パロール》になるとき、あるいは逆に、言葉《パロール》が命名しうるものや語りうるものの領野を開きながら、その領野の適所に、その領野の真理に応じて記入される場合には、要するに言葉《パロール》が見える世界の構造を変身させ、みずから精神の眼差し、intuitus mentis〔精神の直観〕となる場合には、そのようなことはつねに、無言の知覚と言葉とをともに支えている同じ転換可能性の根本現象によって起こるのであり、その現象は、肉の昇華によってと同様、観念のほとんど肉的とも言える事実存在によって顕現してくるのである。一言で言えば、もし人間の身体の建築術、その存在論的骨格を解明し、またいかにして人間の身体がおのれを見たりおのれを聞いたりするかを解明するならば、彼の無言の世界の構造は、そこにすでに言語のあらゆる可能性が与えられているといったふうになっていることが分かるであろう。見る者としてのわれわれの存在がすでに、すなわちわれわれが以前に述べた言い方で言えば、世界を逆転させ、世界の向こう側に移り、お互いをちらりと垣間見たり、またお互いを目で見る存在者であるわれわれの存在、とりわけ他人たちに対してもまた自分たち自身にとっても音響的存在者であるようなわれわれの存在がすでに、お互いの間に言葉があり、また世界についての言葉があるために必要な一切を含んでいるのだ。そして、或る意味では、或る文を理解するということは、その文をみずからの音響的存在のうちに完全に迎え入れるということ、あるいはよく言われるようにその文を聞く(l'entendre)ということ以外の何ものでもない。意味《サンス》は文の上に、バターがパン切れの上にあるように、あるいは音の上に拡げられた「心的実在」の二次的層のようにしてあるのではない。意味は、言われていることの全体、語詞連鎖のあらゆる差異化の積分であり、それは、聞くための耳をもっている人たちには語と一緒に与えられているのである。そして逆に言えば、風景全体は、或る侵略を受けるようにして語に侵略されており、それはわれわれの眼にはもはや言葉の一異本以上のものではなく、その風景の「スタイル」について語ることは、われわれの眼には、一つの隠喩《メタファー》を作ることとなのである。フッサールの言っているように、或る意味では、全哲学の本質は、意味する能力を再興し、意味《サンス》の出生ないし野生の意味を再興し、とりわけ言語という特殊な領域を照らし出すような経験による経験自身の表現を再興することにあるのだ。また、或る意味では、ヴァレリーが言っているように、言語がすべてだ、と言うこともできる。言語は、誰の声でもなく、それは物や波や木々の声そのものだからである。そして、ここでぜひとも理解しておくべきことは、これらの見解の一つから他に移る場合、そこに弁証法的逆転があるわけではないし、われわれはそれらの見解を一つの総合へとまとめなければならぬわけでもないということである。それらは、究極の真理である転換可能性の二面なのである。

補遺

前客観的存在：独我論的世界(1)

〔前客観的なものへの還元〕

科学と反省は、結局のところ生まな世界の謎を手つかずのまま放置するのだから、何ごとも前提せずにその謎を問うように促がされていることになる。だから、その生まな世界を記述するのに、われわれが毎日拠り所にしている既成の「真理」なるものを何一つ頼りにできないだろうということは、もう了解済みのことである。そうした真理は、実は、あいまいさに満ちたものであり、それをあいまいさから解放するには、生まな世界を喚起し、それらの真理を上部構造として世界の上に指定したその認識作業を想い起こしてみるほかはないであろう。例えば、われわれが知覚の「諸原因」やそれらの原因がわれわれに及ぼす作用について、実践と科学によって知りうるすべては、まだ未知のものとみなされることになろう。これは、ひとが思う以上に守りにくい戒律である。知覚を知覚されたものから構成したり、われわれの世界との接触を、その接触によって世界について学んだことから構成しようとする誘惑は、ほとんど抗し難いものだからである。ご存知のように、多くの著者たちは、私が今日見ているのはおそらく何年も前に消えた星であり、一般にすべての知覚はその対象よりも遅れて来るということを理由に、すべての「意識」は「記憶」だということを証明している。だが、彼らは、この「証明」なるものの含意に気づいていないように思われる。この証明は、「記憶」というものが、思い出されているものの様相や諸性格によってではなく、外側から、即自的世界にそれにぴったり適合する対象が当の瞬間には存在しないこととして定義されるということを仮定しているからである。したがって、この証明は、われわれの周りにそうした即自的世界があるということ、そしてその世界とわれわれとの間には同時性や継起の諸関係、われわれを世界とともに同じ客観的時間に閉じこめてしまうようなそうした関係があるということを仮定し、またこの真の世界を認識しうる精神の存在を仮定している。そして、その真の世界の諸関係が結局のところ、知覚という近道によって縮約され要約されることによって、知覚を「記憶」の一事実たらしめる、というわけである。われわれが辿らなければならないのはそれとは逆の道であって、われわれは知覚や、示されているがままに記述された知覚のもろもろの異本から出発して、いかにして知の宇宙が構築されえたかを理解することを試みるであろう。この宇宙は、われわれによって生きられているものについては（そこにあるさまざまの空隙や、その宇宙によってわれわれが投げこまれるさまざまの袋小路《アポリア》によって、間接的にでなければ）何ものもわれわれに語ってはくれない。「客観的」と称される世界がしかじかの特性をもっているからといって、生きられる世界でもそれらを既得のものとみなしてよいということにはならないのだ。それらの特性は、われわれにとってはせいぜいのところ、われわれがどんな手段でそれらを客観的世界のうちに認め、またわれわれの生活の中でそれらに出会うようになるのかという研究のための導きの糸にすぎないであろう。また、それとは逆に、「客観的」と言われる世界には、これこれの現象の眼に見える指標がないからといって、われわれがその現象を生きられる世界に出現させることをあきらめなければならぬということもないだろう。映画の映像が非連続的だということは、観客の眼にとってそれらがつながって見える運動の現象的真理性については何も証明しないし、のみならず、生きられる世界が運動体のない運動を含むものだということも証明してはくれない。運動体が知覚している者によって投射されたものだということは、確かにありうることなのだ。世界に関してこれからわれわれが述べるであろうすべては、習慣的世界——存在へのわれわれの加入や、歴史のなかでこの加入を更新してきたもろもろの偉大な知的企てがそこに記入されるとしても、それはその意味とその動機を骨抜きにされた混乱した痕跡の状態ででしかないのだ――に由来するものではなく、われわれの生の間近で目覚めつづけているこの現在の世界、われわれが遺産を活性化する手段を見いだし、必要な際には、おのれの責任でその遺産を採りあげなおす手段をも見いだすこの現在の世界に由来するに違いないのである。われわれが今後、あらかじめ構成されてしまっている或る世界や或る論理を承認することがあるとしても、それは、いわばわれわれの知の臍の緒であり、われわれにとっての意味の源泉である生まな存在についてのわれわれの経験から、そうした世界や論理の出現してくるありさまを見とどけた上でのことでしかないであろう。

（1）［原稿のページづけは明らかに、ここから始まる章が著者によって保存されなかったであろうことを示している。この章は、「問いかけと直観」に置きかえられたのである。しかし、それは抹消されたわけではないので、われわれはそれを補遺として紹介しておくのがよいと考えた。］

そのうえわれわれは、心理学的反省であれ超越論的反省であれ、反省に由来する諸概念をわれわれの記述のうちに持ち込むことも、おのれに禁じている。そうした概念は大抵の場合、客観的世界の相関項ないし代償物でしかないからである。われわれは初めのうちは、「意識作用」とか「意識状態」、「質料」、「形式」といった概念、さらには「イマージュ」とか「知覚」といった概念をさえ使うことを断念しなければならない。知覚という用語が、暗黙のうちにすでに体験を非連続な諸作用に裁断してしまい、身分のはっきりしない「物」なるものに照準を合わせ、あるいは見えるものと見えないものとを単に対置させているというだけでも、われわれとしてはこの用語を排除することにしたいのだ。それは、こうした〈見えるものと見えないものとの〉区別が結局のところ無意味だからというのではなく、もしこうした区別を初めから認めてしまえば、われわれは抜け出さなければならなかったはずの袋小路に再び入りこんに立ち戻ることをおのれの課題にするというとき、われわれはそのことで暗黙のうちに、科学者にとっての知覚の範囲を限定する物理学的ないし生理学的「諸条件」だの、感覚主義的ないし経験主義的哲学の要請だのを考えているわけではなく、さらに概念や観念と対照する形で、時間と空間の一点に現実に存在する存在者に関わるであろう経験の「初次的層」なるものの定義をさえ念頭に置いているわけではない。われわれはまだ、見るとは何か、考えるとは何か、〔見ることと考えることとの〕この区別は妥当なものか、妥当だとすればそれはいかなる意味においてか、といったことをさえも知らないのだ。われわれにとって「知覚的信念」とは、自然的な人間に対して、源泉としての経験の中で原的な形で、最初にしかも直接に現前するものの力強さをもって呈示されるすべてのもの、自然的人間にとって究極的で、それ以上完全なまたそれ以上身近なものが考えられないような姿で呈示されるすべてを包みこんでいるのである。そこで問題になるのが言葉の通常の意味での知覚物であろうと、あるいは自然的人間が行う過去や想像的なものへの加入、言語や科学の述定的真理、芸術作品、他者、歴史への加入であろうと、その事情に変わりはない。われわれは、こうしたさまざまな「層」の間に存在するかもしれない諸関係についても、またそれらがまさに「層」なのだということについてさえ、予断をもっているわけではない。われわれの生まな野生の経験への問いがわれわれに教えてくれるであろうところに従ってそうしたことに決定を下すということも、われわれの課題の一部なのである。さまざまな自然的な物との出会いとしての知覚がわれわれの研究の第一位の座を占めるというのも、その知覚が、他のもろもろの機能を説き明かすはずの単純な感覚機能としてではなく、過去や想像的なものや観念との出会いの中で模倣され更新される根源的な出会いの原型として考えられているからである。われわれの問いそのものが何であり、われわれの方法がいかなるものであるかをさえ、われわれは前もって知っているわけではない。質問の仕方は或る答え方を指定するものであり、今から質問の仕方を固定してしまうことは、われわれの解決の方向を決定してしまうことであろう。例えば、もしわれわれが、ここで問題になっているのは、われわれの生がそこへと開かれているさまざまな領域から、われわれの生の本質ないし形相（εἶδος）を引き出すことだと言うとしたら、それは、われわれがその諸関係そのものが本質のうちに根ざしているようなイデア的不変項を見いだすだろうという予断を下し、われわれの経験のうちにある流動的なものを固定的なものに初めから従属させてしまい、おそらくはおよそ可能なすべての経験の諸条件にではなく、すでに言語化された経験のそれでしかないような諸条件にそれを隷属せしめ、結局は語の意味の内在的な探査に閉じこもることでしかないであろう。あるいは、もしもわれわれが何ごとをも予断しないために、本質の固定ということをもっと広い意味で考え、おのれを理解するための努力として受けとるならば、そうした本質の固定も何の不信を招くことはないであろうが、しかしそれは、その固定が帰結する諸結果のスタイルに関しては何ごとも前もって決めていないからにすぎない。実を言えば、われわれは純粋な問いというものが何であってはならないかということは知っている。だが、それがどのようなものになるかは、問いかけを試みることによってのみ知りうるのである。根源的な意味で、あるいは基本的ないし始元的な意味で存在しているものについての経験にひたすら従おうという決意は、「われわれ」と「存在しているもの」との出会い以外の何ものをも前提にしない、——カッコでくくったこれらの語も、これから明確にされるべき意味の単なる指標として受けとってのことである。この出会いは、それがなければそもそもわれわれが問いを立てるということもないだろうから、疑いの余地のないものである。だが、われわれはこの出会いを、存在するもののわれわれの内への包含としてであれ、あるいはわれわれの存在するものの内への包含としてであれ、一挙に解決しようとしてはならない。そうは言っても、一見したところでは、やはりわれわれが世界の「内」に、つまり存在しているものの内にいるのか、逆に存在するものが「われわれの内」にあるのか、のいずれかでなければならないように見える。だが、経験そのものにその秘密を尋ねようとする意図がすでに、観念論的な態度決定ということにはならないだろうか。もしわれわれの意図がこんなふうに受けとられるとしたら、それはわれわれの説明の仕方が悪いからであろう。われわれが問いを向けているのは、あくまでもわれわれの経験に対してである、——というのも、すべての問いは誰かに、あるいは何ものかに向けて発せられるものだし、われわれは、われわれにとって存在しているすべてのもの以上に危険性の少ない対話者を選ぶことはできないからである。しかし、こうした手続きを選んだからといって、それは可能な応答の領野を閉ざすことにはならないのであり、われわれは「われわれの経験」のうちに自我《エゴ》への参照関係や、スピノザの「経験」(experiri)*のような存在との或るタイプの知的関係を含めているのではない。われわれがおのれの経験に問いかけるのは、ほかでもない、この経験がどのようにしてわれわれをわれわれではないものへと開いてくれるかを知らんがためである。したがって、いかなる場合にもわれわれに原本の形では現前することのありえないもの、またその決定的不在でさえそのようにしてわれわれの根源的経験の一つとなるようなものに向かう或る運動を、われわれがおのれの経験の内に見いだすということもありうるであろう。ただし、たとえそれが現前のこうした辺境を見てとり、さまざまな参照関係を識別し、それらの参照関係をテストにかけ、それに問いかけるためでしかないにしても、まずわれわれにあからさまに与えられているものに視線を固定させる必要は確かにあるのだ。すぐにも用いられることになるさまざまの下位区分も、まさしくこうしたまったく方法的で暫定的な意味でのみ理解されるべきなのである。われわれとしては、世界そのものや他者の内に身を置く哲学か、それとも「われわれの内」に身を置く哲学か、あるいはわれわれの経験を「内側から」捉える哲学か、それとも——もしそうしたことが可能だとして——われわれの経験を例えば論理的基準の名のもとに外側から判定する哲学か、の選択に煩わされる必要はない。こうした二者択一がわれわれの課題ではないのだ。なぜなら、おそらく自我と非我とは表と裏のようなものだからであり、おそらくわれわれの経験とは、われわれをまさしく「われわれ」から引きはなして他者の内に、物の内に据えるその逆転なのだからである。われわれは、あくまでも自然的人間のままで、われわれの内に身を置くとともに物の内に身を置き、われわれの内に身を置くとともに他者の内に身を置いているのであり、その地点では、われわれは、一種の交叉（chiasma）によって他者になり、また世界になるのである。哲学が哲学そのものになるのは、それが、哲学者なら誰でも近づくことのできる多くの入口をもった世界の安易さとともに、ただ一つの入口しかもたない世界の安易さをも拒否する場合のみである。哲学は、自然的人間と同様に、自己から世界や他者への移行が生ずる地点に、つまりさまざまな道の交叉点に身を置くのである。

1　現　前

［物と何ものか］

したがって、われわれは、自分が大量の物や生物やシンボル・道具・人間などの間に身を置いているものと考え、そしてそこでわれわれに起こっていることを理解させてくれるような諸観念を形成すべく試みてみよう。われわれの最初の真理——何の先入見もなく、反論の余地もない真理——は、現前があるということ、「何ものか」がそこにあり、また「誰か」がそこにいるということであろう。「誰か」を問題にする前に、まず、「何ものか」とは何かを考えてみることにしよう。

われわれがそれに現前し、またそれがわれわれに現前しているところのこの何ものかとは「物」のことだと、ひとは言いたくなるであろうし、またそう言うことで何を理解すべきかは、一見、誰もが知っているように見える。この小石やこの貝殻は、それらの中には——私がそこに見、また触れているものの向こうに、私の指や舌とのそれらのざらざらした接触や、それらが私の机の上に落ちるときに立てる音の向こうに——さまざまな「特性」の（また、私にとってはまだ未知な他の多くの特性の）ただ一つの土台があり、その土台がその小石や貝殻にそれらの諸特性を押しつけてくるとか、あるいはそこまでしないとしても、少なくともそれらの諸特性の変容を或る限界内に抑えておくといった点で、まさしく物である。しかし、この〔土台という〕原理のもっている力は、事実的な力ではない。私は、その小石や貝殻が、それらを取り囲んでいるものによって今すぐにでも砕かれうることをよく知っている。その力は、いわば権利上の力、正当性にすぎないのだ。それらは、それらの変化の或る種の幅を越えると、それらは、その小石でありその貝殻であることを止めるだろうし、さらにはそもそも小石や貝殻であることを止めるであろう。それらが個物として存続すべきだとすれば、あるいは少なくともそうした一般的な呼称をもち続けるべきだとすれば、それらは、いわば核となるべき若干の特性を開陳していなければならず、それらの特性が相互の間では派生し合う関係を作りつつ、全体としてはこの小石なる個物、この貝殻なる個物、あるいは一般に同一の名称をもったあらゆる個物から流出した、ということがなければならない。したがって、われわれが、ここに一個の小石、一個の貝殻があるとか、さらにはこの小石、この貝殻があると言う場合に言おうとしているのは、ひとが手短かに「この小石」とか「一個の小石」、「この貝殻」とか「一個の貝殻」などと呼ぶ、核になる諸特性のただ一つの土台が、少なくとも現在のところ何の障害もなしに立ち現われ、われわれの眼下にそれらの諸特性を繰り拡げる用意ができている――それらの諸特性はその土台から由来しており、その土台こそが無条件にこの小石やこの貝殻、あるいは少なくとも小石や貝殻なのだから――という要件が満たされている、ということなのである。したがって、物とは――それに新たに起こりうるようなことや、その崩壊の可能性などは措いての話だが――、諸特性の一つが与えられれば他の特性がすべて与えられるといった諸特性の結節点であり、同一性の原理のことなのだ。物は、その内的配置によって、それがあるところのものであり、したがって十全に、ためらいも分裂もなしに、全面的にそれがあるところのものであるか、あるいはまったくそうでないかのいずれかなのである。物がおのずから、あるいはそれ自身としてそれがあるところのものであるのは、外部の諸事情によって開放される――それは、説明されるということではない――外的展開においてである。

物とは、対‐象（ob-jet）であり、言いかえればそれ自身の効能によってわれわれの前に誇示されているものであって、しかもそれはまさしく、物がそれ自身のうちに取り集められているからなのである。

もし物が、それらの間に生きているわれわれにとっては以上のようなものだとすれば、われわれは、みずからにこう尋ねてみるべきであろう、――本当に物は、われわれと何ものか（それが何であれ）との接触に本来的に含まれているのかどうか、本当にわれわれは物を通して他のものを理解することができるのか、われわれの経験は原理的に物の経験なのかどうか、例えば世界とは巨大な物のことなのかどうか、われわれの経験は直接に物を目指し、そしてわれわれは物自身の答えを純粋な状態で収集したのかどうか、むしろ反対に、われわれは物のうちに、実は派生的であってそれ自身解明を要するような要素を、本質的なものとして導入してはいなかったかどうか、と。すでに述べたように、物や小石や貝殻は、すべてに逆らって存在するという力をもっているわけではなく、それらはただ、さまざまの有利な事情が集められるという条件付きでおのれの含蓄を展開させるおだやかな力にすぎない。ところで、もしそのようなことが正しいとすると、物の自己同一性とか、われわれが物に認めてきたような種類の固有の安定、おのれ自身への安らぎ、その充実とその肯定性は、すでに経験をはみ出しており、すでに経験の二次的な解釈なのである。もし物を、同定可能なさまざまの核というその生来の意味において捉え、それにいかなる固有の力も考えずに出発するならば、われわれは、経験に経験のあずかり知らない抽象的なディレンマを押しつけない限り、対象としての物（chose-objet）、〈即自〉、自己同一的な物にたどりつくことはないであろう。おそらく、物にはいかなる固有の内的な力もないのであるが、ただし、もし物がわれわれによって認識されうべきだとすれば、そして物が消失してしまうべきではなく、われわれが物について語ることができなければならないとすれば、それにはやはり、諸現象があたかも内的統一の原理をもっているかのように振舞うという条件が必要なのだ。経験を強いて、それが語っていた以上のことを語らせるのは、物の経験に対して、物を含まないような別種の経験の幻影を対立させるからである。われわれが最後には、客観性、自己同一性、肯定性、充実性を、たとえ物それ自身の原理としてではないとしても、少なくとも物のわれわれにとっての可能性の条件として信頼するというのも、名前という迂路を通りながら、物にわれわれによる再認の可能性を強迫しながらである。このように定義された物は、われわれの経験する物ではなく、それは、経験がもはや何ものにも結実することがなく、観客が舞台から目をそむけてしまうような宇宙に物を投影することによって得られた、要するに物を無の可能性に突き付けることによって得られた物の像なのである。そして、同様に、次のように言われるとすれば、――すなわち物は結局のところ、つねに証明の彼方にあり、そして一種の外挿であるように見えるとしても、それでもやはり、われわれは小石や貝殻を見るのであり、そして少なくともその瞬間には、われわれの要求は満たされており、われわれには物を全面的にそれ自身であるものかあるいはそうではないものかのいずれかとして定義する権利があるのだ、と言われるとすれば――その場合にも、このイエスからノーへの逆転、超越論的観念論に基礎を置いた経験的実在論は、やはり無を地にして考えた経験の思想なのである。ところで、われわれは、無の可能性の上に射映させることによってもちうる経験というものを考えることができるだろうか。物と世界の経験こそが、むしろ、われわれが無をどのようにであれ考えるために必要な地ではないのだろうか。無を地にして物を考えるということは、物に対してと無に対してと二重の誤りをおかしており、そして物について言えば、それを無の上に切りとることによって、完全に変質させているのではなかろうか。物の同一性と肯定性と充実性も、もしそれらを経験がそれらに到達する際の文脈の中でもつ意味に還元してしまうならば、われわれの「何ものか」への開在性を定義するためには、きわめて不十分なものになるのではなかろうか。

研究ノート

真理の起源(1)

一九五九年一月

序論

非・哲学《ノン・フィロゾフィ》というわれわれの状態——かつて危機がこれほど徹底したものであったためしはない。——

さまざまな弁証法的「解決」＝これも、対立物を同一視し、非・哲学となる「悪しき弁証法」になるか——それとも、もはや弁証法ならざる「醗酵をとめられた」弁証法になってしまう。哲学の終焉なのか、それとも再生なのか。

存在論への回帰の必然性——存在論的問いかけとその諸分岐：

主観－客観問題

間主観性の問題

自然の問題

生まな存在——およびロゴス——の存在論として企てられる存在論の素描。フッサールに関する私の論文(2)を延長して野生の存在を描写すること。だが、われわれが「客観的哲学」（フッサール）*を根こそぎにしないかぎり、こうした世界、こうした存在の露呈も死文にとどまる。Ursprungsklärung〔起源の解明〕**が必要である。

デカルトの諸存在論についての省察——西洋の存在論の「斜視」——(3)

ライプニッツの存在論についての省察

問題の一般化：客観的無限としての無限への移行がおこなわれてきた。——この移行は Offenheit〔開在性〕***、Lebenswelt〔生活世界〕****の主題化（および忘却）であった。——こちらがわへの跳躍をしなおす必要がある。

第一のプラン：（内在的分析によって）「自然」がどうなってしまったか——そして、まさしくそれによって生命がどうなってしまったか——そして、まさしくそれによって精神‐物理的主体としての人間がどうなってしまったかを見とどけること——。探究の円環性：われわれが〈自然〉について述べることはすでに論理学を予想しており、第二部において採りあげなおされることになろう。——われわれが心や精神‐物理的主体について述べることは、われわれがのちに反省や意識や理性や絶対者について述べるであろうことを予想している。——この円環性は欠陥ではない。——われわれは題材の秩序に従っているのであり、根拠の秩序*****など存しない。——根拠の秩序はわれわれに、題材の秩序が与えてくれるほどの確信を与えてはくれないであろう。——構築としての哲学ではなく〔円環の〕中心としての哲学。

（1）〔「真理の起源」：著者が当初その著作に与えようと望んでいた表題。〕

（2）［「哲学者とその影」, *Edmund Husserl, 1859-1959, Recueil commémoratif*, Martinus Nijhoff, La Haye, 1959 所収。*Signes*, NRF, 1961 に再録。」『シーニュ』2、竹内芳郎監訳、みすず書房、所収。］

（3）［著者はこのときすでに一九五七－五八年におこなわれた講義の要録において、次のように述べている：「たとえばデカルトにおいては、自然という言葉の二つの意味（「自然の光」という意味での自然と「自然的傾向性」という意味での自然）が二つの存在論（対象の存在論と現存するもの《レグジスタン》の存在論）を素描している」（『言語と自然』、滝浦静雄・木田元訳、みすず書房、九一頁）。そして、彼はもっと先で次のように問うていた：「かつて言われたような〝存在論的複視〟（M・ブロンデル）とでもいったものがあって、これを合理的に削除することは、どれほど多くの哲学的努力を重ねてみても期待できないのだし、問題になりうることと言えば、ちょうど眼差しが単一の視像を形成するために二つの単眼像を手に入れるように、それらをまるごと手に入れることなのではあるまいか。」（邦訳九二頁。）］

真理の起源（1）

一九五九年一月

物理学と〈自然〉の存在との隔たり、生物学と生命の存在との隔たりを示すことによって、即自的・客観的存在から Lebenswelt〔生活世界〕の存在への移行を果たすことが必要である。——そして、この移行がすでに、存在のいかなる形式も主観性への照合なしには立てられえないということ、身体は意識という或る Gegenseite〔裏面〕* をもっているということ、身体は精神－物理的なものであるということを意味している。

私が Lebenswelt に結びつけつづけている人間の身体という受肉した主観性にゆきつくことによって、私は心理学（すなわち、即自的〈自然〉、bloße Sache〔裸の事象〕** からなる自然の Gegenabstraktion〔逆抽象〕***）が考えるような意味での「心的なもの」ではない何ものかを見いだすにちがいないし、主観性と間主観性、つまり第二の自然ではないが、それでもなおそれなりの堅固さと完全さを、だが、やはり Lebenswelt〔生活世界〕なりの様式で有する Geist〔精神〕の領域《ユニベール》にゆきつくにちがいない。――言いかえれば、私は言語学や論理学のおこなった客観化作業をくぐりぬけて、Lebenswelt のロゴスをふたたび見いだすにちがいない。

同様に、デカルトによって科学の無限な地平として制定された真理の歴史性（Urhistorie〔根源的歴史〕、erste Geschichtlichkeit〔初次的歴史性〕）の底に「有機的歴史」を露呈することが原理的に必要であろう。――マルクス主義を生気づけているのもこの真理の歴史性なのである。

原理的に言って、私が一つの存在論を定義し哲学を定義しうるのは、その上のことでしかないであろう。その存在論は、超越論的主観性の概念や主観・客観・意味などの概念にとって替わるはずの諸概念の彫琢ということになるであろう、――哲学の定義には、哲学的表現そのものを、科学に先立つものの科学として、表現に先立って在るもの、そして表現を背後から支えているものの表現として、解明すること（したがって、あたかも哲学は存在するものを反映することに甘んじるのだとでもいわんばかりに、これまで「素朴なかたちで」先行してきた哲学において使われていた方法を意識化すること）が含まれている。――ここで、以下の難点を主題として採りあげよう。哲学は、もしそれが絶対的なものであろうとするなら、自制するものである。だが、実際には、〈自然〉や生命や人間の身体や言語についてのすべての個別的分析が、それぞれにわれわれを Lebenswelt や「野生の」存在のうちに入りこませることになるであろうし、私としても、先へと進むにつれて、それらのものの積極的な記述や、さらにはさまざまな時間性の分析のうちにさえ入りこんでゆくことをおのれに禁ずべきではないであろう。――このことを序論においてあらかじめ述べておくこと。

［（1）［二三二頁注（1）参照。］

真理の起源の第一巻（1）

一九五九年一月

フッサール：人間の身体は「裏面」――「精神的」側面――をもつ。*

（「隠された側面」の在り方、永久に隠されているのか、暫定的に隠されているのか、――〈地球の〉裏《アンチポード》がわの在り方、――違いは、原理的に言って、生きた身体の「精神的な」側面は、私に不在としてしか selbstgegeben され〈自体的に与えられ〉えないというところにある）。

本書の第一巻において――物理的自然と生命を論じたあとで、人間の身体が「精神的」側面をもつものとして記述されることになる第三章を設けること。人間の身体の生活は、それが精神‐物理的身体になることなしには記述されえないということを示すこと。（デカルト、――しかし心身の複合体のうちにとどまることによって）**――神の知《シアンス》がわれわれに理解させるものを一挙にわれわれに所有せしめる制度化としての〈自然〉というデカルト的概念と等価な私の概念を提示すること。――知覚論***を提示すること。時間、フッサールの言う意味での「心」、「自然的なもの」としての間身体性についての一つの考え方〔を提示すること〕。――しかし、こうしたことはすべて――それは私の最初の二つの著書を捉えなおし、掘り下げ、修正することになるのだが――全面的に存在論の視角からなされねばならない。――この第一巻の結びになる知覚される世界の記述は非常に深く掘り下げられる（隔たりとしての知覚――運動と知覚の動物としての身体――超越――l'urpräsentierbar〈根源的に現前可能なもの〉*のレベル)。そして、なかんずく:これらの「真理」と、徹底した反省としての、超越論的内在への還元としての哲学との関係の問題が立てられる。――「野生の」あるいは「生まの」存在が導入される。――系列的時間、「作用」と決断の時間は乗り越えられる。――神話的時間がふたたび導入される。――合理性とシンボル機能との関係の問題が立てられる:「理性」に本質的な、意味するもの《シニフィアン》による意味されるもの《シニフィエ》の乗り越え――内的系列(「主観的なもの」「心理学的なもの」)と客観性との反省的区別(われわれの諸文明が前提にしているような、とレヴィ=ストロースが言うところの)の批判。――動物性へのわれわれの関係、われわれの「血縁性」(ハイデガー)**が解明される。このことはすべて知覚-不知覚、およびLogos endiathetos〈潜在的ロゴス〉(論理に先立つ意味)――Lebenswelt〈生活世界〉の理論にゆきつく。――この新たな存在論は第四章において表にして示されねばならない(一、自然と物理学、二、生命、三、人間の身体、四、「野生の」存在とロゴス)。(長い第四章がこの巻に「決定的」性格を与える――絵画、音楽、言語の研究への移行に点火することによって[2]。

すべての根(「垂直の」世界)を露呈すること。――次いで、言語の転換、「内的」人間への移行によって問題が立てなおされることを述べる。――ヒューマニズムが決定的に評価されうるのは、そこにおいてでしかない。

(1) [標題(二三二頁注(1)参照)の上に以下の数行がある。「〈自然〉の分析の冒頭から円環性のあることを指示すること:つまりわれわれがそこで述べていることは論理学(第二巻)の段階で採りあげなおされることになる。かまうものか。とにかくはじめなければならないのだ。」]

(2) [カッコは閉じられていない。]

存在と無限

一九五九年一月一七日

無限なるもの：たしかに宇宙を無限なものとして――あるいは、少なくとも無限な背景の上で――構想したのは収穫である。（デカルト主義者たち）

だが、デカルト主義者たちは本当にそれをやったのだろうか。――無限という概念によってしか認められない存在の深み［単にあれやこれやであるだけではなく、他でもありえた（ライプニッツ）、あるいは実際にわれわれが知っている以上のものである（スピノザ、未知の属性）］を、彼らは本当に見たのであろうか。

彼らの無限の概念は事実的《ポジテイフ》である。彼らは事実的無限のために閉じた世界の価値を低めたのであり、彼らはこの事実的無限について、まるでなにか物について語るように語り、それを「客観的哲学」のうちで論証してみせる。――記号は逆転される：つまり、すべての限定は否定である、……でしかないというふうに否定するという意味で。――それは無限なものを認めるというよりは、むしろそれを避けることである――凝固した無限、あるいは、少なくともそれを証明するに十分なほどにはそれを所有している思考に与えられた無限。

真に無限なるものはそんなものではありえない：それはわれわれを越えたものでなければならない。Offenheit〔開在性〕の無限であって、Unendlichkeit〔果てしなさ〕ではない。――Lebenswelt〔生活世界〕の無限であって理念化の無限ではない。――したがって、否定的《ネガテイフ》な無限。――偶然性であるところの意味ないし理性。

生まの、あるいは野生の存在（＝知覚される世界）と、それが Gebilde
〈形成体〉としての λόγος προφορικός 〈顕在的ロゴス〉に対して、
われわれが生み出す「論理学」に対してもつ関係――

一九五九年一月

私が絵画に関して語った「無定形な」知覚的世界――絵画をやりなおすための不断の資源――これはいかなる表現の様式も含んでいないが、やはりあらゆる表現の様式を呼びもとめ要求するものであり、それぞれの画家に繰りかえし新たな表現の努力を促すものである。――この知覚的世界こそ、結局のところハイデガーの言う意味での〈存在〉なのである。ハイデガーの言う存在も、あらゆる絵画以上の、あらゆる言葉《パロール》以上の、あらゆる「態度」以上のものであり、これは哲学によってその包括性において捉えられてみると、いつか語られることになるであろうすべてを含んではいるが、やはりわれわれにその語られるであろうことを創造する余地を残してくれる（プルースト）もののように思えるものなのである：λόγος ἐνδιάθετος 〈無言のロゴス〉こそが λόγος προφορικός 〈顕在的ロゴス〉*を要求するのである。

［Lebenswelt〈生活世界〉の反復：われわれは Lebenswelt の哲学を形成する。（「論理学」という様式での）われわれの構築作業がわれわれにこの沈黙の世界を再発見させるのである。再発見と言われるのは、いかなる意味においい

てであろうか。それはすでにそこにあったのだろうか。哲学者がそれを語るまでは誰もそれを知らなかったというのに、それがそこにあったなどとどうして言えるのであろうか。——だが、それがそこにあったというのは本当なのである：われわれが語ったことやわれわれが語ることのすべてが、その沈黙の世界を含意していたし、含意しているのである。沈黙の世界は、まさしく主題化されない Lebenswelt〔生活世界〕としてそこにあったのである。或る意味では、それを記述する言表そのものによってさえやはり、それは主題化されていないものとして含意されているのだ：なぜなら、そうした言表そのものもそれはそれで沈澱させられ、Lebenswelt によって「とりもどされ」、それらの言表が Lebenswelt を包含するというよりも、むしろそれらの言表が Lebenswelt のうちに包含されることになるからであり、——それらの言表があらゆる Selbstverständlichkeit〔自明性〕を言外に含んでいる以上、それらの言表は Lebenswelt のうちにすでに包含されてしまっているからである。——だが、こうしたすべての自明性も哲学が価値をもつことを、つまり哲学が Lebenswelt の単なる部分的所産、われわれを導く或る言語のうちに閉じこめられた単なる所産以外のものであり、それ以上のものであることを妨げはしない。包括的存在としての Lebenswelt と世界の極限の所産である哲学とのあいだには拮抗関係も背反の関係もない：哲学こそが Lebenswelt を露呈するのである。」

無言のコーギト

一九五九年一月

デカルトの〈コーギト〉（反省）は意味《シニフィカシオン》にくわえられる操作であり、それらの意味（や表現行為のうちに沈澱した意味そのもの）相互のあいだに存する関係についての言表である。したがって、それは自己と自己との前反省的な接触（サルトルの言うところの、自己（についての）の非定立的意識）*、あるいは無言のコーギト（自己のもとにあること）を前提にしている、——私は『知覚の現象学』においてこんなふうな論じ方をした(1)。

それは正しいだろうか。私が無言のコーギトと呼ぶものはありえないものである。（「見たり感じたりしているという思考」**という意味で）「思考している」という観念をもつためには、「還元」をおこなうためには、内在や〈……についての意識〉に立ちかえるためには、言葉《モ》をもつことが必要である。私が超越論的態度をとり、構成的意識を構成するのは（沈澱しており、それらを形成するのに役立った関係とは別の関係に入りこむことも原理的には可能な意《シニフィ》味《カシオン》、という含蓄をもった）語の組合せによってなのである。もろもろの語は〔われわれを〕事実的《ポジティフ》な意味に差し向けたり、ひいては Selbstgegeben〔自体的に与えられるもの〕としての Erlebnisse〔諸体験〕の流れに差し向けたりするわけではない。「意識」という語が差し向けるであろう自己意識の神話。——あるのは意味《シニフィカシオン》の差異だけなのである。

けれども、沈黙の世界というものがある。少なくとも、知覚される世界は非言語的な意味《シニフイカシオン》が存在する次元である。しかり、非言語的な意味が、である。だが、だからといって、それらの意味が事実的なものだというわけではない。たとえば比類ない Erlebnisse〔諸体験〕の絶対的な流れといったものはない。あるのは或るスタイルと或る類型性をもった諸領野であり、諸領野からなる一つの領野なのである。——超越論的領野の骨組をなしている——そして、つねに動作主（われなし能う）*と感覚的領野ないし理念的領野との或る関係であるような——もろもろの実存範疇**を記述すること。感覚的な動作主＝身体——理念的動作主＝言語行為《パロール》——こういったすべては Lebenswelt〔生活世界〕の「超越論的なもの」の次元に、「それら共通な」対象を支えている超越の次元に属している。

（1）［*Phénoménologie de la perception.* NRF, Paris, 1945.「無言のコーギトの概念とデカルトのコーギトの批判について」参照。］『知覚の現象学』2、竹内・小木・木田・宮本訳、みすず書房、二九三—三〇四頁。

還元——真に超越論的なるもの——Rätsel Erscheinungweisen
〔現象の仕方という謎***〕——世界

一九五九年二月

〔還元は〕——特に『デカルト的省察』(1)において——誤って世界の現実存在の停止として示されている。——もし還元がそうしたものなのだとしたら、還元は世界の Nichtigkeit〔無〕を仮定するデカルトの誤謬にふたたび陥ってしまおう。この仮定は（世界の断片である）mens sive anima〔精神あるいは心****〕を疑うべからざるものとして維持するという帰結にゆきつく。――世界の否定というものはすべて、だが、世界の存在《エグジスタンス》に関する中立性にしてもまたすべて、その直接の帰結として超越論的なものを捉えそこなうことになるものである。エポケーが中立化であるという権利をもつのも、現実的な即自としての世界、つまり純粋な外在性に関してのことでしかない。エポケーはこの現実的な即自、この外在性を現象として存続せしめるにちがいないのだ。

超越論的領野とはもろもろの超越の領野〔もろもろの超越を成り立たしめる領野〕である。超越論的なものとは、mens sive anima〔精神あるいは心〕の、心理学的なものの決然たる乗り越えであるがゆえに、反‐超越という意味での、内在という意味での主観性の乗り越えである。間主観性への移行が矛盾するのは不十分な還元に関してのみだ、とフッサールが述べたのは正しい。十分な還元はいわゆる超越論的「内在」の彼方へ通じている。それは Weltlichkeit〔世界性〕* と解された絶対精神、つまり、それ自体知覚論的 Ineinander〔相互内属〕** に基礎づけられて、Einfühlung〔自己移入〕*** と間身体性の領域である生の領域に基礎づけられている、もろもろの自発性の Ineinander〔相互内属〕としての Geist〔精神〕、に通じているのだ。――種の概念＝間動物性（interanimalité）の概念。生物学ないし心理学と哲学との絡み合い＝世界の Selbstheit〔自体性〕。

フッサール自身、いかにして世界は私にとって、私の超越論的な志向対象という存在意味以外の「存在意味」(Seinssinn) をもちうるかという問いを立てている。Wie kann für mich wirklich Seiendes...anderes sein als sozusagen Schnittpunkt meiner konstitutiven Synthesis?〔私にとって現実に存在するものが……いわば私の構成的綜合の交点以外のものでありうるとしたら、どのようにしてであろうか〕（『デカルト的省察』第四八節、一三五頁）(2)。

フッサールが言うところの Fremderfahrung Analyse〔他者経験の分析〕**** ――これは時間的生成ではない――が導入されるのは、このようにしてである。客観的超越は他者の定立よりも後で生ずるものではない。この分析に先立って世界はすでにその客観的超越においてそこにあるのであり、われわれが意味として顕在化するのはほかならぬこの世界の意味なのである。……［それゆえ、他者の導入が「客観的超越」を生み出すわけではない。他者は客観的超越のインデクスの一つであり、その一つの契機なのであり、世界そのもののうちにおいてこそ他者の可能性が見いだされることになるのだ］。

「純粋な他者」（これはまだ「人間」ではない）[3]だけでもすでに、私がその部分をなしている〈自然〉を導き入れることになるのである（『デカルト的省察』一三七頁）。

（1）［Edmund Husserl, *Cartesianische Meditationen und Pariser Vorträge*,〔*Husserliana* Bd. 1〕La Haye, Martinus Nijhoff, 1950.］〔船橋弘訳、中央公論『世界の名著』第五一巻所収。〕

（2）［*Id.*］〔邦訳二九二－三頁。〕

（3）［*Id.*］〔邦訳二九四頁。〕

Einströmen〈流れこみ〉* ——反省

一九五九年二月

Einströmen〈流れこみ〉ということがあるのだから、反省は合致、一致ではない。反省がわれわれを Strom〈流れ〉の源泉へ連れもどすのだとしたら、反省は Strom のうちへ入りこむことはないであろう——。

現象学的還元は世界史を変えてしまう、ということが言われているくだり（『危機』書第三部**だったと思うのだが）を研究すること――。

Einströmen〔流れこみ〕：沈澱、つまり二次的受動性*、つまり潜在的志向性の特殊例。――これはペギーの言う歴史への記入（inscription historique）**である。――それは Zeitigung〔時間化作用〕***の基本構造、つまり時間の一点の Urstiftung〔根源的設立〕****である。――この潜在的志向性［によって？］志向性はカントのもとにおいてそうであったもの、つまり純粋な現在主義（actualisme pur）であることをやめ、意識やその「態度」やその作用の一特性であることをやめて、志向的生活になる。――この志向性こそが、たとえば私の現在を、その時間上の位置にあるがままの過去、つまりあったがままの過去（或る喚起の作用によって取りもどす過去ではなく）に結びつける糸になるのだ。この喚起作用の可能性は、〈もろもろの過去がたがいに入れ子状に嵌入し合う関係（emboitement）プラスこの嵌入を法則として意識すること〉としての過去把持《レタンシオン》の始元的構造にもとづく（反省による反復を参照せよ。つまり、いつもあらためて辿りなおされるような反省だったら、「いつも同じもの」、immer wieder〔繰りかえし繰りかえし〕*****だけを与えることになるであろうが）。――フッサールの間違いはこの嵌入を、厚みのないものとして、内在的意識として考えられた或る Präsensfeld〔現在野〕から出発して記述したところにある。(1)〔だが実は〕現在野は超越的意識であり、それは離れてある存在（être à distance）******であり、それは私の意識生活の二重底であり、それによってこそ、現在野が単に一つの瞬間だけではなく時間的指標の全体系の Stiftung〔設立〕でもありうることになるのである。――時間（すでに身体の時間、つまり身体図式のタクシー・メーターとしての時間であるような）こそ、存在への開在性であるこれら象徴的母胎のモデルなのである。

『真理の起源』(2)においては、精神－物理的身体の分析のあとで記憶と想像的なもの――時間性――の分析に移行し、そこからコーギトと間主観性へと移行すること。

おのれ自身にやすらう創作物（Gebilde〔形成体〕）としての哲学——これはとうてい究極的な真理などではありえない。

なぜなら哲学とは von selbst〔おのずから〕存在しているもの（Lebenswelt〔生活世界〕）、したがって単なる創作物としてのおのれ自身を否定するような Gebilde を表現することをおのれに目標として与えるような創作物であろうからである——。

創作物という、人間の Gebilde という視点——および、「自然的なもの」（〈自然〉としての Lebenswelt）という視点はいずれも抽象的で不十分である。ひとはこの二つの水準のいずれにも身を据えることはできない。

問題になるのは、潜在的で作動しつつある歴史性としての Lebenswelt によって要求され、生起させられる創作物、そうした歴史性の延長であり、それについての証言であるような創作物なのである——。

（1）〔著者はすでに『知覚の現象学』の空間と時間性に充てられた章において、Präsensfeld〔現在野、champ de présence とも表記〕について語っている。特に三〇七、四七五、四八三－四、四九二頁〔邦訳『知覚の現象学』2、九二、三一四、三二五－六、三三七頁〕参照。だが、そこでは分析がフッサール批判にまで及ばなかった。〕

（2）〔『真理の起源』。二三二頁注（1）参照。〕

Wesen〈現成〉（動詞的）* ——歴史の Wesen

一九五九年二月

Wesen（動詞的）の発見：〔この Wesen こそ〕客体‐存在でも主体‐存在でもなく、本質存在でも事実存在でもない存在の最初の表現である。Wesen〈現成〉するもの（バラのバラであること、** 社会の社会であること、歴史の歴史であること）は was〈何であるか〉の問いにも daß〈……があるかないか〉の問い*** にも答える。それは主体によって見られた社会とかバラではないし、（ロイエの言うのとは反対に）社会やバラの対自存在でもない。それはバラを貫いて拡がるバラ性であり、ベルクソンがかなり拙い言い方で「イマージュ」と呼んだもの**** である。——もっとも、このバラ性が「一般《ジェネラル》観念」を生ぜしめるということ、言いかえれば、多くのバラがあり、バラという一つの種があるということはどうでもよいことではなく、これは、そのすべての含蓄（自然的生産性《ジェネラティヴィテ》*****）を含めて見られた〈バラであること〉からの帰結なのである。——そうすることによって、つまり Wesen〈現成〉の最初の定義からすべての一般性を削りとることによって、すべてをゆがめるものである事実と本質の対立が除去されることになる。——

社会の社会であること。社会のうちで争っている、明晰なあるいは盲目的な見解や意志のすべてを集めているこの全体、それらの見解や意志を通じて hinauswollen している〈越え出ようと意志している〉****** この無記名な全体、誰も見ることはないし、集団の魂でもなければ客体でも主体でもなく、客体と主体との結合組織であるようなこの Ineinander〔相互内属〕、結果というものはないのであろうから Wesen〔現成〕するものであり、「多くの入口をもった哲学」に正当に与えられうるただ一つの充足であるようなこの Ineinander（なぜなら、サルトルの二者択一的思考*に反対する論拠――それは、この思考が一つの世界を形成することもないし、Geist〔精神〕の Weltlichkeit〔世界性〕も認めず、それが主観的精神にとどまる、ということにあるのだが――は、すべてのわれ《エゴ》が同じ平面に存在するような哲学、そして、それもまた他者の問題をまったく無視し、絶対的主観の哲学としてしか実現されえない哲学、を正当化するには役立たないにちがいないからである）。

テーブルの Wesen〔現成〕は諸要素が配置されている即自存在でもないし、対自存在、〈通覧《シノプシス》〉でもなく、テーブルにおいて「テーブルとなる」もの、テーブルをしてテーブルたらしめているものなのである。

一九五九年二月

無言のコーギトと語る主体

定立（言表）になってしまった弁証法はもはや弁証法的ではない（「醱酵をとめられた」弁証法）。

弁証法は、それについてひとが何ごとも語りえないであろうような或る Grund〔根拠〕に利するものではない。定立の挫折、その（弁証法的）逆転こそが、もろもろの定立の源泉を、つまりまさしくそこに立ちかえることが問題になっている自然的－歴史的な Lebenswelt〔生活世界〕を露呈するのだ。〔肝要なのは〕知覚、Einfühlung〔自己移入〕、殊に言語《パロール》行為をやり直すことであって――それを放棄することではない。知られているのはただ、言語行為がもはや言表、Satz〔命題〕ではありえないということだけであるが、もし言語行為《パロール》が弁証法的でありつづけなければならないとしたら、言語行為は、一つの Sachverhalt〔事態〕への指示など含んだことのない思考する言語行為でなければならない。それはあくまで言語行為であって、言語《ランガージュ》ではない*（そして事実、まさしく言語体系《ラング》ではなく言語行為こそが他者を「心理現象」としてではなく行動として目指すのであり、他者が「心理現象」として理解されるに先立ち、その他者の言語行為を言語行為として、つまり出来事として拒否したり受け容れたりする対決のなかで他者に応答するのである。――まさしく言語行為こそが意味作用《シニフィカシオン》としての、またその意味作用の主体としての私の前に或る意思疎通《コミュニカシオン》の場、或る間主観的な弁別体系――これは現在形の言語体系であり、「人間的」世界や客観的精神ではない――を構成するのだ）。必要なのは、現在形および過去形の言語行為、Lebenswelt〔生活世界〕の歴史を復原することであり、一つの文化の現在そのものを復原することである。定立としての、あるいは「弁証法的哲学」としての弁証法の挫折、これこそ水平的に開けた間主観性ではなく、こうした垂直的な間主観性の発見であり、この間主観性こそ過去にまで及ぶものとして実存的な永遠性であり、野生の精神なのである。

むろん無言の〈コーギト〉はこれら〔弁証法〕の諸問題を解決するものではない。『知覚の現象学』においてなしたように無言の〈コーギト〉を開示してみても、私は解決には到達しなかった（〈コーギト〉に関する章は言葉《パロール》に関する章に結びつけられていない）**。それどころか、私は一つの問題を提起したのである。無言の〈コーギト〉は、いかにして言語が不可能ではないかを理解させてくれるにはちがいないが、しかし、いかにして言語が可能であるかを理解させてくれはしない。知覚的意味《サンス》から言語的意味への、行動から主題化作用への移行という問題が残るのである。のみならず、主題化作用そのものがもっと高次の行動として理解されねばならないのだ、――主題化作用の行動に対する関係は弁証法的関係である。言語は沈黙を破ることによって、沈黙が手に入れようと望んで果たしえなかったものを手に入れる。〔しかし、〕沈黙は言語を包囲しつづける。絶対的言語の、思考する言語の沈黙。――だが、弁証法的関係に関するこうした敷衍は、それが Weltanschauung〔世界観〕の哲学*になるまいとしたら、つまり不幸なる意識ではあるまいとしたら、実践の精神とも言うべき野生の精神についての一つの理説にゆきつくにちがいない。あらゆる実践と同様に言語活動《ランガージュ》もまた或る selbstverständlich〔自明〕なもの、Endstiftung〔最終的設立〕を準備する Stiftung〔設立〕であるところの或る制度化されたものを前提にしている。――必要なことは、語る主体の継時的かつ同時的共同体を通して欲し、語り、そしてついには思考しているものを捉えることである。

論理学の系譜
存在の歴史
意味の歴史

一九五九年二月

序論（基本的思想）において述べること。

「心理学」とみなされうるであろうもの（『知覚の現象学』）が実は存在論だということを私は示さなければならない。科学の見る存在は selbständig〔自立的〕なものではありえないし、また、selbständig なものと考えられることもできないということを明示することによって、それを示す。そこから以下の諸章が生ずる。〈物理学〉と〈自然〉――動物性――nexus rationum〔根拠の脈絡〕ないし vinculum substantiale〔実体的紐帯〕**としての人間の身体。

だが、存在は、単に〈科学〉の見る存在とのその隔たりによって明らかにされるだけであってはならない。必要なのは、科学そのものの内部で、〈客体〉としての存在と対比させることによって存在を明るみに出すことである。したがって、私は序論において、科学の見る存在はそれ自体客体化された〈無限〉の部分ないし局面なのであり、Umwelt〔環境世界〕の Offenheit〔開在性〕がそれら両者に対置される、ということを示さなければならない。そこから、デカルト、ライプニッツ、西洋の存在論に関する諸章が生ずる。これらの諸章は科学の見る存在の志向史的および存在論的含蓄を指摘する。

それに続いて（つまり、〈物理学〉と〈自然（Physis）〉——動物性——精神‐物理的なものとしての人間の身体の章で）必要なのは還元をおこなうこと、私流に言いかえるなら、「野生の」ないし「垂直の」世界を少しずつ——そして次第に——露呈してゆくことである。〈物理学〉の〈自然〉への、〈自然〉の生命への、〈生命〉の「精神‐物理的なもの」への志向的指示関係を示すこと——この指示関係によってわれわれは、けっして「外的なもの」から「内的なもの」へ移行するわけではないのであって、それというのも、この指示関係は還元ではないからであり、「乗り越えられる」それぞれの段階が実際には前提にされているからである（たとえば、出発点の〈自然〉は、私が人間について語るであろうことによってけっして「乗り越え」られるわけではない。〈自然〉は人間の〈相関者〉であるとともに動物性の〈相関者〉でもあるのだ）。——したがって、途中で私がおこなっているこの「反省」の理論を形成しなければならない。この反省は「可能性の条件」へ遡行させられるものではない。——そして、それゆえにこそ、その場での上昇が問題になるのである——逆に後続するすべては、〈自然〉について私が述べていることにおいて先取りされているのだ。——私が初めから〈自然〉についてのこの Besinnung〔省察〕の存在論的射程を指示しなければならない理由もここにある。——プルーストは、語り手が書こうと決心するその瞬間が到来するときに円環を閉じるのだが、それと同じようにわれわれもロゴスと歴史の研究を終えたあとで円環を閉じることになるであろう。一つの哲学の目的はおのれの端緒を物語ることである。——この円環性、この円環をなす志向的含蓄——および、それと同時に〈歴史‐哲学〉の円環性を示すこと(1)：私は私の哲学的企てを、デカルトとライプニッツに頼って説明する、この企てだけが歴史とは何かを知ることを可能にしてくれるであろう。こうしたすべてを、暗黙裡にではなくテーゼとして述べること。

円環性：それぞれの「水準」で語られることは、先取りでもあるし、のちに採りあげなおされもする：たとえば、私は知覚論的 Einfühlung〔自己移入〕の記述をするが、これは虚偽でもないし、絶対的意味において「真」でもない：なぜなら、問題になっているのは明らかに、抽象的に分離された一つの「層」だからである。——その記述もまた、そこにおいて残りのすべて、つまり〈われ思う〉の Einfühlung が先取りされているのだから、虚偽ではない。この第一部全体の恒常的かつ最大の含意は λόγος〔ロゴス〕である：私は、それがあたかも言語を問題にしていないかのように物について語っている！　言語の主題化はやはり素朴さの或る段階を乗り越え、Selbstverständlichkeit〔自明性〕の地平をやはり少しばかり露呈するのだ。——絶対者への、超越論的領野への、野生の、〈垂直の〉存在への哲学の移行は定義からして漸進的なものであり、不完全なものである。これは、欠陥として（哲学的 Weltanschauung〔世界観〕、〈包括者〉の不幸なる意識*として）ではなく、哲学的テーマとして理解されねばならない：還元の不完結性（「生物学的還元」、「心理学的還元」、「超越論的内在への還元」、そして最後に「基本的思想」）は還元にとっての障害ではなく、それこそが還元そのものであり、垂直の存在の再発見なのである。——

したがって、野生の存在の一連の諸層があることになろう。幾度も Einfühlung、〈コーギト〉をはじめなおさなければならないであろう。——

たとえば、私は人間的身体のレベルに先‐知《プレ・サヴォワール》、つまり先‐意味《プレ・サンス》、沈黙の知を書き入れることになるであろう。

知覚されるものの意味：尺度に先立つ「大きさ」、たとえば長方形の相貌的大きさ。

知覚される他人の意味：文字通りに「知覚され」ているわけではないが、やはりもろもろの知覚のうちで働いているさまざまな実存範疇による、同じひとりの人についての私の諸知覚の Einigung〔調停〕（ヴォルフ）(2)。

「知覚される生命」の意味（ミショット）(3)*：或る外観が生気を帯び、「這行」などになるように仕向けるもの。

しかし、次に私は顕在化されていない地平：つまり私がそういった〔上で挙げた三つの意味の〕すべてを記述するために使っている——そしてその究極の意味を共に限定している——言語の地平を露呈することが必要になろう。

それゆえ、早くも序論において無言のコーギトと言語的コーギトの問題を導入することはきわめて重要なことである。Wesen〔本質〕の、意味《シニフィカシオン》のコーギトの底に無言のコーギトを見ないデカルトの素朴さ——しかしまた、沈黙についてのその記述そのものが全面的に言語の力にもとづいているというのに、おのれが沈黙せる意識に合致していると信じている沈黙のコーギトの素朴さ。人間的身体の記述が遂行するようなかたちでの沈黙の世界の獲得は、もはや沈黙の世界ではなく、それは発語され、Wesen〔本質〕にまで高められ、語られた世界である——知覚的 *λόγος*〔ロゴス〕の記述は、*λόγος προφορίκος*〔顕在的ロゴス〕の使用である。（おのれに還らんとしておのれを離れる）反省のこの分裂に終りというものがありうるであろうか。言葉《パロール》が心理学的一致といういわゆる沈黙を包みこんでいることに気づいたあとで、さらに言葉を包みこむような沈黙が必要だということになろう。この沈黙はどういうことになるのだろうか。結局のところ、フッサールにとって、還元が超越論的内在ではなく、Weltthesis〔世界定立〕**の露呈であるように、この沈黙も言語の対立物になりはしないであろう。

結局のところ私は、本書が展開する一連の還元──それらの還元はすべて最初の還元のうちにひそんでいるのだが、最後の還元においてのみ共に完成されることになる──のあとでしか、序論が要求しているような存在論のうちに座を占めることはできないであろうし、その存在論の諸命題《テーゼ》を正確に敷衍することもできないであろう。この逆転そのもの──circulus vitiosus deus〔神という悪循環〕(4)──は、ためらいや自己欺瞞や悪しき弁証法ではなく、Σιγή〔沈黙〕への、深淵への還帰なのである。(5)

直接的存在論*を形成することなどできるものではない。私の「間接的」方法（存在者のなかでの存在）だけがただひとり存在に適合する、──「否定神学」と同じような「否定哲学」。

（1）［欄外に］：ゲルーの意に反して、まさしくこのことによって histoire - Dichtung〔歴史‐創作〕が正当化されることになる。客観的歴史とは独断的合理主義であり、一個の哲学なのであって、それがみずから主張するもの、つまり存在するものの歴史ではないのである。私の言う histoire - Dichtung に非難さるべきところがあるとすれば、それはこの歴史‐創作が私を哲学者として示すという点にあるのではなく──それが私を完全に表現しないという点、のみならず私を変様さえしてしまうという点にあることになろう。科学としての哲学史などというものは communis opinio〔俗見〕である。

［histoire - Dichtung〔歴史‐創作〕という概念についてはフッサールを参照せよ。もっとも彼は《Dichtung der Philosophiegeschichte〔哲学史の創作〕》という言い方をしている（*Die Krisis der europäischen Wissenschaft und die transzendentale Phänomenologie: Husserliana* Bd. VI, Martinus Nijhoff, La Haye, 1954, S. 513）。著者が所有していた『危機』書の手沢本には、重要な箇所にふんだんにアンダーラインが引かれている。］

（2）［Werner Wolff, Selbstbeurteilung und Fremdbeurteilung im wissentlichen und unwissentlichen Versuch : *Ps. Forschung*, 1932.］

（3）［A. Michotte, *La perception de la causalité*, Vrin éd., Louvain, Paris, 1946, pp. 176-7.］

（4）［この表現はニーチェに見られる。『善悪の彼岸』第五六節。］〔『ニーチェ全集』白水社、第Ⅱ期第二巻九七頁。〕

（5）［おそらく無意識にクローデルから借用した言葉であろう。「時間とは、存在するであろうものすべてにたいして、存在しなくなるために存在するように与えられた手段である。それは死への誘いであり、すべての楽章が説明的でトータルな和音の中に解体するように、シーゲー、すなわち〈深淵〉の耳に崇拝の言葉を使い果たすようにという誘いである」。*Art poétique*, Mercure de France, p. 9.］〔『詩法』、斎藤磯雄

訳、『筑摩世界文学大系』第五六巻、二〇三頁。〕

Geist〔精神〕の Weltlichkeit〔世界性〕——
「見えない世界」
対象－〈存在〉のうちの非存在：Seyn〔存在〕*

一九五九年二月

人びとはつねに「他者」とか、「間主観性」の問題等々……を論ずる。

実のところ、理解されねばならないのは、「個々人」を超えて、われわれが個々人を理解するときに拠りどころとする実存範疇なのであり、これはわれわれのすべての有意的および無意的経験の沈澱した意味なのである。この無意識的なものは、われわれの根底に、われわれの「意識」の背後にではなく、われわれの前に、われわれの領野の分節としてもとめられるべきものなのである。それが「無意識的」であるのは、それが対象ではなく、それによって対象が可能となるものであるということによるのであり、それはわれわれの未来がそこに読みとられる布置なのである——それは樹々の間合のように、あるいは樹々の共通の水準のように対象のあいだにある。それはわれわれの志向的生活の Urgemeinschaftung〔根源的共同化〕** であり、他者のわれわれのうちへの、われわれの他者のうちへの Ineinander〔相互内属〕なのである。

これらの実存範疇、これこそ、われわれが語っていることとわれわれが聴いていることとの（置換可能な）意味をなしているものである。これらの実存範疇は、言語行為《パロール》によって、われわれが見ているすべての物に浸透しはじめる、この「見えない世界」の骨組なのである。――それはちょうど、分裂病患者にあって、目に見える感覚的な空間を「他の」空間が占有してしまうようなものである。といっても、それは、他の空間が今度は感覚的な見える空間になるということではない。見えるもののうちにあるのは、精神の廃墟でしかない。世界は、少なくともそこにまったく住みついていない哲学者の眼には、ますます〈フォーラム〉*に似てくるであろう。

　われわれの「内的生活」：世界のなかの世界、世界のなかの領域、「われわれがそこから語っている場所」（ハイデガー**）、そしてわれわれが真の言語行為《パロール》によって他者を導き入れる場所。

　「見えない世界」：それは本原的には non-Urpräsentierbar〈根源的に現前しえないもの〉として与えられる。それはちょうど他者がその身体のうちに本原的には不在として――隔たりとして、超越として――与えられているのと同じである（『イデーン』Ⅱ）***。

　出場資格をもった非存在についてのこの経験を記述すること。

　他者に先立って、もろもろの物がこうした非存在、隔たりに属するのだ。――他者とのあいだにと同様に物とのあいだにも Einfühlung〈自己移入〉や側面的関係があるのだ。たしかに物は対話者ではない。物を与える Einfühlung は物を無言のものとして与える。――だが、正確には、物は成功した Einfühlung の異本なのである。狂人や動物と同様、物はほとんど仲間なのである。物は私の実質から引き出されたものであり、私の肉のうちにある刺《とげ》なのである。――超越がある、離れてある存在がある、と言うことは、（サルトル流の言い方をしてみれば）存在は非存在や可能的なものでふくれあがっており、存在は単純にそれがあるところのものであるのではない、と言うことである。Gestalthafte〈ゲシュタルト的なもの〉****とは、もしそれを本当に定義しようと思うなら、こうしたもののことであろう。Gestalt〈ゲシュタルト〉の概念それ自体が――もしそれを反対概念によって、つまり要素の総和では「ないもの」として定義するのではなく、それ自体に即して定義しようと思うなら――こうしたものである。

したがって、……の知覚、Gestalt〔ゲシュタルト〕は遠心的なSinngebung〔意味付与〕、本質の押しつけ、vor-stellen〔表象作用＝前に‐据えること〕ではありえない、――われわれはそこでEmpfindung〔感覚作用〕とEmpfundenes〔感覚されるもの〕とを区別することはできない。それは開在性である――

もし感ずること、知覚することがこのように解されるなら、Wahrheit〔真理〕のうちにUnwahr〔非真理〕*があるということも理解される。

科学と哲学(1)

一九五九年二月

関与的なものによる、つまり、〈それなしでは……〉と言われるその当のものによる言語体系《ラング》の定義の方法、そうではない――人びとは言語行為《パロール》がどこを通るのかを見さだめるのだ。しかし、このやり方は言語行為の全能力を教えてはくれない。もし言語行為がこうした凝固した関係のうちにあると信じているのだとしたら、誤謬に導かれることになろう、――それは科学主義的な誤謬であるが、科学主義的誤謬とは一つの科学的誤謬であり、そうであることが証明されている（進化言語学とか歴史といったものを理解することができなくなる。――〈それは歴史を〉共時態へ還元してしまうからである）。――けれども科学的態度のうちにあって良くもあり必然的でもあるもの：言語活動(langage)をまったく知らないときめてかかるような態度決定、われわれにとっての遺産である〈言語の合理化〉を前提すまいとする態度決定。あたかも言語活動がわれわれのものではないかのようにふるまうこと。フロイトが夢、意識を知らないかのようにふるまうあの態度決定を参照せよ。――彼は Einfühlung〔自己移入〕なしにそれらに問いかけてゆく。否定的に言うなら、「未知」の言語の発見のように。この態度は深く哲学的であり、それは、反省的態度の最良の部分をなすものである。この反省は、Erlebnisse〔諸体験〕の現象学を制限するものではないし、制限するものではありえない。〔たしかに〕体験に対する不信、これは哲学的である――ひとは、意識がわれわれについて、言語についてわれわれを欺くということを原理として立てているが、それは正しい。〔なぜなら〕これがそれらを見るただ一つの仕方であるからだ。哲学は Erlebnisse とか、体験の心理学などの特権とは無関係である。同様に歴史においても重要なのは「諸過程」の原因としての「もろもろの決意」を復元することではない。哲学者がもとめる内面性とはやはり間主観性なのであり、「体験」をはるかに越えた Urgemein〔-schaft〕Stiftung〔根源的共同体の設立〕である。――Erlebnisse〔諸体験〕対 Besinnung〔省察〕。しかし、言語や動物たちなどとのいっさいの Einfühlung のこの放棄は、ふたたびもっと高次の Einfühlung に通じるものなのであり、そうした高次の Einfühlung を可能にするよう運命づけられているのだ。世界についての「野生的」な見方の追究は、けっして前理解や前科学への回帰には限られない。「原始主義」は科学主義の対でしかなく、それもまたやはり科学主義である。〔たしかに〕現象学者たち（シェーラー、ハイデガー）が、帰納法に先行するこの前理解を指摘したのは正しい。なぜならこの前理解こそが、Gegen-stand〔対‐象〕の存在論的価値を疑問視するものだからである。しかし〔そのばあいも〕、前科学への回帰が狙いなのではない。Lebenswelt〔生活世界〕の回復、それは、科学の客観化それ自体が或る意味をもち、真なるものとして理解されうるような或る次元の回復なのである（ハイデガー自身それを言っている、――すべての Seinsgeschick〔存在の歴史的運命〕は真であり、〔それなりに〕Seinsgeschichte〔存在史〕*の一部なのだ）。――前科学的なものは超科学的なものを理解するための誘いでしかなく、超科学的なものも非科学的ではない。超科学的なものでさえも、科学の構成的歩みによって開示される、ただし人びとが、その歩みを再活性化し、その歩みがそれ自身にまかされるとき verdecken する〔蔽いかくす〕ものを見るという条件のもとにおいてではあるが。たとえば構造主義的態度＝語詞連鎖、そのつどの言語《パロール》行為においてわれわれの眼前で自己を完全に再創造するものとしての言語、語る行為をそれが生起する当所で見さだめようとする態度決定、これは始元的なもの、Ursprung〔起源〕へ回帰しようとする態度決定である。——ただし、人びとが事実的共時態的限定に閉じこもらないという条件のもとで、——またそれは言語《パロール》行為における、したがって、言ってよければ記念碑的、神話的な言語《パロール》行為における通時的‐共時的全体の統一を捉えようとする態度決定である。——科学の構成作用の両義性：語詞連鎖に、つまり、相互に絡みあわされた音的なものと意味的なものに独占的な注意を向けること。

それは　一、Ursprung〔起源〕を捉えようとする要求、Ursprung の Entdeckung〔露呈〕

　　　　二、Gegenstand〔対象〕への還元、すなわち Ursprung の Verdeckung〔隠蔽〕

（1）〔このノートは一九五九年二月二七日にエコール・ノルマル・シュペリュールでおこなわれたアンドレ・マルティネ氏の講演ののちに書かれた。〕

一九五九年二月

〔標題なし〕

第一部、存在論の最初の素描をおこなうこと——

現在から出発すること：矛盾その他。

哲学の崩壊——

これは単に古典哲学だけでなく、死せる神の哲学（キルケゴール——ニーチェ——サルトル）をも——それが前者の逆であるかぎりで——（そしてむろん、「策略」としての弁証法をもまた）疑問に付すものだということを示すこと。

哲学的歩みのすべてを「基本的思想」のうちで採りあげなおすこと。

『知覚の現象学』の諸成果——それらを存在論的解明にもたらす必要性：

物——世界——〈存在〉
否定的なもの——コーギト——〈他者〉——言語《ランガージュ》

この〔『知覚の現象学』における〕最初の記述のあとに残る諸問題。それらは私が「意識」の哲学を部分的に保持していたことによる。

フッサールが辿った道を通って野生の、ないし生まの〈存在〉を開示し、われわれが開かれている Lebenswelt〔生活世界〕を開示すること。〈哲学〉とは何か。Verborgen〔隠蔽されたもの〕の領域（哲学とオカルティズム）。

こうした素描がすべてなされたなら、それが一つの素描でしかないということ、なぜ一つの素描が必要なのか、なぜそれが一つの素描でしかないのかを述べること。この素描は、問題になっているもの——つまり〈存在〉——をよく見きわめるための——だが、まだこの国にわれわれの確固たる地歩を占めるための、ではない——必要にして十分な出発点なのである――Wiederholung〔反復〕* が必要である。

デカルト主義者たちの客観主義的存在論の「解体」。

われわれの「文化」、およびわれわれの「科学」の Winke〔眼くばせ〕** から出発して、φύσις〔自然〕、次いで λόγος〔ロゴス〕と垂直的歴史を再発見すること。――

私の第一部全体はフッサールの『危機』書のように、きわめて直接的、現代的な手法で構想されるべきである。われわれの非・哲学《ノン・フィロゾフィ》を示し、次いで歴史的な Selbstbesinnung〔自己省察〕および科学というわれわれの文化への Selbstbesinnung において、その起源を探しもとめること。われわれは科学のうちに Winke〔眼くばせ〕をもとめることになろう。

時間――

〔日付なし、たぶん一九五九年二月ないし三月〕

時間の出現は先行の全系列を過去へ押しやるような時間の補足部分の創造としては理解しえないであろう。こうした受動性は考えられない。

逆にまた、時間を俯瞰するような時間の分析もすべて不十分である。

時間は自己構成するのでなければならない――たとえいつも時間のうちにある誰かの視点から見られるものであるにしても。

だが、そうしたことは矛盾しているように思われるし、前の二者択一の二項のうちの一方に帰着することになろう。この矛盾は、新たな現在がそれ自体一個の超越者であるばあいにのみ除去される。周知のように新たな現在はそこにあるのではなく、そこにあったばかりなのであり、われわれはけっしてそれと合一はしない——新しい現在はしかるべきところに身を据えるようになる明確な輪郭をもった時間の一区画なのではない。それは主要な中心部によって定義されながらも不明確な輪郭しかもたない一つの円環なのである——時間の膨張ないしふくらみ《アンプル》——この種の創造だけが、一、「内容」が時間へ影響し、時間が「より速く」あるいは「あまり速くなく」移行することを、つまりZeit-materie〔時間質料〕のZeitform〔時間形成〕への影響を可能にし、二、超越論的分析の真理性を手に入れることを可能にする。時間は絶対的出来事の一系列、テンポではない——、意識のテンポでさえない——、それは一つの制度化作用（institution）であり、一つの等価体系なのである。

一九五九年三月

〔標題なし〕

コレージュ・ドゥ・フランスにおけるルレーの報告(1)：「奇妙な」粒子。十億分の一秒しか持続しない粒子の「存在《エグジスタンス》」

……

こうした存在は何を意味するのか。

われわれは巨視的存在《エグジスタンス》をモデルにしてそれを考える。拡大してみれば、つまり十分なだけの時間的拡大鏡をもってしてみれば、この短い時間はわれわれが経験する持続の一つのようなものになるであろう。そして、拡大ということになれば、つねにより倍率の高い拡大が考えられるわけだから、——われわれは最小限のものがあるということと（それがなければわれわれは巨視的なものの底に微視的なものをもとめたりはしないであろう）、それがつねにまだ最小のものの手前にあり、その先がある〔地平が開けている〕ということとを、同時に要請するのである……。

　これこそが地平構造なのである。——明らかにこの構造は即自的なもののうちでは何の意味ももたない——それは受肉した主体の Umwelt〔環境世界〕——Offenheit〔開在性〕としての、〈存在〉の Verborgenheit〔隠蔽態〕*としての——のうちにおいてのみ意味をもつ。われわれがこの存在論的レベルに身を据えないかぎり、われわれは不安定な思想、空虚な、あるいは矛盾した思想をもつことになる……。

カントあるいはデカルトの分析：世界は有限でも無限でもなく、それは無限定なのだ、——言いかえれば、世界は人間的経験として——無限な〈存在〉（あるいはカントのばあいなら、人間的思考の深淵）に直面した有限な悟性の経験として、考えられるべきなのである。

フッサールの Offenheit、あるいはハイデガーの Verborgenheit が言わんとするのはこういうことではまったくない。存在論の場《ミリュー》は、即自の秩序と対照されるような「人間的表象」の秩序として考えられているのではない——重要なことは、超越の関係の外では、地平へ向かう Überstieg〔超出〕の外では、真理そのものがいかなる意味をももたないということ——「主観性」と「対象」はただ一つの全体だということ、主観的「諸体験」は世界のうちに数え入れられ、「精神」の Weltlichkeit〔世界性〕の一部をなし、〈存在〉の「帳簿」に書きこまれているということ、対象とはこの Abschattungen〔もろもろの射映〕の束以外の何ものでもないということ、を理解することである……。われわれが知覚するのではなく、物があそこでおのれを知覚するのである、——われわれが語るのではなく、言葉《パロール》の底で真理がおのれを語るのである、* ――人間が自然になるということ、それはそのまま自然が人間になることである、――世界は領野であり、だからこそ世界は、つねに開けているのである。

同じように、時間が単一なものか多数あるかという問題を解決すること（アインシュタイン）**：地平の観念に立ちもどることによって。――

（1）［一九五九年三月一五日、コレージュ・ドゥ・フランスの教授会に提出されたルイ・ルプランス＝ランゲ氏の諸業績についてのジャン・ルレー氏の報告への言及。］

見えるものと見えないもの　第二部

一九五九年五月

（〈存在〉と世界：
デカルト、ライプニッツらについて）

次のように言うこと。われわれがそこ〔第二部〕で語るのは事象そのものであろうか。否、歴史的動機づけがあるのだ。Lebenswelt〔生活世界〕にしたところで「主観的」なものである、――いかにしてその動機づけを露呈するのか。哲学の歴史はこうした〔主観的〕見方の投射でしかないであろう、――あるいは、あまりに「客観的」であろうとすれば無意味になってしまうであろう。或る哲学についてわれわれが立てる諸問題とその哲学に内在する諸問題。われわれは或る哲学についてわれわれの問題を立てることなどできるであろうか（グイエ）[1]。一つの解決しかない。つまり、たしかにもろもろの哲学のあいだにあるのは超越であって、一つのレベルへの還元ではないが、しかし奥行をもたせてこのように配置してみても、それでもそれらの哲学はやはりたがいに送り返しあうものだし、問題になるのはやはり同じ〈存在〉なのだ、ということを示すこと。――もろもろの哲学のあいだに知覚的関係ないし超越の関係があるということを示すこと。だからこそ、垂直的歴史が問題になるのであり、この歴史も「客観的」哲学史と並んでそれなりの権利をもつのだ。第一部で展開された知覚的存在ないし Offenheit〔開在性〕といった考え方そのものをここに適用すること。――それが相対主義とどのように区別されるか、或る思想を他の思想のうちに「投射すること」が、それでもやはりどのようにして「存在の核」を出現せしめるかを探究すること（ルフォールのマキャベリについての講演[2]を参照せよ。他者にはその権利を拒みながら、どのようにして、いかなる意味でひとは事象それ自体へゆきついていると主張しうるのか。彼らの見方と自己の見方とを説明する必要がある。――だが、それにくわえて、目指されているものは問いかけ、Befragung〔問いかけ〕でなければならない）。

哲学。たがいに包み合う円環。この第一部はすでに歴史の実践であり、それは歴史的な Lebenswelt〔生活世界〕から出現してくる。――また逆に、われわれが喚び覚まそうとしている哲学史はすでに或るタイプの Umwelt〔環境世界〕だったことになる。――存在論的歴史という概念。われわれの端緒と対比して西洋の存在論の Umwelt を顕在化することは、この端緒に堅実さを与え、それを修正するにちがいない――（〈存在〉・〈自然〉・〈人間〉という諸概念の連結）。むろん、それは網羅的なものではないであろう。これらは、奔放な垂直的歴史を織りなす幾筋かの糸である。それらは本質ではない。

同様に〈自然〉の分析も端緒（いわゆる事象そのものとの接触）を再発見し修正する一つの仕方だということになろう。われわれは、集団的な科学的思考の運動を通して、反対推論により本原的なものを再発見することになる。

哲学史への依拠がすでに歴史や言語等々の理論である。

（1）[Henri Gouhier, *L'histoire et sa philosophie*, Paris, Vrin, 1952 への言及。——特にアムランによるデカルト解釈に関して疑問が提出されている。同書一八－二〇頁参照。]

（2）[一九五九年五月にフランス社会学会でなされた講演、未公刊。]〔ルフォールの『マキャベリ論』はその後公刊された。*Le travail de l'œuvre: Machiavel*, Bibliothèque de philosophie, 1972.〕

見えるものと見えないもの

一九五九年五月

第一部：存在論的素描

第一章　世界と存在者

第二章　〈存在〉と世界

〔形而上学は素朴な存在論であり、〔特権的〕〈存在者〉の昇華であるということを示すこと——しかし、これは明らかに第一章の諸見解に従って解釈された、形而上学の移調である。

この移調の権利を確証しなければならない。それはけっして証明されえない一つの「遠近《パースペクティヴ》法的配置」であろうか。われわれは依然として弁証法的経験主義と視角《パースペクティヴ》の相互性のうちにとどまっているのであろうか。

否。問題になっているのは「哲学史」ではない。哲学史はつねにこういった主観性をふくんでいる。たとえばゲルーによるデカルト解釈はつねに或る主観的な遠近法的配置をふくんでいるということを示すこと（「主観的なもの」とはここではまさしく哲学が「さまざまな問題」からなっているという先入見である、——就任講義を参照せよ：これこそ彼がベルクソンに対置するものである）[1]。私が提唱するのは、哲学史についての或る「見方」ではない。あるいはこう言うべきであろうか。それは歴史に属するものではある、だが構造的歴史にである、と。つまり、問題になるのは、「さまざまな問題」の創造と解決としてのしかじかの哲学の生起ではなく、〈存在〉と実存的永遠性との聖なる総体、言いかえれば、ルフォールの『マキャベリ』[2]のように一つの独断論ならざる問いかけの総体のうちに、位置づけられたこの哲学なのである。

パンゴーの『ラ・ファイエット夫人[3]』を参照せよ。ラ・ファイエット夫人の本は宮廷についての本である（体裁や妨害）。だが、ひとたび宮廷が消え去ってしまえば、この歴史的根源から切り離されたこの本は一八〇八年以後一つの神話を生ぜしめることになる。（神話的）意味《シニフィカシオン》は社会的基底についての無知によって創り出されるのであろう。ある意味では、意味《シニフィカシオン》とはつねに隔たりである。他人が私に言うことが意味に満ちているように思われるのは、その他人のもつ空隙が、私の空隙のあるところにはけっしてないからなのである。視角《パースペクティヴ》の多様性。

だが、こうした神話への還元は、それもまた別の神話であるような非神話的実証性の或る地を予想する。神話、神秘化、疎外等々が二次的な概念であるということを理解しなければならない。

ラ・ファイエット夫人は一つの神話である。だが、それは神話が一つの構築物だという意味においてではない。

（レヴィ＝ストロースが言うように）シンボル機能のあらゆる使用が神話の一つだという意味においてである。どんなテキストでもこうした神話的な力を手に入れることができるというわけではない。新たな Aufklärung〔啓蒙〕に注意せよ。

『クレーヴの奥方』のうちにあって、これが一つの神話になることを可能にしている当のもの。

デカルトや形而上学も同様である。私が言わんとしているのは、これらが〈真理なき手管〉という意味で神話だということではない。今日何が存在論でなければならないかについての混乱した見解。デカルトの真理というものはある。だが、ひとがその真理を行間に読むという条件のもとにおいてである。つまり、デカルトの思想のもつ雰囲気、思考のデカルト的働き方がそれなのである。そして、これは外的な観点をデカルトに押しつけることではないし、彼のものではない問いを彼の哲学に押しつけることでもない。哲学史に内在している一つの絶対者、一つの哲学があるということ、だが、やはりそれは、すべての哲学をただ一つの哲学に吸収してしまうことでもなければ、他方、折衷主義でも懐疑主義でもない、ということを示すこと。われわれが哲学を一つの知覚にし、哲学史を歴史についての知覚にするようになるとき、われわれはそのことを悟るであろう、――すべては以下のことに帰着する。つまり、理解するということは知的内在のうちで構成することではなく、それは共存によって、側面から、スタイルにおいて把握することであり、そうすることによって、一挙にこのスタイルとこの文化的装置との遠景に達することなのだということを教えるような、知覚と理解についての理論を形成すること。

私がそこで哲学史について言おうとすることは、私が〈コーギト〉やロゴスについて言うであろうことを先取りしている――私が第一章で言うことが第二章の哲学史についての考え方を先取りしているのと同様である。――また、これらすべてが以下の諸章で述べられる（〈自然〉）科学についての理解を先取りしているのと同様である。先取り、Vorhabe〔予持〕しかないのだ。同心円的諸問題としての哲学。だが、こうして――

（1）［一九五一年一二月四日、コレージュ・ドゥ・フランスにおいて、〈哲学体系の歴史と術語〉の講座に就任するに際してマルシャル・ゲルー氏によっておこなわれた就任講義。］

（2）［準備中の著作を指示している。二六五頁注（2）参照。］

（3）［*Mme de La Fayette par elle-même*, Éd. du Seuil, 《Ecrivains de toujours》, 1959.］

知覚——無意識——ひと*——真なるものの遡行運動**——沈澱
（真なるものの遡行運動はその一部をなしている）

一九五九年五月二日

マンチェスターのタクシーの運転手が私に言った（私は数秒後にやっと理解した、それほど生き生きと言葉が「受けとられて」いたのだ）。「私はブリクストン・アヴェニュがどこにあるかを警察に聞きに行きましょう」、と。——同様にタバコ売場で女店員の言った言葉 Shall I wrap them together?〔みんな一緒に包んでよろしいでしょうか〕、これも私は数秒後にやっと——そして一挙に——理解した。或る特徴表示に従って誰かを認知したり、或る図式的な予測に従って或る出来事を認知したりするような場合を参照せよ。ひとたび意味《サンス》が与えられると記号は「記号」としての全面的価値をもつことになる。だが、まず意味《サンス》が与えられる必要がある。それにしてもそのとき、意味はどのようにして与えられるのか。おそらく語詞連鎖の一断片が同定され、それが意味を投げかけ、この意味が記号にはねかえるのであろう。（ベルクソンの言うように）〈行ったり来たり〉と言うだけでは十分ではない。何かと何かのあいだを、そして両者の間隙を理解する必要があるのだ。それは一連の帰納作用ではない――それは Gestaltung〔形態化〕および Rückgestaltung〔遡行的形態化〕なのである。「真なるものの遡行運動」とは、ひとがひとたび思考されたものからもはや身を解きはなつことができず、素材そのもののうちにそれを再発見する……ということの現象のことである。

意味《サンス》は「知覚され」るものであり、Rückgestaltung こそがその「知覚」なのである。これが言わんとしているのは、わかっていたんだということになるであろうものの芽生えがあるということである（Insight〔見透し〕と Aha Erlebnis〔ああそうか体験〕）*。――また、これが言わんとしているのは、知覚（最初の知覚）がおのずからさまざまな Gestaltung のおこなわれる或る領野の開設だということである。そして、これが言わんとしているのは、知覚とは無意識的なものだということである。無意識とは何か。回転軸《ピボ》**、実存範疇として働いているもの、そしてこの意味で知覚されるとともに知覚されないもののことである。なぜなら、われわれはさまざまな水準面の上の図をしか知覚しないからである。――そして、われわれはそれを水準面との関係においてしか知覚しないのであり、したがってこの水準面は知覚されないものなのである。――水準面の知覚：それはつねに対象のあいだにあって、それをめぐって何ごとかが起こるその当のものなのである。

精神分析における不可解《オカルト》なもの（無意識）とは、この種のものである（道でひとが自分の胸を見ているように感じ、自分の着付けのぐあいを確かめなおす女性を思い合わせてみよ。彼女の身体図式は対自－対他的なものなのである。それは対自と対他の蝶つがいなのである。身体をもつということ、それは眼差されるということである、（それだけではない）それは可視的であるということである。そこには精神感応的《テレパシー》、不可解《オカルト》な感じがある＝他人の眼差しを一瞬の閃きのうちに読みとるすばやさ――読みとると言う必要があるだろうか。むしろ逆に、この現象によってわれわれは読みとるということを理解するのである。――たしかに、もしひとが自分のコートをかき合わせる慎しみ深い女性

（あるいは逆のことをする女性）に問いかけてみたところで、彼女は自分が今何をしたかを知らないであろう。彼女は、慣習的な思考の言語においてはそれを知らないであろうが、ひとは自分が抑圧しているものを知っているというのと同じような意味でなら、彼女はそれを知っている。言いかえれば、地の上の図としては知らないが、地としては知っているのである。〔どんな〕微細な知覚〔も〕In der Welt Sein〔世界内存在〕*の領野を走る一つの波〔なのである〕」。——

語ること－理解することとの関係：動くこと－目標を知覚することとの関係。目標は定立されるのではなく、それは私に欠けているもの、身体図式の目盛盤上に、或る隔たりを生じさせるものなのである。同様に、私が語るのは言語装置によって言語空間の或る転調に追いつくことなのである。——語は、身体がその目標物に結びつけられるようにその意味《サンス》に結びつけられるのである。

私は私が語っている以上のことは知覚しない——言語と同様、知覚が私を所有するのだ——そして、語るためにはやはり私がそこにいなければならないのと同様、知覚するためにも私がそこにいる必要がある、——だが、いかなる意味でか。ひと（on）としてである。私のがわにあって、知覚される世界や言語を生気づけるものは何であろうか。

フッサール Zeitbewußtsein〔時間意識〕** ——

一九五九年五月

一、絶対的意識の「受容的」要素とは何か。――フッサールは、私が時間を構成するのではなく時間が自己を構成するのであり、時間は Selbsterscheinung〔自己現出〕だと言っているが、これは正しい。――だが、「受容性」という言葉は、いかにも現在とは別のところにいて、その現在を受け容れるような〈自己〉を思い起こさせるがゆえに、不適当である。――この言葉は単に自発的な作用（思考など）との対比においてのみ理解されねばならない。

二、先行する現在を過去に押しやり、未来の一部を満たすのは、その個体性をもった新たな現在なのであろうか。もしそうだとすれば、ただ一つの時間といったものはなく、あるのはさまざまな時間（des temps）だということになろう。――時間はすべてを包みこむシステムとして理解されねばならない、――もっとも、時間は時間のうちにいるもの、或る現在に所属しているものにとってしか把握しえないものではあるのだが。

三、印象意識、Urerlebnis〔原体験〕とは何か。外的事物の Selbstgegebenheit〔自体的所与性〕と同様に、それは実のところ事実上透過不可能な項（時間の瘤）ではなく、或る超越的なもの、或る最上限、或る etwas〔何ものか〕である……（一つのゲシュタルトであって一つの個体ではない）。――そして、この Urerlebnisを「意識すること」とは……との合致、……との融合でもなければ、作用ないし Auffassung〔統握〕でもなく（これはフッサールが言っていることである）、無化（サルトル）*でもない。それは、空間と時間とを設立するものである身体図式が理解させてくれるような隔たりなのである。――それは或る知覚‐不知覚であり、主題化されていない作動しつつある意味《サンス》なのである（フッサールが過去把持《レタンシオン》を基本的なものとみなすとき、彼が言わんとしているのも、結局はこのことなのである。過去把持ということが意味しているのは、私がそれを存在している絶対的現在は、まるでそんなものは存在しないかのようにして存在しているものだ、ということである）。――

四、これらすべては、次のような問いを依然として手つかずのままに放置する。それは、「知る」「意識する」「知覚する」、デカルト的な意味で「思考する」ということは何か、という問いである。――これはかつて立てられたことのない問いである、――人びとは「結合」とか、推定という意味での「見ているという、感じているという思考」とか、「意味《サンス》」といったような命題をめぐっては議論をする。――人びとは、なにか結びつける働きをするものが必要だとか、或る「純粋な denken〔思考〕」「Selbsterscheinung〔自己現出〕」自己現出《オート・アパリシオン》、つまり純粋な現出であるような現出……が必要だ、といったことは教えてくれる。だが、こういったすべては対自の観念を予想し、結局のところ超越を説明することはできない。――まったく別の方向へ探究を進めること。異論の余地はないが、派生的な性格としての対自そのもの。それ〔対自〕は差異化における隔たりの極点なのである。――自己への現前は差異化された世界への現前なのである。――たとえば反射に含まれているような「視」を形成するものとしての知覚的隔たり、また差異化としての言語活動《ランガージュ》によって対自存在を仕上げるものとしての知覚的隔たり。意識すること＝地の上の図をもつこと――われわれはこれ以上遠くまでは遡れない。

物の超越と幻影の超越

一九五九年五月

物の超越ということからすれば、物はそれが汲みつくしえないものであるということによってのみ、言いかえれば眼差しの前に全面的に顕在化していないということによってのみ十全なものだと言わざるをえない。――だが、この全面的顕在性を物は約束してはいる、なぜなら物はそこにあるのだからである……

したがって、それとは逆に、幻影は観察不可能であり、それは空虚であり非存在であると言われるとき、感覚的なものとの対照は絶対的なものではない。諸感官は汲みつくしえないものでもって具体物をつくるための、もろもろの現実に存在する意味《シニフィカシオン》をつくるための装置である。――だが、物も本当に観察可能だというわけではない。すべての観察のうちにはつねにまたぎ越しがあるものであり、ひとはけっして物そのもののもとにいるわけではない。感覚的なものとよばれるものは、単に無限定な Abschattungen〔射映〕が沈澱しているということでしかない。――ところで、それとは逆に、想像的なもの、実存範疇、象徴的母胎の沈澱とか結晶化ということもあるのだ――

〔同じページに〕

「思考」、「意識」、……に内属してあること

過去把持《レタンシオン》（それが直前の過去を定立するのでも、それとして目指すのでもなく、ただそれをおのれの背後にもつものであるかぎりでの）、知覚的現前（たとえば私の背後にあるものの現前）、実存範疇のうちに沈澱している私のすべての過去の現前、私が言語行為《パロール》において言わんとしていることへの、また自由に使用しうるもろもろの意味《シニフィカシオン》の弁別装置への私の照会、私が行こうとしている場所への私の運動性の照会、Vorhabe〔予持〕*（或る領野ないし或る観念の Stiftung〔設立〕）、身体図式によって或る空間のうちに身を置くこと、行動の発生学のうちでの時間の設立、これらすべては〈実存しているという思考〉ではない一つの実存――そして、フッサールが心理学的反省のさなかに過

去把持の絶対的流れとして見いだす実存（だが、フッサールのもとでは、ここにあるのは Empfindung〔感覚〕の時間の観念であって、これは良い観念ではない。広い意味の現在は象徴的母胎であって、単に過去に向かって炸裂する一つの現在ではないのだ）――をめぐって転回している。この実存とは、言いかえれば、自己への不在であるような〈自己〉への現前、〈自己〉との隔たりによる〈自己〉との接触であり――地の上の〈図〉、もっとも単純な「Etwas〔何ものか〕」である。――ゲシュタルトこそが精神の問題の鍵をにぎっているのである。

ゲシュタルトがいかなる意味において、もっとも高度の意味《シニフィカシオン》を含んでおり、かつ含んでいないかを限定するためには、ヴェルトハイマー *Productive Thinking*〔『生産的思考』〕(1)を見よ。

（1）［Harper and brothers ed., New York and London, 1945.］〔『生産的思考』、矢田部達郎訳、岩波書店。〕

交錯する眼差し＝eine Art der Reflexion〔一種の反省〕*

一九五九年五月

物の肉それ自体がすでにわれわれにわれわれの肉について語ってくれており、われわれに他者の肉について語ってくれているのだ。――私の「眼差し」は、存在か無か、意識としての存在か物としての存在かといった分析に逆らうような、そして哲学の完全な再構築を要求するような、「感覚的なもの」の、生まな始元的世界の所与のうちの一つである。存在か無かという分析論はこの次元を開示すると同時に隠蔽する。この分析論がこの次元を開示するのは、無の上で存在が脅かされ、存在の上で無が脅かされているそうした次元としてであり、それがこの次元を隠蔽するのは、そこでは依然として存在性と無性とが原理的には分離可能なものとされているからである。

殺す眼差し。

脱中心化することであって消滅させることではない。

サルトルにとっては、疑問視すること（無）

＝殺すこと、問われること＝存在することをやめること。

（ベルクソン）超越――忘却――時間

一九五九年五月二〇日

私は次のように述べた。われわれがおのれのうちに見いだすような世界への開在性と、われわれが生の内部にあると思っている知覚（自然発生的存在（物）であると同時に自己 - 存在（「主観」）であるところの知覚――ベルクソンはかつて、『思想と動くもの』に収められた、時間を測るのではなく時間を見ようとする意識について論じたテキストのなかで、自然発生的なものであると同時に反省的なものでもあるような意識がある、とはっきり述べたことがある[1]）とは、たがいに絡みあい、たがいに蚕食しあい、たがいに結びつけられている。

これが何を言わんとしているかを明確にすること。

これは、「対象の観点」と「主観の観点」を越えて、「蛇行」[2]*という共通の核、蛇行のような存在（私が「世界内存在の転調」と呼んできたもの）*を思い起こさせる。どうしてこれ〔蛇行〕が（あるいはすべてのゲシュタルトが）「物のうちで生起する」知覚であるのかを理解させねばならない。「物のうちで生起する」というこの言い方は、語られねばならないことの、主観−客観言語（ヴァール、ベルクソン）による、よくよく近似的な表現でしかない。つまりは、物がわれわれをもつのであって、われわれが物をもつのではないということだ。また、あったものはあったことをやめることはできない、ということだ。だから「世界の記憶」**という言い方も可能になる。言語がわれわれを所有しているのであって、われわれが言語を所有しているのではない、ということだ。存在がわれわれのうちで語るのであって、われわれが存在について語るのではない、ということなのだ(3)。

だが、そうなると、主観性をどのように考えればよいのか。すべてを保存する心というベルクソン的表象は不十分である（これは知覚されたものと想像されたものとの本性上の違いを不可能にしてしまう）。神のうちに見るというマールブランシュ的表象もまた不十分である。それは超越論的意識の等価物であり、「意味《シニフィカシオン》」というかたちでの「保存」である。解決は見ることとそのことのうちにもとめられねばならない。われわれは記憶をも見るということによってのみ理解することになろう。記憶というものがありえ、忘却を含みうるためには、見るということがすでに一者のなかでの転調ないし蛇行であり、世界の知覚的組織の異本なのでなければならない。フッサールにおける過去把持《レタンシオン》の記述（および時間としての主観性、絶対流、前志向的な過去把持の記述）***は一つの端緒ではあるが、問題を未解決なままに放置している。時間的遠近《パースペクティヴ》法の「皺よせ」、遠ざかった過去把持の地平への移行、忘却、こういったものはどこから生じるのであろうか。

忘却の問題は本質的には忘却が非連続的であることに起因する。もし Ablaufphänomen〔経過現象〕のそれぞれの局面において、過去の一部分が忘却のうちに沈下するのだとしたら、われわれは現在野をカメラのしぼりのようなものとしてもつことになろうし、忘却は有効な刺戟を引き去ることによる隠蔽ということになろうし、それは身体的痕跡の消失によって強‐イマージュが産出されるのをやめる地点だということになろう。あるいはまた、観念論的言語で言うなら、忘却とは、現在‐過去システムのうちにあって未来から下ってきた現在の新しい部分と厳密に照応している部分だということになろう。

だが、これはそういったことではない。どれほど遠ざかっても忘却されない過去把持もあるし、ほんの少し前に「知覚」されたが消えてしまう断片もあるのだ（それらは知覚されたのだろうか。そして、知覚されたものと不知覚なものとの関係は正確にはどのようなものなのであろうか）。――そして、他方、未来から下ってくる現在の客観的部分などというものはない。フッサールの図表は、線上の点で今の系列を表わすこうした慣習に従っている。(4)たしかにフッサールはこの〔今を表わす〕点に、それに基因する過去把持や過去把持の過去把持という手なおしを付けくわえてはいる。それこそ、彼が時間を直線状で点的な出来事の継起として考えてはいないゆえんである。だが、これほど複雑なものにされたとしてさえも、経過現象のこうした表わし方は誤りである。といって、それが空間的な表わし方だから誤りだというのではない。というのも、実は空間にしても時間と同様に点や線を含んでいるわけではないからだ。ゲシュタルトがすでに超越であるということを理解すること。このゲシュタルトは、一本の線が一つのヴェクトルであり、一つの点が諸力の中心であるということを私に理解させてくれる。――物のうちにあるとされるような絶対的な線や点や色などといったものはないのだ。領野的視覚と領野的概念――蛇行はおそらく実在する線**を再現するわけではない、とベルクソンが言っている。(5)だが、「実在する」線などというものはありはしない。したがって、ベルクソンがなしたように、空間を告発してはならないのである。そして、それと相関的に、解決を得ようとして融合としての時間に移行するのでも足りない。――それは誤ったアンチ・テーゼである。――必要なのは同一性としての（空間的ないし時間的）物から、差異としての、つまり、つねに「背後にあり」、彼方にあり、遠くにあるものとしての（空間的ないし時間的）物へ移行することなのだ。……現在そのものも超越を含まない絶対的一致ではない。Urerlebnis〔原体験〕が含んでいるものでさえ、全面的一致ではなく部分的一致なのである。なぜなら、それはもろもろの地平をもっており、そうした地平なしには存在しないものであろうからである。——現在もまた注意のピンセットではさんで間近から捉えることなどできないものなのであり、それは包括者なのである。現在の Erfüllung〔充実〕なるものをくわしく研究してみること。この暗喩のもつ危険。〔この暗喩は〕、さまざまな次元をそなえていて、現在の一定量によって充たされるような或る種の空虚があるかのように私に信じこませる（それは依然としてカメラのしぼりによって限られる領野ということになる）。フッサールが「規範《ノルム》」という言い方をするとき、彼が言わんとしているのは、ほかでもない、そうした規範を所与として前提することはできない、ということなのである。問題になっているのは Normierung〔規範化〕であり、言いかえれば測定者の定立（ハイデガー）*なのである。そうなると、規範とかしぼりといったようなものは、結局は「世界」という一つの全体的現象から派生してくるものだということがわかる（マンチェスター講演参照(6)）。（それぞれの知覚は「思考」である。だが、全体は世界のうちに「描きこまれ」ているのだ。——すべての出来事は、ペギーが「世界の出来事のリズム」**という言い方をしている歴史的出来事と同じタイプのものである。——またもや蛇行。——国家とか戦争の主体とはいかなるものかという問題は、知覚の主体とはいかなるものかという問題と正確に同じタイプのものである。われわれは知覚の問題を解決することによってしか歴史哲学を解決することはないであろう）。

『存在と無』の哲学の不可能性もそこからくる。未来は無ではないし、過去もサルトルの言うような意味での想像的なものではない。——たしかに、あるのは現在である、だが、その現在の超越によってこそ、現在が或る過去や或る未来に連結されうることにもなるのであり、逆に言えば、そうした過去や未来も無化ではないことになるのだ。——

要するに、無（あるいはむしろ非存在）はくぼみであって孔ではない。***開在性を孔という意味に解するのは、サルトルでありベルクソンであって、それはたがいに見分けがたい否定主義《ネガテイヴイスム》か極端な肯定主義《ウルトラ・ポジテイヴイスム》（ベルクソン）か、そのいずれかである。nichtiges Nichts〔空虚な無〕*などというものはありはしないのだ。ベルクソンの無についての考えに関する私の議論を明確化すること。ベルクソンがあまりに多く証明しすぎたと言う点では、私は正しいのだが、そこからサルトルが正しいと結論するように見える点で私は誤っている。無についての負的直観は放棄さるべきである。なぜなら無もまたつねによそにあるのだから。真の解決は Umwelt〔環境世界〕の Offenheit〔開在性〕であり、Horizonhaftigkeit〔地平性〕である。

忘却の問題。それは忘却が非連続であるところからくる、と私は述べた。忘却を隠蔽（ベルクソン）とか無への移行とか消滅とか——おのれが隠しているものについての認識をも含んでいるような積極的な機能（フロイト-サルトル(7)）とか——としてではなく、……に背を向けることによって……のもとに存在する仕方と考えなければならない。——意識するということもまた超越として、……によって乗り越えられることとして、したがって無知として考えられるべきである。だが、結局のところ知覚的な〔?〕があるというのだろうか。——然りである。だが、それは接触という意味で直接結びつくことではない。（そして、それはサルトルのいう意味での隔たり、つまり、私であるところの、そして私を物から分かつところの無でもない）——たしかに知覚と不知覚とを「混合する」ことによっては忘却は解明されないであろう。

それ〔忘却が解明されるの〕は知覚（と、したがってまた不知覚）をもっとよく理解することによってである。——つまり、知覚を差異化として、忘却を脱差異化として理解すること。もはや想起を体験しなくなるという事実＝まさしく感覚的なものである心的資材の破壊ということではなく、その脱分節であり、その結果もはや隔たりや起伏が存在しなくなることである。これこそが忘却の闇なのである。「意識する」ということ＝或る地の上の或る図をもつということ、それが脱分節によって消え去るということ、これを理解すること。——図-地の区別は「主体」と「客体」のあいだに第三項を導き入れる。そこにあるこの隔たりこそが、なによりもまず知覚的意味（sens）なのである。

（1）〔著者が指しているのは以下のくだりである。「だが、科学が除去するこの持続、思い描くことも表現することも困難なこの持続を、人は感じているのでありまた体験してもいるのである。もしわれわれがこの持続とは何であるかを求めればどうなるか。一つの意識が持続を測定することなくただ見ようと欲し、それゆえ持続を停止させないで把握し、つまり自分自身を対象にとり、観察者と行動者、自然発生的意識と反省的意識とを兼ねて、自己を凝視する注意のはたらきと逃れ行く時間とを接近させ一致せしめるに至るならば、持続はその意識にいかなるものとして現われるであろうか」。*La pensée et le mouvant*, Paris, 1934, p. 10.〕〔『思想と動くもの』、矢内原伊作訳（『ベルグソン著作集』第七巻、白水社）、一二頁。〕

（2）〔*Id.*, p. 293.〕〔邦訳、二九四－五頁。〕

（3）〔欄外に以下の注記。〕結局のところ、ロイエが即自と対自とは同じものだと述べるとき、彼にはなにか深遠なものがある。だが、諸事物が心であるといったふうに理解してはならない。

（4）〔Husserl, *Vorlesungen zur Phänomenologie des inneren Zeitbewußtseins*, S. 22. (*Jahrbuch für Philosophie und phänomenologischen Forschung* IX, 1928)〔現在は *Husserliana* Bd. X に収録されている。『内的時間意識の現象学』、立松弘孝訳、みすず書房、三九頁〕。『知覚の現象学』四七七頁以下〔邦訳2、三一六頁以下〕におけるフッサールの図表についての説明と検討を参照せよ。〕

（5）〔*La pensée et le mouvant*, p. 294.〕〔邦訳、二九五頁。〕

（6）〔一九五九年五月一日にマンチェスター大学において著者のおこなった講演（未公刊）。〕

（7）〔カッコの下の行間に、著者の習慣に従って以下の語が記されている。「肯定主義、否定主義」。明らかに前者はフロイトを指し、後者はサルトルを指している。〕

哲学と文学

〔日付なし、たぶん一九五九年六月〕

まさしく「われわれのうちなる語る〈存在〉」としての、無言の経験の自己表現としての哲学は創作である。それは、同時に〈存在〉の再統合化であるような創作である。なぜなら、哲学は歴史が作り出すなんらかの Gebilde〔形成体〕の一つという意味での創作ではなく、それはおのれが Gebilde であることを知りながらも、単なる Gebilde としてのおのれを乗り越え、その起源を見いだそうと望んでいるからである。したがって哲学は、根本的な意味での創作、つまり同時に合致であり、合致を獲得する唯一の仕方であるような創作、なのである。

これは、哲学を至高の芸術とするスーリオの見方をかなりの程度まで深めている。(1) というのも、芸術と哲学はともにまさしく「精神的なもの」(「文化」)の世界のなかでの恣意的な捏造などではなく、まさしくそれが創作であるかぎりにおいて〈存在〉との接触だからである。〈存在〉とは、われわれがそれを経験しようとすれば、われわれに創作することを要求するものなのである。

この方向で、つまり〈存在〉の刻印として文学の分析をおこなうこと。

（1）〔ノートの冒頭に、次の指示がある。〕Souriau, *L'instauration philosophique* [Alcan, 1939]; Gueroult, *Mélanges Souriau : la voie de l'objectivité esthétique* [Nizet, 1952], 参照。

〔日付なし、たぶん一九五九年六月〕

存在と世界、第三章(1)

超越（対象の所有ではなく、隔たりの思考としての）の観念と調和させながら、歴史を「私の」哲学のうちに平板化してしまうことではない——また偶像崇拝でもない——ような一つの哲学史を定義しようと試みること。デカルトを採りあげなおし、反復すること、これこそがデカルトの真理をもう一度、ということはつまり、われわれから出発して考えてみることによって、彼に返してやるただ一つの道である。——多面的な可知的世界。——他の哲学者たちについての知覚としての、彼らへの志向的蚕食としての、彼らを乗り越えることによってであれ、彼らを複写することによってであれ、彼らを殺してしまうようなことのない独自な思考としての哲学史。彼らを彼らの問題に即して追及すること(2)（ゲルー）。——だが、彼らの問題は〈存在〉の問題のうちにある。このことを、彼らはみな言明しているのであり、したがって、われわれは彼らをこの地平において考えることができるし、この地平において考えねばならない。

こういったことをすべて、第三章の冒頭で述べること。

そしてまた、この存在論的素描は哲学の——したがってまた哲学史の——予料である（この素描は言語の用法、われわれのうちで作動しつつある歴史の用法をふくんでいる）。もろもろの前提を露呈する必要がある。そして、そうすることが一方では、歴史にたずさわることではなく哲学にたずさわることなのである。

第三章と、〈自然〉と科学についての第四章の関係を示すこと。科学によって検証されることになるのは、或る種の（客観主義的）存在論である。

ディレンマ：いかにして意識に頼るのか。
　いかにして意識を拒むのか。
〔このディレンマは〕Offenheit〔開在性〕としての意識という観念によって克服すべきである。——

（1）〔存在と世界：彼の本の第一部に著者によってはじめに与えられた標題。〕
（2）〔前掲の就任講義。〕〔二六八頁注（1）参照。〕

悟性と暗黙の意味——哲学の歴史

一九五九年六月

（ゲルーの哲学史とならんで）つくられねばならない哲学史は暗黙の意味の歴史である。たとえば、デカルトによる心身の区別に関する立言とそれらの合一に関する立言*とは、悟性のレベルにはうまく割りふって並べることはできないし、思考の連続的な運動によってはそれらをともに正当化することもできない。それらの立言は、それらの暗黙の意味によって捉えられるばあいにしか、そのことごとくを肯定することはできないのである。——暗黙の意味のレベルにおいては、本質存在の研究と事実存在の研究は対立することなく、同じものになる。——言語を——哲学的言語をさえ——さまざまな言表ないし「さまざまな解決」の総和としてではなく、もちあげられた覆い、横糸の通った言葉の連鎖として考えること……

〔標題なし〕

一九五九年六月四日

an sich oder für uns〔それ自体において、すなわちわれわれにとって〕というヘーゲルの言葉*＝まさしく物自体を直接捉えようとするからこそ主観性に陥ってしまう思考（反省的思考）。――そして、それとは逆に、〈われわれにとっての存在〉にとりつかれているものだから、その存在をではなく、「それ自体における」物、つまり意味としての物しか捉えないような思考――があるということ。

真の哲学＝自己を離れることが自己へ立ちもどることであり、またその逆でもあるように仕向けているものを捉えること。

この交叉、この逆転を捉えること。これこそが精神なのである。

〈哲学〉。その境位を定義するために、グイエの次のような問いから出発すること：或る哲学に対して、それがみずから立てたことのない問いを立てることができるだろうか。否と答えることは、もろもろの哲学をばらばらな作品にしてしまうことになり、それは哲学そのものを否定することになる。然りと答えることは、歴史を哲学に還元してしまうことになる[1]。

私の視点：一つの哲学は一つの芸術作品と同様に、そこに「含まれている」思考（それを数えあげることができるだろうか。ひとは一つの言語《ランガージュ》を数えつくすことができるものであろうか）以上の思考を生じさせるような、その歴史的文脈の外で一つの意味《サンス》を保持しつづけるような、この文脈の外でしか意味《サンス》のないようなものでさえある対象である。こうした垂直的ないし哲学的な歴史の例を提示すること：たとえばデカルトや、マールブランシュについて。彼らが考えるがままの彼らの諸問題と、彼らをともに動かしている諸問題、つまりわれわれが形成する諸問題とを区別する必要はないだろうか。――こういった考え方は、いつも相対主義的な、つまり、他の時代によってくつがえされることになるような結論にゆきつくのではなかろうか。そうではない、もろもろの哲学がその総体として問いなのだとしたら、それらの哲学に語らせている問いかける思考が、次にくるものによって乗り越えられるようなことはない（ルフォールの『マキャベリ論』(2)）。

（1）［Henri Gouhier, *L'histoire et sa philosophie*（前掲書）。著者は特にその最終章を念頭においているように思われる。そこでは哲学そのものの歴史ともろもろの哲学の歴史との相違が強調されているのである。］

（2）［準備中の著書への言及。］〔二六五頁注（2）参照。〕

一九五九年七月

二元論――哲学

『知覚の現象学』で立てられた諸問題が解決不可能なのは、そこでは私が「意識」－「客観」の区別から出発しているからである。

こうした区別から出発したのではわれわれは、「客観的」秩序のしかじかの事実（しかじかの脳損傷）*が世界との関係のしかじかの障碍――「意識」全体が客観的身体の関数であることを証明するかのような広範囲な障碍――を惹き起こしうるということを理解しえないことになろう。――こういった〔解決不可能な〕諸問題こそ、いわゆる客観的な条件づけとは何かということを問うことによって廃棄しなければならないものなのである。その問いに対する答え：それは、存在論的にいって初次的なものである、生まの、あるいは野生の存在の秩序に属する出来事を表現し、それに注意を向ける一つの仕方なのである。この出来事は、うまく調整されたしかじかの見えるもの（身体）が見えない意味《サンス》によって穿《うが》たれるというところに生ずる。――すべての構造が仕立てあげられている共通の生地は見えるものであるが、これはそれ自身けっして客観的なもの、即自的なものに属するわけではなく、超越的なもの――これは対〈自〉に対立するものではなく、或る〈自己〉に対してのみまとまりをもつものなのである――に属している。――その際〈自己〉とは、無として理解さるべきでも、何ものかとして理解さるべきでもなく、「物」と「世界」との相互的な越境ないし蚕食（時間－物、時間－存在）として理解さるべきである。

〔標題なし〕

一九五九年八月

次のことを示すこと。

一、現代の知覚理論は一つの現象学であり（ミショット[1]）、生まの存在、「垂直的」世界を開示するということ。

二、知覚に適用された情報理論および行動に適用された操作主義——これは実は、漠然と垣間見られたものではあるにせよ、意味《サンス》を生体の見える姿とみなす考え方であり、肉の観念なのであるということ。
三、知覚－メッセージという類比（コード化と解読）は妥当である、ただし、(a) さまざまな弁別的諸行動のもとに肉を、(b) 情報のもとに言葉《パロール》とその「理解可能な」弁別的体系を見分けるという条件のもとにおいてである、ということ。

（1）［前掲書。］〔二五三頁注（3）参照。〕

知覚する主体、語る主体、思考する主体

一九五九年九月

それ自体盲滅法に同定された物から脱し、物に対する隔たりでしかない、無言の、沈黙せる〈内属－存在〉（Être-à）としての知覚する主体、——ユリシーズの言う意味での「誰でもない者*」としての、世界のうちに埋もれ、まだ世界にその航跡を残してはいない名も無き者としての、知覚の自己。不知覚としての知覚、非所有の明証性。問題になっているものについてあまりにも知り過ぎているからこそ、それを対－象として立てる必要がないのである。無記名性と一般性。これが言わんとしているのは、それが nichtiges Nichts〔空虚な無〕ではなく、「非存在の湖」、特定の地点と時点を占める開在性のうちに埋めこまれた或る無であるということ——事実上の視覚であり感覚であって、見ているという思考や感じているという思考ではない、ということである。——もし見ているという思考、感じていると

いう思考こそがこの視覚や感覚を支えているのだと言われるとしたら、世界と〈存在〉とは一つの観念対象（idéat）でしかなく、垂直の、あるいは野生の〈存在〉はけっして見いだされえないであろうし、「自然の光」の目的論が理念性へ変えられてしまおう。

語る主体、これは実践の主体である。この主体は語られ理解される言葉《パロール》を思考の対象ないし観念対象としておのれの前に有しているのではない。それが言葉《パロール》を所有しているのは、私の身体が、その赴かんとする場所を Vorhabe〔予持〕しているというのと同じタイプの或る Vorhabe によってでしかない。言いかえれば、語る主体とは或る特定の意味するもの《シニフィアン》の欠如態にほかならないのだが、しかしこの欠如態は、おのれに欠けているものの Bild〔像〕を構成してみせるわけではない。したがって、ここにあるのは新たな目的論であり、これも知覚の目的論と同様に……の意識によっても、或る脱自、つまり構成的企投によってもとうてい支えられうるものではない。ソシュールがなした意味《シニ》するもの《フィアン》の相互間の関係の分析、および意味するもの《シニフィアン》の意味されるもの《シニフィエ》への関係の分析、そして（意味《シニフィカシオン》相互の差異としての）もろもろの意味《シニフィカシオン》の分析は、知覚を或る水準からの隔たりと見る考え方、つまり始元的〈存在〉という考え方、慣習の〈慣習〉という考え方、言葉《パロール》に先立つ言葉《パロール》という考え方を裏づけ再発見している。

解明しなければならないもの、それは言語以前の〈存在〉（l'Être pré-linguistique）のうちに言葉《パロール》が引き入れるところの変動である。この言葉《パロール》ははじめからその言語以前の〈存在〉を変様させるわけではない。それはまずそれ自身「自己中心的言語《ランガージュ》」なのである。だが、やはりそれは変形の酵母を含んでいるのであり、これが操作的意味《シニフィカシオン》を与えることになる。その際問題なのは、この酵母とは何か、この実践的思考とは何か、ということである。知覚する存在と語る存在とは同じ存在なのであろうか。それが同じものでないということはありえない。そして、それが同じものだとすれば、そのことは、「見たり感じたりしているという思考」、〈コーギト〉、〈……の意識〉を再興することになりはしないだろうか。

〔標題なし〕

一九五九年九月

立方体の分析を採りあげなおすこと。たしかに、等しい六つの面をもった立方体そのものは、位置をもたない眼差しにとってしか、つまり立方体の中心に置かれた精神の操作ないし洞察にとってしか、〈存在〉の或る領野にとってしかありえないものである、――そして、その立方体の呈するさまざまな展望《パースペクティヴ》について言われうるすべてのことは、立方体そのものにはかかわりがないことになる。

しかし、さまざまな展望と対置された立方体そのものというのは、一つの否定的な限定である。〈存在〉とはここではあらゆる非存在、あらゆる現われを排除するものである。即自的なものとは、単に percipi〔知覚されている〕* だけのものではない。この〈存在〉の担い手としての精神とは、どこにもないもの、あらゆる場所を含むものなのである。

したがって、反省的思考のこの分析、〈存在〉のこの浄化（デカルトの「まったく裸の」蜜蠟）は、前批判的な、すでにそこにある〈存在〉のかたわらを通りすぎてしまうことになる。――こうした存在をどのように記述すればよいのか。もはやそれがそうでないものによってではなく、それがそうであるものによってであろう。そのときわれわれは、距離をとることであり超越であるところの立方体の一つの視像《ヴュ》を経由して、立方体そのものへの通路をもつことになる。――私がそれについての一つの視像をもつということは、知覚する者である私が私のところからその立方体のところまで赴くということ、私が私を離れて立方体のうちに入ってゆくということである。われわれ、つまり、私と私の視像とは、立方体とともに、同じ肉をそなえた世界のうちにとりこまれている。私の視像と私の身体とはそれ自体、他のもののあいだにある立方体という同じ存在のうちから現われ出てくるのである――私の視像と私の身体とに視覚の主体としての資格を与える反省は、私が触れつつある自分に触れることができるように仕向けている、言いかえれば、私のうちにある同じものが見られるものでもあれば見るものでもあるように仕向けているのと同じ〈厚みをもった反省〉なのである。私は、まさに見つつある自分を見るわけではないにしても、しかし蚕食によって、私の〈見える身体〉を完成し、私の〈見られる‐存在〉を私の〈自分にとって見うる‐存在〉より以上に延長する。しかも、回路を閉じて私の〈見られる‐存在〉を完成するところの立方体そのものが存在しうるのは、私の肉にとってであり、私の〈視覚をもった身体〉にとってなのである。したがって、結局のところ、一個の立方体をあらしめているのは私と立方体とを包みこむものとしての〈存在〉の厚みのある統一態であり、野生の、純化されない、「垂直の」〈存在〉である。

このような例にもとづいて、純粋な「意味《シニフィカシオン》」の湧出を捉えること――（幾何学者が定義するような）立方体という「意味《シニフィカシオン》」、本質、プラトン的イデア、対象とは、〈がある《イ・リ・ア》〉の具体相《コンクレシオン》であり、動詞的意味での Wesen つまり現成すること(1)なのである、――すべての that〔事実存在〕は、それが無ではなく、したがって etwas〔何ものか〕であり、したがって wesen〔現成〕するがゆえに、或る what〔本質存在*〕を含んでいるのだ。

言語が意味を湧出せしめる仕方と算式が意味を湧出せしめる仕方を研究すること。

（1）〔wesen の訳語としての ester はジルベール・カーンから借用した用語である。Martin Heidegger, *Introduction à la métaphysique*, trad. fr. Coll. Épiméthée. PUF, 1958 (index des termes allmands) p. 239参照。〕

一九五九年九月

分析の問題

われわれには、子供の時間やその速さをわれわれの時間やわれわれの空間等……の未差異化として理解する権利があるのだろうか。それは、もろもろの現象を尊重しようとしているそのさなかに、子供の経験をわれわれの経験の域まで引きおろすことであろう。というのも、それは子供の経験をわれわれの差異化の否定と考えることだからである。子供の経験を肯定的に考えるところまで、つまりは現象学にまで進んでゆく必要があろう。

ところで、同じ問題はすべての他者に関しても、特に他我に関しても立てられる。そして、反省している私自身にとっての反省されている私であるような私とは別の〔私のうちなる〕この他者に関しても。

解決：子供とか他我とか私のうちなる反省されていないものとかを、それ自体知覚にほかならないところの、つまり定義からして Überschreiten〔踏み越し〕* であり、志向的越境であるところの前分析的な側面的参与によって捉えなおすこと。私が子供を知覚するとき、子供はまさしく或る隔たり（現前不可能なものの本原的現前）において与えられる。私にとっての私の知覚的体験も同様であり、私の他我も同様であり、前分析的な物も同様である。そこにはわれわれを織りなしている共通の組織がある。それがつまり、野生の存在である。そして、この知覚を知覚すること（現象学的「反省」）とは、この最初の出動――その資料をわれわれはおのれのうちにもちかえるわけだが――の、おのれに目覚めているこの Ineinander〔相互内属〕の目録作成にほかならないのであり、それは感覚的なもの、肉的なものそのものであるところの immer wieder〔繰りかえし繰りかえし〕の行使なのである（なぜなら、すべての反省は触れられる手による触れる手の反省、開かれた一般性をモデルにしており、身体というはずみ車の延長だからである）。したがって、反省とは自己との同一化（見ているという、感じているという思考）ではなく、自己との差異の欠如＝沈黙せる、あるいは盲目の同一化なのである。そして、反省がこの地平的開在性と決着をつけようと思うときにも、つまり、反省がもはや地平を通して、また自然の制度化によってではなく、直接に、また残りなくおのれを捉えようと思うときにも、それがなしうることといえばせいぜいのところ、おのれを言語表現へと昇華させ、単に自然的なものではないような一つの身体をおのれに与え、言語——つまり純粋なあるいは空虚な自己への現前という錯覚を与えはするが、やはり限定された空虚、これあるいはあれの空虚を証明するにすぎないような「透明な」装置である言語——を胚胎せしめるということでしかないのだ。

本質的なことは、垂直の〈存在〉、あるいは野生の〈存在〉を、それがなければ何ものも、精神さえもが考えられず、それによってわれわれがたがいに移行し合い、われわれ自身がわれわれ自身のうちに移行し、われわれの時間をもつことになるような精神以前の場として記述すること。哲学だけがそうした〈存在〉を問題にするのである——。

哲学は〈存在〉の Vorhabe〔予持〉の研究である。この Vorhabe は、認識ではなく、たしかに認識とか操作に比べればあやふやであるが、〈存在〉が存在者を包みこむように認識や操作を包みこむものなのである。

ピアジェ*の論理主義は、われわれの文化の絶対化である、——論理学にゆきつくことになる彼の心理学も同様である。〔それは〕民族学的経験と共立不可能である。心理学、論理学、民族学は相互に破壊しあう敵対的な独断論である。まさしく〈存在〉の全領域を目指すものである哲学だけが、それらを相対化することによってそれらを共立可能にする。認識の諸領域は、それらだけにまかせておくなら、葛藤しあい矛盾しあうものである。

Gestalt〔ゲシュタルト〕*

一九五九年九月

ゲシュタルトとは何か。部分の総和に還元されない全体である、というのは否定的で外的な定義である、——これは、人びとが身を据えている即自の領域と対比させることによるゲシュタルトの特性表示である、——ハイデガーの言う Gestalthafte〔ゲシュタルト的なもの〕** がここでは無視されている。

したがって、内がわから（ということは、内的観察によって、ということではなく、ゲシュタルトにできるだけ近づき、それと交流することによって、ということであり、これは「意識状態」なるものを考察することによってと同様、他者たちや見えるものを考察することによってもおこなわれうることなのであるが）ゲシュタルトとは何かを問うこと。輪郭とは何か、分離とは何か、円とは、線とは何か、また奥行をもった組織とは、起伏《レリーフ》とは何か、を問うこと。

それらは心的諸要素（感覚）ではないし、空間‐時間的な心的個体の寄せ集めでもない。では、何なのか。ゲシュタルトを経験すること、それは合致を感じることではない。では、何なのか。

それは一つの配分原理であり、或る等価体系の軸であり、細分化された諸現象がその現われであるような Etwas〔或るもの〕なのだ。——だが、それではそれは本質、理念ということになるのだろうか。理念は制約をもたず、無時間的、非空間的である。ゲシュタルトは空間‐時間的な個体ではない。それは空間と時間をまたぎ越す或る布置に統合される準備ができている——が、しかし、それは空間と時間に関して制約をもたないわけでもなければ、非空間的、無時間的でもない。それは単に即自的出来事の系列と考えられている時間と空間を免れているだけなのであり、おそらく客観的場や客観的時点にではないにしても、或る地帯、或る領域に固定されるような或る重さがゲシュタルトにはそなわっているのであって、それは、その地帯、その領域を支配し、統治しており、〈それがここにある〉と言うことはけっしてできないにしても、そのいたるところに現前しているのである。ゲシュタルトとは超越である。ゲシュタルトの一般性とか Transponierbarkeit〔移調可能性〕ということを口にするときに、人びとが語っているのもこの超越のことであろう。——それは体験の二重底である。

また、ゲシュタルトを経験するのは誰であろうか。それはゲシュタルトを理念あるいは意味《シニフィカシオン》として捉える精神であろうか。そうではない。それは身体なのである。——いかなる意味でか。私の身体は一つのゲシュタルトであり、それがすべてのゲシュタルトのうちにともに現前しているのである。私の身体も一つのゲシュタルトなのである。それもまた、そしてそれこそがすぐれて鈍重な意味作用《シニフィカシオン》なのであり、肉なのである。私の身体が構成するシステムは或る中心となる蝶つがい《シャルニエール》のまわりに、あるいは……への開在性であり、自由な可能性ではなく縛られた可能性であるような或る回転軸《ピボ》のまわりに秩序づけられている。——そして同時に私の身体はあらゆるゲシュタルトの構成素でもあるのだ。ゲシュタルトの肉（色の肌理《きめ》とか、輪郭を生気づけ、ミショットの実験において「這い」(1)つつある直方形を生気づけている何かわからないものとか）とは私の身体の惰性、「世界」へのその着生、場として働いているそのもろもろの先入見に対応するものなのである。

したがって、ゲシュタルトは知覚する身体と或る感覚的な、つまり超越的な、つまり地平的な、つまり垂直的な世界——遠近法的な世界ではなく——との関係を含んでいる——。

それは弁別的、対立的、相関的システムであり、その回転軸《ピボ》となっているのは Etwas〔或るもの〕、物、世界であって観念ではない。——

観念とは、もはや感覚的なものではなく、語るものであるかぎりでの身体がそこに中心を置いているような Etwas なのである。——

ゲシュタルトを「認識」ないし「意識」の枠組のうちに置きなおすすべての心理学はゲシュタルトの意味を捉えそこなっている。——

ゲシュタルトを経験する対自存在が正確に何であるかを、さらに理解しなければならない——それはXに対する存在であり、敏捷に動く純粋な無ではなく、或る開かれた帳簿、或る非存在の湖、或る Eröffnung〔開き〕、或る Offene〔開かれた場〕への記入なのである。

（1）［A. Michotte, *La perception de la causalité*, Vrin éd., Louvain, Paris, 1946.］〔訳注二五二＊参照。〕

プレグナンス、[*] 超越——

一九五九年九月

これらの概念[1]が純粋な〈がある（il y a）〉としての存在との接触をあらわしているということを示すこと。それによって何ものかがあることになるこの出来事に、われわれは居合わせている。無ではなくてむしろ何ものかが、他のものではなくむしろこのものがあることになるこの出来事に。したがって、われわれは事実的《ポジティフ》なもの、つまり他ののではなくてむしろこのものの到来に居合わせているのである。

この到来は、同一的、客観的な自己原因的存在の自己現実化ではない——また（ライプニッツの言うような）論理的に可能という意味で優越的に可能なものの自己現実化でもない。論理的に可能なもののイデオロギーは必然的なもののイデオロギーと違ったものではない。必然的なものとは唯一可能なものにほかならない。可能なものは、すでに内具的事実存在《エグジスタンス》の観念をふくんでいる。多くの可能なもののあいだに事実存在を目指しての葛藤があるのは、或る真の神秘（ライプニッツ）によって、もろもろの可能的なものが共立不可能だからである。

したがって、Gestaltung〔ゲシュタルト形成〕とは定義されうるような存在ではないし、本質化ではない。それはWesen〔現成〕〔動詞的〕であり、現成の働きであり、光をもった Etwas〔或るもの〕の出現なのである。——Warum ist etwas eine Gestalt〔なぜ或るものが一つのゲシュタルトなのか〕。なぜあれではなくむしろこれが「よい」ゲシュタルトないし強ゲシュタルトなのか、つまり或る蓋然性への指向なのか、〔エゴン・ブランズウィック(2)を見よ、そしてニュー・ルック〔心理学〕＊や情報理論の努力が、対象存在や即自ではないものの操作的・科学的表現を見いだすことにある、ということを示すこと〕――〔ここで、レヴィ＝ストロースの「もろもろのチャンス」の共同化による、出会いによる Gestaltung〔ゲシュタルト形成〕の説明に対する私の批判を繰りかえすこと。(3)――しかり、出会いは必要であるが、しかしこの出会いによって仕上げられるもの、西洋の象徴的母胎は因果性の一所産ではない」。ゲシュタルトは多型現象から出現するがゆえに、ゲシュタルトはわれわれを事実上、主観と客観の哲学の外に置くことになるということを示すこと。

（1）〔余白に〕：プレグナンス、ゲシュタルト、現象。

（2）〔*Perception and the representative design of psychological experiments*, Berkeley, 1956, を参照せよ。〕

（3）〔われわれはこのような批判を知らない。おそらく著者は講義か個人的なノートのなかでそれを表明したのであろう。御記憶のように、レヴィ＝ストロース氏は文化の累積的歴史の問題を新たな用語で提起し、文化の非累積的歴史をルーレットにおいて数の組合せを実現しようとしている賭博者と対比させている。レヴィ＝ストロース氏は、諸文化の――有意的であれ無意的であれ――共働が、あたかも「賭博者たちが連合して、同じ番号の組合せで、しかしいくつかのルーレットで賭けて、しかも各自の組合せに合った結果を共同のものにする権利に同意しあうことによって」得られるであろう結果に似た結果を生んだということを教えていた。*Race et histoire*, Éd. Unesco, 1952, p. 34-49.〔『人種と歴史』荒川幾男訳、みすず書房、六一頁。〕

経験的プレグナンスと幾何学的プレグナンス(1)
(E・ブランズウィック)

一九五九年九月

単に幾何学的に平衡しているという理由で特権をもつゲシュタルトのプレグナンスではなく、或る内具的な調整によって、つまり幾何学的プレグナンスなどその一局面でしかないような或る Seinsgeschick〔存在の歴史的運命〕によって特権を与えられたゲシュタルトのプレグナンスという深遠な思想。こんなふうにして私は「経験的プレグナンス」を理解しようと思う。——こんなふうに理解されるなら、経験的プレグナンスの本領はそれぞれの知覚される存在を、或る構造によって、あるいはその存在がそのまわりに配置されている或る等価体系によって定義するところにある、ということになろう。画家の筆致《タッチ》——波状線——とか筆の一掃きは、そうした構造とか等価体系の断固たる喚起なのである。それぞれの感覚的な物が或るタイプのメッセージの変奏であるかぎり、それらの物のうちで沈黙のうちに発語されているこうした λόγος〔ロゴス〕が問題なのであり、われわれは、肉によってその意味《サンス》に分かち与かることによって、つまりわれわれの身体によってその「意味する《シニフィエ》」仕方に応えることによってのみ、その λόγος に気づきうるのである。あるいは、その内的構造がわれわれと世界との肉的な関係を昇華させることになる発語された λόγος が問題なのである。

「人間のうちなる小人」*——対-象の認識としての知覚——といった考え方を批判し、結局は、世界そのものに直面している人間を再発見し、前-志向的現在を再発見すること——それは、起源にある視覚《ヴィジョン》、われわれの知らないままに、われわれのうちでおのれを見ているものを再発見することである。ちょうど詩というものが、われわれの知らないままに、われわれのうちで、おのれを言葉にもたらしているものを再発見するのと同じように（シャルボニエの本のなかでのマックス・エルンストの発言(2)**）。

（1）［経験的プレグナンスと幾何学的プレグナンスの問題は *Experimentelle Psychologie in Demonstrationen*, Springer, Vienne, 1935 のうちでエゴン・ブランズウィックによって論じられている。］

（2）［George Charbonnier, *Le monologue du peintre* I, Julliard éd., 1959, p. 34. マックス・エルンストは対話の途中で、彼がかつて画家の役割を定義した言葉を思い出している。「有名な見者の手紙以来、詩人の役割は彼のうちでひとりでに考えとなり言葉となるものを口授されるがままに書きとめることとなったが、それと同様、画家の役割も、彼のうちでひとりでに見えてくるものを図取りし、キャンヴァスに投ずることにある。」］

一九五九年九月

存在論の原理：不可分な存在

それゆえすべての絵画、すべての行為、つまりすべての人間的企ては時間の一つの結晶化であり、超越の一つの暗号である——少なくともわれわれがそれらを存在と無との或る隔たり、白と黒の或る均衡、不可分な〈存在〉からの或る控除、時間と空間に抑揚をつける或る仕方として理解するならば。

プレグナンス：心理学者たちは、このプレグナンスという言わんとしているのが〔第一に〕炸裂の能力、生産性（praegnans futuri〔未来のプレグナンス〕）、多産性であるということ、第二にそれの言わんとしているのが「典型的なもの」だということを忘れている。それは、おのれに到来したゲシュタルト、おのれであるところのゲシュタルト、おのれ自身の手段によって、おのれを定立するゲシュタルトであり、自己原因の等価物、現成する[1]がゆえに存在している Wesen〔本質〕、自己制御、自己の自己への凝集、奥行をもった同一性（動的同一性）、離れてある存在としての超越、〈……がある《イ・リ・ア》〉、である——

　プレグナンスとは、見えるもののうちにあって、私に正確な焦点の調節を要求し、その調節の正確さを定義するものである。私の身体はプレグナンスに服従し、それに「応答する」のであり、私の身体とはプレグナンスによりかかっているものであり、肉に応答する肉である。「よい」ゲシュタルトがあらわれるときには、それは放射によってその周囲のものを変様するか、あるいは私の身体から……にいたるまでの運動を引き出すか、そのいずれかである。

　運動を含むものとしてのプレグナンスのこの定義は、それどころかこのプレグナンスを、領野の効果か感覚 - 運動的活動かというピアジェの二者択一からまったく脱せしめるものである。われわれがゲシュタルトは「前経験的」だとか「生得的」だと言うときに、本当に言おうとしているのは、問題になるのが知覚されたものであれ思考されたものであれ、そこにあるのは Urstiftung〔根源的設立〕であって単なる包摂ではなく、超越によって生ずる意味《サンス》であって概念の再認ではない、ということなのである。

（1）［二九〇頁注（1）を参照せよ。］

〔標題なし〕

一九五九年九月

結局のところ、知覚についての素朴な記述がもつ一種の真理性を認めなければならない：εἴδωλα〔模像〕あるいは simulacra〔模像〕など、おのずから諸展望《パースペクティヴ》を与える物など。ただし、こういうことはすべて、もはや客観的〈存在〉の秩序ではないような秩序、体験ないし現象的なものの秩序であるような秩序において生起するのであるが、まさしくこれを客観的秩序の基礎として正当化し復権する必要がある。

客観の世界内部的諸関係しか考えないばあいには、現象的なものの秩序は客観的秩序に比して二次的なものであり、その一属州にすぎないと主張しうるかもしれない。だが、他者や生きている身体や芸術作品や歴史的場といったものを介入させるやいなや、現象的なものの秩序は自律的なものと考えられねばならず、もしそれにこうした自律性を認めないとしたら、この秩序はまったく不可解なものになる、ということにわれわれは気づくことになる。

「意識」としての他者ではなく、身体の住人であり、それを通じて世界の住人でもある他者。他者は、私が見ているこの身体のどこにいるのだろうか。他者は（文の意味《サンス》のように）この身体に内在しているのである（われわれは他者をその身体から切り離して、別に定立することはできない）が、やはり記号の総和や、その記号によって担われている意味《シニフィカシオン》の総和以上のものである。他者とはつねに、それらの意味《シニフィカシオン》がその余すところのない像ではなく部分的な像でしかないようなものである、――だが、やはり、それらの意味の一つひとつにおいて、おのれの全面的な存在を証示するようなものなのである。〔他者は〕つねに未完の受肉の過程にある、――〔他者は〕絵画《タブロー》の意味《サンス》が画布《キャンヴァス》を超えたところにあるように客観的身体を超えたところにある。

一九五九年九月

〔標題なし〕

デカルト（『屈折光学』*）：眼や脳に描かれる像を見るのは誰であろうか。したがって、結局はこの像についての思考が必要となる――デカルトはすでに、われわれが人間のうちに小人を置いているということ、われわれの身体を客観化するような見方をするために、われわれはつねに、〔客観的身体よりも〕もっと内がわに、眼球の奥にいると思われるこうした見る人を探しもとめざるをえないということ、を見きわめていた。

だが、彼が見てとらなかったことは、まさしく到達すべき始元的視覚が見ているという思考ではありえないということである。――この思考、結局は何者かにとってのものである存在のこの開示は、これもまたやはり人間のうちなる小人なのであって、ただ今度は形而上学的な一点に縮約された小人だというだけのことである。というのも、結局のところわれわれは、視覚といっても複合実体の視覚しか認めないからであり、この精密に組立てられた視覚こそわれわれが思考と呼んでいるものだからである。――もし存在が開示されねばならないとしたら、それは超越の面前においてであって、志向性の面前においてではなく、それは埋ずもれていた生まの存在がおのれ自身に立ちかえることであり、感覚的なものがおのれをくぼませることであろう。——

存在論——

一九五九年一〇月

位相空間を存在のモデルにすること。ユークリッド空間は遠近法的《パースペクティヴ》存在のモデルであり、超越をふくまぬ事実的《ポジティフ》な空間であり、相互に平行な、あるいは三つの次元にわたって直交し合う直線の網であり、およそ可能なすべての位置を包含している、——空間（や速度や運動や時間）についてのこうした観念と、Ens realissimum〔最高度に事象性をそなえた存在者〕とか無限な存在者とかを主張する古典的存在論との深い合致。これに対して、近傍とか包摂などといった関係が限定されてくる場である位相空間は、クレーの色斑のように、すべてのものよりももっと古いと同時に「〔生まれたばかりの〕最初の日に」（ヘーゲル）*あるものでもあるような存在、遡行的思考が突き当たりはするが、それを自己による〈存在〉から（「よりよきものの選択」によって）直接にであれ間接にであれ引き出すことなどできないような存在、永遠の剰余であるような〈存在〉のイメージなのである、——位相空間は、単に物理的世界のレベルにおいてあらわれるだけではなく、さらに生命にとっても構成的であり、最後にそれは〈ロゴス〉という野生の原理を基礎づけもするのである、——古典的存在論の諸問題（機械論や目的論や、いずれにせよ人工主義（artificialisme））を乗り越えるためにあらゆるレベルにおいて介入してくるのは、こうした野生の、あるいは生まの存在なのである、——ライプニッツの『弁神論』は、唯一可能な存在という決定論的な考え方と生まな〈存在〉の無動機な出現とのあいだに途を見いだそうとするキリスト教神学の努力を要約している。〔だが〕結局のところは、或る妥協によって生のままの存在が唯一可能な存在につなぎとめられ、そしてその限りにおいて、隠れた神が Ens realissimum〔最高度に事象性をそなえた存在者〕の犠牲にされるのである。

〔標題なし〕

一九五九年一〇月一〇日、日曜日

なぜ、またいかにして一人の画家は彼が模写する他の画家から学ぶのか（ファン・ゴッホがミレーの模写をしたように）、——つまり、おのれ自身であることを学ぶのか、他者のうちで、他者とともに、また他者に逆らいながらおのれを学ぶのか、とマルローは自問する。

これと同じように、われわれは、なぜ色を扱うことのできる者がデッサンをしたり、時としては彫刻をしたりもできるのかと自問することができよう——そこに何か共通なものがあるのか。——

事実、われわれがデッサンをしたり、描いたりすることは無から出発して事実的《ポジティフ》なものを産出することだと信じているかぎり、こういったことはすべて理解しがたい。そうした場合には、デッサンする行為と描く行為——自己として描く行為と他者として描く行為とは相互に孤立させられ、もはやそれらのあいだに関係は認められないことになる。これに反して、描くとかデッサンするということは無から何ものかを産出することではなく、線とか筆のタッチとか目に見える作品といったものが〈存在〉全体に向かう〈言語行為《パロール》〉の総体的運動の痕跡に過ぎず、線による表現も色による表現も、私の表現も他の画家の表現もこの運動のうちに包みこまれているのだということが理解されるなら、上の関係も見てとられることになろう。われわれは、さまざまな等価体系を夢みているのであり、これらの等価体系が実際に働いているのである。だが、これらの体系の論理は、音素体系の論理と同様に、ただ一つの束、ただ一つの音階に要約されるのであり、これらの体系はすべてただ一つの運動によって生気づけられ、これらの体系はそれぞれに、そしてまたすべてが〈存在〉のただ一つの渦動であり、ただ一つの収縮なのである。必要なことは、綜合ではないこの地平的全体性を解明することである。

野生の知覚——直接的なもの——文化的知覚——learning〔学習〕

一九五九年一〇月二二日

私が言っているのは、ルネッサンスの遠近法*は一個の文化的事実であるということ、知覚そのものが多型的であるということ、知覚がユークリッド的になるのは、知覚がそのシステムによって方向づけられるがままになるからだということである。

ここから次のような問いが生ずる。どうすればわれわれは文化によって形成されたこうした知覚から、「生まの」あるいは「野生の」知覚へたちもどることができるのか。何が形態化作用（information）の本領なのか。その形態化作用を解体（し、現象的なもの、「垂直的」世界、体験へ還帰）する作用とはいかなるものか。

そこからまた次のような問いも生じてくる。文化による知覚のこうした形態化作用、見えないものの見えるもののうちへのこうした下降、といったことからわれわれは、たとえばエゴン・ブランズウィックのように、知覚的プレグナンスは生態学的環境の learning〔学習〕であるとか、ベルリン学派[*]の自動的構成による諸ゲシュタルトは「経験的ゲシュタルト[1]」から派生したものだとか、言わねばならなくなるのだろうか。

私が主張するのは以下のことである。

一、文化による知覚の形態化作用というものがあって、これが、文化は知覚されると言うことを可能にする——知覚の拡張、たとえば「自然的」知覚において起こる Aha Erlebnis〔ああそうか体験〕[**]の道具関係（チンパンジー）への繰り越しといったものがあるのであって、だからこそ、世界への知覚的開在性（λόγος ἐνδιαθέτος〔無言のロゴス〕）と文化的世界への開在性（道具使用の習得）とを連続性のうちにおかねばならないのである。

二、自然の上にこうした独自の層があるということが教えているのは、learning が In der Welt Sein〔世界内存在〕だということであって、In der Welt Sein がアメリカ的な意味での、あるいはブランズウィックのいう認知的意味での learning だということではまったくない。

私の立場は、「直接的なものへの還帰」という問題のうちでこそ定義されうる：投射的ではない、垂直な世界という意味での知覚的なもの——これはつねに感ずることと共に、現象的なものと共に、沈黙せる超越と共に与えられている。にもかかわらず、ピアジェのような人たちはこうした知覚的なものをまったく無視し、それについての知覚を文化的-ユークリッド的知覚にそっくり変えてしまっている。それほどまでに忘れ去られることのあるこの本原的なものを直接的なものと呼ぶ、いったいどのような権利が私にはあるのだろうか。

知覚がおのれ自身に対しておのれを隠し、おのれをユークリッド的なものにしてしまうその仕方をきわめて精細に記述すること。幾何学的ゲシュタルトのプレグナンスは、こうしたゲシュタルトが他の何ものにも増して或る個体発生を可能にするという点に内具的に（文化的にではなく）もとづいているということ——（幾何学的ゲシュタルトは存在を安定させる。そこではもろもろの「変形《デフォルマシオン》」が相殺されるという言い方でピアジェが——拙劣に——表現しているのも、このことである(2)。だが、この内具的プレグナンスは、それがそのすべての意味を保存しておくためには、超越の地帯に、前-〈存在〉(pré-Être)*の文脈に、Umwelt〔環境世界〕の Offenheit〔開在性〕の文脈のうちに保持されていなければならないのであり、独断的に自明なものだとみなされてはならないということを示すこと、——ユークリッド的知覚は或る特権を有してはいるが、しかしそれは絶対的特権ではないし、絶対的だということは超越によって否認される、——超越はユークリッド的世界が世界の諸局面のうちの一つであることを要求する。——

生と共に、自然的知覚と共に(野生の精神と共に)、たえずわれわれには、内在の世界をしかるべき場所に据える手段が与えられている、——けれども、この世界にはおのずから自律化しようとする傾向があり、それはおのずから超越の抑圧を実現する、——鍵は、知覚がおのずから野生の知覚としての、不知覚としての、おのれについての無知であり、おのずから作用としてのおのれに眼を向け、潜在的志向性としての、〈……に内属してある(être à)〉としてのおのれを忘れる傾向にあるという思想にひそんでいるのだ。——

同じ問題:すべての哲学が言語でありながら、それにもかかわらずその本領が沈黙を見いだすところにあるのはいかにしてか。

(1) [*Perception and the representative design of psychological experiments*, Univ. of California Press, Berkeley, 1956. ベルリン学派のゲシュタルトに関する論議については同書一三二-四頁参照。learning〔学習〕としての知覚については一二二-三頁参照。]

(2) [特に *La Perception*, Symposium de l'Association psychologique scientifique de langue française, Louvain, 1953, Paris, 1955. ——ピアジェは幾何学的プレグナンスと経験的プレグナンスについて論じ、文字通り次のように述べている。「同様に、われわれは、よきゲシュタルトとは、そこではすべてが変形であるような知覚的構造のただなかで最大限の補償を生ぜしめ、したがって最小限の変形しか生ぜしめないようなゲシュタルトのことだと思う」(一九頁)。]

知覚と言語

一九五九年一〇月二七日

私は知覚を弁別的、相関的、対立的システムとして、――始元的空間を位相的な空間として（言いかえれば、私をとりまき、私がそこにいる全体的かさばり、私の前にと同様私の後にもある全体的かさばりのうちに刻みこまれた空間として）記述する。

それはそれでよい。だが、やはり、私は知覚される物は見るが、それに対して意味《シニフィカシオン》は眼に見えないという、知覚と言語との違いはある。自然的存在はおのれ自身に安らっており、私の眼差しはそれへ向けられうる。〔だが、〕言語がその住まいである〈存在〉*は凝視したり、眼差したりはされえないものであり、それは遠くからしか存在しない（n'être que de loin）のである。したがって、知覚されるもののこの相対的な事実性《ポジティヴィテ》を説明する必要がある（たとえこの事実性が非‐否定〔non-négation＝否定の否定〕でしかないとしても、たとえそれが観察に逆らわないとしても、たとえすべての結晶作用が或る点では幻想だとしても）、見えないものの事実性《ポジティヴィテ》が安らうのも、知覚されるもののこの事実性の上になのであるから。可知的世界などというものはないのであって、あるのは感覚的世界である。

（だが、さらに、感覚的世界の、自然のこの〈がある（il y a）〉とは何であろうか。

感覚的なものとはまさしく、定立される必要なしに存在がありうる媒体である。感覚的なものの感覚的現われ、感覚的なものの沈黙の説得こそ、〈存在〉が事実性《ポジティヴィテ》になることなしに、両義的であり超越的であることをやめることなしに、現われるための唯一の手段である。そこでわれわれが動きまわっている感覚的世界、そしてわれわれの他者との結びつきを可能にし、われわれにとって他者が存在するように仕向けている感覚的世界そのものがまさしく感覚的なものとして、暗示によってしか「与え」られないのだ。――感覚的なものとは次のようなものである。つまり、それは、沈黙のなかで明証的であり、暗黙のうちに理解されるこの可能性なのである。したがって、感覚的世界のいわゆる事実性《ポジティヴィテ》とは（われわれがそれをその根本まで探るとき、われわれが経験的‐感覚的なもの、われわれの「表象」という二次的な感覚的なものを乗り越えるとき、われわれが〈自然〉の〈存在〉を露呈するとき）まさしく捉えがたいものであることが確かめられるし、結局のところ、ただ一つまったき意味において見られるのは、もろもろの感覚的なものが切りとられてくる全体だけなのである。思考とは可視的なもの（visibilia）よりほんの少しだけ遠くにあるものにすぎない。

一九五九年一一月一日

交叉《キアスマ》*

――本質的に言うなら、裂け目は〈対自〉と〈対他〉（主観と対‐象）とのあいだにあるのではない。もっと正確に言うなら、それは、世界へ赴く者と、外部からはおのれの「夢」のうちにとどまっているように見える者とのあいだの裂け目なのである。私には存在者として現われるものが、他人の眼には「意識状態」でしかないように見えることになる交叉がある――だが、眼の視神経交叉と同様に、その交叉こそ、われわれが同じ世界――企投的世界ではなく、私の世界と他人の世界とのそれのようなさまざまな共立不可能性を通してその統一をかたちづくっている世界——に所属することを可能にしているものでもあるのだ。——換位によるこうした調停やこうした交叉こそ、単に対〈自〉と対〈他〉との対立があるだけではなく、これらすべてを含むものとしての〈存在〉が——まずは感覚的〈存在〉として、次いで無制限な〈存在〉として——あることを可能にするのである。

〈対他〉の代わりとなる交叉《キアスマ》：これが言わんとしているのは、単に私と他者とのあいだには敵対関係だけではなくその共働がある、ということである。われわれはただ一つの身体として働くのである。

交叉《キアスマ》とは、単に私と他者とのあいだの交換（他者が受けとるメッセージが達するのは、ほかならぬ私にであり、私が受けとるメッセージが達するのは、ほかならぬ他者になのだ）であるだけではなく、それは私と世界との交換でもあり、現象的身体と「客観的身体」、知覚するものと知覚されるものとの交換でもあるのだ。物としてはじまるものがついには物の意識になり、「意識状態」としてはじまるものがついには物となる。

この二重の「交叉」は〈対自〉の刃と〈即自〉の刃では説明されえない。〈存在〉の内部で生起する〈存在〉への或る関係がなければならぬ、——サルトルがもとめていたのも結局はこれである。だが、サルトルにとっては内的であるのは私だけであり、すべての他者は外在性であるがゆえに、彼にあっては〈存在〉は、その〈存在〉のうちで起こる減圧によって損われることはなく、〈存在〉は依然として純粋な肯定性《ポジティヴィテ》であり対象であって、〈対自〉が〈存在〉に分かち与かるのは一種の狂気によってでしかない。——

〔標題なし〕

一九五九年一一月

意味は見えないものであるが、しかし、この見えないものは見えるものと矛盾するものではない。見えるものそれ自体が見えない骨組をもっているのであり、見えることの‐ない‐ものは見えるもののひそやかな裏面なのであって、それは見えるもののうちでしか現われず、それは Nichturpräsentierbar〔根源的に現前しえないもの〕であるが、そのようなものとして世界のうちで私に呈示される。――われわれは、その見えないものを世界のうちに見ることはできないし、そこにそれを見ようとする努力はすべて、それを消失せしめてしまうのである。しかしそれは見えるものの戦列のうちにあり、それは見えるものの虚焦点であり、それは見えるもののうちに（透し模様で）描きこまれているのである。――

見えないものと見えるもの（思考の領域、思考の方向……）のあいだのさまざまな対照は対照ではなく（ハイデガー）、それが意味しているのは、見えるものが見えないものを懐胎しているということであり、見える諸関係（家）を十全に理解するためには見えるものの見えないものへの関係にまで赴く必要があるということである……。他人にとって見えるものは私にとって見えないものであり、私にとって見えるものは他人にとって見えないものである。この定式（サルトルのそれ）は維持されえない。次のように言う必要があるのだ。〈存在〉とは、私に見えるものが、他人に見えるものと重なり合うわけではないのに、やはり他人に見えるものに開かれており、両者いずれもが同じ一つの感覚的世界に開かれているといったように仕向けるような奇妙な蚕食*である、と。——そして、この同じ奇妙な蚕食、この同じ離れておこなわれる継ぎ合わせこそ、私の諸器官のメッセージ（〔たとえば〕単眼像）がただ一つの垂直の実存とただ一つの世界のうちに集まるように仕向けている当のものなのである。

したがって、意味《サンス》とは無化でもなければ、〈即自〉のために〈対自〉が犠牲になることでもない。——こうした犠牲、こうした真理の創造を予想することは、やはり〈即自〉をモデルにし、〈即自〉から出発して思考することであり、〈即自〉が期待に応じないときには、その〈即自〉を存在せしめるような英雄的な使命を〈対自〉に託することである。こうしたことを予想することは、やはりデカルト的空間の Weltlichkeit〔世界性〕をモデルにして諸精神の Weltlichkeit を思考することである。もろもろの〈対自〉の〈即自〉が欠けているときには、それをつくり出すことが〈対自〉に課せられることになる。もっとも、私はもろもろの精神の Weltlichkeit を即自的な用語で考えているわけではない——存在しないものを未来のうちにもとめるというのは妄想であろう。諸精神の Weltlichkeit は、それら諸精神が、たしかにデカルト的空間のうちにではないが、感性的《エステティック》世界のうちに伸ばしている根によって確保されているのである。この感性的世界は超越的空間、もろもろの共立不可能性からなる空間、炸裂的、裂開的空間として記述さるべきであって、客観的-内在的空間として記述さるべきではない。したがって思考、主体も、それなりの「局在性」をそなえた、いずれにせよ空間的状況《シチュアシオン》として記述さるべきである。それゆえ空間的「隠喩《メタファー》」も、存在と無の不可分体として理解さるべきである。それゆえ、意味《サンス》は無化ではない。——

最初の概算では意味《サンス》をなしているこの隔たりは、私が私に当てがう否《ノン》、つまり私が私に与える或る目的の出現によって欠如として構成される欠如ではなく、——それはいつもすでにそこにあった自然的否定性、最初の制度化なのである。

右左について熟考すること。それらは関係的空間性（つまり事実的な空間性）のうちの単なる内容に属するものではない。それらは、空間の諸部分でもない（この点では、全体が最初のものだというカントの推論*は当っている）。それらは全体的部分であり、包摂的空間、位相空間の切り取りなのである。二とか対について熟考すること。それは二つの作用、二つの総合ではなく、存在の分裂（fragmentation）なのであり、隔たりの可能性（二つの眼、二つの目：区別（discrimination）の可能性、弁別符の使用の可能性）であり、（つまりは類似を地にしての、ὁμοῦ ἦν πάντα〔かつて万物は同時にあった**〕を地にしての）差異の到来なのである。

……………………………………………………

一九五九年一一月

見えるものと見えないもの

次のように言ってはならないであろうか。

超越の観念＝われわれが触れたり見たりしていると思っているすべてのものを無限なものへ差し向ける。

けれどもそうではない。いつも「もっと遠く」にある見えるものがそういうものとして現前させられているのである。

それは Nichturpräsentierbar〔根源的に現前しえないもの〕の Urpräsentation〔根源的現前〕なのである——見ること、それはまさしく無限の分析がいつも可能であるにもかかわらず、またいかなる Etwas〔何ものか〕もけっしてわれわれの手中には残らないのだけれども、或る Etwas をもつことなのである。

そうなると、それは純然たる矛盾ではなかろうか。けっしてそうではない。見えるものは、もし私がそれを、基底を求める思考によってではなく、包摂するもの、側面的カセクシス*、肉として考えるならば、近づきえないものであることをやめるのだ。

諸「感官」——次元性——〈存在〉

一九五九年一一月

それぞれの「感官」は一つの「世界」である。言いかえれば、ほかの諸感官とは絶対に交流しえないものであるが、やはりそれは、その構造からして一挙に他の諸感官の世界に開かれており、それらと共にただ一つの〈存在〉をなしている何ものかを構成しているのである。感覚的性質：たとえば或る色、黄色、それはおのれ自身でおのれを乗り越える。それが照明色、領野の支配的な色になるや否や、それはしかじかの色であることをやめる。したがってそれはおのずから存在論的機能を有しているのであり、あらゆる物を描き出す《ルプレザンテ》のに適するようになるのである（〔デカルトの〕『屈折光学』第四講における銅版画のように）**。ただ一つの動きによってそれは特殊なものとしてのおのれを押しつけもすれば、特殊なものとして見えることをやめもする。「世界」とは、それぞれの「部分」がそれだけで捉えられると突然無制限な諸次元を開く——全体的部分（partie totale）になる——ような全体のことである。

ところで、色、たとえば黄色のこの特殊性とこの普遍性《ユニヴェルサリテ》は矛盾ではない、それらが合して感覚的性質そのものなのである。色、たとえば黄色が或る色として与えられもすれば、同時に一つの次元、つまりおよそありうるすべての存在の表現としても与えられるのは、この同じ力によってなのである。——（言語の独自性と同様）感覚的なものの独自性は、記号《シーニュ》－意味《シニフィカシオン》の関係や部分相互の内在や部分の全体への内在によって全体の代理《ルプレザンタティフ》をするのではなく、それぞれの部分が全体からひきぬかれ、その根〔特殊性〕をたずさえたまま全体に蚕食し、他の諸部分の境界を越境するがゆえに全体の代理をするというところにある。このようにして、諸部分がたがいに蔽い合い（透かして見える《トランスパランス》）、現前しているものが見えるものの限界内にとどまらない（私の背後にもある）ことになるのである。ちょうど外科医が身体を切開し、自分のこしらえた窓を通して、現に作動中の諸器官、その活動のさなかに捉えられ脇から見られた諸器官を見てとるのと同じように、知覚は私に世界を開いてくれるのである。このようにして、言語が私を他人に加入せしめるように、感覚的なものは私を世界に加入せしめる。このようにして、というのは、つまり蚕食、Überschreiten〔踏み越し〕によってということである。知覚は、まずもって物の知覚なのではなく、世界の輻（rayons du monde*）である諸媒体（水、空気……）の知覚、次元であり世界であるような物の知覚なのであって、私はこれらの「諸媒体」をかすめて、世界のうちにある私になるのであり、私は「主観的なもの」から〈存在〉へと滑りこむのである。

何ものかとしての黄色と、一つの世界という資格での黄色とのいわゆる「矛盾」：これは矛盾ではない。というのも、黄色が一つの世界ないし一つの媒体になるのも、まさしくその黄色としての特殊性の内部においてであり、その特殊性のおかげでなのだからである。——一つの色が水準になりえ、一つの事実がカテゴリーになりうるということ（これは音楽におけるとまったく同様である、或る音を特殊なものとして、つまり他の調（ton）の領野のうちで記述すること——と、「同じ音」をその調のなかで一つの楽曲が書かれるような音として記述すること）＝普遍的なものへの真の歩み。普遍的なものはわれわれの上にではなく下にある（クローデル）*のであり、われわれの上にではなく背後にあるのである。——無調音楽＝不可分な〈存在〉の哲学の等価物。それは同定しうる物を欠いた、物の外皮を欠いた、だが物の肉を与える絵画のようなものである。——Transponierbarkeit〔移調可能性〕とは、無調音楽がその主題化であるようなもっと一般的な移調の特殊例である。こうしたすべては、不可分の〈存在〉を予想している。

感覚的なもののこの一般性＝Urpräsentierbar〔根源的に現前可能〕ではないもののUrpräsentation〔根源的現前〕＝無制限な存在のうちに穿たれた感覚的なもの、つまり私の視角《パースペクティヴ》と他人の視角、私の過去と私の現在とのあいだにある〈存在〉。

知覚されるものの独自性：すでにそこにあり、知覚の作用によってあるのではなく、この作用の根拠であって、逆ではないということ。感覚的性質＝超越、ないし超越の鏡。

一九五九年一一月

奥行**

奥行および「背」（および「裏面」）——これはすぐれた意味で隠されているものの次元である——（すべての次元は隠されたものに属するのだが）——

私がそこから見ている点があるからこそ——世界が私をとりまいているがゆえに——奥行があるにちがいない。

奥行こそ、物たちが、現に私の眼に映じているものではないというまさしくそのことによって、清潔なままでありつづけ、物でありつづけるために有している手段である。奥行こそ、すぐれた意味で同時的なものの次元なのである。この奥行がなければ、世界もなければ〈存在〉もないことになろうし、他のすべての場所を離れることなしにはここに現われることができないであろうような可動的な明晰さの地帯——とこれら「視像」の「綜合」——しかないことになろう。奥行があれば物たちは肩を並べて共存できるのに、〔そこでは〕物たちはたがいに忍びこみ合い、溶け合ってしまう。それゆえ、奥行こそ、物たちが一つの肉を共有することを、言いかえれば、物たちが私の視察に対して障壁を設け、抵抗——これこそがまさしく物の実在性であり、物の「開在性」であり、物たちの totum simul〔同時的全体〕なのであるが——を示すことを可能にするものなのである。眼差しは奥行を打ち負かすのではなく、それを回避するのである。

奥行は、過去把持が現在のうちで、urstiften〔根源的に設立〕されるように、私が——「志向性」なしに——明晰な視覚で見ているもののうちで urstiften されるのである。

メッツガーが次のように述べているのを参照せよ。奥行というものは、二点の明晰な視覚を同時にもつことができなくなってゆくその瞬間に現われる。そのとき、位置がずれていて、重なり合わない二つの像が、突然同じ物のプロフィールとして奥行のうちに「根をおろす」のである。[1]——これは（或る即自的なものに向かい、並存する即自的なものしか与えないような）作用や志向性ではない。——共立不可能な二つの視像の同一化がおこなわれるのは一般的なことであり、また領野の或る特性によるのであるが、それというのも、奥行が私に開かれ、奥行へと私の眼差しを移動させるためのこの次元、この開在性を私がもつからである。

（1）[Wolfgang Metzger, *Gesetze des Sehens*, Frankfurt am Main, 1936, 2e éd., augmentée 1953, S. 285.]

〔標題なし〕

一九五九年一一月

次のように言うこと。物たちは構造であり、骨組であり、われわれの生の星々である。それらはわれわれの前に、遠近法的な光景として繰りひろげられているのではなく、われわれのまわりに引きつけられながら回っているのである。

これらの物たちが人間を前提にしているのではなく、人間の方が物たちの肉でできているのである。だが、それにもかかわらず物たちのすぐれた存在は、知覚のうちに入りこみ知覚によって物たちと距離をおいた接触を保ちつづけている者によってしか理解されえないのである。

本質《エサンス》、Wesen〔本質〕。本質と知覚の深い血縁性：本質もまた骨組であり、それは感覚的世界の上にあるのではなくその下に、あるいはその深みに、その厚みのうちにあるのである。本質はひそやかな絆である。——もろもろの本質は言葉《パロール》の次元にある Etwas〔何ものか〕であり、それはちょうど物たちが〈自然〉のレベルにある〈本質〉であるようなものである。物たちの一般性《ジェネラリテ》：なぜそれぞれの物の多数の個別例があるのか。これは領野的存在者としての物の定義そのものによって課せられているのだ。一般性のない領野などどうしてありえようか。

私は超越ということで次のようなことを示しているのだ。つまり、見えるものが見えないものだということ、見えるということは原理的に言って、すでにそこにある見かけだけで十分なのであって、基底にある存在などを求めるには及ばないと私を説得するものであり、知覚こそ、気づかれないもの（見え隠れするもの：透けて見えること、蚕食）のあることを私に保証してくれるものだ、といったことをである。次いで、見えるもののもつこの見えないもの、これこそ、私が生産的思考のうちに視覚の全構造を再発見し、思考を操作や論理から根本的に区別することを可能にしてくれるものだ、ということをである。

私‐他者、不十分な定式

一九五九年一一月

私‐他者の関係は（その無際限な代替現象をともなった両性間の関係のように、――シルダーの *Image and Appearance*, p. 234 を参照せよ(1)）、そのいずれもが他方が引き受けるのでなければ引き受けることのありえないような相補的役割として考えられねばならない：男性的性格は女性的性格を含んでいる等々。私が〈自我《エゴ》〉の面前に他者を構成したりする必要がないようにしている基本的多型性があるのだ。つまり、他者はすでにそこにおり、その他人を地にして〈自我《エゴ》〉がかちとられるのである。前‐自我論《プレ・エゴロジー》、「癒合態」*、不可分態ないし転嫁を記述すること。こうしたレベルにあるのは何であろうか。あるのは垂直的ないし肉的な世界《ユニヴェール》とその多型的母胎である。もろもろの認識が身を落ちつけているとされる白紙《タブラ・ラサ》〔という考え〕のばかばかしさ：それは、認識に先立つ認識があるからではなく、領野があるからである。私‐他者の問題、西洋的な問題。

(1) [P, Schilder, *The Image and Appearance of Human Body*, London, 1955.]

〔標題なし〕

一九五九年一一月

哲学はかつて受動性について語ったことはない。――私も受動性について論じているのではない。われわれは結果ではないのだ。――しかし、私はヴァレリーが精神の身体（corps de l'esprit）*について論じたように、われわれの能動性のもつ受動性については論ずることになるであろう。われわれの自発性がどれほど新しいものであろうと、それは存在のただなかで生まれるのであり、それらの自発性は、われわれのうちで滲み出す時間と連動しており、われわれの生のもろもろの回転軸《ピボ》や蝶つがい《シャルニエール》に支えられているのであり、それらの意味（sens）はある「向き《ディレクシオン》」なのである。――心はいつも思考している。それは心にあって或る状態的特性なのであり、心は、つねに何ものかが、あるいは何ものかの欠如が記入される或る領野が開かれてしまっている以上、思考しないというわけにはいかないのである。そこにあるのは心の能動性でもなければ、複数形の思考の産出でもないのであり、私は現在の過去把持への移行によって私のうちに生ずるくぼみの作者でさえなく、私の心臓を鼓動させているのが私ではないのと同じように、私を思考させているのも私ではないのである。そう考えることによって Erlebnisse〔体験〕の哲学を離れ、われわれの Urstiftung〔根源的設立〕の哲学へ移行すること。

〔標題なし〕

一九五九年一一月二六日

思考の「向き」――これは隠喩ではない――見えるものと見えないものとのあいだにあるのは隠喩ではないのだ（見えないもの：あるいは私にとっての私の思考、あるいは私にとっての他者の感じうるもの）。隠喩、これはあまりに多すぎるかあまりに少なすぎるかのどちらかである。もし見えないものが真に見えないのであるとしたらあまりに多すぎることになるし、見えないものが移調に応ずるとしたらあまりに少なすぎる。――

そこにあるのが隠喩ではないのは、一、思考が記述さるべき準局在性をそなえているからである（つまり、一定の空間－時間点への内属ではなく、伸縮自在な絆によって生ずる局在性：精神がここにあると言うことはできないが、それがそこにはないということなら言えよう。――次から次へとおこなわれるこの否定は世界や自己の身体のあらゆる部分に及ぶ。――けれどもカセクシスの局在性はあるのであり、こういったことがすべて言われるときには、他者の出現の舞台が存することになるのである）。

また、二、「物たち」に関してさえ、もともとの意味での局在性や、その物たちの運動の「向き」にしても（思考の向き）より以上に客－観的な空間のうちに同定しうるものであったり、客－観的な空間のうちでの関係であったりするわけではないからである。――或る向きは空間のうちにあるのではない：それは空間を通して透かし模様になって見えるのである。――したがって、その向きは思考にも移調可能なのである。――

精神はここにもないし、ここにもないし、ここにもない……。けれども、それは「留められ」ており、「結びつけられ」ている、それは絆なしには存在しないのである――否定の否定と肯定：両者のあいだで選ぶことはできない。精神はなんらかの客観的な場所にあるのではないが、やはりそれはおのれの周辺部分でつながり、おのれが包囲している或る場所におのれを備給しているのであり、それは、私にとっての私の局在性が私の風景のすべての消失線によって私に示される点でありながら、それ自体は見えない点であるのと同じようなことである。

一九五九年一二月

ライプニッツ

知覚を（即自的な私の身体における、即自的な外的事物の）再現と見るような考え方を否定することによって、私は生まの〈存在〉への通路を開くのであり、私はこの〈存在〉と主観‐客観の関係にあるのでもなければ、まして結果と原因の関係にあるのでもない。In der Welt Sein〔世界内存在〕の関係は、ライプニッツのもとで世界から取り出されるもろもろの遠近法的《パースペクティヴ》展望の相互表出の関係や、したがってこれらの多様な展望――それはもろもろの思考として神から発出するのであるから――の唯一の作者としての神が占めている地位につくことになるのである。たしかに、このようにして発見される〈存在〉はライプニッツの神ではないし、このようにして開示される「モナドロジー*」は、モナド――実体――の体系ではないのだが、しかし、ライプニッツの或る種の記述――つまり、世界についてのそれぞれの視像はそれぞれが別の一つの世界であるとか、にもかかわらず、「或る者にとって特殊なものが、全体にとっては公共のものである」とか、モナドは相互のあいだで、また世界とのあいだで相互表出の関係にあるとか、モナドはさまざまな遠近法的展望《パースペクティヴ》として相互に、また世界から区別されるといった記述――は全面的に保存さるべきであり、生まの〈存在〉のうちで採りあげなおし、ライプニッツがそれらの記述にくわえた実体論的かつ存在神学的な彫琢と切りはなされるべきである。

　われわれのうちにおける世界の表出、これはたしかにわれわれのモナドと他のモナドとのあいだの調和でもなく、われわれのモナドのうちにすべての事物の観念が現前しているということでもないのだが、――しかし、それは、われわれが知覚を説明するかわりにそれをあるがままに受け取るとき、そこに確認することである。われわれの心は窓をもたない：これが言わんとしているのは In der Welt Sein〔世界内存在〕ということである。――（機会原因論*と同様に）予定調和**はつねに即自〔の観念〕を保存しているが、ただそれを――われわれの思考の原因にするかわりに――神のうちに基礎を置く実体相互の関係によって、われわれの体験することに結びつけるのである。――しかし、必要なのは、まさしく〈即自〉の観念を全面的に放棄することである。――

　これは、ライプニッツの表出の観念を変形しておのれの射程のうちに採り入れるような、知覚という主題の採りあげなおしである。

　垂直的世界と垂直的歴史。

「世界」

一九五九年一二月

一つの「世界」(音の世界、色の世界……は、それぞれがまったき世界である)＝閉ざされてはいるが、奇妙なことに残りのすべてを表現し、おのれ自身以外のすべてのものに対するそれなりのシンボル、それなりの等価物をもつ一つの組織された全体。たとえば、絵画には空間に対するそうしたものがある。

一つの「世界」はもろもろの次元を有する。定義からして、それらの次元は、それだけしかありえないといったものではない(第三の次元への移行によって、最初の二つの次元においては分離されていた空間的な存在者がふたたび結びつけられるということがありうるのだ)。しかし、これまた定義からして、それらの次元は骨組としての価値をもつ。つまりそれらは特定の内容をもった個別的なもの以上のものなのである：鉛筆によるデッサンにおけるさまざまなヴァルールはそれぞれが全体を表現している。

こうして絵画《タブロー》は、ただ一つの「実在的」な世界に対して一つの「世界」をなしているのである、——それは、いずれにせよすべての他の絵画とともに一つの世界を形づくっている、——そこでは、同じ感覚的要素が散文的世界におけるのとは別のことを意味しているのだ。

概念、観念、精神、表象といった概念を、次元、分節、水準、蝶つがい《シャルニエール》、回転軸《ピボ》、布置といった概念によって置き換えること。——出発点＝物とその属性という通常の考え方の批判——→主語という論理的概念および論理的内属関係の批判──→事実的（positif）な意味《シニフィカシオン》の批判（意味《シニフィカシオン》の差異）、隔たりとしての意味《シニフィカシオン》──、こうした弁別的な考え方に基づけられる述定理論。

或る高次の次元への移行＝一つの意味の Urstiftung〔根源的設立〕、再組織化。その高次の構造が所与の構造のうちに準備されているというのはいかなる意味か。感覚的構造がその身体との関係、肉との関係によってしか理解されえないように、──見えない構造はそのロゴスとの関係、言葉《パロール》との関係によってしか理解されえない。──見えない意味が言葉《パロール》の骨組なのである。──知覚の世界が（それもまた見られる）運動の世界へと蚕食するのであり、逆に運動が［眼？］をもつのである。同様に、観念の世界が言語《ランガージュ》を蚕食する（とひとは考えているが）、逆にこの言語《ランガージュ》が観念を蚕食するのである（ひとは話すがゆえに、書くがゆえに思考するのである）。──

他者の言語行為《パロール》が私に語らせ、思考させるのは、それが私のうちに私とは別なもの、私が見ているもの……に対する或る隔たりをつくり出し、こうして、私自身にそれを指示するからである。他者の言語行為《パロール》は、それを通して私が私の思考を見る〔解読用の〕格子をなしているのである。私は、この会話に先立って私の思考を有しているのであろうか。単一な基音、Weltthesis〔世界定立〕としては然りであるが、思考としては、意味《シニフィカシオン》としては、あるいは言表としては否である、──たしかに、語るためには思考しなければならないが、しかし、その思考は世界内存在しているという意味での思考であるか、あるいは Vorhabe〔予持〕されている垂直な〈存在〉に内属しているという意味での思考なのである。もろもろの思考は包括的存在をくずした小銭であり、──その包括的存在の内部にあるさまざまな区画線なのである。

フッサールの lebendige Gegenwart〔生き生きとした現在〕(1)

一九五九年一二月

私の身体は、他の事物のようにけっして perspektivisch〔遠近法的〕な運動のうちにあるのではない――ましてや私の身体は、他の事物のうちの或るもののように静止しているのでもない。それは客観的な静止や運動の手前にあるのだ。――

私の身体が Ich gehe〔私は行く〕によって遂行するであろう（そして、「遠近法的」ではない）もろもろの運動は、つねにそれぞれの瞬間には可能的な静止だということになろう。――それはいかなる意味で可能なのか。たしかに問題になるのは、私の身体が存在しうるであろう何らかの Ort〔場所〕ではない、つまり、私の身体を或る場所に見いだしうるという論理的可能性の喚起ではない。問題になるのは、或る可能力、――つまり、或る〈われなし能う〉なのである。

Veränderung〔変化〕と Unveränderung〔不変化〕――これらの現象をもとに否定的なものについての理論を形成すること。肯定的なものと否定的なものとは〈存在〉の二つの「側面」である。垂直的な世界においては、すべての存在者がこうした構造をもっている。（意識の両義性も、また意識の一種の盲目も、知覚のうちにひそむ不知覚さえもこの構造に結びついている。――見るということ、それは見ないということである。――他者を見ること、それは本質的には、対象としての他者の身体が心的「側面」をもちうるように、私の身体を対象として見ることである。

私の身体の経験、および他者の経験はそれ自身同じ〈存在〉の二つの側面である。私が私は他者を見ていると言うばあい、実際に起こっているのは、何よりも私が私の身体を対象化するということなのであり、他者はこの経験の地平、ないしその別の側面なのである。——こうして、ひとは自分に関わりあっているにすぎないのに、他者に話しかけていることになるのである。

矛盾の、絶対的否定の、二者択一(ou bien ou bien)の理論に逆らって、——超越、それは差異のなかでの同一性である。

(1)［D. 12. IV という整理番号のもとに分類され、*Die Welt der lebendige Gegenwart und die Konstitution der außerleiblichen Umwelt*〔生き生きとした現在の世界と身体外部の環境世界の構成〕という標題のもとに *Philosophy and Phenomenological Research*, vol. 6, nº 3, mars 1946 に収録されたフッサールの遺稿への言及。］

科学と存在論

一九六〇年一月四日、月曜日

科学を所与の認識状況のなかでの操作として正当化し、——そうすることによって、この操作的科学の「補完的」存在論の必要性を明らかにすること。——

存在、時間、進化などの科学的な取扱いを宇宙《ユニヴェール》の「表情」ないし〈存在者〉の「表情」の標定として、それらの存在者がその蝶つがいとしての役割のゆえに含意しているものの組織的解明として性格づけること。原理的に言って科学は悉尽論証*ではなく、相貌的ポートレートである。——科学のもつ取扱いの自由性、その操作上の自由性はそのまま、一つの内部存在論（intra-ontologie）と同義である。解析幾何学が空間と数のあいだに設定する等価関係は、空間の精神化（ブランシュヴィク）としてではなく、要するに知性の空間化として、つまり世界に属している認識主観の面前にある空間と数の存在論的等価関係の直観として理解されねばならない。

科学的演繹‐経験的事実、この平行関係は否認されてもならないし、科学の実在論の証拠と考えられてもならない。この平行関係は、演繹科学が世界の諸構造やもろもろの回転軸、世界の骨組をなす或る種の表情を顕在化するということに基礎をおいている。科学のもつこうした真理性は、哲学を無用ならしめるどころか、〈存在〉への超越的関係、科学の主観と客観の或る前客観的〈存在〉への内属性によってしか基礎づけられないし保証されないものなのである。

尺度——この概念の存在論的意味
内部存在論（Endo-ontologie）、フッサールの現象学的絶対者を参照

一九六〇年一月二〇日

内部存在論は〈即自〉の存在論の乗り越えであり、——この乗り越えを即自の用語で表現するのが——〈尺度〉：投影的概念：或る即自的存在者が或る即自的平面に転写され、そこではしかじかの大きさの関係に従って移調されて現われてくることになるのであり、したがって、異なった尺度をもつ多くの表象も同じ即自のさまざまな「視覚的画《タブ》

像《ロー》」なのだと考えられている。――ひとは、モデルとされる〈即自〉を除去することによってもう一歩前進することになる：つまり、もはや異なった尺度をもつ多くの表象しかないことになるのだ。しかし、それらの表象も、もしひとが哲学の問題設定に近づかないかぎり避けることのできない不整合によって、「視覚的画像」の秩序、つまり即自の秩序にとどまっている。――必要なことは、異なった尺度をもったもろもろの「視像」はもろもろの身体性――近づきえない一つの〈即自〉を映すもろもろのスクリーン――への投影図ではないということ、それらの視像とそれら相互の側面的な含み合いこそが実在なのだということ、正確に言うなら、実在するのはそれらの共通の骨組であり、それらの核なのであって、それらの背後にある何ものかではないということ、つまりそれらの背後にあるのは、依然として即自‐投影図という図式に従って考えられている他のもろもろの「視像」でしかないのだということ、を理解することである。実在的なものはそれらの視像のあいだにあり、それらの手前にあるのである。巨視的現象と微視的現象は、それらの背後にある即自的な実在のプラスあるいはマイナスに引伸ばされた二つの投影図ではないのだ。進化という巨視的現象の方がいっそう実在性が乏しいというわけでもなく、微視的現象の方がいっそう実在性が豊かだというわけでもない。両者のあいだに位階関係《ヒエラルキー》はないのである。

微視的現象である私の知覚の内容と、包みこむ現象である大きな尺度をもった視像とは、〈即自〉の二つの投影図ではない。〈存在〉とはそれらの共通の骨組なのである。それぞれの領野が一つの次元性なのであり、〈存在〉とは次元性そのもののことである。したがって、〈存在〉はいずれにせよ私の知覚によって近づきうるものなのである。「現われ」相互の側面的な超越が Wesen〔現成すること〕（動詞的）の核としての本質に対してもつ指示関係を私に見せてくれるのも、ほかならぬ私の知覚である、――より大きな尺度ないしより小さな尺度での認識（巨視的現象‐原子《ミクロ》物理学的なもの）とは、知覚だけが私にその現実性を与えてくれ、その骨組からの借入れによってしか考えられることのできない存在の核の点描的な（数学的手段による、言いかえれば諸構造の目録による）限定なのである。

つねに世界を外側から、世界観察者《コスモテオーロス》の視点で見ること——これは、反定立というかたちで、それと敵対的でもありかつ不可分でもある反省的採りあげなおしの運動をともなっている——であるような因果的思考を廃棄する必要がある。もはや私はおのれを客観的空間性という意味での世界のうちにあるものと考えてはならない。そのように考えることはおのれを自己定立し、おのれを Ego uninteressiert〔無関与的なわれ〕*のうちに据えることに帰着しよう、——因果的思考にとってかわるのは超越という観念、つまりこの世界への内属性において、この世界への内属性のおかげで見られる世界という観念、〈内部〉存在論（Intra ontologie）という観念、包み‐包まれる〈存在〉、垂直の、次元的な、次元性としての〈存在〉という観念である。——そして、因果的思考と敵対的でありかつ連帯的である反省的運動（もろもろの「観念論者たち」の考える内在）にとってかわるのは、原理的に或る外部をもつ、もろもろの布置の構築法をもつ〈存在〉の襞ないしくぼみである。

もはや ——意識
　　　 ——さまざまな投影図
　　　 ——〈即自〉ないし対象

といったものは存在しない。あるのは、諸領野を成りたたしめる一つの領野のなかで交叉し合う諸領野なのであり、フッサールが目的論と現象学的絶対者についてのその未公刊草稿**のなかで指摘しているように、この一つの領野において「もろもろの主観性」が統合されるのである。というのも、これらの主観性はその内部構造のうちに、全面的にそれらの主観性によって支えられている一つの leistende Subjektivität〔能作しつつある主観性〕を担っているからである。

見えないもの、否定的なもの、垂直の〈存在〉

一九六〇年一月

見えないものが単に見えていないもの（non-visible）[1]（これはかつては見られたか、今後見られるかではあるが今は見られていないもの、それとも私以外の他人によっては見られているが私によって見られていないもの、そのいずれかである）であるだけではなく、その欠如が世界の本質的契機になっている（それは見えるものの「背後」にあり、切迫したないし卓越した可視性なのであり、それはまさしく Nichturpräsentierbar〔根源的に現前しえないもの〕として、他の次元として Urpräsentiert〔根源的に現前〕しているのである）。その位置をしるしづける空白が「世界」への通過点の一つであるような、そうした見えるものと見えないものとの或る関係。この否定的なものこそが以下のものを可能にするのである。すなわち垂直的世界、共立不可能なものの合一、超越的存在、位相空間、継ぎ目[2]（jointure）と骨組（membrure）を可能にし、分離（dis-jonction）と解体（dé-membrement）を可能にする時間、——そして事実存在《エグジスタンス》への権利を主張するものとしての可能的なもの（「過去」と「未来」はこの事実存在の部分的表現にすぎない）、——そしてオス－メスの関係（それぞれが他方によって可能であるがゆえに、たがいにぴったり合うことを子供たちがあらがいがたく見てとる二つの積み木）——そして「隔たり」*ともろもろの隔たりの上に成り立つ全体性、——そして思考されたことと－思考されないこととの関係（ハイデガー）——そして二つの志向がただ一つの Erfüllung〔充実〕を有するような Kopulation〔交合〕の関係。

（1） あるいは可能的に見えるもの（可能性のさまざまな程度において、過去は見られえたし、未来は見られうるであろう）。
（2） これは同じことである：［?.］は Kopulation＊〔交合〕（フッサール）。

〔標題なし〕

一九六〇年一月(1)

フッサールもまた、ただ一つの世界、つまりこの世界だけが可能だと考えている（ソルボンヌの未公刊草稿を参照せよ。そこでは〈神の唯一性と同じような世界の唯一性〉という言い方がされている）。「可能なる他のもろもろの世界」はこの世界の理念的異本《ヴァリアント》である。――しかし、われわれの世界というこの唯一可能な世界は、その組織そのものにおいて、現実性《アクチュアリテ》からなっているわけではない。――可能的なものを、矛盾をふくまないもの、否定性をふくまないものと見るライプニッツの考え方は現実主義《アクチュアリスム》の反対物ではない。それは現実主義の補完物であり、現実主義と同様に肯定主義的《ポジティヴィスト》なのである。そして、ライプニッツにおける現実的《アクチュエル》なものとは、結局のところ、いま論じられた可能性、つまり充実せる可能性の極限例でしかなく、それは道徳的矛盾を含まないもの、悪くないもの、あるいは、可能なかぎり良いものという意味と、およそ可能なもののうちでもっとも可能であるものという意味と、この二重の意味において、およそ可能な最善のもののことである。フッサールによれば、世界の唯一性とは、その世界は現実的であるのに対して他のすべての世界は想像上のものだということを意味するのでもなければ、その世界は即自的に存在するのに対して他のすべての世界はわれわれにとってしか存在しないということを意味するのでもなく、その世界がおよそ可能なものについてのあらゆる思考の根底にあるということ、その世界がその属性であるもろもろの可能性の暈——それらの可能性は Wirklichkeit〔現実性〕をもととしての Möglichkeit〔可能性〕ないし Weltmöglichkeit〔世界のなかでの可能性〕である——によってとりまかれているということ、この知覚される唯一の存在が、おのずから世界という形式をとることによって、言ってみれば存在しようとし、考えうるかぎりの可能なるすべてのものを包みこもうとし、Weltall〔万有〕であろうとする或る自然的な定めのごときものを有している、ということを意味しているのである。われわれの世界の包括性は、その「内容」に即してのものでも（われわれはとうていその内容のすべてを知ることはできない）、登記された事実（「知覚されたもの」）としてでもなく、その布置、あらゆる可能なものを包摂し、あらゆる可能なものがそこに帰着するその存在論的構造に即してのものなのである。したがって、形相的変更*が私を移行させるのは、ばらばらな諸本質から成る或る秩序や或る論理的に可能なものにではない。それが私に与える不変項は、或る構造的不変項であり、結局のところこの世界の Welthesis〔世界定立〕のうちでしかその Erfüllung〔充実〕をもつことのない、或る内部構造であるような〈存在〉なのである。

（1）［E. Ⅲ. 4. という記号で分類されている一九三〇年の未公刊草稿。**］

見えるものと見えないものの問題圏

一九六〇年一月

原理：見えないものを「可能なる」もう一つの見えるもの、ないし他者にとって見える或る「可能なるもの」とみなさないこと：さもないと、われわれを見えないものに結びつけている骨組を壊してしまうことになろう。もっとも、「可能なる」もう一つの見えるものを「見ている」とされるこの「他者」――あるいはその他者が構成しているとされるこの「もう一つの世界」も、必然的にわれわれの世界に結びつけられていることになるわけであろうから、真の可能性〔だとされるもの〕にしても必然的にわれわれの世界とのこの連関のうちに再現してくることになるのではあろうが。――見えないものは対象であることなしにそこにあるのであり、それは存在者的仮面なしの純粋な超越なのである。そして、「見えるもの」そのものもまた、結局のところ、ほかならぬ或る不在の核を中心に動いているのである。――

見えない生活、見えない共同体、見えない他者、見えない文化、について問うこと。

「もう一つの世界」の現象学を、想像上のものや「隠されているもの」についての現象学の越えてはならぬ限界とみなすこと。――

一九六〇年一月

知覚――運動――感覚野の始元的統一性――受肉の同義語としての超越――

内部存在論――心と身体――質的統合と質的差異化――

私が動くとき、知覚される諸物は、その距離に反比例する見かけの移動――もっとも近くにある物がより大きく動くという——をおこなう。移動の幅が距離の指標として役立ちうるわけである。

主要なこと：幾何光学がなすように現象を再構成すること、つまり像の網膜上での角度の移動から出発して、しかじかの点に対応するものとして現象を作図することは、まったく作為的である。こうした幾何学を私は無視するし、それに現象の上でも、私に与えられているのはこの種の移動ないし無‐移動の束ではなく、或る距離で起こっていることと他の距離で起こっていることとの差異なのであり、これらもろもろの差異の統合〔積分〕なのである。幾何光学的分析が手に入れる諸「点」は、現象の上では点ではなく、きわめて微細な構造、つまりモナドであり、形而上学的諸点ないしもろもろの超越なのである。Veränderung〔変化〕と Unveränderung〔不変化〕の差異のこのシステムを何と呼べばよいのか。本当のところ、このシステムをそんなふうに性格づけてみたり、そんなふうに記述してみたりすることは、それだけでもすでにそのシステムを、ある客観的分析の空間上へのその「投影図」に置きかえてしまうことなのである。本当のところ、運動、静止、距離、見かけの大きさ等々は、私を物そのものから分かつ透明な媒質のさまざまな屈折率、〈存在〉がそれを通しておのれを示しもすれば隠しもするような首尾一貫した膨張のさまざまな表現にすぎないのだ。心理学がおこなっているように、しかじかの距離的指標をもった力の問題を立てることは、すでにして世界の構造的統一性を破壊し孤立化的態度を採ることなのである。本当に知覚を現在において捉える「垂直の」哲学にとっては、〈世界〉と〈存在〉とが絶対的な優位に立つ。——

それゆえ、この同じ哲学にとっては「部分的」諸現象（ここには Veränderung〔変化〕があり、あそこには Unveränderung〔不変化〕がある、といった）は、事実的《ポジティフ》なものと考えられうるものでもなければ、中性的地の上の事実的な線が事実的な諸点を結びつけることになるような、或る幾何学的図式によって表わされうるものでもないのだ。逆に、これらの線の一本一本、これらの点の一つ一つが、Übergang〔移行〕の運動や、領野を蔽う志向的蚕食から、差異化と客観化によって生じた結果なのである。Ortsveränderung〔位置の変化〕としての運動ではなく、生体そのものによって制度化された不安定性（F・マイヤー[1]を参照せよ）としての、生体によって組織され、そのゆえに支配もされている波動としての運動の絶対的優位。私の可動性は、物の可動性を補正し、したがってそれを理解し俯瞰するための手段なのである。原理的に言って、すべての知覚は運動である。そして、世界の統一性や知覚するものの統一性は、補正されたもろもろの移動の生き生きとした統一性のことなのである。（眼の運動によって補正されるがゆえに）私の身体の運動のうちにあってブレることのない凝視点がある。その手前では、私の頭の運動にともなう諸対象の見かけの移動が起こり、その向こうでは、逆方向の見かけの運動が起こる。そのいずれの運動も凝視点の Unveränderung〔不変化〕（それは私の眼が私の頭の運動を補正しながら動くことによる）のプラスかマイナスの異本《ヴァリアント》なのである、――凝視点の固定性と、その手前およびその向こうにあるものの可動性は部分的、局所的な現象でもなければ、そうした諸現象の束でさえない。それはただ一つの超越であり、もろもろの隔たりのただ一つの漸増的系列である、――その近景やその遠景、その地平を有する視野の構造は、あらゆる超越のモデルであるような超越があるために不可欠なものなのである。私が（フッサールにおける）時間知覚について述べたこと[2]を空間知覚にも適用すること。フッサールの図表は時間的差異化〔微分〕の渦動の実証主義的投影図である。そして、志向性の糸でもって領野を構成しようとする志向的分析は、もろもろの糸が或る織物のもろもろの発露でありその理念化であるということ、その織物の差異化〔微分〕であるということを見ていないのである。

　世界と存在とのこうした垂直的‐知覚的な見方を再興しようと思うならば、神経生理学がおこなっているように、それによって客観的に限定されるもろもろの興奮が同化されて全体的知覚になるという隠された神経現象の厚み全体を客観的身体のうちに構想することなど必要ない。こうした生理学的な再構築と志向的分析とには同じ批判がくわえられることになる。そのいずれもが、こうした事実的《ポジティヴ》な用語や関係によっては、知覚と知覚される世界はけっして構築されえないということに気づいていないからである。そうした企ては実証主義的である。それは、innerweltlich〔世界内部的〕*なものでもって、つまり世界のなかのもろもろの線分でもって Welt〔世界〕の構築法を贋造することであろう。それは、あたかもまったく事実的な世界が与えられており、この世界から、はじめは存在していないとみなされるその世界についての知覚を出現せしめるとでも言わんばかりにふるまう思想である。こうした問題設定は次のようなタイプのものである。なぜ世界についての或る知覚があって、いかなる知覚も存しないのではないのか。これは、因果的、実証主義的、否定主義的な考え方である。それは、事実的なものから出発するので、そこに空隙（くぼみとしての生体、〈対自〉の砦としての主観性）を穿たねばならないことになるし、逆説的にこれらの空隙が神経活動の装置や装備に属するものだということを要求することになる。これは海を呑みほすことと同じ程度に容易ならぬことである。そして、これは、われわれがそうした複雑な作用の結果しかもっていないのだとか、われわれが自分ではそれについて何も知らない過程の海の上に浮かんでいるのだといった誤った考えを惹き起こす。精神のもつただ一つの Weltlichkeit〔世界性〕は隅から隅まで因果関係によって規定されているようなタイプの Weltlichkeit、つまりデカルト的な bloße Sachen〔裸の事象〕のあいだに支配しているようなタイプに属する Weltlichkeit であるという要請――（無意識な）心理学的過程や（脳の「神秘」である）生理学的過程を［?］するような要請。こうした見地からフロイトの無意識を批判すること：いわゆる知覚的「標識」の働き――これは世界の等価関係の明証を見いだすとき一挙に解明されるのだが――を理解するために現象的なものに還る必要があるのと同じように、きわめて単純で、けっして隠されてはいないいくつかの実存範疇によって、人間的世界に対するわれわれの準知覚的関係を見いだすことによって、多元決定**とか諸動機の両義性などを理解する必要がある。それらの実存範疇は、あらゆる構造と同じように、われわれの作用とわれわれの目指しているものとのあいだにのみあるのであって、それらの背後にあるのではない。――人間の相互的な生活や精神的な生活をさえもすべてこういった用語によって記述しなおすこと。つまり、精神の Weltlichkeit〔世界性〕や、精神が孤島ではないこと、他の精神や真理とのその結びつきをもやはり、空間－時間的な或る構築法をもった差異化〔微分法〕として理解しなければならない。

ひとたびこれが果たされるなら、もはや事実的な二つの実体としての心と身体の関係の問題を立てたり、心を身体の装置に従って無理に機能させたり、身体を無理強いしてまったく出来あがった思考を心に供給させたりするような「自然の制度化」* を導入したり、――心と身体はそれぞれ、諸現象ないし諸観念の厳密に連続した緊密な一系列を含んでいるということを前提にしているがゆえにまったくの誤りである平行論** を考慮に入れたりする必要はないのである。心身の結びつきはもはや平行関係ではない（また総体としての身体と総体としての心がその二つの表現であるような客－観的（ob-jectif）な無限な〈存在〉のうちでの同一性でもなく）、――それはまた、そのそれぞれが自足している二つの秩序を［決定的？］効力によって結びつける或る制度の絶対の不透明性でもない、――それは凸と凹の結びつきとして、堅固な穹窿とそれがしつらえるくぼみとの結びつきとして理解されねばならない。――知覚の際に「身体のなかで」起こることと「心のなかで」起こることとのあいだに（平行論的なものであれ、単なる機会原因論的なものであれ）いかなる照応関係ももとめられてはならない。これは、物理的世界のうちに生体の厳密な等価物をもとめたり、生体のうちに統合された微小因果的説明をもとめることによって人が犯すのと同じ誤りである。――杭が土のなかに打ちこまれていながら、土と杭とのあいだにいかなる一対一対応もないのと同じように、心は身体のうちに打ちこまれているのである。――あるいはむしろ、心は身体のくぼみであり、身体は心のふくらみなのである。文化的な物にその意《シニフィカシオン》味が付着し、その意味がその物の裏面ないし背面をなしているのと同じように、心も身体に付着しているのである。――

しかし、これ（充満とくぼみ）では十分ではない。なぜなら観念論もまた同じことを言うからである。もっとも、それはわれわれが言うのと同じ意味で言われているわけではない。心、対自はくぼみであって空虚ではない。つまり充実であり堅固な核である〈存在〉に対する絶対の非存在ではないのである。他者の感受性は彼らの知覚論的身体の「背面」である。そして、私がこの背面、nichturpräsentierbar な〔根源的に現前しえない〕ものについての予感をもつのは、他者の身体が私の感じうるものに連結されているからであり、その連結は私を空《から》にしてしまうわけでもなければ、私の「意識」の出血でもなく、かえって私を alter ego〔他我〕によって二重化するものなのである。他者は（他者の）身体のうちに、この身体の張り出しによって、この身体の或る Verhalten〔行為〕へのカセクシスによって、私がその証人であるその内的な転形によって生まれてくるのである。もろもろの身体の対化《つい》*、つまり、それらの身体の志向がただ一つの Erfüllung〔充実〕へ向けて、つまりそれらが両側から衝き当たるただ一つの壁へ向けて調整されているということは、各自に与えられており万人が与かることのできるただ一つの感覚的世界の考察のうちにも潜在しているのだ。垂直の〈存在〉の発見によって現われてくる、見える世界と見えない世界との——蚕食による——単一性こそが、「心身関係」の問題の解決なのである。——

統合〔積分〕- 差異化〔微分〕としての私の知覚について私が最初に述べたこと、つまり私が或る一般的な弁別体系に合わせて調律されているということによって、私の受肉はもはや一つの「難問」、哲学という透明なダイヤモンドの傷**ではなく、——私を構成する超越の典型的事実、その本質的分節化となる。私がおのれに無知でなくあることができるのでなければならないとしたら、一つの身体がもろもろの身体を知覚しているのでなければならない。——

胎児の生体が知覚しはじめるとき、即自的身体による〈対自〉の創造が起こるのでもなければ、あらかじめ存立している心が身体のうちに下降するのでもなく、胎児発生の渦動が突如おのれが準備していた内的なくぼみに中心をさだめることになるのである。——或る基本的な隔たり、或る構成的な不調和が現われる——この神秘は子供が突然言語のうちに入りこみ、言語を学ぶ際の神秘や、或る不在なものが到来し（ふたたび）現存するようになる際の神秘と同じものである。〔現存するようになってしまった〕この不在なものもまた即自に属するものであり、もはや「垂直なもの」の起伏のうちには属していないのである。(3)「世界」という一般的構造——すべてのもののすべてのものへの蚕食、ごたまぜの存在——のうちにこそ、この新たな絶対的生が生じてくる貯蔵所があるのだ。すべての垂直性は垂直の〈存在〉から生ずるのである。

「思考」(cogitatio)とは自己と自己との見えない接触ではなく、それは自己とのこうした親密性の外で生きているのであり、われわれのうちにではなく、われわれの前にあって、つねに偏心的なものだということを理解するのに慣れる必要がある。感覚的世界の領野を内的 - 外的なものとして(初めは:無限な指標や無限な運動性の動機づけへの総体的な固着として、つまりこの Welt〔世界〕への私の所属として)見いだすのと同様に、間 - 人間的世界(monde inter-humain)および歴史の現実として、私と他者とを分かつ境界面——これがわれわれの合一の場であり、他者の生と私の生とのただ一つの〔共通の〕Erfüllung〔充実〕なのである——を見いださねばならない。私の個人的な歴史のもろもろの実存範疇が向かっているのは、分離するものでもあれば合一するものでもあるこの境界面へなのであり、それこそが投射と投入の起こる幾何学的場であり、それこそが私の生と他者たちの生がたがいに入りこみ合うためにそのまわりを回転している蝶つがい《シャルニエール》であり、間主観性の骨組なのである。

(1)〔François Meyer, *Problématique de l'évolution*, PUF, 1954.〕

(2)〔本書二八〇頁の注(4)を参照。〕

(3)〔テキストには Freud, le deuil とあるだけだが、次のものを指すと思われる。Freud, Deuil et mélancolie, trad. J. Laplanche et J.-B. Pontalis in *Métapsychologie*, Gallimard, 1952 参照*。〕

人間の身体　デカルト

一九六〇年二月一日

人間の身体は人間のものであるかぎり思考によって支配されているのである以上、閉じられてはおらず開かれていると見るデカルトの考えは、おそらく心身の合一についてのもっとも深遠な考え方であろう。それは身体に介入してくる心ではあるが、その身体は即自に属するものではなく（もし属するとすれば、それは動物の身体のように閉じられていることになろう）、思考という「自己視」において完成されることによってのみ、身体でありえ、生きたものでありえ――人間の身体でありうるのである。

フッサール：思考の Erwirken〔実現作用〕と歴史性
思考についての「垂直的」な考え方

一九六〇年二月

フッサール：その Seinsart〔在り方〕が Gewordenheit aus menschlichen Aktivität〔人間的活動からの生成態

であるような〕Gebilde〔諸形成体〕は、純粋な Erwirken〔実現作用〕において originär〔本原的〕に「erfassen され〔捉えられ〕」る（フィンクによって与えられたUrsprung〔起源〕のテキスト(1)、これはルーヴァンによって採りあげられていない）。

異様なこと：私の思考、私の意味《シニフィカシオン》を産出することについて私がもつ意識、これはそれらの思考や意味の「人間的」起源についての私の意識と同じものである。——思考が或る人間的活動とかかわりをもつとしても、それはまさしく見えないもののうちでの、あらゆる自然、あらゆる〈存在〉の外での歩み、徹底した自由であるかぎりでの思考に関して言われているのである。——私は私の絶対的な非存在においてこそ人間につながるのである。人間性とは見えない社会性である。自己意識は他者の自己意識をともなったシステムを形成するが、それはまさしくその絶対的孤独によってである。——

私はこうしたことを好まない——これはサルトルにきわめて近い——、だが、これは能動性-受動性の断層を想定しているのだが、二次的な受動性というものがあり、すべての Vollzug〔遂行〕は Nachvollzug〔追遂行〕である（最初の遂行でさえそうである：言語、およびあらゆる Vollzug に先立つ或る Vollzug への言語の指示関係）のだから、また沈澱こそ理念性《イデアリテ》の唯一の存在様相なのだから、そんな断層など存在しないということをフッサール自身知っているのである。

私はこのことを次のような方向で展開させようと思っている。つまり、見えないものは見えるもののうちにあるくぼみであり、受動性の襞なのであって、純粋な産出物ではない、と考える方向である。このために言語の分析をおこない、どの程度まで言語が準自然的転位であるかを示すこと。

しかし、肝腎なことは思考の Erwirken〔実現作用〕ということを文字通りに受けとろうとする考え方である。それはまさしく空虚なもの、見えないものに属する。――「概念」とか「判断」、「関係」といった実証主義的ながらくたは除去され、精神は〈存在〉の裂け目に水のように湧き出るのである。――精神的なものを探しもとめるには及ばない。あるのは空虚なものの構造だけである。――ただ私はこの空虚を見える〈存在〉のうちに植えつけ、それが見えるものの裏面――殊に言語の裏面――であることを示そうと思っているだけである。

垂直な見える世界を復興する必要があるのと同様に、精神についての垂直的な見方もあるのであって、それに従えば、精神は多数の記憶、心像、判断からなるのではなく、精神はただ一つの運動であり、それがさまざまな判断や記憶として現金化されうるのであるが、この運動は〔子供が最初に〕自然に発する一語がすべての生成を含み、〔子供の最初の〕手のただひとにぎりが空間のすべての断片〔すべての分節〕を含んでいるのと同様に、記憶や判断をただ一つの束にして保持しているのである。

（1）〔Edmund Husserl, Die Frage nach dem Ursprung der Geometrie als intentional-historisches Problem: *Revue international de philosophie*, 1re année, No 2, 15 janvier 1939, p. 209.〕〔フッサール「志向史的問題としての幾何学の起源についての問い」*Husserliana* Bd. VI, S. 365 f. に収録されている。邦訳は『ヨーロッパ諸学の危機と超越論的現象学』、細谷・木田訳、中央公論社に附録として収録。〕

本質——否定性

一九六〇年二月

私は量に質を対置したり、観念に知覚を対置したりはしない——私が知覚される世界のうちにもとめているのは、見え-ないものである意味《サンス》の核、といっても、単に絶対的否定性（ないし「英知的世界」という絶対的肯定性）という意味で見え-ないのではなく、奥行が高さと幅の背後に穿たれ、時間が空間の背後に穿たれるように、もう一つの次元性という意味で見え-ないような意味《サンス》の核なのである——このもう一つの次元性は先行の諸次元に、たとえば奥行のゼロ点から出発して接ぎ木されるのである。しかし、その次元性そのものも一般的次元性としての〈存在〉のうちにふくまれているのだ。

フッサールの形相的変更、およびその〔それによって得られる〕不-変項は〈存在〉のこうしたもろもろの蝶つがい、つまり量を通じてと同様に質を通じても近づきうるこれらの構造を指し示しているにすぎない。——

あらゆる次元性が〈存在〉のうちに着生していることを研究するためには、——奥行が知覚のうちに、言語が沈黙の世界のうちに着生していることを研究すること。——

言葉（Parole）なしには形相的変更はないということを示すこと。形相的変更の支えとしての想像的なもの、そして想像的なものの支えとしての言葉《パロール》から出発してそれを示すこと。

否定的なもの、および概念の問題

グラディエント*

一九六〇年二月

否定性の問題、これは奥行の問題である。サルトルが語るのは、垂直的ではなく即自的であり、つまりは平板である世界、絶対的な深淵である或る無にとって存在する世界である。彼にあっては結局のところ奥行というものはない。それは奥行が底知れぬものだからである。——私にとっては、否定的なものはまったく何も言おうとしないし、肯定的なものも同様である（両者は同義語である）。だからといって、それは存在と無の漠然とした「混合物」に訴えようとすることではない。構造は「混合物」ではないのである。私は、サルトルがその到達点としたところに、つまり対〈自〉によって採りあげなおされた〈存在〉のうちに出発点をもとめる。それが彼にとっての到達点だというのは、彼が存在と無（négatité）から出発し、それらの結合を構成しているからである。私にとって、説明原理になるのは、構造ないし超越であって、（サルトルが言う意味での）存在と無は、それから抽象された二つの特性なのである。内がわからの存在論（ontologie du dedans）にとっては、超越を構成するには及ばないのであり、超越は無によって二重化〔裏打ち〕された〈存在〉としてはじめからあるのであって、説明されねばならないのはその二重化（といっても、これはけっして完了したものではないのだが）なのである。構造を記述すること——それが肝腎なのである——、そして Sein〔存在〕のなかでの諸構造の統合、カセクシス的意味《サンス》としての意味（私が誰かに言う言葉の意味が彼の「不意を襲い」、彼がそれを理解するまえに彼を捉え、彼から返事を引き出すばあいのような）を記述すること。――われわれは〈存在〉の地平としての人間性のうちにある。なぜなら、地平とはわれわれを――物に劣らずわれわれを――とりかこむものだからである。しかし存在であるのは地平であって人間性ではない――人間性（Menschheit）と同様にすべての概念はまず地平的一般性、スタイルとしての一般性なのである。――感覚的なものそのものが見えないものであるということ、黄色が水準として、あるいは地平としてふるまうことができるということを理解したならば、もはや概念、一般性、観念の問題は存しないことになろう。――

サルトルにあっては、奥行をなし、奥行を穿ち、全体をなし、私の獄舎を内側から私に対して閉ざすのは、つねに私である。――

それに反して私にとっては、もっとも行為らしい行為、たとえば決意（共産主義者の党との訣別）においてさえも、非存在がおのれを存在するようにさせるわけではない（共産主義者であるようにさせたり、非共産主義者であるようにさせるわけではない）。――断ち切るものであるこれらの決意も私にとっては両義的なのである（たとえ私が手を切っても、共産主義の外での共産主義者でありうるし、もし私が再入党しても共産主義のなかでの非共産主義者でありうる）し、こういった両義性を認め、口にする必要があるのだ。この両義性は、過去の歴史がわれわれの昔の選択や昔の教条を真偽の彼岸に置くといったばあいの、その過去の歴史の不偏不党性と同じタイプのものである。私にとって真理とはこの真理の彼岸のことであり、なお考慮さるべき多くの関係をともなうこの奥行のことである。

概念とか意味《シニフィカシオン》とは次元化された個別的なもの、定式化された構造なのであり、この見えない蝶つがいの視覚などといったものはない。唯名論は正しい。意味《シニフィカシオン》とは限定された隔たりでしかないのだ。――

グラディエント：線型的存在者ではなく、構造化された存在者。

「表象的」作用と他の諸作用——意識と実存

一九六〇年二月

フッサールは表象作用がつねに他の諸作用に対して基づけの働きをするということ、——だが、他の諸作用がそこへ還元されるわけではないということ、を認めていた。——意識は優先的に認識として定義されていた。——だが、Werten〔評価作用〕が本原的なものであることも認められていた（『論理学研究』[1]）。——

これが、意識の〈哲学〉のなかで採られうるただ一つの立場である。——

この立場は未公刊草稿のなかでも依然として採られているであろうか。そこでは、たとえば性的本能も「超越論的視点」から考えられている[2]。このことは、非表象的「諸作用」（？）が存在論的機能を有しているということを意味してはいないだろうか。だが、（時間のように）「対象」を与えるわけでもなく、作用というよりはむしろ fungierende な〔作動しつつある〕ものであるそれら非表象的諸作用が、いかにして認識と同等の権利で存在論的機能をもちうるのであろうか。

実のところ、『論理学研究』の解決は暫定的なものであり、形相的方法、つまり反省能力の全能と結びついている。——この解決は、フッサールが反省されたものと非反省的なものとを（たとえば、作動しつつある言語と理念性としての言語とを）Wesen〔本質〕とTatsache〔事実〕として冷静に区別していた時期に対応する。——もしわれわれがそこにとどまるならば、「非対象化的諸作用」の介入やその存在論的機能は純然たる意識の逆転であり、非合理主義だということになろう。

「意識」とか「諸作用」とかが考えられているかぎり、合理主義‐非合理主義のディレンマから離れられない。――決定的な歩みは意識というものが実は作用なき志向性、つまり fungierende な〔作動しつつある〕志向性であるということ、意識の「諸対象」そのものがわれわれの前にある事実的《ポジティフ》なものではなく、超越論的な生がそのまわりをめぐる意味《シニフィカシオン》の核であり、特殊化された空虚であるということ――そして、意識そのものが、他者にとっては Nicht-urpräsentierbar〔根源的に現前しえないもの〕として呈示されるが、〈自己〉にとっては Urpräsentierbar〔根源的に現前可能なもの〕であるということ、感じるということは、原理的には Nichturpräsentierbar、超越的なもの、物、「水準」ないし次元になった「質」の Urpräsentation〔根源的現前〕であるということ、――交叉配列*、志向的「蚕食」が還元不可能なものであり、主観の概念を放棄せざるをえなくするか、あるいは主観を領野として、元初の〈がある (il y a)〉によって開かれた諸構造の階層的システムとして定義せざるをえなくするようなものだということ、を認めるところにある。

「意識」のこうした改造によってただちに、非対象化的志向性はもはや従属的であるか支配的であるかという二者択一のうちにはなく、情感性の諸構造も、他の諸作用と同じ資格で構成的であり、しかもそれは、情感性の諸構造がすでに、言語の諸構造でもある認識の諸構造だという簡単な理由からそうなのだ、ということになるのである。もはや、なぜわれわれが「表象的感覚作用」のほかに感情 (affections) をもつのかを自問するには及ばない。なぜなら、表象的感覚作用もまた (それがわれわれの生に着生している点で「垂直的」に捉えられるなら) 身体を介しての世界への、そして世界を介しての身体への現前であり、肉であり言語でもあることによって感情なのであるからだ。〈理性〉もまたこの地平のうちにあるのである。――〈存在〉や世界との混淆。

(1) [Edmund Husserl, *Logische Untersuchungen*, 1901-2. Niemeyer Halle, Édition remaniée en 3 vol. (1913 et 1922).]『論理

学研究』I－IV、立松弘孝ほか訳、みすず書房。〕

（2）〔『普遍的目的論』(Universale Teleologie)という表題で E III. 5, に分類された未刊行テキスト。これはイタリアで出版・翻訳され、*Tempo e Intentionalità* に収められている。*Archivio di Filosofia*, Organo dell' Instituto di Studi filosofici. Anton. Milani ed., Padoue, 1960.〕〔現在は *Husserliana* Bd. XV, S. 593–7 に収録されている。〕

言葉《パロール》の哲学と文化の居心地の悪さ*

一九六〇年三月

言葉《パロール》の哲学というものには、著作——や著作以前のもの（研究ノート——フッサールの Forschungsmanuskript〔研究草稿〕。フッサールの Arbeitsprobleme〔現場作業問題〕の概念**—— Arbeit〔現場作業〕：超越論的意識を現行犯で捉えるというこの不可能な企て）——が果てしもなく増殖すること——自分が何を語っているかを知らずに語る習慣、スタイルと思考の混乱など——を正当化する危険がともなう。

しかしながら、一、事実上つねにこうであった——この膨張を免れようとする著作が「講壇的」著作である。

二、アメリカ流の分析的－講壇的方法に立ちもどるのではなく——そうすることは手前にあともどりすることになろう、——物の前に身を置くことによってもっと先に進むことであるような治療策がある。

過去の幅《や》
世界の幅《や》

一九六〇年三月

内的独白――「意識」そのものが、一連の（感覚的であるにせよないにせよ）個別的な〈……とわれ思う（je pense que）〉としてではなく、一般的な配置ないし布置への開在性、過去の幅と世界の幅への開在性として理解されるべきである。それらの幅の先に、たしかに空隙や想像のちりばめられた「隠蔽記憶」を通してであれ、ほとんど感覚的な或る種の構造、或る種の個別的記憶が脈打っているのだ。われわれは一つの〈存在〉の領野だというのに、われわれが個別的な Erlebnisse〔体験〕の流れであるかのようにわれわれに思いこませたのは、諸事物にと同様に精神にもくわえられたデカルト的理念化である（フッサール）。現在においてさえ、風景は布置なのである。

精神分析のいう「連想」とは、実は時間の「幅」と世界の「幅」なのである。

たとえば黄色の縞をもった蝶の隠蔽記憶（フロイト『狼男』＊三九四頁(1)）は、分析によって、黄色い縞のついた梨とのつながりを示し、この梨はロシア語で Grouscha〔グルーシャ〕を思い起こさせたが、これは、若い女中の名前なのである。そのばあい、「連想された」蝶‐梨‐（同じ名前の）女中という三つの記憶があるわけではない。あるのは、色のついた領野での蝶の或る動きなのであり、蝶と梨の或る Wesen〔現成すること〕（動詞的）なのであって、――

これが（言語の受肉の力によって）グルーシャという言語的 Wesen〈現成〉と通い合うのである——あるのは、それらの中心で結びつけられ、同じ存在の幅に属する三つの Wesen〈現成〉なのである。分析はさらに、蝶がその翅を拡げるように女中がその脚を拡げていたことを教える。したがって、あるのは連想の多元決定である——これは、おそらく一般的にも妥当する。多元決定、つまり諸関係の関係、偶然的ではありえず、予兆的な意味をもつ一致、これがあってはじめて連想は働くのだ。無言のコーギトは多元決定、つまり象徴的母胎だけを「思考する」のである——多元決定はつねに突発する：真なるものの遡行運動（＝理念的なものの先在）（フッサールに従って言いかえれば、名指しうるものを祈って喚び出すこととしての言葉《パロール》の事実そのもの）がつねに、与えられた連想のための他の諸理由を供給するのだ。——

この点については、『日常生活の精神病理』*を見よ（『精神分析五講』三九七頁：患者が翅をもぎとられている Espe〔ハコヤナギ〕の夢を見る。——ところがそれは Wespe〔スズメバチ〕である。——しかし、その患者の頭文字《イニシャル》は SP である。——それは彼にとって去勢された者なのである。——その頭文字からも明らかになるこの言語的去勢の操作を分析すること（多元決定）、——「〔その言語的〕去勢をおこなう者（sujet châtrant）」は真なることを知っていて、それにもとづいて切除をおこなう一個の〈思考者〉ではないのだ。それは SP と去勢との側面的結びつきである）。——一般に：フロイトの言葉の分析は、一個の〈思考者〉のうちにその分析を実在化するので信じがたいところがある。だが、分析をこんなふうに実在化してはならないのだ。すべては紋切り型ではない思考のうちで起こるのである。

（1）[S. Freud, *Cinq psychanalyses*, trad. fr., PUF, 1954.]

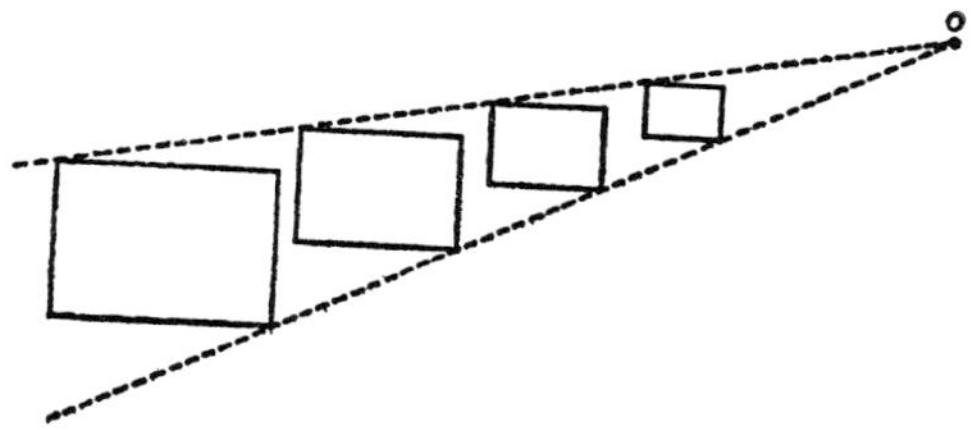

「世界の幅《や》」（フッサール未刊稿）という概念（あるいは宇宙《ユニヴェール》の線）

一九六〇年三月

これは、私と地平とのあいだに存する客観的世界の一断片の観念でもなければ、（一つの観念のもとに）総合的に組織された客観的な全体の観念でもなく、もろもろの等価関係の軸——そのまわりでは、そこで出会われうるすべての知覚が等価的であり、それも、それらの知覚から引き出されうる客観的帰結に関してではなく（なぜなら、この点では、それらの知覚はたがいにいちじるしく異なったものであろうから）、それらの知覚がすべてその瞬間の私の視覚の支配下にあるというその点で等価的であるような軸——の観念なのである。

簡単な例：すべての知覚は私の現在の〈われなし能う（je peux）〉のうちに含まれている。——

ここで見られているものは間近にある小さい対象であることも、大きな遠くにある対象であることもある。

ここに呈示されているのは世界の幅ではない：私がそこに描いているのは一連の「視覚

的画像」とその法則である。——世界の輻《や》はこうした論理的に可能なものの系列でもなければ、それらを規定している法則でもない。——（対象相互間の関係）——世界の輻とは、そこにおいては論理的に可能なものがすべて同時的であり、私の〈われなし能う〉の成果であるような眼差しである。——それは奥行を見ることとそのことである。——世界の輻はノエマ-ノエシス的分析には服しえない。これが言わんとしているのは、その世界の輻が人間を前提にするということではない。人間は〈存在〉の一葉にすぎない。

「世界の輻」は総合でもなければ「受容」でもなく、分凝（ségrégation）なのである。言いかえれば、それはひとがすでに世界の内に、あるいは存在の内にあることを予想している。ひとは、その場所にとどまりつづけてはいるけれども概観することのできない——即自的に存在しているわけではない——或る存在の内で切り取りをおこなうのである。

一九六〇年四月

見えるものと見えないもの

（私が書きはじめている）この本の第二部は、見えるものを見え-ないものとして記述することによって、第三部においてデカルトの存在論との対決にゆきつかざるをえない（ゲルーのデカルトに止めを刺すこと、——彼のマールブランシュを読むこと、——ライプニッツとスピノザを見ること）。この対決は次のような考えによって導かれる：デカルト＝Weltlichkeit〔世界性〕を欠き、思考の彼方にある神のもとに送りもどされている精神、——これが実体相互間の交通の問題を未解決なままにする（機会原因論、〔予定〕調和、平行論）。——「主観性」にとってのそのすべての帰結をともなった知覚される世界についての私の記述、その復権、特に身体性と「垂直の」〈存在〉についての私の記述、これらはすべて、精神と身体、精神と精神の交通〔の問題〕、ライプニッツにおいてのように単に移調された〈自然〉の Weltlichkeit〔世界性〕ではないような Weltlichkeit〔の概念〕にゆきつかざるをえない。ライプニッツにあっては、微小表象*と実測図である神**とが、〈自然〉の連続性と対称的な連続性を精神のがわにも復原することになる。〔だが、〕こうした連続性は、もはや〈自然〉のうちにさえも存しないのだから、ましてや精神のがわには存しない。にもかかわらず、精神の或る Weltlichkeit はあるのであり、精神は孤島ではないのだ。フッサールは精神とは遠隔作用（記憶）が存するような場だということを教えている（*Cahiers Internationaux de Sociologie* に発表されたテキスト[1]）。もろもろのモナドのうちへ〈自然〉が（一対一対応のかたちで）投射されるというライプニッツの要請は、典型的に「視覚的画像」の要請であり、「野生」の世界あるいは知覚される世界についての無知である。

（1）〔*Cahiers internat. sociol.*, vol. XXVII, juill.-déc. 1959, PUF, 1960, L'Esprit collectif, inédit de Husserl.〔「集団的精神・フッサールの未刊稿」〕traduit par R. Toulemond, p. 128.〕〔*Husserliana* Bd. XIV, S. 165 f. 所収。〕

一九六〇年四月

「不滅の」過去、と志向的分析論、——および存在論

無意識と過去とを「不滅なもの」にし、「無時間的なもの」にするフロイトの考え＝「Erlebnisse〔諸体験〕の系列」

としての時間という通常の観念の除去。――建築的構成をもった過去というものがある。プルーストを参照せよ。* 真のサンザシは過去のサンザシである。――Erlebnisse などというものをもたず、内面性などというものをもたないこの生活を復権すること。――この生活はピアジェが、きわめて拙劣に自己中心性**と呼んでいるものである。――だが、実は、これは「記念碑的な」生活、Stiftung〔設立〕、秘儀《イニシエーション》への加入なのである。

この「過去」は神話的時間、時間に先立つ時間、「インドや中国よりももっと遠い」前生に属するものなのである。

――

こうした過去に関して志向的分析はどれほどの力をもっているであろうか。志向的分析がわれわれに与えるのは、〈すべての過去は sinngemäß〔その意味からして〕現在であったことがある〉、言いかえると〈その過去としての存在は或る現在のうちで創設されたものだ〉ということである。――そして、たしかに、それが依然として現在しているということは、過去に関して〔?〕きわめて当たっている。だが、正確には、そこには志向的分析論の捉ええない何ものかがあるのだ。というのも、志向的分析論はメタ志向的なもの（フッサールの遺稿についてのフィンクの論文[1]を参照せよ）であるこの「同時性」に達することはできない（フッサール）からである。志向的分析論は、志向的顕在化がそこから生じてくるような、そして現在と過去とさらには未来へ向かう開口部をさえ包摂しうるような、絶対的静観をおこなう或る場を言外に暗示しているのである。――これはもろもろの意味《シニフィカシオン》の「意識」の次元であり、この次元には、過去‐現在という「同時性」はなく、あるのはそれらの隔たりの明証性なのである。――それに反して、フッサールが記述し主題化している Ablaufsphänomen〔経過現象〕は、まったく別なものを含んでいる。それは「同時性」、移行、nunc stans〔立ち止まる今〕、過去の守護者としてのプルースト的身体性、「意識」の「諸パースペクティヴ」に還元されることのない超越的〈存在〉に浸《ひ》たることを含み、単に過去[2]が事実的、経験的現在に対してもつ関係ではなく、逆に、事実的現在が或る次元的現在ないし Welt〔世界〕ないし〈存在〉に対してもつ関係でもあるような志向的関係を含んでいる。この次元的現在ないし Welt ないし〈存在〉のうちでは、過去は限定された意味での現在と「同時的」なのである。こうした相互的な志向的関係が志向的分析論の限界をしるしづけている。つまり、これこそ、志向的分析論が超越の哲学になる地点なのである。志向的参照関係が、もはや或る Sinngebung〔意味付与〕がその動機になった或る Sinngebung に対してもつ関係ではなく、或る「ノエマ」が或る「ノエマ」に対してもつ関係であるときには、そのつどわれわれはこうした Ineinander〔相互内属〕に出会っているのである。そして事実、まさしくここにあるのは現在に付着している過去であって、現在の意識に付着している過去の意識ではないのだ。「垂直的」過去こそが〈知覚されたことがある〉という要求をおのれ自身のうちに有しているのであって、〈知覚したことがある〉という意識が過去の意識を担っているというのではないのである。過去はもはやここでは Bewußtsein von…〔……の意識〕の「変様」や様態化ではない。逆に、Bewußtsein von…や〈知覚したことがある〉〔という意識〕の方がどっしりとした〈存在〉としての過去によって担われているのである。それがあったからこそ、私はそれを知覚したことがあるのだ。フッサールの分析のすべては、意識の哲学が彼に押しつける作用という枠によって身動きがとれなくなっている。必要なのは、存在のうちなる志向性である fungierende〔作動しつつある〕ないし潜在的な志向性*を採りあげなおし展開することである。これは、「現象学」——言いかえればありとしあらゆるものを強いて、Abschattungen〔もろもろの射映〕を通じて意識におのれを呈示せしめるような、しかも他と並ぶ一つの作用、つまりは一つの Erlebnis〔体験〕である本原的能与に由来するものとしておのれを呈示せしめるような存在論——とは両立不可能である（現象学をめぐるシンポジウムでの古い論説[3]におけるフィンクのフッサール批判を参照せよ）。意識と、その明確な志向的糸をともなった Ablaufsphänomen〔経過現象〕をではなく、この Ablaufsphänomen が図式化する渦動、空間化的‐時間化的渦動（これは肉であって、ノエマを前にした意識ではない）を初次的なものと考えねばならない。

（1）[E. Fink, Die Spätphilosophie Husserls in der Freiburger Zeit, in *Edmund Husserl 1859–1959: Phänomenologica* 4, 1960.]〔E・フィンク『フッサールの現象学』新田・小池訳、以文社、一七三頁以下に所収。〕

（2）[「過去」という言葉の下に著者はカッコに入れて「従属的」と注記している。]

（3）[E. Fink, L'analyse intentionelle et le problème de la pensée spéculative: *Problèmes actuels de la Phénoménologie*, Desclée de Brouwer, 1952.]〔E・フィンク「志向的分析と思弁的思考の問題」、高橋允昭訳『現象学の課題』せりか書房所収。〕

一九六〇年四月

テレパシー——対他存在——身体性

見られるための器官（ポルトマン）[1]。——見られるための器官としての私の身体。——すなわち、私の身体の一部を知覚することは、それを見えるものとして、つまり他者のためのものとして知覚することでもある。そして、たしかに、私の身体の一部がそうした性格をもつのは、実際に誰かがそれを眼差すからである。——しかし、他者の現前というこの事実は、もしあらかじめ身体の当該部分が見えるのでなければ、つまりもし身体のそれぞれの部分のまわりに可視性の暈が存するのでなければ、それ自体可能ではないであろう。——ところで、現実には見られていないこの見えるものは、サルトルの言うような想像的なものではない：不在なものへの現前ないし不在なものの現前。それは、切迫したもの、潜在的なもの、隠されたものの現前である。——バシュラールがそれぞれの感官はその想像態を有していると述べていることを参照せよ。

私の身体のこの可視性（私にとっての可視性――だが、普遍的でもある可視性、つまり顕著なかたちでは他人にとっての可視性）、これこそがテレパシーとよばれるものを可能にしている可視性である。というのも、見られているかも知れないという懸念を高めるには、他人の行為の微細な徴候だけでも十分だからである。たとえば、女性はかすかな気配からも――また彼女自身は自分を見つめている当の相手を見ることがなくとも――自分の身体が欲望の対象となり、見つめられていると感じるものである。このばあい、「テレパシー」と言われるのは、それが他人による実際の知覚に先行するということによる（色情狂）。『精神分析と神秘的《オカルト》なもの』を参照せよ。[2]――ひとが見つめられていると感じる（焼けつくようなど）のは、眼差しからわれわれの身体に何かが移ってきて、われわれの身体のその眼差された点を焼くからではなく、おのれの身体を感じるということが、他人にさらされているおのれの身体の姿《アス》態《ペクト》を感じるということでもあるからである。この際、他人の感応性《サンソリアリテ》が私の感応性に含まれているというのはいかなる意味においてかを研究してみる必要がありそうである。つまり、私の眼を感じるということは、私の眼が見られる危険にさらされていると感じることにほかならない。――だが、相関関係はいつも見るものの見られるものへの、語ることの聴くことへのそれであるとは限らない。私の手、私の顔も見えるもののうちに入る。（見る見られるとか、握手の際の触れる触れられるといった）相互関係の事例は、準反省（Einfühlung〔自己移入〕）、Ineinander〔相互内属〕といったことの起こる主要で完全な事例である。私にとって見えるものと私にとって触れうるものとを調整する、私にとって見えるものと他人にとって見えるものとを調整する、というのが一般的事例である――（たとえば私の手）。

（1）〔A. Portmann, *Animal forms and Patterns. A Study of the appearance of animals.* London, Faber and Faber, 1959（*Tiergestalt* の英訳）。著者は、動物の生体についてのポルトマンのいくつかの見解を人間の身体に適用している。特に一一三頁参照。或る種の動物の身体の輪郭は、「眺める眼や中枢神経系との関係における特殊な参照器官とみなされねばならない。眼と見られるものとは一緒になって一つの機能的単位を形成しているのであり、この機能的単位は、食物と消化器官のあいだでおこなわれているのと同じほど厳密な規則に従って適合しているのである」。〕

（2）［Georges Devreux, *Psychoanalysis and the Occult*, Intern. Univ. Press, I. N. C., New York, 1953.］

Ἐγώ〔われ〕と οὔτις〔誰でもない者〕*

一九六〇年四月

〈われ〉、本当のところこれは誰かなのであり、無記名者なのである。〈操作者〉であるためには、あるいは客観化や命名がそこで生起する者であるためには、私はいっさいの客体化や命名に先立つ無記名者でなければならない。命名された〈われ〉、〈われ〉と命名されたもの、それは一個の客体である。この〈われ〉がその客体化である初次的な〈われ〉、それは見たり考えたりされるすべてがそれに与えられ、すべてがそれに訴え、その面前に……何ものかがあるような未知のものなのである。したがって、それは否定性である——この否定性は何ものでもないのであるから、むろん誰かとして捉えることなどできないものである。

しかし、それは考えたり、推論したり、語ったり、議論したり、苦しんだり、楽しんだりしている者ではないのだろうか。明らかに否である。なぜならそれは無なのであるから。考えたり知覚したりしている者は、身体による世界への開在性としての否定性なのである。——身体による反省能（réflexivité）、身体の、言葉の自己への関係による反省能を理解する必要がある。語ること‐聴くことという二次元性が〈われ〉のただなかに残っているのであり、この〈われ〉の否定性は語ることと聴くこととのあいだのくぼみ、それらの等価関係が生ずる点にすぎない。——否定的‐身体あるいは否定的‐言語という二元性こそが主体なのである——他我《アルテル・エゴ》としての身体、言語。——私の身体と私との「あいだ（entre-nous）」（ミショー）、*——私の二重化、——これは受動的身体と能動的身体が Leistung〔遂行〕のなかで熔接される——たがいに覆い合い、別々のものではなくなる——のを妨げるものではない。——いっさいの Leistung が果たされたばあい（活発な討論など）でも、これが、いつも私に「自分から引き離されている」という印象を与えるのである。——

見えるもの——見えないもの

一九六〇年五月

すべての見えるものは

一、図と同じような意味では見えることのない地を含んでおり、

二、それが図として、あるいは具象的な形として有しているものに即してみてさえも、それは客‐観的な質、俯瞰された即〈自〉などではなく、眼差しの下に滑りこむか、眼差しによってひとなめされ、眼差しの底で沈黙のうちに生まれてくるかするものである（それが正面に生まれてくるときにも、それは地平線の方からやってくるのであり、それが側面から登場してくるときにも、それは「音もなく」現われてくる——ちょうどニーチェが偉大な思想は音もなく生まれると言っているの**と同じような意味で）、——したがって、もしひとが見えるものということで客観的な質を理解するとしたら、この意味ではそれは見えるものではなく、Unverborgen〔非隠蔽的〕なのだ、と私が言うとき、——

したがって、すべての見えるものは見えないものであり、知覚は不知覚であり、意識は《punctum caecum〔盲点〕》を有し、見るということはいつも、ひとが見ているものよりももっと多くを見ることなのである、と私が言うとき、——上のようなことを一つの矛盾といった意味で理解してはならない。——即〈自〉として完全に限定された見えるものに私が或る不-可視的なもの（これは客観的な不在でしかないであろう）（つまりどこか別のところに、即自的な或る別のところに客観的に現前していることでしかないであろう）を付けくわえているのだと思ってはならない。——まさしく可視性そのものが不-可視性を含んでいるということを理解しなければならないのである。——私が見ているそのかぎりにおいてさえ、私はおのれの見ている当のものを知らないのだ（身近な者は限定されないものである）、これが言わんとしているのはそこに何もないということではなく、問題になっている Wesen〔現成〕は沈黙のうちで触れられる世界の幅《や》の Wesen だということなのである。——（絵と同様に）知覚される世界は私の身体から発しているもろもろの道の総体なのであり、空間-時間的個体の多様ではないのだ。——見えるもののもつ見えないもの。それは見えるものが或る世界の幅に所属しているということなのである。——赤の Wesen〔現成＝本質〕があり、これは緑の Wesen ではないが、しかしそれは原理的に見るということを通じてしか近づきえず、見ることが与えられてはじめて近づきうるようになり、以後もはや思考される必要がなくなる或る Wesen なのである。見るということ、それは Wesen を所有するのに思考する必要のないような種類の思考なのである。——それ〔赤の Wesen〕は、高等学校の記憶がその匂いのうちに現成するの(1)と同じように、赤のうちに現成するのである(2)。——赤そのものから発するこの能動的 Wesen、これはおそらく他のもろもろの色を地として、あるいは照明のもとで、赤が分節してくることとして理解されるであろう。そうすることによって、赤がそれ自身のうちに中性的になる可能性（それが照明色であるとき）、つまり次元性を含んでいるということを理解すること。——この中性的になるということは、赤が「別の色」に変わることではなく、それはそれ自身の持続による赤の変様である（ちょうど或る図形ないし或る線の私の視覚に対する効果が次元的になり、私の視覚に空間の曲率値を与えようとする傾向があるのと同様である)。――そして他のもろもろの値によってと同様に、空間(透明性、恒常性)によっても質のこうした構造的諸変様が起こるのであるから、感じられる世界とはこの知覚の論理であり、この等価体系なのであって、空間‐時間的個体の堆積ではないということを理解する必要がある。そして、この論理はわれわれの精神物理的組成の所産でもなければ、われわれのカテゴリー装置の所産でもなく、われわれのカテゴリーやわれわれの組成、われわれの「主観性」がその骨組の現われである一つの世界から採取されるものなのである。

(1) [Heidegger; *Einführung in die Metaphysik*, Max Niemeyer, Tübingen, 1953, S. 25-6.〔『形而上学入門』、川原栄峰訳、理想社、四七‐八頁〕が暗示されている。]

(2) [二九〇頁注(1)を参照せよ。]

一九六〇年五月

「意識」の盲目性(punctum caecum〔盲点〕)

意識が見ていないものを意識が見ないのは、さまざまな原理的な理由によるのであり、意識がそれを見ないのは意識が意識だからなのである。意識が見ていないもの、それは意識のうちにあってほかの部分の見る働きを準備している当のものなのである(ちょうど網膜が、見る働きを可能にするはずの繊維がそこから拡がってくる網膜上の当の地点で盲目であるのと同じように)。意識が見ていないもの、それは意識が見ることを可能にしている当のものであり、それは〈存在〉への意識の付着点であり、意識の身体性であり、それによって世界が見えるものになる諸実存範疇であり、対象がそこで生まれてくる肉なのである。意識が瞞着され、転倒させられ間接的であることは避けがたいのであり、原理的に言って意識は諸事物を〔存在への付着点とは〕別の端から見るのであり、原理的にそれは〈存在〉を無視し、〈存在〉よりも対象の方を好む。言いかえれば意識は〈存在〉と手を切ってしまい、否定の彼方に〈存在〉を押しやって、この否定をさえ否認してしまうのである。意識は〈存在〉のうちにありながら、〈存在〉の非隠蔽態、Unverborgenheit〔非隠蔽態〕、事実的《ポジティフ》なものには属さない、遠方の存在*であるところの、〔意識に〕併合されていない無媒介な現前を知らないのである。

世界の肉――身体の肉――〈存在〉

一九六〇年五月

世界の肉、これは（時間、空間、運動に関して）分凝、次元性、連続、潜在、蚕食として記述される。――次いで、問題になっている諸現象にもう一度問いかけること：それらの現象はわれわれを知覚するものと知覚されるものとのあいだの Einfühlung〔自己移入の関係〕へ差し向ける、なぜならそれらの現象が言わんとしているのは、われわれがすでに、このように記述された存在のうちに存在しているということ、われわれがそれに拠って存在している（en être）ということ、存在とわれわれとのあいだに Einfühlung〔自己移入〕が存するということだからである。

これが言わんとしているのは、私の身体が世界（それも一個の知覚されたものである）と同じ肉でできているということ、そして、さらに私の身体のこの肉が世界によって分かちもたれており、世界はそれを反映し、世界がそれを蚕食し、それが世界を蚕食している（感じられるものが主観性の極点であると同時に物質性の極点でもある）ということ、それら両者が越境とまたぎ越しの関係にあるということ、である。――これはまた次のことを言わんとしているのである：つまり、私の身体はもろもろの知覚されるもののうちにある一つの知覚されるものであるだけではなく、それはすべてのものの測定者であり、世界のあらゆる次元の Nullpunkt〔ゼロ点〕だ、ということをである。たとえば私の身体はあらゆる可動体ないし運動体のうちに存する一つの可動体ないし運動体ではない、私は私の身体の運動を私からの隔たりとして意識することはない。物は動かされるのに対して、それは sich bewegt〔動く＝おのれを動かす〕のである。これは一種の「再帰性」(sich bewegen〔おのれを動かす〕) を言わんとしているのであり、私の身体はそれによっておのれを自己へと構成するのである。――同様に、私の身体はおのれに触れ、おのれを見る。まさしくそうすることによって、私の身体は何ものかに触れたり、何ものかを見たりすることができるのであり、言いかえれば、諸事物に開かれていて、そこにおのれのもろもろの変様体を読みとること（マールブランシュ）ができるのである（けだし、われわれは心の観念をもっておらず、心というのはその観念の存しない存在者、われわれがそれを存在しはするが、見ることはない存在者だからである）。おのれに触れ、おのれを見ること、「感情による認識」。――

身体がおのれに触れ、おのれを見るということは、それ自体、われわれが見ることと見えるもの、触れることと触れられるものについてすでに述べたことに即して理解されねばならない。すなわち、それは一つの作用ではなく、……に属する存在 (être à...) なのである。われわれが述べたところに従えば、おのれに触れ、おのれを見るということはおのれを対‐象 (ob-jet) として捉えることではない、それはおのれに開かれてあること、おのれへ向けられている（ナルシシスム）ことなのである。――したがって、それはましてやおのれにゆきつくことではなく、逆におのれを逃れ、おのれに無知であることであり、問題になっている自己とは隔たりから生じてくるのであり、Verborgen〔隠蔽されたもの〕の、したがって、たえず隠され、潜在的であるものの Verborgen としての Unverborgenheit〔非隠蔽態〕なのである。——

自分が感じているのを感じること、自分が見ているのを見ることは、見たり感じたりしているという思考ではない、見ること感じることは、無言の意味についての無言の経験である。——

身体の準「反省的」な二重化、身体の反省能、身体が触れているおのれに触れ、見ているおのれを見るという事実の本領は、結びつけられているものの背後にある結合の働きの現場を押えたり、こうした構成的活動のうちにふたたび身を置くというところにあるわけではない。自己についての知覚（ヘーゲルは自己感情という言い方をしていた）ないし知覚についての知覚は、それが捉えたものを対象に変えるわけでもなければ、知覚の構成的源泉と合致するわけでもない。事実、私は触れている私に触れ、見ている私を見ることに完全に成功することはない、知覚している私について私がなす経験は、一種の間近さ（imminence）以上になることはないのであって、それは見えないもののうちで終るのだが、ただその見えないものとは、おのれのもつ見えない部分のことなのであり、おのれの鏡像の知覚の裏面、鏡のなかの私の身体について私がもつ具体的視覚の裏面なのである。自己の知覚もまた一つの知覚である、言いかえれば、それは私に或る Nicht Urpräsentierbar〔根源的に現前しえないもの〕（私という見えることのないもの）を与えるのだが、しかし、それが私にそうしたものを与えるのは、或る Urpräsentierbar〔根源的に現前可能なもの〕（私の触覚的ないし視覚的現われ）を透して（つまり潜在的なものとして）なのである。——私にとっての私の不可視性は、私が事実的（positif）な精神、事実的な「意識」、事実的な心、意識としての（純粋なおのれへの現出としての）実存であるということによるのではなく、私が、一、可視的な一つの世界をもつ者、つまり次元的で分有可能な一個の身体をもつ者であり、二、つまりは、身体そのものに可視的な一個の身体をもつ者であり、三、したがって最後に、自己の不在であるような自己への現前をもつ者である、ということによるのである。――問いかけが中心へ向かって前進してゆくことは、条件づけられているものが条件づけるものへ向かってゆく運動でも、基礎づけられたものが Grund〔根拠〕へ向かってゆく運動でもない。いわゆる Grund〔根拠〕は Abgrund〔深淵〕なのである。だが、そんなふうにして発見される深淵は、しかじかの根底の欠如なのではなく、高みに耐えている或る Hoheit〔高さ〕の出現（ハイデガー『言葉への途上にて』(1)を参照せよ）、つまりは世界に到来する或る否定性の出現なのである。世界の肉が身体の肉によって解き明かされるわけでもなく、身体の肉が身体に住みついている否定性や自己によって解き明かされるわけでもなく、これら三つの現象は同時的なのである。――

世界の肉は、私の肉とは違って、おのれを感じることはない。――それは感じられるものではあるが、感じるものではない。――にもかかわらず、私がそれを肉と呼ぶ（たとえば、浮彫り《レリーフ》や奥行や、ミショットの実験(2)における「生」）のは、それがもろもろの可能的なもののプレグナンスであり、Weltmöglichkeit〔世界可能性〕である（もろもろの可能的な世界は単数や複数の手前にある世界であるこの世界の異本である）ということ、したがってそれは絶対に対‐象ではないということ、bloße Sache〔裸の事象〕という在り方はその一つの部分的・二次的表現でしかないのだということを言わんがためなのである。それは物活論《イロゾイスム》ではない、それどころか、物活論の方が肉的現前についてのわれわれの経験を、説明を与えてくれる〈存在者〉(l'Etant-explicatif) のレベルで、誤って概念化し――主題化するものなのである。――われわれが結局は自己の身体を理解するのも、世界の肉によってなのである。――世界の肉、それは見られる〈存在〉(l'Être-vu) に属している。言いかえれば、それはすぐれた意味での percipi〔知覚されるもの〕であり、percipere〔知覚するということ〕が理解されうるのもこの世界の肉によってなのである。私の身体と呼ばれるこの知覚されるものは他の残りの知覚されるものにおのれを向け、おのれ自身を自己によって知覚されるものとして、したがって或る知覚するものとして扱うのであるが、こういったことがすべて可能であり、それになにか意味があるのは、結局のところ〈存在〉があるから、それも闇のなかで自己同一的であるような即自的〈存在〉がではなく、おのれの否定、おのれの percipi〈知覚されること〉をも含んでいるような〈存在〉があるからにほかならない。——ベルクソンが次のように述べているのを参照にせよ：われわれは「イマージュ」を定立することによって、すでに意識を手に入れてしまっているのであり、したがって、われわれは意識を、イマージュの世界よりも少ないものであっても多いものではなく、イマージュの世界の一つの濃縮〈＝中心化〉ないし抽象であるような「意識的」生物の水準に引き下げてはならないのである。——これが言わんとしていたのは、こんなふうにして意識に先立つ意識が実在するかのようにみなそうといったことではまったくない。そして、それゆえにこそわれわれとしては、初次的なのは「もろもろのイマージュ」という拡散した「意識」（こうした拡散した意識は何ものでもない——けだしベルクソンも、意識があるのは、不確定性の中心および身体という「暗箱」によってのみだと説明しているのであるから(3)）ではなく、〈存在〉なのだと言っているのである。

（1）［*Unterwegs zur Sprache*, Neske ed., Tübingen, 1959, S. 13.「言葉は言葉である。言葉は語る。もしわれわれがこの命題の名指している深淵に落ちこむとしてもわれわれは空虚のうちに崩落してゆくのではない。われわれは高みへと落ちこむのである。そして、その高さが一つの深さを開くのである。」］

（2）［二五三ページの注（3）を参照せよ。］

（3）［ベルクソンは文字通りには次のように述べているのである。「生体は宇宙のなかで〈不確定性の中心〉をなしている」。そして彼は、もっと先でこれを次のように敷衍する。「もしわれわれが宇宙の任意の場所を考えてみるなら、全物質の作用は抵抗も損耗もなしにそこを通過し、全体を写真に撮ってみれば、そこは透明だと言えるだろう。イマージュがそこに浮き出てくる黒いスクリーンがそこにはないのである。われわれの言う〈不確定性の地帯〉が、いわばスクリーンの役割を演ずるわけなのであろう。」*Matière et mémoire*, 10e éd, Alcan, Paris, 1913, p. 24 et pp. 26-7.］『物質と記憶』、田島節夫訳（『ベルグソン著作集』第二巻、白水社）、四一、四四頁。］

形而上学――無限
世界――Offenheit〔開在性〕

一九六〇年五月

〈世界〉と〈存在〉：

両者の関係は見えるものと見えないもの（潜在性）の関係であるが、見えないものとは別な見えるもの（論理的な意味で「可能な」見えるもの）、単に不在であるというだけの事実的なもののことではない。

それは原理的な Verborgenheit〔隠蔽態〕、つまり見えるもののもつ見えないもの、Umwelt〔環境世界〕の Offenheit〔開在性〕なのであって、Unendlichkeit〔無限性〕ではない。――Unendlichkeit は究極のところ即自であり対-象なのである。――私にとって問題となりうるかぎりでの〈存在〉の無限性とは、作動しつつある、働きつつある有限性：つまり Umwelt の開在性なのである。――私は経験的な意味での有限性、さまざまな限界をもつ事実的実存〔という考え方〕には反対であり、だからこそ私は形而上学に与するのである。しかし、形而上学は事実上の有限性のうちにあるのではないと同様に無限なもののうちにあるのでもない。

文学とはつまり感覚的なものの哲学である

一九六〇年五月

科学的心理学は、現象としての質について語るべきことは何もないし、現象学は「結局のところ不可能」（ブレッソン）(1)であると信じている（けれども、科学的心理学においてといえども、もし現象についてでないとしたら、われわれは何について論じているのであろうか。科学的心理学においても、事実なるものは、眠りこんでいる現象を目覚ませる以外の役割は有していないのである）。——実際、質は不透明であり、いわく言いがたいもののように思われる、それは作家でないような人間には人生がなんの感興も与えないのと同様である。ところが、感覚的なものも人生と同様に、哲学者（つまり作家）であるような者にとっては、つねに語るべきことに充ち満ちた宝庫なのである。そして、作家が人生やさまざまな感情について語っていることを誰しもが本当だと思い、それをおのれのうちに再発見するのだが、それと同じように、現象学者たちも、現象学など不可能だと言う連中によって理解もされ利用もされているのである。人がもし哲学者か作家でないとしたら、たしかに感覚的なものは、語りうるような何ごとをも呈示しないであろうが、しかしそれは感覚的なものが言語を絶した即〈自〉だからなのではなくて、ひとが語るすべを心得ていないからだ、というのが事の真相なのである。真なるものの「遡行的実在性」にからむ諸問題——この遡行的実在性は、世界、〈存在〉が多型的であり、神秘であって、けっして平板な存在者とか即自〔的存在者〕の層ではない、ということによって可能なのである。

（1）［François Bresson, Perception et indices perceptifs, in: Bruner, Bresson, Morf et Piaget, *Logique et Perception*, Etablissement épistémologique génétique IV, Scient. intern. PUF, 1958, p. 156.――「現象学的記述は、結局のところ、実現不可能なものであり、内的経験は言語を絶したものである。まさしくそのゆえに内的経験はいかなる伝達やいかなる科学の対象でもありえないのであり、もはやそんなものに関わり合うことなしに、そうした経験があるということを認めるだけで十分だということになろう。」］

一九六〇年五月

「視覚的画像」――→「世界の表象」
Todo y Nada〔すべてにして無〕*

視覚的画像の批判を《Vorstellung〔表象〕》の批判へと一般化すること。――というのも、視覚的画像の批判は単に実在論ないし観念論（通覧《シノプシス》〔という考え方〕）の批判にとどまらない。――それは本質的にはこれら両者によって物と世界とに与えられている存在意味の批判なのである。すなわち、〈即自〉という存在意味の批判なのである――（それは、それのみがそれに意味を与えるもの：つまり距離、隔たり、超越、肉に結びつけられていない即自である）。

ところでもし「視覚的画像」の批判がこうしたものであるとしたら、それは Vorstellung の批判へと一般化されよう：というのも、もし世界に対するわれわれの関係が Vorstellung であるとしたら、「表象されることになる」当の世界は〈即自〉という存在意味をもつことになろう。たとえば他者が世界を表象するばあいを採りあげてみよう。そのばあい、彼にとってあるのは、どこにあるわけでもなく、観念的なものである一個の内的対象なのであって、世界そのものはそれとは別に存在するのである。

私がなそうとしているのは、「表象されたもの」とはまったく異なった〈存在〉意味としての世界、つまりいかなる「表象」も汲みつくすことはないが、すべての表象にとって「手のとどく」垂直の〈存在〉、つまり野生の〈存在〉を復権することなのである。

こうした考え方は単に知覚にだけではなく、述定的真理や意味《シニフイカシオン》の〈領域《ユニヴェール》〉にも向けられねばならない。ここでもまた（野生の）意味《シニフイカシオン》を〈即自〉とも「純粋意識」ともまったく異なったものとして考える必要がある。――つまり（述定的‐文化的）真理というものを、もろもろの意味作用がそこで交叉し、もろもろの意味がその削りかすであるような（単数複数に先立つ）この〈個体〉として考える必要があるのだ。

その上、（自然的と文化的という）二つの次元の区別は抽象的である。われわれにあっては、すべてが文化的であり（われわれの Lebenswelt〔生活世界〕は「主観的」である）（われわれの知覚は文化的‐歴史的である）、われわれにあってはすべてが自然的である（文化的なものでさえ野生の〈存在〉の多型性にもとづいているのだ）。

見いだされるべき存在意味：存在者的なもの、「Erlebnisse〔諸体験〕」、「表象されたもの」、「判断」――（もろもろの対‐象、「表象されたもの」、要するに〈心的なもの〉と〈自然〉とのあらゆる理念化）、こうしたいわゆる事実的な（そしてきれぎれな、「孤島のような」、おのれの Weltlichkeit〔世界性〕をもたない）心的「実在」〔を構成するとみなされるところ〕のあらゆるガラクタは、実は存在論的生地《きじ》からの、「精神の身体*」からの抽象的な切りぬきなのである。――

〈存在〉、それは「意識の諸様態」が〈存在〉のもろもろの構造化として描きこまれる「場」であり（一社会の思考様式がその社会構造のうちに含意されているように）、そこでは〈存在〉の構造化が意識の諸様態であるような「場」

である。即自‐対自の統合が起こるのは絶対的意識においてではなく、雑然たる〈存在〉のうちにおいてである。世界の知覚は世界のうちで生起するのであり、真理の検証も〈存在〉のうちで生起するのである。

サルトルと古典的存在論

サルトルがつねに予想している歴史の全体化*——これは彼の「無」の反映である。——というのも、「世界内存在」するためには、何ものも「全体」によって支えられていたりしてはならないからである。

一九六〇年五月

触れること‐おのれに触れること
見ること‐おのれを見ること
〈自己〉としての身体、肉

触れることとおのれに触れること（おのれに触れること＝触れつつ‐触れられること）。この二つ〈触れるものと触れられるもの〉は身体にあっては合致しない。触れるものは厳密に言って、けっして触れられるものではない。といってこれは、それらが合致するのは「精神において」だとか、「意識」のレベルにおいてだという意味ではない。その継ぎ合わせが生じるためには身体以外の何ものかが必要なのである。つまり、その継ぎ合わせは触れえぬもののうちで生起するのである。それは〔この触れえぬものとは〕、〔たとえば〕私がけっして触れることがないであろう他者のそれ〔触れるもの〕であろうか。だが、私がけっして触れることのないであろうもの、それには他者もまた触れることはないのだし、ここには自己の他者に対する特権はなく、したがって、触れえぬものとは意識ではないのだ――「意識」、これは事実的《ポジティフ》なものに属するであろうし、そうした意識に関しては、触れるものと触れられるものの二元性と同じような反省するものと反省されるものの二元性がふたたびはじまるであろうし、事実はじまっているのである。触れえぬものとは事実上近づきえない触れえぬものということではない。――無意識なものとは、事実上近づきえない表象のことではないのだ。ここで言う否定的なものとはどこか別なところにある事実的なもの（或る超越的なもの）のことではない。――それは真に否定的なもの、つまりVerborgenheit〔隠蔽態〕の或るUnverborgenheit〔非隠蔽態〕、Nichturpräsentierbar〔根源的に現前しえないもの〕の或るUrpräsentation〔根源的現前〕のことであり、言いかえれば、どこか別なところ〔にある〕ということを生み出すもの、他である或るSelbst〔自己〕、或るくぼみのことである。したがって、触れるもの‐触れられるものの継ぎ合わせは、〈思考〉ないし〈意識〉によって生ずるなどと言っても、まったく無意味である。〔むしろ〕この〈思考〉ないし〈意識〉とは、……〈世界〉ないし〈存在〉への身体性のOffenheit〔開在性〕にほかならないのである。

　触れえぬもの[1]（そして、見えぬものもまた：というのも、視覚についても同じ分析が繰りかえされうるからなのである：私が私を見るということを妨げているのは、まず当面は事実上見えないもの（私にとって見えない私の眼）であるが、しかし、こうした意味での見えないもの（その空白は他者によって、また私の一般性によって埋められる）を超えて、権利上見えないものもまたそうである：〔つまり〕私は運動している私を見ることはできず、私の運動を目撃することはできない。ところで、この権利上見えないものとは、実は、Wahrnehmen〔知覚〕とSich bewegen〔運動〕とが同義語であるということを意味している：だからこそ、Wahrnehmungは、それが捉えようとしている

Sich bewegen〔運動〕にけっして追いつけないのである：知覚とはもう一つの運動なのである。しかし、この失敗、この見えないものこそまさしく、Wahrnehmen〔知覚〕が Sich bewegen だということを証拠立てるものであり、この失敗のうちにこそ或る成功が存するのである。Wahrnehmen は Sich bewegen を捉えるのに失敗する（そして、私にとって私は、運動のなかにあってさえ運動のゼロ点なのであり、私は私から離れることはないのである）が、それはほかでもない、知覚と運動が等質的だからであり、この失敗はこの等質性の証拠なのである：Wahrnehmen と Sich bewegen とは、たがいに他方から現われてくるのである。Ek-stase〔脱自〕による一種の反省として、それらは同じ一つの束に属しているのだ。

触れるとは、おのれに触れることである。これは、次のようなこととして理解されるべきであろう：もろもろの物は私の身体の延長であり、私の身体は世界の延長なのであって、私の身体によって世界が私をとりかこんでいるのである——もし私が私の運動に触れえないとしたら、それはこの運動が全面的に私との接触によって織りあげられているからである。——おのれに触れることと触れることとを、たがいに他の裏面をなすものだと理解する必要がある。——触れることに住みついている否定性（私はこの否定性を内輪に見積るわけにはゆかない：この否定性こそ、身体が経験的事実ではなく、存在論的意味をもつべく仕向けているものなのだから）、触れることのもつ触れえぬもの、見ることのもつ見えぬもの、意識のもつ無意識なもの（その中心的な punctum caecum〔盲点〕、意識を意識たらしめている盲目性、つまりはあらゆる事物の間接的で転倒した把握）、これは感覚的〈存在〉の他面ないし裏面（ないし他の次元性）なのである。この感覚的〈存在〉がない地点はたしかにあるにしても、それがそこにあると言うことはできないものなのである。——この感覚的〈存在〉は、他の次元性へのカセクシスによる現前性、「二重底」の現前性によってそこにあるのである。肉、Leib〔肉体〕とは、おのれに触れる（「触覚的感覚」）の総和ではないが、触覚的感覚プラス「諸運動感覚」の総和でもない、それは「われなし能う」である。——身体図式は、もしそれが自己と自己のこの接触（それはむしろ無‐差別（non-différence）である）（X……への共同的現前）でないとしたら、図式ではないであろう。

世界の肉（「質」）とは、私がそれであるようなこの感覚的〈存在〉と、私のうちでおのれを感じるそれ以外のあらゆるものとの未分化、快感‐現実*の未分化のことなのである。――

肉とは鏡の現象であり、鏡は私と私の身体との関係の拡張なのである。鏡＝物の Bild〈像〉の現実化、私と私の影との関係＝Wesen〈現成すること〉（動詞的）の現実化、物の本質の抽出、〈存在〉の薄膜ないし〈存在〉の「見かけ」の抽出なのである。――おのれに触れること、おのれを見ること、これは自己からこうした鏡像的抽出物を手に入れることであり、言いかえれば、見かけと〈存在〉との分裂――触れることのうちですでに生起しており（触れるものと触れられるものの二元性）、鏡による（ナルシス）〈自己〉へのいっそう深い固着でしかない分裂――のことなのである。私のうちへの世界の視覚的投射を、物‐私の身体という対象内部での関係としてではなく、影‐身体の関係として、動詞的 Wesen〈現成〉の共有態として、したがって結局は「類似」現象として、超越として理解しなければならない。

見ること‐触れることとのあいだにある隔たり（これらは重なり合うものではなく、もろもろの領域《ユニヴェール》の一つが他の領域の上に張り出しているのである）は、それぞれの感官の内部に存し、それらの感官を《eine Art der Reflexion〈一種の反省〉》たらしめている張り出しのいっそう顕著な事例として理解さるべきである。

この隔たりは、単にわれわれの有機的組織、しかじかの閾をもったしかじかの受容器の現存など……の一事実にすぎない、と言われるかもしれない。

私はそれと反対のことを言っているわけではない。私が言っているのは、こうした諸事実には説明力はない、ということなのである。われわれの身体という「独自な点」の構成の物理的説明などはないのだし（F・マイヤーを参照せよ(2)、したがって、われわれの知覚論の物理的説明もないのだから、それらの事実は、物理的因果性という単一な平面に組み入れることによって消し去ることなどできない或る存在論的起伏を別の仕方で表現しているのである。

ここでは現象学は、〈理論的には完全であり十全なものである物理的説明の世界は世界などではなく、したがって、感覚的存在や人間についてのわれわれの経験の総体を、究極的なもの、説明しえぬものとして、したがってそれ自体による世界とみなす必要がある〉という、このことの認識だということになろう。今それ自体による世界と言われたのは、言いかえれば、科学や実証的心理学が〈即自〉の absque praemissis〔前提なき〕断片として扱っているものを知覚の論理に翻訳する必要があるということにほかならない。

触れる－おのれに触れる
（諸事物
自己の身体）
見る－おのれを見る
聞く－おのれを聞く（ラジオ）
理解する－語る
聴く－歌う

前客－観的な
葉脈による統一体——

触れること＝触れる運動
と触れられる運動

Wahrnehmen〔知覚〕と Sich bewegen〔運動〕を解明するために、いかなる Wahrnehmen も、運動の〈自己〉であるという条件のもとでのみ知覚するのだということを示すこと。
自己の運動、主体であるような物：つまり物としての運動ではあるが、私がなすものである運動があるということを証明すること。――

そこから出発して、言語を「われ思う」の基礎として理解すること：言語が「われ思う」に対して有する関係は、運動が知覚に対して有する関係に等しい。運動が肉的なものであることを示すこと、――肉的なもののうちにおいてこそ、〈運動〉とその「自己」（ミショット*によって記述されている運動の〈自己〉）の Wahrnehmen との関係が成り立つのである。

（1）［このカッコは閉じられていない：次のパラグラフがかかっているのは「見えないもの」にである。］
（2）［François Meyer : *Problématique de l'évolution*. PUF, 1954 参照。］

見えるものと見えないもの

一九六〇年五月

見えないものとは、

一、今のところ見えないが、見えることのありうるもの（物の隠れた面ないし今は見えていない面――隠れている物、「どこか別のところ」にある物——「ここ」と「どこか別のところ」）。

二、見えるものと関わりはあるが、にもかかわらず物としては見られえないもの（見えるものの実存範疇、見えるものの諸次元、その具象化されえぬ骨組）。

三、触覚的ないし運動感覚的にしか存在しないもの。

四、λέκτα〔語られること〕、Cogito〔われ思う〕。

これら四つの「層」を、私は見えることとの-ないものというカテゴリーのもとに統一はするが、それは論理的な意味でではない。

それが不可能なのは、何よりもまず見えるものが客観的な一事実ではないのだから、見えないものも論理的な意味での否定《ネガシオン》ではありえないという簡単な理由による。——

問題になっているのは基準《レフェランス》として働く否定（……のゼロ点）ないし隔たりとしての否定なのである。

この基準となるような否定〔という性格〕はすべての見えないものに共通である。というのも、見えるものは〈存在〉の次元性として、つまり普遍的なものとして定義されてきたからであり、したがって、見えるものの一部をなしていないものもすべて必然的に見えるもののうちに包摂されており、同じ超越の様相でしかないからである。

見えない見えるもの

一九六〇年五月

感じうるもの、見えるものは、私にとっては、無とは何であるかを語る機会であるにちがいない。——無とは見えないもの以上の（また以下の）ものではない。

見えるものとは客観的な現前（あるいはこの現前の観念＝視覚的画像）であると信ずるようなまったくの哲学的誤謬の分析から出発すること。

こうした誤謬は質を即自として見るような観念をともなっている。

質とはつねに或るタイプの潜在性であるということを示すこと。

サルトルは、アフリカにいるピエールのイマージュとはピエールの存在そのもの、つまり彼の見える存在——これが存在するただ一つのものなのだが——を「体験する一つの仕方」でしかないと言っている。*だが、実は、これは勝手気ままなイマージュとは別のものであり、それは一種の知覚、遠隔知覚《テレペルセプシオン》なのである。

——

感じうるもの、見えるものを、私が現実の視覚によって事実的関係をとり結んでいるものとしてだけではなく、——私があとで遠隔知覚をもつことのできるものとしても定義しなければならない。——けだし、見られる物とはこうしたもろもろの「イマージュ」の Urstiftung〔根源的設立〕なのであるから。—— Zeitpunkt〔時間点〕と同じく、Raumpunkt〔空間点〕も或る現存在（un Être-là）のおこなう決定的な Stiftung〔設立〕なのである。

歴史学、超越論的地質学 歴史学的時間、歴史学的空間——哲学

一九六〇年六月一日

サルトルのそれのような歴史哲学*（それは結局「個人的実践」の哲学であり、——そこでは歴史とは、こうした実践が「加工された物質」の惰性態と出会い、本来的時間性がそれを凝固させるものと出会うことにほかならない）に対置させるべきなのはおそらく地理学の哲学（個人的実践と空間的即〈自〉との出会いを軸にすることは、個人的実践と惰性的なものとの出会いを軸にするのと同様に無意味であろうし、空間によって媒介された「人間関係」を軸にすることは、時間によって媒介された人間関係を軸にするのと同様に無意味であろう）ではなく、——構造の哲学であろうが、これは実のところ、歴史学との接触によってよりも地理学との接触によっての方がうまく形成されるものであろう。というのも、歴史は、個人的実践や内面性とあまりにも直接に結びつきすぎ、おのれの厚みやおのれの肉をあまりにも隠しすぎるので、そこに個人の全哲学をふたたび導き入れるのは容易ではないからである。それとは逆に地理学は——あるいはむしろ、Ur-Arche〔原方舟〕としての〈地球〉は、肉的な Urhistorie〔原歴史〕**を明るみ

に出す（フッサールの『転覆』[1]）。実際のところ、必要なのは――「歴史学的」nexus〔結合〕でもなければ「地理学的」nexus でもなく、――歴史学と超越論的地質学との nexus、空間でもあるこの時間、時間でもあるこの空間――見えるものと肉についての私の分析によって私はこうしたものを見いだすことになるであろう、――或る歴史学的光景や歴史の準地理学的記述というものが存在することを可能にするような時間と空間との同時的 Urstiftung〔根源的設立〕、を捉えることなのである。基本的問題：沈澱と再活性化。

（1）[Umsturz der Kopernikanischen Lehre: die Erde als ur-Arche bewegt sich nicht.]〔「コペルニクス説の転覆：原方舟としての大地は動かない」（未公刊）――この遺稿はその後 Marvin Farber (ed.), *Philosophical Essays in Memory of Edmund Husserl*, Greenwood Press, Publishers, New York, 1968 に収録された。新田義弘・村田純一訳「自然の空間性の現象学的起源に関する基礎研究――コペルニクス説の転覆――」、『講座現象学』第三巻、弘文堂、所収。〕

一九六〇年六月

肉――精神

精神を身体の裏面として定義すること――われわれは身体によって裏打ちされていないような、〔身体という〕この土壌の上に身を落ちつけていないような精神の観念はもっていない。――

「裏面」ということで言わんとしているのは、身体はそれがこうした裏面をもつかぎり客観的用語、即自的用語で記述されうるものではないということ、この裏面は本当に身体の裏面なのであり、身体のうちにはみ出して（Überschreiten〔踏み越えて〕〕ゆき、身体を蚕食し、身体のうちに隠されているのだということ、——そしてそれと同時に、身体を必要とし、身体において仕上げられ、身体のうちに投錨しているのだということ、なのである。精神の身体があり、身体の精神があり、そして両者の交叉配列があるのである。この裏面なるものは、客観的思考においてのように、同じ実測図のもう一つの投射図という意味においてではなく、或る深みへ向かっての、或る次元性——広がりという次元性ではない——へ向かっての身体の Überstieg〔上昇〕、感じうるものへ向かっての否定的なものの超越、という意味で理解されねばならない。

こうした哲学にとって本質的な概念は、肉という概念であるが、これは客観的身体でもなければ、心によっておのれのものと考えられた身体（デカルト）でもなく、それは感じられるものと感じる者という二重の意味で感覚的なものなのである。感じられるもの＝感覚的な物、感覚的世界＝私の能動的身体の相関者、私の能動的身体に「応答する」もの。——感じる者＝私は、それを私の肉からもぎとられたもの、私の肉から引きぬかれたものとして立てるのでなければ、ただの一つといえども感覚的なものを立てることはできないのだし、私の肉そのものが感覚的なものの一つでありながら、他のすべての感覚的なものの記入がおこなわれる場所なのであり、他のすべての感覚的なものが分かちあずかる軸となる感覚的なもの、鍵となる感覚的なもの、次元的な感覚的なものなのである。私の身体は、極端な言い方をすれば、すべての物がそれであるもの、次元的なこのものなのである。それは普遍的な物である。——だが、もろもろの事物はそれが或る領野のうちに受け入れられるばあいにしか次元にならないのに対して、私の身体はこの領野そのもの、つまりおのずから次元的であり、普遍的に測定するものであるような感覚的なもの、なのである。——感じられるものとしての私の身体の感じる者としての私の身体への関係（私が触れている身体と、触れる身体）＝触れられる存在の触れる存在への、触れる存在の触れられる存在への浸入。——感応性《サンソリアリテ》、身体の *sich*-bewegen

〔おのれを動かすこと〕と身体の *sich-wahrnehmen*〔おのれを知覚すること〕、身体の自己への到来。――まわりに取り巻きをもち、この取り巻きの裏面であるような自己。分析を精密にしてみるなら、本質的なのは、触れるものがいつも、まさにおのれを触れうるものとして把握しようとしながら、その把握に失敗し、或る〈……がある（un *il y a*）〉のうちでしかそれを成しとげられないようなぶれをともなった再帰関係〔*le réfléchi en bougé*〕であることがわかるであろう。―― wahrnehmen-sich bewegen〔知覚すること－動くこと〕の含み合いは思考－言語の含み合いである。――肉とは、この円環の全体のことであって、単に空間－時間的に個体化されたこのものへの内属ではない。他方、空間－時間的に個体化されたこのものは、Unselbständig なもの〔非自立的なもの〕である。あるのは、本質（動詞的な）の放射*だけであり、空間－時間的な不可分割体などないのだ。感覚的な物そのものが或る超越によって担われているのである。

問いかけとしての哲学（つまりこのものとそこにある世界のまわりに、くぼみをしつらえたり、このものや世界がそれ自体おのれが何であるかを語らざるをえなくなるような質問をしつらえたりすることである哲学。――つまり、言語の不変項や辞書的本質の探究ではなく、沈黙の、構造の不変項の探究である哲学）の本領は、無ではないような存在のゼロ点から出発して世界がどのように分節されるかを示すところ、言いかえれば、対〈自〉のうちにでも即〈自〉のうちにでもなく、存在者の縁に、継ぎ目に、世界の多くの入口が交叉しているところに身を据えるというところにしかありえない、ということを示すこと。

見える－見るもの

一九六〇年一一月

厳密に言って、それはいかなる意味で見えるのか。私に関して私が見ているのは、厳密に言ってけっして見る者をではないし、いずれにせよ、その瞬間に見ている者をではない。――しかし、見ている者も見えるものに属している（それに拠って存在している（en être））のだし、見える身体、（つまり或る他者にとって見える身体）の諸記号の延長線上に、点線で描かれてあるのだ。――実際のところ、他者にとってさえそれはまさしく見るものとして見えているのであろうか。――それがいつも他者の見ているものの少しうしろにあるという意味では、否である。――実を言えば、うしろにあるのでもなければ前にあるのでもなく、――他者が見つめるどこにあるのでもないのだ。

私がそれであるような見るものが見いだされるのは、いつも私が見つめ他者が見つめる所よりほんの少し遠くになのである。――鳥のように見えるものにとまり、見えるものにまといついているのであって、見えるもののうちにあるのではない。にもかかわらず、見えるものと交叉配列の関係にあるのだ。

触れられる－触れるものについても同様である。この構造がただ一つの器官のうちに存するのだ。――私の指の肉＝私の指の一つひとつが現象的指であるとともに客観的指であり、相互性、交叉配列の関係にある外と内であり、対《つい》になった能動性と受動性なのである。能動性と受動性はたがいに蚕食し合っている、しかるに（カントにあっては）両者は現実的対立の関係にある。――指の局所的〈自己〉‥その指の占めている空間が感じもするし－感じられもするのだ。——

見るものと見えるものとの合致があるわけではない。だが、その一方が他方から借金をしているのであり、他方にとりつき、蚕食し、他方と交錯し、他方と交叉配列の関係にあるのである。これら多様な交叉配列がいかなる意味でただ一つの交叉配列をなすのか：綜合とか、もともと綜合的であるような統一といった意味においてではなく、つねに Übertragung〔転移〕*、蚕食、存在の放射といった意味においてである。したがって、——

私が物に触れ、私に触れるように、物が私に触れる：私の肉とは区別される——世界の肉：外と内とへの二重の登記。内部は肉なしに受け容れる：〔それは〕「心的状態」ではなく、身体内部の状態、私の身体が物に示す外部の裏面。同じものが見るものでも見えるものでもあるというのは、いかなる意味においてであろうか：理念性という意味で同じなのでも、実在的同一性という意味で同じなのでもない。構造的な意味で同じなのである：つまり同じ骨組、同じ Gestalthafte〔ゲシュタルト的なもの〕なのであり、「同じ」存在の別の次元に属する開在性という意味で同じものなのである。

私－世界、世界とその部分、私の身体の諸部分の前もっての統一性、分凝に先立つ、多くの次元に先立つ統一性、——そして同じように時間の統一性。——相互に重ね合わされ、たがいに相対化し合いながらも一つに結びつくことのないようなノエシス－ノエマ的構築法ではなく：まず存在するのは無－差別によるそれらの深い絆である。——こうしたすべてが感じられるもの、見えるもののうちに現われているのだ。一個の(外的に)感じられるものでさえも、こうしたすべてを含んでいる（これこそがいわゆる通覧《シノプシス》**、つまり知覚的綜合を可能にするものなのである）。——見るもの－見えるもの＝投射－取り込み。*** それらはいずれもただ一つの生地《きじ》から抽き出されたものであるにちがいない。

のみならず、（私にとって、他者たちにとって）見えるもの－見るものは、なにか心的なものでもなければ、見るという行動でもなく、一つのパースペクティヴ、あるいはもっと適切には、或る種の首尾一貫した変形*をともなった世界そのものなのである。——交叉配列こそが予定調和の真理である。——これは、予定調和よりはるかに厳密である‥けだし予定調和は局所的でかつ個体化された諸事実のあいだに存するのだが、交叉配列は、あらかじめ統一されているもろもろのまとまりを、差異化しながら表と裏のように結びつけてゆくからである。

結局のところそこから、客観的意味で一つとか二つとか数えられるわけではない一つの世界——前個体的であり、一般性であるような世界——が生じてくるのである。

言語と交叉配列。

……………………………………

夢
想像的なもの

一九六〇年一一月

夢。〔想像的なものは〕夢のもう一つの舞台。——

現実的なものに想像的なものを付けくわえる哲学においては理解しがたいことである。——というのも、こうした哲学にあっては、こうしたすべてがいかにして同じ意識に属するのかということが、理解されねばならないことになろうからである。——

身体のがわから夢を理解すること：身体なき世界内存在、「観察」を欠いた世界内存在、あるいはむしろ重さをもたぬ想像的身体をともなった世界内存在として。想像的なものを身体の想像的なものによって理解すること——したがって、観察と等価的なものであるような無化としてではなく、観察や分節した身体がその特殊な異本であるような〈存在〉の真の Stiftung〔設立〕として。

夢のうちに交叉配列の何が残っているのか。

外的に感じられるものの内的写しがうちにあると言われるような意味で、夢はうちにあるのだ。夢は世界が存在していないいたるところで、感じられるもののがわにある。——これこそがフロイトの語っているあの「舞台」、あの「劇場」、あのわれわれの夢幻的信念の場なのである。——それは「意識」やその心像をもてあそぶ狂気ではないのだ。

夢の（そして不安の、またすべての生の）「主体」、それはひと、つまり結界としての身体である。——

身体は見えるものであるがゆえに、われわれがそこから出てゆく結界、「一種の反省」。

一九六〇年一一月一六日

交叉配列――転換可能性

たしかに言葉は、子供のうちに沈黙として入りこむ、――沈黙を通って、沈黙として（つまり単に知覚されただけの物として――Sinnvoll な〔意味に満ちた〕語と知覚されただけの語の違い）子供のところまでやってくるにちがいない。――〈沈黙〉＝しかるべき言葉《パロール》の不在。この生産力に富む否定的存在こそが肉によって、その裂開によって設立されるのである。――否定的なもの、無、これは二重化されたもの、身体の双葉、相互に連節された内と外なのである。――無はむしろ同一的なもののうちに生ずる差異なのである。――

転換可能性――裏返しになった手袋の指――ひとりの目撃者が表裏両方のがわにまわって見る必要はない。私が一方のがわで手袋の裏が表に密着しているのを見るだけで、私が一方を通して他方に触れるだけで十分である（領野の一点ないし一面の二重の「表現」）、交叉配列とは、この転換可能性のことなのである。――

〈対自〉の〈対他〉への移行がおこなわれるのも、この転換可能性によってのみである。――実のところ、私と他者が事実的《ポジティフ》なもの、事実的《ポジティフ》な主観性として存しているのではない。私と他者とは、二つの隠れ処《が》、二つの開在性、何ものかが生起してくる二つの舞台なのである。――そして、これらはいずれも同じ世界、〈存在〉という舞台に属しているのである。

〈対自〉と〈対他〉とがあるわけではない。それらはたがいに他方の裏面なのである。だからこそ、この両者はたがいに合体するのである：投射‐取り込み。――私の前にいくらかの距離をおいて、私‐他者、他者‐私の振替えがおこなわれる線があり、境界面があるのである。――

与えられたただ一つの軸、――手袋の指の先は無である。――しかし、それはひとが裏返すことのできる無であり、そのときひとがそこにもろもろの物を見ることになる無なのである。――否定的なものが真に存在するただ一つの「場」は襞であり、つまり内と外とがたがいに密着しているところ、裏返し点である。――

私‐世界

私‐他者の交叉配列――

私の身体ともろもろの物の交叉配列、これは私の身体が内と外とに二重化されること――そしてもろもろの物が（それらの内と外とへ）二重化されること――によって実現される。

こうした二つの二重化があるからこそ、世界が私の身体の双葉のあいだに挿しこまれたり、私の身体がもろもろの物や世界の双葉のあいだに挿しこまれたりすることが可能なのである。

これは人間中心主義ではない：この双葉を研究することによって存在の構造が見いだされるにちがいない。――

次のことから出発すること：同一性があるのでも、非同一性、不一致があるのでもなく、あるのはたがいに他のまわりをめぐる内と外だ、ということ。――

私の「中心にある」無、これはどこにあるのかわからないし、「誰」でもない。ストロボスコープ的旋回点のようなものである。

私と私の身体の交叉配列：私はここで［仕上げられた？］身体が Wahrnehmungsbereit〔知覚の準備をととのえて〕おり、……に身をさらし、今にも観察者になるべく開かれており、荷電された領野であることを知っている。——

肯定、否定、否定の否定：表面、裏面、裏面の裏面。同じものと他なるものに関する問題に、私は何を寄与しているのか。以下のことである：つまり、同じものは他のものとは他のものであり、同一性とは差異の差異である、ということ——これは、一、ヘーゲル的な意味での乗り越えや弁証法を実現するのではなく、二、蚕食、厚み、空間性によって、その場で実現されていることなのである。——

一九六〇年一一月

〔標題なし〕

能動性：受動性——〈目的論〉

交叉配列、転換可能性、これはすべての知覚が反・知覚（カントの現実的対立物）によって裏打ちされており、二つの面をもった作用であって、もはやどちらが語り、どちらが聴いているのかわからないという思想である。語ること－聴くこと、見ること－見られること、知覚すること－知覚されることの円環性、（知覚が物そのもののうちで生じているかのようにわれわれに思わせるのも、この円環性である）。——能動性＝受動性。

無《ネアン》、つまり何ものでもないもの（*rien*）というものが何であるかを考えてみれば、これは当然である。こうした何ものでもないものが能動的であったり効能をもったりするわけがあろうか。そして、もし主観性が無ではなく無プラス私の身体であるとしたら、主観性の働きが身体の目的論によって支えられないわけがあろうか。

いったい、目的原因論に対する私の立場はいかなるものであろうか。私は目的原因論者ではない。なぜなら身体の内面性（＝内葉と外葉の合致、それらがたがいに折れ重なる関係）は双葉の寄せ集めから成り、その寄せ集めでつくられた何かなのではない…もともとそれら双葉が離れていたことはないのだ。——

（私は進化論的な見方に疑いをさしはさむ。私はそれに代えて、見えるもののコスモロジーを提唱する。それは、内部時間（endotemps）と内部空間（endoespace）とを考察することによって、私にとってはもはや起源の問題も、極限の問題も、第一原因へ向かう出来事の系列の問題も消え去り、あるのはただ一つ、永遠につづく存在の炸裂だけだ、という意味においてである。系列的なものか－永遠のものないし理念的なものか、といういっさいの二者択一の彼方にある「世界の輻《や》」からなる世界を記述すること——実存的永遠性——永遠なる身体を定立すること。）

私は目的原因論者ではない、なぜなら、あるのは裂開なのであって、われわれの知覚やわれわれの思考がその目的論的組織の延長であるようなひとりの人間の——身体の合目的性を通じての——事実的産出ではないからである。

人間が身体の目的でもなければ、有機的身体が構成要素の目的なのでもない…むしろ従属的なものがそのつど開かれた新たな次元の空虚のなかで上下動するのであり、（表裏関係の異本である）高低と同様に低次のものと高次のものがたがいに他のまわりをめぐるのである。——結局のところ私は、高低の区別を渦動のうちに引き入れ、そこでこの区別は表裏の区別と結びつき、二つの区別が統合されて〈存在〉という一つの普遍的次元性になるのである（ハイデガー）。

肉的ではないような意味はない、〔すべての意味は〕図と地――意味（sens）＝図と地の脱臼、それらの引き合い（『知覚の現象学』(1) において私が「脱出」とよんだもの）。

（1）［*Phénoménologie de la perception*, p. 221.］〔邦訳『知覚の現象学』1、三一〇頁。〕

一九六〇年一一月

政治――哲学――文学

……交叉配列の観念とは言いかえれば次のことを言う、つまり存在へのすべての関係は捉えることであると同時に捉えられることであり、捉える働きが捉えられ、書きこまれる、それもおのれが捉えるその同じ存在に書きこまれるのである。

ここから出発して、哲学の観念を仕上げること：哲学は全面的かつ能動的把握、知的所有などではありえない、なぜなら捉えられねばならない当のものが所有権剝奪〔という事態〕だからである。――哲学は生の上に、張り出してあるものではない。それは生の底にあるのだ。哲学とは、捉えることと捉えられることとを、あらゆるレベルで同時に体験することなのである。哲学が語ること、哲学の語るさまざまな意味（signification）は絶対に見えないものに属するわけではない∴哲学は言葉《モ》によって見させるのである。あらゆる文学のように。哲学は見えるものの裏面に身を据えているわけではない∴それは表裏いずれの面にも属しているのである。

したがって、哲学ないし超越論的なものと経験的なもの（存在論的なものと存在者的なもの∴と言った方がよい）のあいだには絶対的差異はない。――絶対に純粋な哲学的言語《パロール》もない。純粋に哲学的な政治もない、たとえばある宣言が必要なときに、哲学的厳格主義などあるべきではない。

にもかかわらず、哲学はただちに非哲学ではない、――哲学は非哲学のうちの実証主義のようなもの、つまり戦闘的非哲学のようなものを投げ捨てるのだ。――つまり歴史を見えるものに切り縮め、歴史にもっと密着するということを口実にして、歴史からほかならぬその奥行を奪ってしまうようなものを投げ捨てるのだ∴非合理主義、Lebens-philosophie〔生の哲学〕、ファシズムと共産主義、これもたしかに哲学的意味をもってはいるのだが、その意味がそれら自身に隠されているのである。

想像的なもの*

一九六〇年一一月

想像的なものはサルトルにとっては否定の否定であり、無化がおのれ自身に向けられる次元であり、したがって、存在の定立と同じような価値をもつ。もっとも存在の定立は想像的なものの等価物ではまったくないし、真の超越的存在者のほんの小部分でさえもただちに想像的なものを揮散させてしまうのだが。

したがって、これは二つの部分から成る分析を予想する：つまり観察としての、「亀裂」のない緻密な組織としての、単純な、あるいは直接的な無化の場としての知覚。

自己否定の場としての想像的なもの。

存在と想像的なものはサルトルにとっては「対象」であり、「存在者」である。――

私にとってはそれらは（バシュラールが言うような意味での）「エレメント」*である。つまり対象ではなく、領野であり、控え目で非定立的な存在、存在に先立つ存在なのであり、――他方、おのれの自己-登記を含んでいるがゆえに、それらの「主観的相関者」がそれらの部分をなしているのだ。Rotempfindung〔赤の感覚〕が Rotempfundene〔赤く感じられるもの〕の部分をなす、――これは合致ではなく、おのれがそうであることを知っている裂開なのである。

自然

一九六〇年一一月

「自然は生まれたばかりだ**」：自然は今日もまた生まれたばかりなのだ。これが言わんとしているのは、原初の未分化と還帰としての一致の神話ではない。

Urtümlich〔原初のもの〕、Ursprünglich〔根源的なもの〕とは、昔あったもののことではない。

（過去のうちにではなく）現在のうちに、世界の肉のうちに、「つねに新たなもの」「つねに同一なもの」――一種の眠りの時間（これこそベルクソンの言う生まれつつある持続、つねに新しく、つねに同一な持続である）——を見いだすことが肝要なのである。感覚的なもの、〈自然〉は過去‐現在の区別を超越し、一方の内部を通っての他方への移行を実現するのである。実存的永遠性。不滅のもの、野生の〈原理〉[*]。

〈自然〉の精神分析をおこなうこと：〈自然〉こそ肉であり母なのである。

肉の哲学は、それがなくては精神分析が人間学にとどまってしまうことになるような条件なのである。[**]

私の眼の前にある見える光景は、時間の他の諸瞬間や過去に対して外的であったり、そこに綜合的に結びつけられていたりするのではなく、実はそれらの瞬間をおのれの背後、おのれの内部に同時にもっているのであり、その光景とそれらの瞬間とは時間の「なか」で相互外在の関係にあるのではない。いかなる意味においてそうなのであろうか。

一九六〇年一一月

時間と交叉配列

時間の一点における Stiftung〔設立〕は、時間が交叉配列として理解されるならば、「連続性」や「保存」がなくとも、心のなかに虚構される「支柱」などなくとも、他の時点に移されうるようになる。

そうなると過去と現在は Ineinander〔相互内属〕の関係にあり、それぞれが包み‐包まれるものになる、——そして、これこそが肉なのである。

〔標題なし〕

一九六〇年一一月

感覚的なものの果肉そのもの、感覚的なものにひそむ定義しがたいものとは、感覚的なもののうちでの「内部」と「外部」との合一、自己と自己との厚みをもった接触にほかならない。——「感覚的なもの」のもつ絶対性とは、この安定した爆発、還帰をふくんだ爆発のことである。

（私の身体-感覚的なもの）という円環系同士の関係は、「線型の」層ないし秩序同士の関係（や内在-超越の二者択一）が示すような難点は示さない。

『イデーン』第二巻においてフッサールは、もつれたものを「解きほぐし」「ほどく」という言い方をしている。*
交叉配列とか Ineinander〔相互内属〕といった観念は、これとは逆に、解きほぐすようなすべての分析が理解不可能にしてしまう観念である。——こういった観念は、直接法による答えを要求する問いとは異なる問いの意味《サンス》そのものに結びついている。

必要なのは、或る新たなタイプの可知性（あるがままの世界と〈存在〉による——「垂直的」であって水平的ではないような——可知性）を創り出すことである。

知覚の沈黙
沈黙の、表明的な意味をもたない、だがやはり意味に充ちた言葉《パロール》——言語《ランガージュ》——物

一九六〇年一一月

知覚の沈黙＝針金でできた対象、こうした対象について私は、それが何であるのか、それがいくつの面をもっているかなどを言うことはできないが、やはりそれはそこにあるのだ（サルトルの言うところの観察可能なものという基準*がここでは反駁されているのであり、——アランが言うところの想像的なものの基準が知覚のうちに介入してくるのである）。——

言語《ランガージュ》にも似たような沈黙がある。言いかえれば、この知覚と同様に、再活性化されただけの意味作用《シニフィカシオン》などは含んでいないような言語——だがそれにもかかわらず作動しつつある、それも創意豊かに作動しつつある言語——があるのであり、一冊の本の制作に介入してくるのは、こうした言語なのである。——

「他者」

一九六〇年一一月

興味あるのは、「他者の問題」を解くための視角《バイアス》ではない。——

それは問題の或る変形である。

もしわれわれが見えるものと見ること、感じられるものと感じることから出発するならば、われわれは「主観性」についてまったく新たな観念を手に入れることになる。つまり、もはやそこにあるのは「綜合」ではなく、存在の転調、その起伏を通しての存在との或る接触なのである。——

他者はもはや外部からは運命として、宿命として見られるような自由、或る主体の敵対者であるような或る主体ではない。他者は、われわれ自身と同じように彼を世界に結びつける回路のうちにとりこまれ、そうすることによって、彼をわれわれに結びつける回路にもとりこまれることになる。——そして、この世界はわれわれにとって共同のものになり、間世界（intermonde）になる。——そして、一般性を介しての転嫁があることになり——また自由でさえもその一般性をもち、一般性として理解されるようになる：能動性がもはや受動性の逆ではなくなる。

そこから、上からの、また最先端からのものであると同様に、下からのものでもあるような肉的関係が生ずる。〈絡み合わせ（Enlacer）〉。

そこから本質的問題が生ずる＝共同のものにすると言っても、それは共同の状況、共同の出来事を無から創造することプラス過去による拘束という意味ではなく、発言する――言語《ランガージュ》――という意味においてである。

他者は私もそうであるように一つの起伏《レリーフ》なのであり、絶対的な垂直的実存ではない。


⋯⋯⋯⋯⋯⋯⋯⋯⋯⋯⋯⋯⋯⋯⋯⋯⋯⋯⋯⋯

身体と肉――
エロス――
フロイト主義の哲学

一九六〇年一二月

フロイト主義の皮相な解釈：彼が彫刻家であるのは、彼が肛門的だからであり、糞便がすでに粘土だからであり、こねることであるからだ、といったふうな解釈がそうである。

だが、糞便は原因ではない：もし糞便が原因なのだとしたら、すべての人が彫刻家になってしまうだろう。

糞便が或る性格（Abscheu〔嫌悪〕）をつくりあげるとしたら、それは主体が糞便を、そこに存在の一つの次元を見いだすような仕方で生きるばあいだけである。――

問題は、経験論（糞便が幼児に或る性格を刻みこむといった）の更新ではない。問題なのは、幼児にあっては糞便との関係が一つの具体的な存在論だということを理解することなのである。実存的精神分析ではなく、存在論的精神分析を形成すること。*

多元決定（＝円環性、交叉配列）＝すべての存在者が〈存在〉の象徴として際立たされうるということ（＝性格）──→すべての存在者がそうしたものとして読み解かれねばならない。

言いかえれば、肛門的であるということは何の説明にもならない：なぜなら、肛門的であるためには、存在論的能力（＝或る存在者を〈存在〉の代表として受けとる能力）をもつ必要があるからである。──

してみれば、フロイトが指示しようとしているのは因果の連鎖ではない。それは混然たる〈存在〉、転嫁的〈存在〉との接触である多型性ないし無型性から出発し、ある〈存在者〉のうちに〈存在〉への開在性を備給することによって──以後この開在性はこの〈存在者〉を通して生起することになる──、或る「性格」が固定される、という事態なのである。

それゆえ、フロイトの哲学は身体の哲学ではなく、肉の哲学である。──

（たがいに相関的である）エス、無意識──と自我は、肉から出発して理解されねばならない。

心理‐学〔心のロゴス〕の諸概念（知覚、観念、──感情、快、欲望、愛、エロス）の構築法の全体や、こうしたすべてのガラクタも、われわれがすべてのこうした用語を考える際に、それらを事実的《ポジティフ》なもの（プラスなりマイナスなりの厚みをもった「精神的なもの」）として考えたり、否定的《ネガティフ》なものないし否定的存在《ネガティテ》として考えたりするのをやめ（というのも、後のばあいにも、同じ困難が生じるからである）、肉であるところの〈存在〉へのただ一つのまるごとの付着の差異化として（ばあいによっては「網目飾り《レース》」として）考えるならば、突然はっきりしてこよう。──そうなれば、シェーラーの問題*（志向的なものと、それが横断的に交叉している感情的なものとの関係、たとえば或る愛が快楽と苦痛とのあいだの揺れ動きを横断しているようなばあいのその両者の関係をどう理解すべきかといった問題──→人格主義）も消えてしまおう：なぜなら、そこにあるのは（つねに個体‐本質の区別に基礎をおいている）レベルや層や次元の階層秩序ではなく、すべての事実性とすべての次元の事実性とだからである。──こうしたことは「存在論的差異」*によって可能なのである。——

世界の内にある身体
鏡像——類似

一九六〇年一二月

見えるもののうちにある私の身体。これが言わんとしているのは、単に：私の身体が見えるものの一部であり、あそこに見えるものがあり、（あそこの異本としての）ここに私の身体がある、というだけのことではない。そうではなく、私の身体が見えるものによってとりまかれている、ということなのである。こうしたことは、私の身体が寄木細工のようにそこに嵌めこまれている平面〔鏡面〕上では起こらないのであり、私の身体は本当にとりまかれ、籠絡されている*のである。これが言わんとしているのは：私の身体がおのれを見るということ、私の身体が一個の見えるものであるということ、——だが私の身体は見ているおのれを見ているのであり、私の身体をあそこに見ている私の眼差しは、私の身体がここに、つまり自分自身のがわにあるということを知っている、ということなのである。——こうして身体は世界の前に真直ぐに立っており、世界は私の身体の前に真直ぐに立っていて、両者のあいだにあるのは、抱擁の関係である。そして、これら垂直的な二つの存在者のあいだにあるのは境界ではなく、接触面なのである。

——

肉＝私の身体が受動的でありかつ能動的である（見えるものでありかつ見るものである）という、即自的な塊でありかつ所作であるということの事実。——

世界の肉＝その Horizonthaftigkeit〔地平構造〕（内的および外的地平）が、はっきりと見えるものの薄膜をこれら二つの地平で包んでいるのだ。——

肉＝私という見えるものが見るもの（眼差し）であるという事実、あるいは——同じことになるが——或る内部をもっているという事実プラス外にある見えるものが見られもするという事実、つまり、その存在の一部をなしている私の身体という囲みのうちに或る延長を有しているという事実。

鏡像、記憶、類似：基本的諸構造（物と見られる物との類似）。けだしこれらは、身体‐世界の関係から直接派生してくる構造だからである。——反映像は映される当のものに似ている＝視覚は物のうちではじまる、或る種の物ないし幾組かの物は視覚を呼びもとめるのだ。——精神についてのわれわれの表現や概念化はすべてこれらの構造から借用されたものである（：たとえば反省《レフレクシオン》〔＝反映〕のように）ということを示すこと。

一九六〇年一二月

「垂直的なもの」と実存

サルトルによれば：円とは説明しえないものではない。それはその一端を中心とする直線の回転運動ということで説明されうる。——だが、やはりその円は実存しているわけではない——実存ということは説明しえないことなのである……

私が垂直的なものと呼んでいるものは、サルトルが実存と呼ぶものである。——だが、彼にとっては、それはすぐさま世界を出現せしめる無の閃めき、対自の操作になってしまう。

だが、実際には、円は実存するのだし、実存とは人間のことではない。私が単に対象としての円だけではなく、この眼に見える円を、つまりいかなる知的な形成過程をもってしても、いかなる物理的な因果性をもってしても説明しえず、そして私がまだ認識していないさまざまな特性そのものを有しているこの円の相貌を考慮に入れるやいなや、円は説明しえないものとして、実存するようになる。

この「垂直的なもの」の全領野をこそ、目覚めさせなければならないのである。サルトルの言う実存は「垂直的」なものでもなければ、「直立」してもいない：それはたしかに存在者たちの平面を横切り、その平面に対して横断的な関係にある。けれども、まさしくその実存はその存在者たちの平面とはあまりにも異なったものであるので、われわれはそれが「直立」しているとは言いえないのである。重力に脅やかされながらも、実存は直立しているのであり、客観的存在者の平面から離れはするけれども、そこにおのれが持ちこんだいっさいの敵意や好意をともなっていないわけではないのだ。

身体は、いつも「同じがわから」おのれを呈示する。——（それは原理上そうなのである：というのも、身体は一見したところ転換可能性に対立するもののように思われるから。）

つまり、転換可能性とは、触れるものと触れられるものとの現実的な同一性ではないということである。それは（いつも失敗に終っている）両者の原理的な同一性なのである。——けれどもそれは、理念性ではない。というのも、身体とは単にさまざまな見えるもののうちにある一つの事実上見えるものなのではなく、身体とは見つつある見えるもの、あるいは眼差しだからである。言いかえれば、見る身体を締め出して、外なる見えるものをそれだけで完結させるようなさまざまな可能性の組織が、それら見る身体と外なる見えるものとのあいだに或る隔たりをしつらえているのである。しかし、この隔たりは空虚なものではない。それは、或る能動性をそなえた受動性としての視覚が出現する場である肉によって、まさに満たされているのである。――外なる見えるものと世界の詰め物になっている身体とのあいだの隔たりもまた同様である。

身体はいつも同じがわからおのれを呈示する（あるいは：われわれはいつも身体の或る一方のがわにとどまっており――身体は内部と外部を有している）という言い方は、拙劣な記述の仕方である。なぜならこうした一面性は、身体という現象のもつ単に事実的な抵抗ではないからである：それには或る存在根拠があるのだ：すなわち、身体の一面的な〈自己〉呈示は、身体が見るものであるということのための、つまり身体がさまざまな見えるもののうちの一つの見えるものなのではないということのための条件なのである。身体は頭部を切りとられた〈つまり視覚を失った〉見えるものではない。身体こそが見えるものの原型なのであり、――そしてもし身体が上空から俯瞰しうるようなものであるとしたら、身体はそうした原型ではありえないであろう。

……………………………………………………………………………

デカルト

一九六一年三月

方法‐以前のデカルトを、つまり spontaneae fruges〔おのずからなる実り〕を学ぶこと、すなわち「習得されたものにつねに先立つ」この自然的思考を学ぶこと、――そして方法‐以後のデカルトを学ぶこと、つまり世界を方法的に踏査した上でその世界に生きる、「第六省察」以後のデカルトを学ぶこと、――intuitus mentis〔精神の直観〕のデカルトをではなく、精神と身体をそなえた「垂直」のデカルトを学ぶこと、* ――そしてデカルトが（「光」など）おのれのモデルを選ぶその仕方、また、結局はそれらのモデルを超えてゆくその仕方、根拠の秩序以前の、また以後のデカルト、おのれが思考していることをつねに知っていた〈コーギト〉に先立つ〈コーギト〉のデカルト、もはやいかなる解明をも必要としない究極的な或る知をもつデカルト、――おのずからなるこの思考の明証は何を本領としているのか、また sui ipsius contemplatio reflexa〔おのれ自身の反省的観想〕** は何を本領としているのかを自問すること、〈プシュケー〉を構成することをこのように拒絶することが何を意味しているか、またあらゆる構成よりもいっそう明晰であり、デカルトが土台にしているこの知が何を意味しているのかを自問すること。

一九六一年三月

デカルト――Intuitus mentis〈精神の直観〉

intuitus mentis〔精神の直観〕についての定義は、視覚との類比にもとづいているのだが、*** この視覚自体が、或る視覚的に不可分なものについての思考であると考えられている（職人が見る細部）、――（個体としてではなく、「エレメント」として）「海」を把握することは、不完全な視覚であると見なされている、そこから判明な思考という理想が生ずる。

視覚に関するこの分析は全面的に考えなおされるべきである（この分析は問題となっているもの、つまり物そのもの：を前提にしている）。――この分析には、視覚が遠隔視（télévision）、超越、不可能なものの結晶化であることがわかっていない。

したがって、intuitus mentis〔精神の直観〕に関する分析もまたやり直されるべきである：思考の対象である不可分なもの、すなわち単純本性などはない。――単純本性、「自然的」認識（そこに付けくわえられるいっさいのものよりも明晰なものである、われ思うの明証性）は全体として捉えられるか、あるいはまったく捉えられないかのどちらかであり、これらはすべて思考の「図」であって、「地」や「地平」が考慮されていない。――この「地」ないし「地平」に近づきうるのは、Sehen〔見ること〕の分析からはじめるばあいだけである。Sehen と同様に Denken〔思考すること〕は、同一性ではなく、無‐差別（non-différence）であり、また区別ではなく一瞥のもとでの明晰さなのである。

一九六一年三月

肉

身体は見るものだと言うことは、奇妙に聞こえようが、身体は見えるものだと言うことにほかならない。見ているのは身体なのだという言い方によって私が何を言わんとしているのかを尋ねるとき、私が見いだすのは、身体は「どこかから」（他者の視点から——あるいは、私の前にある鏡のなかに、たとえば三面鏡のなかに）眼差しているその働きのままで見えるものだ、という以外のことではない。——

もっと正確に言うなら、私の身体は見るものだと私が言うとき、私が私の身体についてなす経験のうちに、他者がもつ私の身体の視像、あるいは鏡が与える私の身体の視像を基礎づけ予告するような何かがあるのである。言いかえれば、私の身体は原理的に私にとって見えるもの、あるいは少なくとも、私の身体は、私にとって見えるものがその一断片であるような見えるもののうちに数え入れられるのである。さらに言いかえれば、この範囲内においては、私にとって見えるものは、私の身体を「包みこむ」ために、私の身体の方へ向きなおるのである、——そして、もし私にとって見えるものがけっして私の「表象」ではなく肉——つまり、私の身体を抱きかかえ、それを「見る」ことのできる肉——であるという理由による以外、どうして私がこのことを知りえようか。私が見られ思考されるのは、何よりもまず世界によってなのである。

私の計画：Ⅰ　見えるもの
Ⅱ　自然
Ⅲ　ロゴス

一九六一年三月

これは、人間主義とも、他方自然主義とも*、最後に神学ともいっさい妥協せずに提示されねばならない。必要なのは、ほかでもない、もはや哲学は神・人間・被造物という区分――これはスピノザの区分であった――に従って考えることはできないということを示すことである。

したがって、われわれはデカルトのように ab homine〔人間から〕はじめはしないし（第一部「反省」ではない）、われわれは〈自然〉をスコラ哲学的意味では受けとらないし（第二部は即自的〈自然〉、〈自然〉の哲学ではなく、人間‐動物性という絡み合いの記述である）、われわれは〈ロゴス〉と真理を〈言葉〉という意味では受けとらない（第三部は論理学でも、意識の目的論でもなく、人間を所有する言語《ランガージュ》の研究である）。

見えるものを、人間を通じて実現はされるがけっして人間学的なものではないようなものとして（したがって、一八四四年のフォイエルバッハ‐マルクス*に逆らって）記述しなければならない。

〈自然〉を人間の裏面として（肉として――けっして「物質」としてではなく）記述しなければならない。

〈ロゴス〉もまた人間のうちで実現されるものとして、だがけっして人間の所有物としてではなく、記述しなければならない。

こうして到達する歴史についての考え方はサルトルの歴史観のように倫理的なものにはけっしてならないであろう。それははるかにマルクスの歴史観に近いものであろう。物としての（サルトルが提示するような経験的で部分的な調査の部分的対象としてではなく）、歴史の「秘密」としての、ヘーゲル論理学の「思弁的秘密」を表現するものとしての〈資本〉。（「物神」としての商品の《Geheimnis〔秘密〕**》）（すべての歴史的対象は物神である）。

加工された物質‐人間＝交叉配列。

あとがき

近親者や友人の死は、たとえ時としてそれがどれほど予想されていたものであってさえ、われわれを深淵に向かいあわせる。ましてや、その死がまったく予告されていなかった時や、その出来事を病気のせいにも高齢のせいにも、また明白な事故のせいにもできない時、その上、われわれが日頃、自分の思想をその人の思想に結びつけ、自分に欠けている力をその人のうちにもとめ、その人を自分の企てのもっとも信頼できる証人のうちに数え入れるのを習わしとしてきたほどに、その死に逝く人が生気に溢れていたような時には、われわれはいっそう厳しくその深淵に身をさらすことになる。メルロ＝ポンティの急逝がそうであったし、その人柄がそうであったので、彼と友情で結ばれていた者たちの誰しもが、その死によっておのれの人生にもたらされた打撃から、こうした試練の苦い真理を学び知ることになった。だが、この瞬間に彼らはまた、一つの声の沈黙に——いつも個性的なアクセントを帯びて彼らのもとに届いていたので、ずっと以前から語りつづけてきており、語りやむことなどあるはずもないと思われた一つの声の沈黙に——耳を傾けねばならなくなったのである。

演説が突然中断されたときにわれわれが投げこまれる沈黙のような、なんとも不可解な沈黙——この沈黙のなかでわれわれがこの著者の死を忘れることがあるとしたら、それは別の道を通ってその死に立ちもどらんがためでしかないであろう。作品はその完成点に達しているのであり、その作品のうちですべてが語られているというその一事によっても、われわれは突然その作品に直面させられることになる。完成点があまりに早くやってきすぎた、とわれわれは考えているが、こうした後悔も、作品というものはそれが閉じられる瞬間に生まれるものだという自明事にはまったく逆らうことはできない。作品は以後おのれの語ることに尽き、それ以外の何ものでもなくなる。つまり作品は、おのれ自身にのみかかわり、おのれ自身にのみやすらい、その起源の記憶など消し去られてしまうまったき言葉《パロール》になるのだ。消え去った著者は、以後われわれが読む作品そのものになってしまう。われわれが期待を寄せるのも、作品にであって著者にではない。これは深刻な変化と言えよう。というのも、作品がおのれのうちに刻みこまれたものとして保持している意味《サンス》がわれわれのもとに到来するのに、注意と忍耐さえあれば十分だということを、われわれは疑いはしないからである。この意味を、今やすべてのものが誘発するのであり、われわれがきわめて異論の余地があるとみなしている諸観念さえも、それなりの仕方でわれわれにその言説《ディスクール》の真理を教えてくれる以上、それに役立つのである。昨日まではまだ、思うにこの著者のしたことは、われわれがおのれに向けて立てる問いに答え、世界内でのわれわれの共通の状況から生まれる問いを定式化してみせることでしかなかった。彼の視線の先にある事物は、われわれが自分の場所から見ている、あるいは見ることのできるのと同じ事物であった。彼の経験はたしかにユニークなものではあったが、しかしそれはわれわれの経験と同じ地平のなかで展開されていたのだし、古い諸真理に対する同じ拒否と未来に対する同じ不決断とで身を養っていたのである。われわれの眼に映る彼の声望がどれほどのものであれ、われわれのよく知るとおり、彼の職務は別に彼になんの権力をもたらしたわけでもないし、彼は今のところ名をもたぬものに名を与えるという危険を冒しただけのことであり、われわれが前に進もうとする時にわれわれの足もとに道が開けてくるのと同じように、彼の足もとで道がつけられたのである。したがって、われわれは、彼の著作を見いだした時、すべての新しいものから受ける驚きを感じはしたが、どれほど敬服しているものに対しても付ける留保を捨て去ったわけではけっしてなかった。彼の著作が考えさせようとしている問題や、それがわれわれのうちで到達する結論に、われわれはあまり信頼を寄せてはいなかったし、著者自身自分がどこまで進んでゆかねばならないか知らないらしいことにも、われわれは気づいていたからである。彼と対等というわけにはいかないにしても、世界の同じリズムに服し、同じ時代を分けもち、同じように支えを欠いていたのだから、われわれは彼の身近にいたことになる。だが、作品がもはや著者に何一つ負うことがなくなって以来、この作品とわれわれのあいだには或る新たな距離が生じ、われわれはそれまでとは違う読者になってしまった。われわれの批判力が衰えた、ということではない。われわれにとって、〔彼の作品にひそむ〕ためらいや欠落や不整合、のみならずさまざまな矛盾をさぐり当てることは依然として可能である。いずれにせよ、われわれにはその思想の多彩さやその生成の次第が感じとれる。たとえばわれわれは、後期の作品を若年期の作品から分かつ違いを見積ったりする。だが、そうした批判も作品が存在することまで疑わせはしないし、批判もまた作品に近づく手段なのだ。というのも、われわれが観察するこの運動も、このずれも、これらの矛盾も、作品にその特性として所属するものだからである。作品が身を置いている暗がりも、その意図がまったく蔽われることなく現われている明快なくだりに劣らず本質的なものなのだ。もっと一般的な言い方をしてみれば、作品のうちには、その作品について語っていないようなもの、作品の身元を明かさないようなものは何一つない、——作品が表明するものと、それが口を閉ざして語らないままでいるもの、その命題の内容とその文体、作品がその目標へ向かう際の率直なやり方とその遠回しな表現やその逸脱、すべてがそうなのである。注意を惹くすべてが、その作品へ通じる道を指示しているのであり、そのすべてが等しく、作品そのものへの入り口なのである。

著者が姿を消してしまったときに読者のもとで起こるこの視線の転換は、いったい何によるのであろうか。それは、著者の経験が作品に変身してしまった今、もはやその経験は、それがなされたときに直面していた現実を理解可能にするというただそれだけの機能をもつものではなくなる、ということによる。なるほど作品は依然として一個の仲介者でありつづけており、われわれはそこに現在の世界や過去の世界への通路をもとめ、そこからおのれの認識作業を測ることを学ぶではあろうが、しかしこの仲介者は、以後おのれがわれわれを導き入れた世界の一部になってしまうという特異性を有しているのだ。著者が身を引いてしまった作品は、他の作品と並ぶ一つの作品になってしまったのであり、それはわれわれの文化的環境の一部をなし、その環境に対してわれわれを位置づけるのに協力する。というのも、この作品がおのれの意味を見いだすのは、この環境の地平内においてのみなのだし、したがって、われわれにその意味を呈示するのも、その環境のユニークな相貌を描いてみせる時だからである。この作品はおのれ自身の力で存在する物なのであり、たしかにそれはその起源を著者のうちにもたなかったら何ものでもないだろうし、読者がそれに興味を示すのをやめたら忘れ去られてしまうではあろうが、しかし、それでもやはり、それは著者なり読者なりに全面的に依存しているわけではない。著者が何者であったかということの記憶は作品を通してのみ生き残るものだということや、人びとが作品を発見するのは、その作品によってその作品がかつて身を置いていた思考の領域に導かれるという条件のもとでのみだということが本当である以上、むしろ著者や読者の方が作品に依存するということにもなるのである。そして、著者が問いかけている精神的世界のただなかにおのれ自身の空間を獲得したこの物は、彼に従ってわれわれがそれに問いかける時、あの精神的世界に無数の仕方で結びつけなおされ、過去と未来のあらゆる方向に光を放射し、最後にそれが起源もなければ終局もない思考の転調であり、不断に再開される語り《ディスクール》の内部での分節であることが明らかになる時にのみ、おのれの真の意味《サンス》を手に入れるのである。してみれば、作品は戸外で暮していることになろう。自然の諸事物や歴史の諸事実と同様に、作品も外部にある存在者なのであり、それらと同じ驚きを惹き起こし、同じ注意、眼差しによる同じ探査を要求し、それが現存するというただそれだけのことによって、その文面に閉じこめられている意味《シニフィカシオン》とは別の秩序に属する或る意味《サンス》を約束しているのである。とはいっても、作品はほかのものと同じような意味で世界に所属しているわけではない。作品は、存在しているものや、われわれをそれに結びつけている絆に名前を与えるためだけに現存しているものだからである。だが、作品は名前を与えることによって、物の現存とおのれの現存を引き換えにし、物からその客観性を借り入れてくる。あるいは、作品はおのれが表現するもののうちにおのれを刻みこんだのである。われわれが作品のうちにいやでも世界を見てしまうのは、作品がすべての物を思考された物に変えてしまうその瞬間に、思考が思いもかけず物と手を結び、物の恵みで満たされ、物の運動や持続や外在性によって捉えられてしまい、それらの物をわがものにするのにおのれの起源と手を切るしかないからなのだ。おそらくは、どんな作品でも、それが書かれるやいなやこうした〔起源との〕断絶を証言はするであろうが、それが完全に達成されるのは、もはや思想家がいなくなった時だけである。というのも、以後彼の生涯の時期を区切っていた出来事、つまり彼の個人的な歴史――自分自身についてどれほど口の堅い著者といえども、それを完全に隠しとおすことなどけっしてありえないであろうから、読者がつねにその幾ばくかは知っている私的な歴史や、彼の活動、彼の発見、同時代者との彼の葛藤の歴史――の上での出来事と、彼と同時にわれわれもまたその影響にさらされていた公共の歴史の上での出来事とが、われわれによって与えられていたその効力を失い、われわれの視線を導くことをやめ、逸話的に言及されるだけの状態に移行して、もはやそれらの出来事の意味だけしかとどめていない作品中の現実に座を明け渡してしまうからである。そのかつての形姿とそのかつての力を奪われて、それらの出来事は或る新たな時間性のうちに登録されなおし、或る新たな歴史に奉仕するようになる。その意味へと変容されることによって、以後それらの出来事は、われわれが過去の諸作品の深みのうちで似たような仕方で生きることのできる他のさまざまな出来事と或る謎めいた連携を保つことになる。或る一般的な力に変えられてしまうことによって、それらの出来事は、日付も場所も正確に指定することのできない或る存在領域をおのれの支配下に置くことになるのである。

物を思考する者の退去には、世界からの物の退去がともない、作品がまったき存在を手に入れるのは、この二重の不在のおかげによるしかない。つまり、すべての物が思考になり、すべての思考が物になることによって、作品が突如全存在者をおのれの方に引き寄せ、自分だけの力で、意味の源泉になる時だけなのである。

したがって、作品は著者の死後も生き残るとか、作品の未完成さが忘れ去られてしまえば、われわれはもはやその意味の完全性しか認めなくなるなどと言うだけでは足りない。この完全性など権利上のものでしかなく、作品はそれだけで積極的な存在を有しているように思われるのだ。それというのも、たしかに作品の運命は、それに語る力《パロール》を回復させようとする真の読者の決意にかかっているにしても、少なくともひとがその作品の方へ身を向けるそのつど、作品はまるで書きあげられたばかりの時のように、読者とその読者が居合わせる世界とのあいだに割って入り、その作品のうちで世界に問いかけ、その思考を作品そのものに関連させるように読者を強制するだろうからである。

完結した作品がその読者を魅了する力は相当なものであり、著者の死に対する苦情を一瞬気のぬけたものにさえしてしまうくらいである。だが、〔われわれのばあい〕著者は新たな開始の準備をしていたそのさなかに姿を消し、創作活動が中断されてしまったのだ。その活動が予告し、その活動がそれによって最終的に正当化されるはずであった表現の手前で、永遠に中断されてしまったのである。だが、こうした不条理な結末を見つめる者、殊に、その著者の仕事部屋に入りこみ、見捨てられた仕事机やノートや計画表や、いままさにその形を見いだそうとして沸騰していた思索の眼に見える痕跡をそこここにとどめている原稿の下書きなどを眼のあたりにするという悲しい特権を与えられた者の思いがどうであろうと、その思いはいまだに、おのれの仕事の続行を突然禁じられた人の思い出につながっている。この思い出が消え去ってしまえば、その著者がいつ、どんな事情で死んだのかとか、その著者に仕事を続ける力がまだ残っていたかどうかなどということは、どうでもよいことになってしまおう、たしかにひとはこう信じこもうとするものである。というのも、その著者の創作活動にともなっていた思考の運動や、彼の内的な混乱、そのためらい、彼がそこにはまりこみ、まったく無駄な努力を重ねたあげく興味を失ってしまった数々の試み、彼の言語が形成される場となったたどたどしい初期の模索、こういったものは、われわれに想像できないものだし、また想像する必要のないものなのだが、それと同様にわれわれは、彼の企てが陥った最後の破綻のうちに彼の作品についての省察のための材料を見いだすこともできないであろうからである。

だが、それにしても、或る作品がおのれの創造の諸条件と無縁になるというのは、どういう意味であろうか。作品は完成とか未完成といったことを越えている、と考えてはならないのであろうか。事実、或る作品がいつか——語の通常の意味で——完成されることがあるとして、それはどのようにしてであろうか。作品が完成されうると考えるためには、完成されるということの意味が厳密に限定されており、たとえばその作品は或る時、或る特定の諸命題を言表することによって或る緊密な一貫性を獲得し、それ以上の新たな言葉《パロール》がいっさい不必要になる、といったふうにでも想定しておく必要があるであろうし、その作品のうちに、最後の証明においてその到達点を見いだすように定められている論証の長い連鎖を見てとる必要があることになろう。だが、そうだとすると、われわれが作品に認める力、つまり未来の読者の省察を果てしなく促す力、彼らが作品に向けて提出するさまざまな問い、彼ら自身の経験から生まれてくる問いを同じ一つの問いかけのうちで結び合わせる力などというものは、ただちに理解不能なものになってしまおう。完結した作品というのは、著者が完全に支配しつくしている作品、そしてまさしくその理由から、読者の方ではただ受けとるしかないような作品、したがって、それを読むすべての人を通じてただひとりの読者しかもたないような作品ということになるであろう。してみれば、作品はそれが創造された瞬間以来、時が流れ過ぎたにもかかわらず、人びとにとっていつまでも現在のものでありつづけるなどとは言えないことになろう。それは、真理は発見されてしまえば真理として通用するのをやめねばならないからなのではなく、真理というものは、つねに反復可能な認識操作のうちで決定的に確定されてしまえば、ふたたび立ちもどる必要のないような単なる獲得物になるからにほかならない。

作品が魅了するのだ、とわれわれは述べた。著者が姿を消した瞬間に、作品はわれわれを著者から引き離し、未来の読者たちが見るであろうようにその作品を見るようにわれわれを強いるのである。だがこれは、その作品が時間の外で定義されるような同一性を獲得したという意味ではない。作品は、われわれの時間からであれ、いかなる時間からであれ身を引くどころか、われわれの眼の前で過去の領野と未来の領野に侵入するのであり、いまだ存在しないものに前もって現前してもいるのである。ただこの現前の意味がわれわれには部分的に隠されているだけなのだ。われわれは——過去のさまざまな作品が、その著者や最初の読者たちから遥か遠ざかりながら、今なお語りつづけているのと同様に——この作品が、それを理解しようとするわれわれがもはや存在しなくなっても語りつづけるであろうことを疑わないし、またわれわれは、人びとが将来その作品のうちに、われわれが今読みとれないでいるものを読むであろうということ、どれほど筋の通った解釈であろうとその意味を汲みつくすことはないであろうということをも、やはり知っている。その作品が設立する新たな時間は、現実の歴史の時間と異なってはいるが、それと無縁ではない。というのも、作品は絶えず現在と過去と未来という三重の次元に存在しているものであり、もしその作品が同一のものでありつづけるとしても、それはつねにおのれ自身の意味の現われてくるのを待ちうけているものだからである。単にその作品のイメージが更新されるというだけではなく、作品そのものが持続するのであり、持続するということが作品にとっては本質的なことなのだ。なぜなら、作品とは世界の変化や他人の思考の変化という試練を受け容れるためにつくられたものだからである。こうしたただ一つの観点からしても、作品は或る積極的な存在を有しているということになろう——作品がはじめから一挙にそれがあるところのものになってしまうからではなく、それが果てしなく考えさせるものであり、将来それに問いかけるであろう者にとって、その考えさせる力に不足するようなことはけっしてなく、昨日と同様明日も、われわれと世界との関係にかかわり合うであろうからである。

したがって、著者の仕事がその終局点に達したように思われるか否かは、どうでもよいことである。作品に直面するやいなや、われわれは同じ不確定性に引きわたされることになる。そして、われわれがその作品の領域に入りこめば入りこむほど、それだけわれわれの認識が増大し、それだけわれわれはおのれの問いに限度を設けることができなくなる。結局のところわれわれは、この不確定性のゆえにのみわれわれが作品と交渉をもつのだということ、作品が考えさせようとするものを本当に受け容れるのは、この贈り物が名前をもたないからにほかならないということ、作品そのものが至上権をもっておのれの思想を支配しているわけではなく、依然としておのれが伝えようとしている意味の支配下にあるのだということ、を認めねばならないのである。

　してみれば、作品の運命というものを考えなおしてみなければなるまい。われわれは、中断された創造の不幸と完成された作品の安定性や静穏さとを対比してきたのだと思っていた。完成された作品のうちにこそ、われわれは意味の充実と存在の堅牢さを見いだしたのである。ところで、たしかに完成された作品の存在は安心感を与えるものではある。それは、その作品が限界をもたないからであり、それが過去のもろもろの作品のあいだにその正当な座を占め、思うだに楽しくなるくらい遠くまで、未来へ向けて光を放射しているからであり、その作品がいつかは人びとの記憶から消えるかも知れないという考えでさえも、文学というものがわれわれと世界との関係についての或る問いかけを運ぶものであるかぎり、その作品が一つの生き生きとした標識でありつづけるだろうという確信を揺るがすことはできないからである。だが、作品のこの存在は一つの謎として与えられているのだ。というのも、作品は或る種の存在することの不可能性を感受しうるようにするためにこそ、おのれの方へ振り向くことをもとめているからである。作品は存在することとのこの不可能性に或るユニークな形象を与えこそすれ、それを乗り越えるようなことはない。作品にとって本質的なことは、この不可能性を証言すること、おのれがその意味を捉えようとしている世界から切り離されたままでいるのと同様に、おのれ自身からも切り離されたままでいるということである。

　こうしてわれわれは、またもや作品のうちに死を発見することになる。というのも、作品のもつ力はその究極の無力さに結びついているからであり、作品が開き、そしてつねに開いたままに保ちつづけるであろうすべての道には到達点が欠けており、これからも欠けたままであろうからである。この死の脅威を払いのけようとしても無駄である。われわれは、その作品の語りえなかったことは将来別の作品が語ることになるだろうと思っているけれども、その作品の語らなかったこともその作品に固有なものとして属しているのであり、その作品が喚起したさまざまな思想は、それが或る新たな作品に刻みこまれることがあるとしても、元の作品からは遠く離れ、或る新たな開始をすることによってでしかないのだ。その作品が分かち与える意味はつねに未決定なままになっているのだし、その作品の描く円環が囲いこむのは、或る空虚ないし或る不在でしかないのだ。

おそらくこういったところが、未完の作品を前にしてわれわれの困惑する理由なのであろう。つまりそれは、未完の作品がわれわれを、たいていの場合われわれの避けたがる本質的曖昧さに不意に直面させるからなのである。われわれをとまどわせるのは、話《ディスクール》の最後の部分がわれわれから奪われているということや、著者が近づこうとしていた目標が以後近づきえないものになった（その目標にけっしてゆきつけないということは事実なのだから）ということではなく、それは、作品のうちに刻みこまれている必然性——世界についての尽きることのない注釈を受け容れようとして、その作品が言葉《パロール》のうちに身を据える際の深層の運動とか、おのれが永遠に居を定めることになるように思われる或る存在《エグジスタンス》の秩序へのその作品の到達とか——と、その作品をその計画の手前に置きざりにし、それをその表現の事実上の境界内に放棄し、その企ての正当さを突如疑わせるようになったわけのわからない停止、この二つをわれわれが同時に見いださねばならなかったということなのである。たしかにわれわれは、その作品がわれわれにつきつける不確定性こそが世界についてのわれわれの問いかけを動機づけ養っているのだということや、その作品は、表現可能なものの彼方にあり、今後もつねにありつづけるであろうものを指示するというおのれにそなわる効力によって、それが黙しているときにもなお語っているのだということは納得できる。だが、その作品が絶え間のない意味の開示に身を捧げているということや、そのすべての真理がこの開示のうちにあったのだということ、そして、この作品が或る結末を見いだしうるとしても、必然的に今度はその結末がヴェールに包みこまれてしまい、それらの道が暗闇のうちに消えてしまうのだということ、こういったこともまた事実なのである。

こういった思想に襲われた者にとっては、それがモーリス・メルロ＝ポンティの思想であることを知っており、それらの思想が自分をどこに導くかを見定めることさえ彼から学ぶのであるから、それだけにメルロ＝ポンティの最後の著作の現われる以前にその思想を忘れてしまおうなどという気になれるものではとうていない。たとえば「哲学者とその影」や「間接的言語と沈黙の声」、それに〔叢書〕『著名な哲学者たち』のために書かれた解題を読みなおしてみるがよい。あるいは、この作家が死後われわれに遺した草稿の数ページを読むだけでもよい。そうすれば、彼が絶えず哲学的作品の本質について自問していたのだということが見てとれよう。彼にとっては、自分の企てを先駆者たちの企てに結びつけている奇妙な絆を理解することがすでに一つの問題であったし、彼は他の誰にも増して、他者によってすでに考えられたこととの真理にわれわれを開きもすれば、同時に閉ざしてもしまい、われわれの背後にある豊饒な意味を開きもすれば、同時に現在との或る乗り越えがたい隔たり——この隔たりのゆえに、哲学的伝統の意味が見失われ、外的な支えなしに孤独のうちに表現作業をやりなおそうとする要求が生まれてもくるのだが——をも開示するという関係の両義性を明るみに出していた。ところで、彼が哲学の未来へ身を向け、おのれ自身の言葉《パロール》のもつ射程を測ろうとする時に、彼が過去に眼を向けながらみずからに立てた問いが彼を駆りたてるのをやめるなどということが、どうして起こりえたであろうか。〔一方で〕過去の諸作品は、たとえそれがどれほど豊かな意味を秘めていようと、けっして完全に解読されうるものではないし、世界というものを、あたかもそれがはじめて考えられねばならないかのように考えてみなければならないというその必要からわれわれを解放してくれるわけのものでもない、ということを認めることと、〔他方で〕われわれのあとからやってくる者たちに、彼らも彼らなりに新たな眼差しで物ごとを見る権利をもつこと、あるいは少なくとも哲学的問いかけの中心をどこか別のところに移す権利をもつことを認めてやることとは、同じことだったのである。哲学者の企てとはかつては体系を構築することと同然だったなどといったことを否認すると同時に、同じ動機から彼は、おのれ自身の経験を絶対者に高め、そこにおよそ可能なすべての経験の法則をもとめるなどといったことをも拒否した。作品が意味の源泉でありつづけるのは、著者がそれぞれの時代に、〔彼らにとっての〕現在が考えさせようとすることを考えることができたからにほかならないということ、われわれがその作品と交流するのは、そのかつての現在を採りあげなおすことによってなのだということを彼は確信していたが、一方で彼は、われわれもわれわれなりにすべての物ごとをどうしても自分が現に立っている視点から考えざるをえないわけだから、その交流はつねに妨げられるものだということをも確信していた。同様に、彼は、たしかにその置かれている状況をまったく知らない他者たちのために語るという彼自身の研究や彼自身の能力の正統性を確信してはいたが、それとまったく同じ程度に、彼の問いにその価値を与えているもの、真理についての彼の考え方に本質的に依存しているものが、今後も同じ光のうちにとどまりつづけるように仕向ける力など自分にはないのだということをも確信していた。こうして彼は、われわれの表現作業が他人のそれに合致するとしても、それはわれわれの支配しえない道筋を通ってでしかないし、われわれは、他人がわれわれの表現作業のうちに――われわれには哲学的真理の運動そのものだと思われる運動によって――われわれ自身がもとめているものを果たしてもとめにくるかどうか、つねに疑ってかからねばならないと考えていた。とは言え、むろんこうした疑いも、彼の精神のうちで哲学の統一性の理念を打ち砕くことにはならなかった。哲学とは、彼の眼から見れば、継続される問いかけにほかならないからこそ、哲学はそのつど、何ものをも前提にするなとか、既得のものを無視せよとか、どこに行きつくわけでもない道を切り拓く危険を敢えて冒せといったことを厳命するのである。同じ必然性を負わされていることによって、それぞれの企ては決定的に孤立したものとして現われてきながらも、あらゆる先行の企てや後続するであろう企てと似通っているのだ。したがって、現われ方はさまざまであるにもかかわらず、各人の言葉《パロール》がその内部に設立されていることになる〔哲学という〕発展してゆく一つの大きな言説《ディスクール》はたしかにあるのだ。というのも、たとえそれらの言葉《パロール》が論理的に分節された一つの物語《イストワール》を形づくることはけっしてないにしても、少なくともそれらは言語《ランガージュ》の同じ推力に引きこまれ、同じ方向へ向かうよう運命づけられているからである。だが、こうした一つの言説《ディスクール》がわれわれを支えているのだと確信してみたところで、それによって作品相互のあいだの境界線が消し去られることにもならないし、またそれによって、われわれがおのれの経験のうちにその経験を思考すべしという督促を見いだす時にはわれわれがそうした言説に遵《したが》っていることを保証される、ということにもなりはしない。この両義性が解決されることはけっしてないのだ。というのも、われわれは問いかけを、それがその形を見いだした作品から完全に切り離すことなどけっしてできないからであるし、われわれがその問いかけへの参加を共に認められるのは、作品の囲みのうちに入りこむことによってだからであるし、最後に、独力で問いかけるということもこれまた語ること、つまりわれわれの探索手段を或る言語のうちに見いだすことにほかならないからである。こうしてわれわれはつねに作品という事実とその不明確さにつきあたるのであり、世界についてのわれわれのすべての問い、つまりわれわれが先行者の作品を読みながら発見したと思っている問いも、われわれが自分自身から引き出したのだと思っている問いも、言語と作品の存在についての問いによって必然的に倍化されていることが明らかになる。この問いは、意味がわれわれに身をまかせているという確信によって廃棄されるわけではないし、依然として意味の基盤や、作品と存在するものの関係は不明確なままにとどまっているのであるから、そうした確信が増大すると同時にその問いも増大するのである。

メルロ＝ポンティが歿した今となっては、われわれは彼の作品を他のもろもろの作品と並ぶ一つの作品として見なければならない、しかも、彼自身が他人の作品を見たように、また彼がわれわれに教えてくれたような見方で見なければならない――と、こういったことは、或る意味ではわれわれにとってなんの助けにもならない。われわれが彼の作品をいっそう容易に受け容れることができ、哲学の内部で彼の仕事が何であったか、われわれの仕事が何であるかをいっそう容易に考えることができるのは、彼が〔作品の〕意味というものを、世界が現在彼に考えさせていることに還元してしまうことをおのれに禁じ、われわれの自由の働く余地をあらかじめ画しておいてくれたからではないのだ。われわれが作品の構成分となっているパラドクス――つまり、作品は存在そのものを名指そうと欲していながら、おのれがつきつけられている謎をおのれの存在のうちで反復するだけだということが明らかになるという事実、また、作品は問いかけのすべてを要求しながら、他人たちにとっては永久にその方向のはっきりしない道を開くという以上のことはなしえないという事実――を感知しうるようになる時、そしてわれわれと作品との関係のもつ両義性――つまり、われわれは作品のうちで思考することを学んだのであるが、その作品の領土を占拠することができないままに、その思考をどこか別のところに移さなければならないという事態――が暴露される時、われわれのためらいは増大するばかりである。しかし、われわれの哲学者が発した問いを思い出してみさえすれば、おそらくわれわれももっと進んで、彼の思想を、特に彼がやっと着手することしかできなかった最後の著作を受け容れ、彼の企てがその終結点を見いだすはずであったこの最後の着手という出来事の重みを測り、最後に、彼の言説《ディスクール》の意味がその作品の存在のうちでどのように証示されているかを考えてみよう、という気にもなるであろう。

その歿時、メルロ＝ポンティは『見えるものと見えないもの』という著作と取り組んでおり、その冒頭の部分だけが書きあげられていた。この原稿は、おのれの思想に新たな表現を与えようとする彼の努力を証言してくれる。『シーニュ』に集められたエッセーのいくつか、それらの冒頭に据えられた序文、『眼と精神』、たしかにこういった彼の最後期に属する諸著作を読んでみるだけでもすでに、いかにも著名なその初期の諸作品が、彼の哲学の確定的な状態をかたちづくるものであるどころか、彼の企ての基礎を築き、もっと先まで進まねばならないという必要を彼のうちに目覚めさせたにすぎないということを確信するには十分であろう。しかし、『見えるものと見えないもの』は、観念論と経験論に対する二重の批判が彼に新たな大陸への接近を可能にして以来辿られてきた道筋を煌々と照らし出すはずであった。われわれに遺された草稿やそれに付随する研究ノートのうちには、物や身体や、見る者と見えるものの関係についての昔の分析を採りあげなおし、その曖昧さを一掃し、それらの分析がまったき意味を手に入れるのは、心理学的解釈から外され、新たな存在論に結びつけられることによってのみだということを示そうとする意図が歴然と現われている。今やこの存在論だけが、今後われわれは意識の視点を維持することはできないということを明示することによって、反省哲学や弁証法や現象学に向けられたもろもろの批判——それまでは分散してなされ、明らかに経験的記述に臣従していたそれらの批判——をたがいに結びつけることを可能にするとともに、この存在論だけがかつての分析の正統性を基礎づけることができるのである。

この仕事を企てた時、メルロ＝ポンティが自分の作品は前方にあるのであって、背後にではないと思っていたことに疑いはない。自分の以前の諸著作を補足修正しようとか、それらを一般読者にとってもっと近づきやすいものにしようとか、せめてそれらを加えられた攻撃から擁護しようなどということは、彼の念頭になかった。もしそうしたことを思ったとすれば、彼自身それらの著作がすでに最終的同一性に達していると見ていたことになろう。だが、彼がかつてなしたことに意味があるとすれば、それは彼がそこに一つの仕事のもつ目的論的性格を見いだすというその限りにおいてのことでしかないのだ。その成果に価値があるとすれば、それはその成果が続行する力を与えてくれるからでしかなく、その力が発揮されるとすれば、それは以前の仕事をくつがえし、それを新たな規模のもとに再編成するという代償を支払ってのことでしかないのだ。自分の初期の試みが無駄ではなかったという確信が彼のうちに生じてきたのも、それらの試みによって彼が、もう一度引き返して考えなおし、それらの試みが要求しているものに応じることが必要だと思うようにさせられたからなのである。

読者には、こうした感情をそっくり分かちもつことなどできはしない、それは確かである。読者にとっては、語られた事がらは、著者をそれに縛りつけ、われわれを惹きつける或る重さをもつように見える。メルロ＝ポンティの初期の諸著作を読む時、読者はすでにそこに一個の哲学を見いだすことであろう。それらの著作は読者のうちに、続編を期待する気にさせる幾多の疑問を目覚めさせはするが、そしてたとえその期待が、すでに述べたように、読者を著者と同じ時代に位置させるにしても、読者は、その整合性になんの疑問も感じられないように思われる——諸命題ではないまでも——諸観念を認めるのである。そして、まさしくそれらの観念に、読者は以後その著者の言葉《パロール》を対置し、その確証をもとめたり、あるいは逆にその変化や、さらには裏切りをもとめるのだ。だが、著者にとっては、語られたことは、別の重みをもってのしかかり、語ること《パロール》へのひそかな圧力となる。それは彼が引き受けねばならないもの、今後つねに念頭に置かねばならないものなのであって、けっして既定《ポジティフ》の実在ではないのだ。著者が背後にした諸観念はくぼみなのであり、それが考えるようにもとめている一切のものを欠いているがゆえに、それだけいっそう効力をもつくぼみなのである。ほかならぬ、きわめて限定されたこの空虚こそ、著者の企てを支えているものなのだ。そして、おそらく著者の視角《パースペクテイヴ》と読者の視角を一致させうるようなものは何もあるまい。というのも、両者の錯覚は、たがいに補い合うような動機に由来するものだからである。しばしば気づかれるように、著者の方は自分の書くものは見ることができず、見ないからこそ書くのであるし、一方読者の方は見ることしかできない。ところで、著者が眼にすることのできない作品など、当の著者にとっては存在しないも同然であり、著者はつねに書くということのうちでのみ、その作品が何であるべきかを確かめようと試みるものであるし、一方作品の方は、われわれ読者の眼差しに問いかけることによって、読者がその作品を他の物と並ぶ一個の物——つまり、知覚されるがゆえに存在する物、読者がその諸特性を認識しさえすればよい物——とみなすように促すのである。両者の視角のこうした隔たりは、哲学者の死と共に突如増大する。というのも、彼の作品全体が語られた物に変じてしまい、以後一個の対象という外観を身につけるようになるからである。われわれが彼の私的文書を読んで発見する、自分の将来の仕事について彼が思い描いたイメージでさえも、一個の作品に直面しているというわれわれの確信をゆるがすものではない。最後の著作は、それが未完成であるにもかかわらず、それがおのれの本性についての最後の情報を分かち与えるがゆえに、なおいっそうこの著作のもつ大きさを測り、それをいっそうよく捉えるための機会を提供することになろう。けれども、われわれがこの最後の著作を発見する瞬間は、われわれの錯覚がぐらつく瞬間でもある。この最後の著作のうちに、究極の意味とは言わないまでも、少なくとも以前の諸著作の究極の意味を探しもとめるくらいは、われわれにとって当然のことのように思われるのであるが、問いが増殖され、答えがつねに先に延ばされ、思索が絶えず将来の言説《ディスクール》に、それもその時以来停止処分に付されてしまった言説に支えられているようなその序論としての諸特性のうちに、そうした完成を認めることも、同じ程度に困難なのである。

そして、事実、『見えるものと見えないもの』が切り縮められてしまった一五〇頁の草稿のもつ機能はここ、つまり序論の役割を果たすところにある。ここで目指されているのは、通常その思考習慣のために直接接近することのかなわない或る思考領域に読者を向かわせようということである。特に読者が絶えず使っている近代哲学の諸概念——たとえば主観と客観、本質と事実、存在と無といった区別や、意識、心像《イマージュ》、物といった概念——は、すでに世界についての或る特異な解釈を含意しているのであって、われわれの狙いが、おのれ自身の経験に面と向かって、そこに意味の誕生を探しもとめようとするところにあるような場合には、それらの概念は特別の尊厳を要求するわけにはいかないということを読者に納得させることが、そこでは目指されているのである。なぜ新たな出発をすることが必要になったのか、なぜわれわれはもはや古い諸体系の枠組のなかで考えるわけにはいかないのか、なぜわれわれは、それらの体系がその方向においてきわめて多様でありながらも共通に根を下しているように見えるその土壌の上で構築作業をおこなうわけにはいかないのか、――こうしたことを、著者はまず第一に語ろうとしているのだ。彼は、科学と哲学がそれぞれの言語《ランガージュ》の要請に従ってその訳文を作りあげる以前の、そして科学と哲学それ自体がおのれ自身の起源についての釈明をおこなう必要があるのだということをわれわれが忘れ去る以前の、あるがままのわれわれの状況を調査しようというのである。もっとも、この調査結果は発表されず、予告されるにとどまった。しかし、調査のために設定された基準点だけからでも、経験に忠実な経験の記述というものがどんなものかは垣間見られよう。言説《ディスクール》の形式そのものが、或る予告になっているのだ。絶えずおこなわれる留保、後になって論じられることへの暗示、条件づきの言いまわし、こういったものが、思想を現在の発言に封じこめてしまうことを禁じている。この著者は、〈時がいたれば、いま述べたことの真の意味が明らかにされよう〉といった意味のことを言いながら、他方では、〈まずその研究の大筋を急いで指示しておかなければ、議論が別の方向に展開されてしまいかねない〉などと付けくわえたりするのである。こうした周到さを技巧と見るのは誤りであろう。われわれに遺された草稿を、そこで語られていることはすべてまだ暫定的なものでしかないのだと考えながら、著者が読んでほしいと望んでいるように読む必要があるのだし、続稿に対するわれわれの期待が満たされることはもはやありえないのだから、それらの草稿をあるがままに、そこに欠けている草稿に結びつくものとして読む必要があるのだ。言説《ディスクール》の現在与えられている場面のうちに、自足する意味を探しもとめようとするわれわれの性癖がどれほど強いにせよ、われわれのその言説《ディスクール》がおのれの中心にたたえている空虚を無視するわけにはいかない。この作品は、おのれがもはや語ることのできなくなってしまったものを指示するためにのみわれわれの面前で形をとったものであるだけに、いっそう大きな開口部を有しているのである。となると、この作品に対してとられるべきおそらくもっとも公正な態度とは、この作品がおのれを呈示するがままに見ること、それがわれわれを引きこむ欠如の状態を認めること、それがわれわれに感じさせる喪失感を測ること、そして最後に、この喪失が埋められることはないし、この作品が表現しえないままにおわったものに表現を与えることは何びとにもできないであろうということをわきまえることであろう。

だが、もしわれわれが『見えるものと見えないもの』のこの冒頭部は序論としての価値しかもたないと信じこみ、したがってそれは本論以前のものなのだという結論を引き出すとしたら、おそらくわれわれはなおいっそう重大な思い違いをすることになるであろう。それでは、思想的作品の本性を見落してしまうことになるのだ。というのも、思想的作品にあってはつねに導入部《イニシアシオン》こそが決定的なのであり、その後の道程の真理はつねに最初の足取りのうちに先取りされているからである。それだけではない。言説《ディスクール》の或る瞬間に、語られたこととまだ語られていないこととの或る関係がつくり出され、この関係がすべての言表を二重化し、諸観念の継起の彼方に或る意味の深みを生じさせるのであるが、この深みのうちでは諸観念が共存し、一体不可分の状態にあることが明らかになり、それらの諸観念が、絶えず時間のうちに書きこまれながらも、同じ一つの領野のうちに同時に刻みこまれることになる、――その結果、ひとたびこの次元が開かれるや、われわれは作品と直接向かい合うことになるのであり、作品の方も、運命によって課せられた切断手術に耐えて生き続けることになるのである。だが、その作品の冒頭から、哲学のすべての問いがたがいのあいだに有している絆や、それらの問いがたがいに含み合う関係、それらの問いの源にある問いかけの必然性、こういったものを感じとらせることに専念し、予備的考察にふけるどころか、後になって繰りかえし混ぜ合わせるつもりでいる諸主題の大部分を最初のスケッチのうちにとり集めてみせるような特殊な著者の場合にはなかんずく、冒頭部を本論以前のものと見たのでは、その意図を見落すことになろう。この部分がわれわれに提示しているのは、たとえば方法の説明などではない。そこにはむしろ、通常方法と呼ばれているものに対する警戒の念、言いかえれば、思索の実際の展開とは独立に、それ自体で有効だとみなされるような或る論証の手順を定義しようなどとする企てへの警戒の念がこめられている。この冒頭部がもとめているのは、経験の記述から、また、その経験をわれわれが過去の哲学の諸カテゴリーに従って考えようとしたり、一般的なかたちで考えてみようとするやいなやその経験が宿すことになる諸難点の記述から、意味が出現してくることである。この冒頭部は、経験の再構成を可能にするような或る原理ないし諸原理を述べょうとするものではなく、それは、われわれが自分はそれを素朴に生きているのだと信じているわれわれと世界との関係に問いかけると同時に、この関係がそこに登録され、そこにおいて或る限定された地位を見いだすことになる文化的環境にも問いかけることによって、経験をあらゆる方向に探索してみようと提案するのである。それにしても、こうした計画が形をとるためには、われわれがすでにおのれの状況を見積っている必要がある。つまりわれわれは、われわれを物や他者へ付着するように仕向けている運動と、この運動によってわれわれがさらされることになる両義性とを検討してみる必要があるのだ、——そして、これこそメルロ＝ポンティがまず手はじめにおのれに課した任務なのである。なぜこの運動は抗しがたいものなのか、われわれがそれを思考しようとするやいなや、なぜこの運動は謎に転じてしまうのか。われわれは、この著者がわれわれの「知覚的信念」と呼んでいるものと科学的真理とを対決させ、科学は、おのれの定義から出発し、おのれの尺度の理想に合わせてその対象を構築するのである以上、至上の権限でもってその対象を支配しているように見えるにもかかわらず、それと口にすることなくおのれがその糧を得ている〈世界経験〉を解明することに関しては無力なのだということを発見し、結局のところ科学は、その操作の過程で、認識主観が実在のうちに巻きこまれているという形跡に出会うと、常識同様、それに規約を与えるなんの手立てももっていないことを露呈する、ということを発見する必要があるのだ。最後に、近代哲学の道である反省の道——その終極においては、すべての問題が解決されるかのように見える、というのも、今や思考が知覚的生活をその全幅にわたって裏打ちし、真と偽、実在的なものと想像されたものとの弁別の原理をおのれのうちに保有することになるからである——を辿りなおし、そして、この「解決」が達成されたのはいかなる条件のもとでか、われわれの状況が単なる認識の対象に転じ、われわれの身体がなんらかの物に、知覚が〈知覚しているという思考〉

に、言語行為《パロール》が純粋な意味に転じるのに、いかなる損傷が代償として支払われたか、哲学が世界や歴史や言語へのおのれの内属をおのれに隠蔽するのにいかなる術策を弄したか、を見きわめる必要があるのだ。

こうした最初の解明をおこなうためにさえもすでに、経験の記述と哲学知の批判とのあいだを往きつ戻りつする必要があることになるわけだが、しかしそれは、われわれが理論の誤りを告発するのに現存するものに眼を向けねばならないからなのではない。むしろわれわれとしては、過去の哲学を拒否して白紙の上に新たな体系を構築するどころか、過去の哲学のうちでこそもっとよく見るすべを学ぶことになるからであり、過去の哲学の企てを引き受け、それを最後の帰結にまでもたらしてみることによって、その企てが世界についてわれわれに考えさせようとしていることから出発してこそ、われわれ自身の状況を解明することになるであろうからである。こうしてわれわれは、ただ前進をはじめようと思っているだけなのに、すでに探究のただなかに投げこまれ、われわれの問いの領野に畝を立て、それらの問いを相互に連接し、そうした問いを発せざるをえないように仕向けている必然性を発見する仕事に従事していることになる。

或る意味では、たしかに始まりはある。だが、別の意味では、このイメージはわれわれを惑わすものである。というのも、著者が或る新たな出発をもとめているということも本当なら、それと同時に、やはり彼が絶対知に至る道を引くことを可能にするような原点の探究を禁じているということも本当だからである。おそらくこの点にこそ、彼の企てとその先行者たちの企てとを根底から分かつものがあるのであろう。彼は、哲学がおのれを意味の純粋な源泉として確立することなど不可能だということを強く確信していたので、まずそうした幻想を告発しようと思ったのである。こうして彼は、序論の最初のいくつかのスケッチのうちで、われわれが神のうちにであれ、自然のうちにであれ、あるいは人間のうちにであれ、一つの起源を見いだすことなどできはしないということ、そうしたものを見いだそうとするさまざまな試みは、世界の全面的解明、つまり思考と存在とのまったき合致という神話――この神話は、われわれがそれについて語っている存在のうちにわれわれが着生しているのだということをまったく考慮に入れていないのだが——をつくり出すという点で事実上たがいに結びつくということ、さらにこうした神話は、もはや現代においてはなんら実りある探究を援けるものではないし、そうした神話を消し去ったところで、けっして懐疑主義や非合理主義に陥るわけではなく、むしろそのようにしてこそはじめてわれわれの状況の真理を認識しうるようになるのだということ、こうした考察から出発したのである。これは彼の終始変わることのない考えであり、われわれは、死の二ヶ月前に書かれた最後の研究ノートのうちにもそれが表現されているのを見いだす、「私の計画……は人間主義とも、他方自然主義とも、最後に神学ともいっさい妥協せずに提示されねばならない。必要なのは、ほかでもない、もはや哲学は神・人間・被造物という区分——これはスピノザの区分であった——に従って考えることはできないということを示すことである」〔四〇七 - 八頁〕。

してみれば、再開する必要があるにしても、それはまったく新たな意味においてである。つまり、必要なのは、廃墟を一掃して新たな土台を据えることではなく、むしろわれわれが存在について何を語ろうと、われわれはまるごとこの存在に住みついているのだということ、われわれの表現作業もまた存在の内部での設備工事の一つなのだということ、そして最後に、われわれの問いかけも、同じ理由から、始まりもなければ終りもないものなのであり、それというのも、われわれの問いはつねにもっと以前の問いから生まれてくるものなのだし、どのような答えもわれわれと存在との関係の神秘を消し去ることなどできはしないからなのだと、認めることが問題なのである。

すでにカフカが、自分にとって物が現われてくるのは、その物の根元によってではなく、その中心部の近くに位置する任意の点によってなのだ、と述べている。彼がこう言うのは、おそらくはおのれの悲惨さを証言しようとしてのことであったろう。だが、「根元」の神話から解き放たれた哲学者は、この中心に身を据え、この「任意の点」から出発することを敢然として受け容れる。この強制こそ、彼が存在に繋ぎとめられていることの徴《しるし》なのであり、彼がその強制に従うからこそ、彼には、そこでは見えるものの境界など消し去られ、自然についてのすべての問いが歴史についての問いに通じ、この種のすべての問いが自然哲学や歴史哲学についての問いに通じ、存在についての問いが言語についての問いに通じるような内部の迷路のなかで、或る領域から他の領域へ進む希望も与えられるのである。こうした企てのうちにいくつかの段階を見とどけることはできようが、しかし準備段階と探索そのものとを区別することなどできるものではない。メルロ＝ポンティはかつて自分の研究について語りながら、大事なのは「その場での上昇」だと言ったことがある。つまり彼は、その場でのこの上昇が円環を描き、彼に繰りかえし同じ停止点を通過するように仕向けることに気づくことが多い、と言うのである。そのイメージがどうであれ、この上昇は、われわれがはじめから本質的な事がらと取り組むわけはない、と考えることをわれわれに禁じていよう。それどころか、序論とは円環を最初に通過することであり、作品がその表現力を見いだすのはこの境界内においてであり、この運動によってであるということが確かである以上、作品はたとえその終極にもたらされたとしても、だからと言ってその境界を越え出たりその運動を終結させたりすることはないということを、われわれは認めねばならないのである。

『見えるものと見えないもの』は今となっては一五〇頁の草稿に切り縮められてしまったわけであるが、こうして見ると、この草稿がこの本の冒頭を飾るはずであったし、われわれにもまた序論として呈示されているという、このことも本当なら、それと同時に、これが序論以上のものであり、一個の作品という意味をもち、われわれにもそこにそうした意味を見いだすように要求しているということ、これもまた本当である。言いかえれば、この著作の続きが書かれたとして、それがこの冒頭部で表明された思想の例証とか注釈とはまったく別のものになったであろうということも本当なら、それと同時に、この冒頭部がその続きの部分を先取りし、われわれがそれに思いを馳せるのを可能にしているということも本当なのである。

ところで、こうしたパラドクスも、もしわれわれがそれがこの作品の言語活動《ランガージュ》のうちに、つまりこの作家が構想した書《エクリチュール》くという作業のうちにどのように根ざしているかを見きわめさえすれば、おそらくわれわれをそれほど驚かすことにもなるまい。彼が準備していたこの作品の基本的結構を再構成しようとしてみても、われわれにはそれを成しとげることは実質上不可能であろうということ、これは紛れもない事実である。たしかに、数多くの研究ノートや、古いスケッチや、数は少ないにせよ筋立てについてのいくつかの指示、と言っても極めて簡潔で、すべてが相互に合致することのないそうした指示などが遺されてはいて、これらがその研究の広大さを垣間見させてはくれる。だが、その研究が知覚の問題の採りあげなおしに長い時間をかけ、特に実験心理学やゲシュタルト心理学の最近の諸成果の検討に大きなスペースをさくはずであったとか、自然の概念の分析が人間の生体や動物の行動の記述、進化の現象の検討を要求していたらしいとか、こうした研究そのものが、著者によって「西洋哲学のコンプレックス」と呼ばれていたものの批判を命じたらしいとか、その批判が今度は、歴史や歴史と自然の関係についての新たな考え方のうちにその成果を見いだすはずであったとか、最後に——そして、これこそがあらゆる仮定のうちでももっとも疑問の余地のないものなのだが——この作品は言語や、哲学的言説《ディスクール》という言語の特殊な形式についての反省によって締めくくられ、かくてその終末においてはおのれの起源の神秘に立ちかえることになるはずであったとか、こういったことを知ってみても、われわれは辿られたであろう道筋や、踏まれるはずの段階の順序や、思考の転回などについては依然として何も知らないままである。してみれば、メルロ＝ポンティがさまざまな設計図を描いたり、自分が述べようと思うことを図式を使って下ごしらえしたり、ひたすらプラン通りに事を運んだりするのを嫌悪したのは気質上の特質であったなどと、どうして信ずることができようか。むしろ事の真相は、哲学する人間としての彼の経験が著作家としてのその経験と重なり合い、意味というものは一挙に完全に所有されうるものだと考えている人がまるで自分は仕事の全体を掌握しているのだと信じこんでいるのと同じような態度で、自分自身の仕事に対することを彼に禁じたのである。彼がなさねばならなかったのは、この意味を書くという行為《エクリチュール》のうちで検証することである。彼は、自然や歴史や存在そのものがパノラマのように開示される特権的視点に自分が立っているわけではないということ、あるいは、彼がよく言っていたように、上空飛行的思考はわれわれをおのれの状況の真理から引き離してしまうものだということを確信していたので、おのれ自身の作品を一枚の絵のように見るといった幻想を放棄すると同時に、おのれのもろもろの問いのあいだにある内的絆を見いだすために薄明のうちを進むことをおのれに課し、すでに描かれてしまい、すでに思考されてしまった意味の安定性に身をゆだねることなく、ここで今語られることをもとめているものの、その要求に全面的に応じてやらねばならなかったのである。してみれば、われわれが書かれたもののうちにこそその作品の本質を探しもとめるように誘われ、この言説《ディスクール》の続きをその発端の単なる延長だと考えることを妨げられるのは、結局のところ同じ一つの理由によることになる。この哲学者の言語活動《ランガージュ》が教えているのは論理的必然性ではなく、或る存在論的必然性なのであり、だからこそ、われわれはそこに意味以上のもの、つまり意味の意味を見いだすのであり、それが欠けるやいなや、われわれはもろもろの観念に奥行や動きや生命を与えているものとの接触を失うことにもなるのである。われわれがこの著者の言葉《パロール》に注意を払い、その言葉がその住みついている空間の隅々にまでその反響をゆきわたらせるように手配りをしてやる必要があるのと同じ程度に、われわれはこの空間の限界を越え出て、それを包みこんでいる沈黙の地帯に侵入することを禁じられてもいるのである。この言葉とこの沈黙——言葉に続くこの沈黙、依然として言葉につきまとい、今後もそれを支えてゆくのであるから、けっして単なる無ではないこの沈黙——この両者に共に耳を傾けねばならないのだ。

この言葉と沈黙の関係について、メルロ＝ポンティ自身がすでに省察をくわえている。或るノートのなかで、彼はこう述べているのである。「言葉が心理学的一致といういわゆる沈黙を包みこんでいることが気づかれたあとで、さらにその言葉を包みこむような或る沈黙が必要となろう。この沈黙はどのようなものになるのであろうか。フッサールにとって還元が結局は超越論的内在にはならず、Weltthesis〔世界定立〕の開示であったのと同様に、この沈黙も言語の反対物にはならないであろう」〔二五二頁〕。これは、言葉というものが二つの沈黙のあいだにあるということをわれわれに暗示するものであった。言葉は、おのれ自身の意味を知らない無言の経験に或る表現を与えるのだが、しかしそれは、ひたすらその経験が純粋な姿で現われ出ることができるように、そうしているのである。言いかえれば、言葉がわれわれと物たちとの接触を断ち切り、われわれがすべての物と入り混じっている混淆状態からわれわれを引き離そうとするのは、ひたすらわれわれを物が現前しているという真理に目覚めさせ、物たちのもつ起伏や、われわれを物に結びつけている絆にわれわれを気づかせようとしてのことなのである。少なくとも、おのれの本質にふさわしく語っている言葉はそうであるし、そして——哲学的言説《ディスクール》が問題であるばあい——目も眩むような雄弁に屈することなく、また、自足しようとか、おのれ自身やおのれの意味に閉じこもろうなどと望むことなく、外に開かれ外に通じているような言葉がそうなのである、だが、もし沈黙から生まれた言葉が沈黙のうちにおのれの完成を探しもとめ、先の沈黙がおのれの反対物にならないように仕向けることができるとしたら、それは経験と言語とのあいだに、原理的に交換が成り立つからにほかならない。言いかえれば、それは、経験というものが、それに合致するといったことの起こりうるようなものではなく、経験はそれ自体において差異化であり分節化であり構造化であるのだから、或る超越をはらんでおり、それ自体或る意味で言語を呼びもとめるものだからである。さらに言いかえれば、それは、言語もまた経験だからであり、メルロ＝ポンティがいかにも適切に述べているように、存在の謎が反復されるような言語の或る在り方があるからであり、純粋な意味《シニフィカシオン》の運動の彼方に黙せる言説《ディスクール》の集塊が、つまり語りうるものの秩序には属さないものがあるからであり、表現の最高の力が、言葉《パロール》から存在への、また存在から言葉へのこうした連続的移行、ないし両者がたがいに他に対してこのように二重に開かれているということを露呈するところにあるからなのである。この交換について思索すること、おそらくこれこそ『見えるものと見えないもの』が最後に取り組むはずの課題であった。それにしても、この作家の書き遺した最後の数行、最後の数語がこの課題に言及するためのものであったということには、心を乱される。メルロ＝ポンティはこう書いているのである。「フッサールの言っているように、或る意味では、全哲学の本質は、意味する能力を再興し、意味《サンス》の出生……を再興し、とりわけ言語という特殊な領域を照らし出すような経験による経験自身の表現を再興することにあるのだ。また、或る意味では、ヴァレリーが言っているように、言語がすべてだ、と言うこともできる。言語は、誰の声でもなく、それは物や波や木木の声そのものだからである。そして、ここでぜひとも理解しておくべきことは、これらの見解の一つから他に移る場合、そこに弁証法的逆転があるわけではないし、われわれはそれらの見解を一つの総合へとまとめなければならぬわけでもないということである。それらは、究極の真理である転換可能性の二面なのである」〔二一五頁〕。

　偶然がこの本を究極の真理という言葉のところで封印してしまったということ、この本がその目指していた終極からはほど遠く、その予兆でしかない思想のところで閉ざされてしまったということ、ここに読者はある徴《しるし》を——人間が不在の場合には、作品が聴きとるすべを心得ている或る警告の痕跡とでもいったものを——見ないではいないであろう。だが、この徴も意味を忘れさせることはできないであろうし、ここで最後の瞬間に語られていることが哲学的作品の——そして作品一般の、またわれわれが読んでいるこの作品の——もつ問題を解明するような性質のものだということも認めねばならない。というのも、まさしくこの作品においては経験と言語の転換可能性が開示されているのだからである。この作品が表現の仕事をその極限にまでもたらしているからこそ、あるいはもたらすことをもとめているからこそ、言いかえれば、この作品が言葉にされる以前のあるがままの真理を取り集めようとし、そしてそれと同時に、言葉《パロール》のもつすべての能力をおのれのうちに結集し究めつくそうとするからこそ、この作品はここに身を置いたりあちらに身を置いたりすることが不可能であることに気づき、おのれの運動が二つの方向で逆転し合うのを見とどけ、最後に、その事実存在をつくりなしているこの不確定性を証言する義務を負うことになるのである。この哲学者が語る転換可能性は、彼がそれを命名するに先立って、彼の作品の形式のうちに表明されているわけだ。もっと適切な言い方をしてみるなら、こうなろう。それを命名することによって彼がなしたのは、おのれの企ての意味を忠実に表現してみせたというにとどまる、と。というのも、もし彼の企てが無駄でないとすれば、それは以下のようなことを前提にしているからである。つまり、われわれは経験のうちに絶対者を見いだすこともできなければ、言語を絶対者にすることもできないということ、われわれが経験とか言語と呼んでいるこの無記名の能力は、それだけで自足しているようななにか既定《ポジティフ》の実在ではないということ、存在のうちには言葉への欲求のようなものが、言葉のうちには存在への欲求のようなものが、両者たがいに分離しえないようなかたちで存しているということ、語ることと生きることとは等しくもろもろの問いの源泉なのであり、これらの問いはたがいに関連し合っているものだということ、彼の企てはこういったことを前提にしているのである。してみれば、『見えるものと見えないもの』がそこで終えられてしまったこの「究極の真理」なるものは、この作品がそこからその始まりを引き出してくるものでもあるのだ。この真理は休止点をなすものでもなければ、思考に休息を与えるものでもなく、むしろそれは、この作品にとってはおのれを不断に基礎づけなおす地点ということにもなる移行点を意味しているのである。

先にわれわれは、言葉に続く沈黙に耳を傾けるにはどのようにすればよいのか、と問うた。だが、もしわれわれにそれができるとすれば、それは言葉が沈黙を廃棄したことなど一度たりともなかったからであり、各瞬間言葉はおのれ自身を超えた彼方へ導き、直接与えられる意味の限界内に跼蹐《きょくせき》するようなことをわれわれに禁ずるからである。究極の沈黙は、これらの沈黙がふたたび結集されることによってしか成立しないのであり、それは、絶えず言説《ディスクール》にその基底として奉仕してきたからこそ、言説《ディスクール》を超えて広がっているのである。したがって、この言説《ディスクール》に耳を傾けることと、この沈黙に耳を傾けることとは同じ一つのことなのであり、語られたことの境界に立ちどまることができるということと、言語と世界のあいだに境界などないことを認めるということも同じ一つのことなのである。

それにしても、『見えるものと見えないもの』がわれわれにそうした聴きとる力を与えてくれるとすれば、それはこの作品とその未完成を前にしてわれわれの立てる問いが著者の立てた問い――つまり、言葉《パロール》の突然の予期せぬ中断が、とは言わないまでも、単に一つの結末にとどまるものではなく、すべての結末の不在を意味することにもなるはずであった彼の企ての結末が、その企てそのものに背くことのないような仕方で書くことを余儀なくされた時に、著者が立てた問い――に合致するからだということ、これもまた確かなところであろう。ある時、この作品の展開の過程で、哲学的表現とは何かと自問しながら、彼自身この仕事の意味をこうほのめかしている。「最も哲学を充塡された言葉《パロール》は必ずしもそれの言うべきことをしまいこんでいるような言葉ではなく、むしろ最も精力的に〈存在〉に道を開く言葉である。なぜなら、そのような言葉は、あらゆるものの生を最も厳密に伝え、われわれの習慣的明証を、それを分解するまでに揺るがすものだからである。したがって問題は、生まなあるいは野生の存在の回復としての哲学が、雄弁な言語という手段で達成されるものかどうか、それとも言語からその無媒介的で直接的な意味の能力を奪うことによって、かえってその意味の言わんとしていることに比肩させるようなふうに言語を使用すべきではないのかどうか、ということなのだ」〔一四三頁〕。たしかに、謎めいたくだりではある。答えが問いに付き従っていない。雄弁な言語という手段を断念した作品がどのようなものなのかが語られていないのだ。著者が別の機会に用いた表現を繰りかえして使ってみるなら、哲学の「間接的言語」なるものがどのようなものになるのかが語られていないのである。われわれが知っているのは、ただ、彼がやむことなくこの作品のために或る独創的表現を要求しつづけ、芸術の言語や詩の言語でその代用をさせようなどとは夢にも思わなかった、ということである。けれども、この著者のものを読んでみると、この秘密も明かされる。というのも、彼自身の言葉は、その言うべきことをしまいこんでなどいないということ、それらの言葉の意味《サンス》はいつも無媒介的で直接的な意味作用《シニフィカシオン》をはみ出しているということ、そして最後に、それらの言葉が存在に対しておのれを開く能力は、それらの言葉に生気を与えている問いかけの力に結びついているということが、そこで明らかになるからである。哲学的言語が問いかけの言語だという、ほかならぬこのことをこそ、われわれは理解せねばならないのではあるまいか。このことをわれわれが肯定的な言葉で断言することができないのは、いかなる表現をしてみても、問いかけとは何かを理解させることなどできはしないからである。メルロ＝ポンティは、たしかに幾度も繰りかえして、問いかけというその名を口にし、それが何でないかを――つまり、それが、あらゆる認識上の問いのように、答えられてしまえば消え去ってしまうような問いを表明することではないのだということを――語り、なぜその問いかけがわれわれの経験と接触して果てしなくおのれを更新するのかを語る、ということはするかもしれない。なんといっても、定義というものはすべて、問いかけの展開されるのがほかならぬ生のさなか、また言葉のさなかでなのだということを、もっと適切に言いかえてみるなら、問いかけとは生や言語にほかならず、つまり引き受けられたこの生、この言語にほかならないということをわれわれに忘れさせることによって、われわれを問いかけから遠ざけてしまうものだからである。哲学者にとって、問いかけをそれにふさわしく遇するには、それが果てしのないものだとか、人間が世界内でのおのれの状況に関する問いを立てつくしてしまうことはけっしてありえないなどと言明するだけでは十分ではない。なぜなら、それがどれほど正しいものであろうと、こうした考えは、首尾一貫したものであるにしてはあまりにも一般的に過ぎるからであり、やはり人間は、問いかけを実際におこない、そのための道をしつらえ、作品のうちで問いによって惹き起こされた答えがいかなる場合にも反省を終わらせたりしないように、そして経験の或る領域から他の領域への通路がつねに保持されるように、またわれわれがいかなる場所にも止まりえないというその不可能性のうちで意味が開示されるように、そして最後に、語ること《ディスクール》の全体がただ一つの文のように――つまり、たしかにさまざまな契機や分節や休止を見分けることはできても、その内容がどの節においても全体の運動から分離されることのありえないような、そうしたただ一つの文のように――なるべく振舞わねばならないのである。

そして、事実、『見えるものと見えないもの』は終始一貫してこの問いかけを発動させつづけようとする試みである。つまり、それが目指しているのは、決然たる方法的懐疑を行使し、そこから主観が自分はあらゆる事物から解放されているという幻想を引き出したり、おのれの権利を確信している思考の復権を準備するといったことではなく、われわれの知覚生活と認識生活とを継続的に探査することなのである。それが目指しているのは、また、通常の確信を否定し、事物や他人の存在に関するわれわれの信念を打破するといったことではなく、この確信この信念に同意を与えることであり、それも、そうした確信や信念に身を捧げようとこだわるあまり、それらが確信であると同時にそれと分かちがたく躊躇でもあり、信念であると同時にそれと分かちがたく不信でもあることを暴露するにいたるほどのものなのである。それが目指しているのは、さらに、いわば臆見を通りぬけて、それが蔽い隠している両義性に立ちもどることである。つまり、さまざまな哲学者たちの理論を論駁することではなく、それらの理論の起源にあったものに還帰し、それらの理論が、おのれのもたらす解答よりもっと先まで連れていってくれるものだということを発見することである。それが目指しているのは、最後に、たえずおのれ自身に関わり合い、問いかける者の身分を見失うことのない、そして表現に身を捧げているにもかかわらず、おのれが存在のうちに取りこまれていることを知っているような、そうした問いかけなのである。

もし哲学がこの言語によって「自分がなんとしてでも語ろうと欲するもの」に匹敵する手段を見いだすとすれば、それは、われわれの時間性の秘密が作品の時間性によって言表されているからであり、作品の時間性がわれわれに経験の——その各契機が他の契機と共に時間の同じ推力のうちに取りこまれている経験の——連続性と分割不可能性を認識することを教え、そして同時に、見えるものであれ見えないものであれ、物の意味を固定することを禁じ、現在の所与を超えて世界の潜在的内容を果てしもなく出現せしめるような運動を認識することをわれわれに教えるからなのである。

しかし、この作品がこのようなおのれ自身についての意識に到達するとき、つまり、この作品がおのれは問いかけの場であり、問いかけの場にすぎないということを知るとき、その時にこそこの作品は無言のうちにおのれの結末と調和することになるのではあるまいか。なぜなら、問いかけをその果てまで歩む人がなしうるのは、言葉《パロール》の偶然性を発見し、それをわれわれにも発見させるということでしかないからである。その人にとっては、おのれの思考が誕生する薄明の領域に直面することと、その思考が解体すべく定められている薄明の領域に直面することとは同じことだからである。そして、われわれにとっては、彼が現前していることの徴《しるし》をいたるところに読みとることと、目前に迫った彼の不在を感じとることとは、同じことなのである。真の問いかけとは死と親交を結ぶことなのであり、したがってわれわれは、めったに死を口にすることのないこの哲学者が、それにもかかわらず、その最後の著作において、われわれを死の方へ振り向かせるあれほどにも偉大な力をもっていたということを知っても、別に驚きはしないのである。

クロード・ルフォール

訳注

見えるものと自然

一七 ＊ メルロ＝ポンティ『眼と精神』滝浦静雄・木田元訳、みすず書房、二五九頁参照。

一九 ＊ 同右、二五八頁参照。

二一 ＊ 同右、二六四頁参照。

二四 ＊ 開在性——訳注二三一＊＊＊を参照せよ。

二五 ＊ テクストの原文には、*τόπος νοησος* とあるが、これを *νοητός* と読む。

三一 ＊ 「荒っぽい思弁としての」——アインシュタインがマックス・ボルンに宛てた手紙の中の言葉（メルロ＝ポンティ『シーニュ』竹内芳郎監訳、みすず書房、2、六四頁参照）。

三六 ＊ 「異なる類への移行」(*μετάβασις εἰς ἄλλο γένος*) ——この句は通常、アリストテレスの『天体論』(*De caelo*) に帰せられている。そこでアリストテレスは、分割と連続の問題に関して、分割できる限りのものはすべて連続的であるが、連続的なものがすべて分割できるかどうかは明らかではなく、ただ「他の類に移行しえない」ことだけは明らかだと述べているのである (268 b)。フッサールは、この句を、むしろ、例えば論理的なものを心理的なものと捉えるような、厳に避けるべきこととしてしばしば使用している（『論理学研究』1、立松弘孝訳、みすず書房、二六頁、『現象学の理念』、立松弘孝訳、一五頁など参照）。メルロ＝ポンティはおそらく、この句をフッサールから借りてきていると思われるが、フッサールとは違った意図をこの句に託していることは、本文を見れば明らかであろう。

四七 ＊ 見たり感じたりしているという思考——訳注二四〇＊＊参照。

五七 ＊ 「がある」(il y a) ——この概念の由来は必ずしも明らかではないが、あるいはエマニュエル・レヴィナスが一九四九年にジャン・ヴァールの編集する雑誌 *Deucalion*, nº 1 (pp. 143–154) に発表した論文《Il y a》に示唆されたものかもしれない。一九四〇年代末にメルロ＝ポンティは、『現代《レ・タン・モデルヌ》』に、レヴィナスの他の論文を、T・Mという署名入りの序文を付して、好意的に紹介している。レヴィナス『超越・外傷・神曲』（内田樹・合田正人編訳、国文社）にこの論文の翻訳が収められ、詳細な解説が付されている。

五八 ＊ 精神の洞察——デカルトの原語は intuitus mentis（精神の直観）。訳注四〇五＊参照。

五九 ＊「人間のうちなる小人」――われわれの視覚を網膜像などから説明しようとすると、その網膜像の背後に、その網膜像を見ている第二の人間を想定しなければならぬことになり、問題がその第二の人間に移されるだけだということを指摘するために、メルロ＝ポンティがしばしば愛用する言い回し。例えば、『シーニュ』前掲訳書、2、一五〇―一五一頁などを参照。ただし、この句それ自身は、デカルトを念頭に置いてのヴァレリーの言葉と思われる。なお、訳注二九九＊参照。

六四 ＊ フッサールが言っていたように、「新しい」現実によって「抹消」ないし「削除」されるのだ――例えば、フッサールの次の叙述を参照。――「否定の新しいノエマ的能作は、対応する措定的性格を〝棒を引いて抹消すること〟(Durchstreichung)であり、否定に特有な相関者は、抹消性格であり、〝あらず〟という性格である」(*Ideen zu einer reinen Phänomenologie und phänomenologischen Philosophie*, I. *Husserliana* Bd. III, 1950, S. 261. 『イデーン』I-II、渡辺二郎訳、みすず書房、一七〇頁)。メルロ＝ポンティはこの Durchstreichung を念頭に置いて「抹消」(barré)ないし「削除」(biffé)と言っているのである。ちなみに、P・リクールによる『イデーン』Iの仏訳では、durchstreichen には biffer が当てられている。

六九 ＊ フッサールが、すべての超越論的還元はまた形相的還元でもあると言ったとき――メルロ＝ポンティは『知覚の現象学』の序文(竹内芳郎・小木貞孝・木田元・宮本忠雄訳、みすず書房、1、一四頁)でも同じ意味のことを述べているが、引用箇所は明示されていないし、事態からしてフッサールにこの通りの言葉が見当るとは思われない。これもまたメルロ＝ポンティの創造的誤解の一つであろう。七〇頁の「フッサールは、すべての反省が形相的であり、云々」についても同じことが言える。

六九 ＊＊「系統的変更」――variation systématique. フッサールは、生涯の間、「本質看取の基礎」として「自由変更」(freie Variation)という操作を考えていた(cf. Husserl, *Erfahrung und Urteil*, §87)。つまり、或る事物を想像の中で自由に変更させてみるならば、その事物が当の事物であることを止めない限り、その多様な変形を貫いて「一つの不変項」(eine Invariante)が、その事物の「必然的・一般的な形式」として獲得されるはずだと考えていたが、メルロ＝ポンティはここで、その「自由変更」を念頭に置いて「系統的変更」と言っているのである。

七三 ＊ ヘーゲルが言っていたように、自己に還るとは、自己から出ることでもある――このままの言葉ではないが、ヘーゲルは『精神現象学』の末尾「絶対知」の章(ラッソン版、五六三頁)で、「精神の完成は、精神が何であるかを、つまり精神の実体を完全に知ることであるから、この知は精神が自分のなかに行くことであり、そのとき精神は自らの定在を捨て、自らの精神を思い出に委ねるのである」(訳文は樫山欽四郎訳、河出書房『世界の大思想』第一二巻による)と述べている。

七六 ＊ 形相的事象性(réalité formelle)／「対象的事象性」(réalité objective)――デカルトはスコラの伝統を引きつぎながら、「観念」のもっている réalité に二つを区別した。もし或る観念を観念それ自身として見るならば、その観念は「観念」という形相において捉えられていることになるが、或る観念に帰せられたそのような存在性格（事物や事象 res としてある在り方）がその観念の「形相的事象性」である。しかし、他方、すべての観念は何ものかについての観念であり、或る対象（objet）の表象という性格をもっている。したがって、例えば人間の観念と幽霊の観念とでは、観念である点では同じであるが、その表象ないし表出している対象が違っているために、その存在性・存在度も違ってくると考えることもできるであろう（例えば、幽霊の観念の存在性は、幽霊があいまいな対象である分だけ弱い、といったふうに）（『哲学原理』第一部一七節参照）。このように考えられた観念の存在性格が「対象的事象性」と言われるものである。また、観念が「思考の様態」ないし「思考の或る仕方」として、いわば思考を素材としているという限りで、デカルトは観念の「質料的事象性」というものも考えている。

九一　＊　「比類なき怪物」――アンドレ・マルロー『人間の条件』（小松清・新庄嘉章訳、新潮文庫）上巻、七七頁参照。

九六　＊　「非存在の湖」――出所不詳。

一〇〇　＊　引用箇所は不明であるが、ただしサルトルは『存在と無』の「結論」で、即自と対自は並置されてあるのではなく、対自はつねに即自の無化として即自に結びついているので、即自と対自との分かち難い全体としての自己原因的存在の観点に身を置かざるをえず、それが形而上学の課題となる、という趣旨のことを述べている（*L'être et le néant*, pp. 715–7）。

一〇六　＊　「腹話術的」思考――プラトンの『ソピステス』には次のような一文がある。――「彼らはちょうどあの奇妙なエウリュクレスのような内から声を出す敵対者をいつも連れ回って歩いているわけなのだ」（252 c）。ここでは、「内から声を出す敵対者」とは、いわば「敵はわが家の中に」ということだが、ただし「エウリュクレス」というのは、アリストパネスも言及している腹話術の巧みな占い師のことであり、したがって「腹話術的」思考とは、いわば自分自身の中にある第二の声と対話をしているかのような思考ということである。例えば、ドッズも、「自分自身の中に第二の声をもっており、その声は彼らと対話を行ない、未来を予言し、ダイモーンの発する声だと信ぜられていた」ような霊媒者ないし予言者について語っている（E・R・ドッズ『ギリシァ人と非理性』、岩田靖夫・水野一訳、みすず書房、八八頁）。

一二〇　＊　ひと――訳注二六八＊を参照せよ。

一二二　＊　〈即自‐対自〉（En-Soi-pour-soi）――サルトルが〈即自〉と〈対自〉の総合を言い表わそうとするときの用語。例えば、「欠けているものと、その欠けているものを欠いている当のものとの理想的融合は、実現不可能な全体性として対自につきまとい、対自を、その存在そのものにおいて存在の無として構成する。これが、われわれの言ってきたように、〈即自‐対自〉ないし価値なのである」（*L'être et le néant*, p. 224）。

一二三　＊　空虚な無（le nichtiges Nichts）――メルロ＝ポンティは *Résumés de cours*, p. 154（『言語と自然』滝浦静雄・木田元訳、みすず書房、一一一頁）において、これを「『存在と時間』直後」のハイデガーの著作（おそらくは無を主題にした *Was ist Metaphysik?*）に見られる概念であるかのように述べているが、このままの形ではハイデガーの著作には見当らない。

一三八　＊　過補償（surcompenser）――自分に欠けているものを補おうとする過度の行為。過剰補償。劣等感が強すぎると、かえって異常に権力と支配を求めたりするのが、その一例である（アドラー）。

一五九　＊　Wesen――訳注二四六＊参照。

一六〇　＊　生産性と一般性については訳注二四六＊＊＊＊＊参照。

一六九　＊　純粋知覚／純粋記憶――いずれも『物質と記憶』におけるベルクソンの用語。彼は精神の本質を記憶に見るが、その記憶は必ずしもわれわれに想起されているものには限られない。事実われわれには、思い出すことはできないけれど、しかしまったく忘れ去ったわけではない記憶があり、それが何かの拍子に不意に現われ、また不意に消えてしまうことがよくある。そこでベルクソンは、純粋な意味での記憶を、過去が現在との不可分性（＝持続）によって「必然的に、また自動的に」保存されてゆくことだ、と考える。彼の言う純粋記憶とは、したがって無意識的なものであり、それが想起されるのは、現在の「知覚」と融合したときに限られるのである。

一方、ベルクソンの考えでは、知覚とは、物体からくる運動、つまり或る種の振動が生体という非決定性地帯によって遮られることによって起るものであり、それは物体の側から言えば運動の遅滞ということになるし、われわれの側から言えば「起こりかけている行為」あるいは「可能的行為」ということになる。つまり、ベルクソンによれば知覚とは身体（＝物質）の「起こりかけている運動」にすぎず、これもまた無意識的なものなのである。

一七〇　＊　「部分的合致」――例えば、ベルクソンの『物質と記憶』には、次のような一文がある。――「もちろん、区別（＝いわゆる物質と最低度の自由ないし記憶との）は存続するが、合一も可能になる。その合一は、純粋知覚においては、部分的合致の徹底した形で与えられているからである。」（H. Bergson, *Matière et mémoire*, PUF, 1953, p. 250.『物質と記憶』田島節夫訳、『ベルグソン全集』第二巻、白水社、二四八頁。）

一七〇　＊＊　「それに拠って存在している」――原語は《en est》、つまり en être であり、以下の本文、「研究ノート」にも数回現われる、この時期のメルロ＝ポンティの基本的用語の一つ。独訳の訳注では、*Éloge de la philosophie*, p. 26（「哲学をたたえて」『眼と精神』前掲訳書、二一〇頁）に引用されているベルクソン「哲学的直観」（*La pensée et le mouvant*, PUF, p. 137.『哲学的直観』河野与一訳、岩波文庫、三〇頁）の一節《Quelle que soi l'essence intime de ce qui est et de ce qui se fait, nous en sommes》（「存在するものおよび生成するものの内的本質がいかなるものであるにせよ、われわれはそれに拠って存在している」）の《nous en sommes》（われわれは、それに拠って存在している）が出典として指示されている。

一七八　＊　「私は何を知っているのか」――フランス語の que sais-je? という文は、単に「私は何を知っているのか」という疑問文であるだけではなく、間投句として、例えばDes robes, des chapeaux, des gants, *que sais-je!*（服や、帽子や手袋や、何やかや！）といったふうにも使われるので、こういう言い方がされるのだと思われる。なおAlphonso Lingis の英訳（*The Visible and the Invisible*, Northwestern Univ. Press, 1968, p. 128, n. 9.）も、そのように解している。

二〇〇　＊　マルローへの言及——訳注九一＊参照。

二〇一　＊　intuitus mentis〔精神の直観〕——訳注四〇五＊参照。

二〇六　＊　栄光の身体——この世の終わりに復活して天国にある魂に与えられる栄光に輝く身体。

二〇六　**　フッサールが物の地平という言い方をしたとき——例えば *Erfahrung und Urteil*, §8, S. 26 f.（『経験と判断』長谷川宏訳、河出書房新社、第八節、二三頁以下）参照。

二〇六　***　「小楽節」——プルーストの作品『失われた時を求めて』第一篇「スワン家のほうへ」を貫くモティーフの一つ。作中の登場人物ヴァントゥイユの作曲したソナタのなかの五つの音符から成る楽節。「小楽節は、スワンにとっては、彼がオデットに抱いている恋につながりつづけていた」（「スワン家のほうへ　第二部」、井上究一郎訳、『筑摩世界文学大系』第五七巻、一五三頁。一三五、二二三－八頁をも参照せよ。）

補　遺

二二四　＊　スピノザの「経験」（experiri）——スピノザにおいては、有限な人間精神は、物体による身体の変状（affectio）およびその観念を知覚することによって、おのれ自身を認識する（『エチカ』第二部、定理二二、二三）と考えられている。したがって、人間精神を構成しているのは、「身体の変状の観念」である。そして、身体が物体に触発（affectus）されることが「経験する」（experiri）ということなのである。ただし、そのような仕方での物体の認識は、まだ知性の秩序づけを欠いているから、「表象」（imaginatio・想像）として、明晰判明な認識とは区別されている。

研究ノート

二三二　＊　「客観的哲学」（フッサール）——フッサールは晩年の著作『ヨーロッパ諸学の危機と超越論的現象学』（一九三六年）において、ヨーロッパの哲学的近代を物理学的客観主義と超越論的主観主義の対立抗争として捉えているが、ここではその「客観主義的哲学」が念頭にあるものと思われる。

二三二　**　Ursprungsklärung〔起源の解明〕——フッサールが『危機』書において採った基本的方法。*Husserliana* Bd. IV, S. 18.（『ヨーロッパ諸学の危機と超越論的現象学』細谷恒夫・木田元訳、中央公論社、三五頁）参照。

三一 *** Offenheit〔開在性〕——ハイデガーの用語。この言葉は、もともとはハイデガーの兄弟子になるマックス・シェーラーが晩年の「哲学的人類学」の構想（死後の一九二八年に公刊された講演『宇宙における人間の地位』にまとめられたような）のなかで、生物学的環境に埋没している動物の在り方、「環境繋縛性（Umweltgefangenheit）」に対して、世界というもっと広い場面に開かれている人間独自の在り方、「世界開在性（Weltoffenheit）」を指示するために使っていたもので、ハイデガーも『存在と時間』（一九二七年）においてはその意味で数回（一三七、一六三頁）使っている。特に一三七頁には、Weltoffenheit というそのままの形が見られる。しかし、ハイデガーはいわゆる後期にはこの言葉を「存在という場が開かれてあること」という意味で使うようになる。たとえば『ヒューマニズム書簡』においては die Offenheit des Seins (*Brief über den Humanismus*, S. 180) という言い方が頻出する。メルロ＝ポンティはこれに ouverture という訳語を当てているが、ただこれを「ouverture au monde（世界への開在性）」（たとえば本書七六頁）とか「ouverture à l'être（存在への開在性）」（たとえば本書一二五頁）といったかたちで使うこともあれば、ここでのように「存在の開かれた場」という意味で使うこともあり、一義的ではない。もっとも、本書二六二頁に「フッサールの Offenheit」という言いまわしが見られ、この概念がフッサールに由来するかに思われないでもないが、フッサールの場合この概念は「地平の開放性」を意味することが多く（たとえば、この時期のメルロ＝ポンティが好んで引用する *Ideen* II, *Husserliana* Bd. IV, S. 195 に見られる Umwelt mit offenem Horizont）、メルロ＝ポンティの一般的用法と一致しないので、この概念の源泉を特にフッサールに限定する必要はないと思う。本書二六二頁のこの箇所で、メルロ＝ポンティが念頭に置いているのは、*Ideen* II, *ibid.*, S. 299 の末尾に近く見られる Besagt die „Unendlichkeit" der Welt statt einer transfiniten Unendlichkeit (als ob die Welt ein in sich fertig seiendes, ein allumfassendes Ding oder abgeschlossenes Kollektivum von Dingen wäre, das aber eine Unendlichkeit von Dingen in sich enthalte), besagt sie nicht vielmehr eine „Offenheit"?「世界の〝無限性〟とは、（あたかも世界がそれ自体で出来上って存在しているもの、すべてを包摂する一箇の物、あるいは諸事物の完結した集合体だとでも言わんばかりの）超有限的無限性のことを言うのではなく、むしろある《Offenheit》を言うのではなかろうか」という一節であるにちがいないが、これも世界の「開放性」という意味合いで、「研究ノート」におけるメルロ＝ポンティの Offenheit ないし ouverture の一般的用法と一致するものではない。

三一 **** Lebenswelt〔生活世界〕——『危機』書を中心とするフッサール晩年の用語。認識の客観化作業によって客観化された世界に対して、その基底にあり、素朴な知覚経験において生きられるがままの世界を言う。

三一 ***** 題材の秩序／根拠の秩序——l'ordre des matières/l'ordre des raisons. デカルトの用語。たとえば一六四〇年一二月二四日付メルセンヌ宛書簡参照（*Œuvres de Descartes*, par C. Adam & P. Tannery.——以下 A. T. と略記——Correspondence III, p. 266)。

二三三　*　Gegenseite〔裏面〕——『危機』書におけるフッサールの用語。*Husserliana* Bd. VI, S. 231.（前掲訳書、三二三頁）。

二三三　**　bloße Sache〔裸の事象〕——『イデーン』IIにおけるフッサールの用語。純粋な精神であるかぎりでの〈われ〉の相関者であるような、いっさいの実用的および価値的述語規定を剝ぎとられた事象。*Husserliana* Bd. IV, たとえば S. 25 参照。おそらくフッサールは、デカルトが「第二省察」の蜜蠟の比喩において、「私が蜜蠟を外形から切り離し、いわば衣服を奪い去られた裸の姿で考察する時（cum, ceram ab externis formis distinguo, & tanquam vestibus detractis *nudam* considero,...）」（A. T. VII, p. 32）と述べているその *nudus*（裸の）を念頭に置いているのであろう。

二三三　***　Gegenabstraktion〔逆抽象〕——『危機』書におけるフッサールの用語。*Husserliana* Bd. VI, S. 255（前掲訳書、三五五頁）参照。

二三五　*　フッサール：人間の身体は「裏面」を……もつ。——二三三＊参照。

二三五　**　デカルト、——しかし心身の複合体のうちにとどまることによって——デカルトは『省察』においても、「第一、第二省察」においては心身分離の立場に立っているが、「第六省察」や一六四一年八月のイペラスピスト宛書簡、一六四三年六月二八日付エリザベト宛書簡、一六四八年七月二九日付アルノー宛書簡では心身合一の立場に立っている。ここでは、この心身合一の立場に立つデカルトが話題にされているのである。なお、訳注二八三＊参照。

二三五　***　知覚論——esthesiologie. これも、Aesthesiologie としてフッサールが『イデーン』IIにおいて提起している感覚的経験の位層における身体を研究する立場。*Husserliana* Bd. IV, たとえば S. 155, 184, 284 参照。

二三六　*　l'urpräsentierbar〔根源的に現前可能なもの〕——『イデーン』IIにおけるフッサールの用語。知覚に「原物のままに（im Original）」おのれを呈示しうるもの。フッサールは Urpräsenz（根源的現前）と Appräsenz（付随的現前）を対置している。*Husserliana* Bd. IV, S. 162 f. 参照。表記に関して言えば、正しくは l'Urpräsentierbare でなければならないのであろうが、この種の誤記は一々注記せず、原文に従う。

二三六　**　われわれの「血縁性」（ハイデガー）——notre《parenté》(Heidegger). ハイデガーの *Brief über den Humanismus* in *Wegmarken*, S. 151（『ヒューマニズムについて』佐々木一義訳、理想社、三四頁）参照。

二三八　*　*λόγος ἐνδιαθέτος*〔無言のロゴス〕／*λόγος προφορίκος*〔顕在的ロゴス〕——ストア学派の用語。世界のロゴスは分かたれて個々人に内在するが、それが単に心のうちにあるかぎりではロゴス・エンディアテトスであり、思想にとどまるが、外に発語されるとロゴス・プロポリコスとなる。

二四〇　*　自己（についての）非定立的意識——conscience non-thétique (de) soi.『存在と無』においてサルトルは、すべての対象意識は自己意識をともなう、といっても、自己についての定立的な反省意識ではなく、非定立的な自己意識をともなうのだと主張し、〈についての〉

に当たる de を括弧に入れて conscience (de) soi と表記している。

二四〇 ** 「見たり感じたりしているという思考」――「第二省察」に見られるデカルトの言葉。A. T. VII, p. 33. 参照。

二四一 * われなし能う――je peux. これも後期のフッサールの用語 Ich kann の援用。物を見たり、物を触覚的に知覚したりするためには、われわれは眼筋をコントロールして焦点を合わせたり、物にそって指を動かしたりしなければならない。知覚対象と相関的な知覚経験の主体は、おのれを必要に応じて運動させることのできる運動感覚的身体なのである。フッサールは、経験のこの位層の身体的主観を――コーギトないし Ich denke〈われ思う〉に対比して――Ich kann〈われなし能う〉として特徴づける。もっとも、メルロ＝ポンティは、*Signe* p. 210（邦訳『シーニュ』2、一四頁）の叙述からしても、これを『イデーン』IIから援用しているのであるが、『イデーン』IIに関するかぎり、そこで数回問題にされている Ich kann (*Husserliana* Bd. IV, S. 11, 257 f.) にはこのような意味はない。が、たとえば *Husserliana* Bd. VII, S. 275 などでのその規定を見れば、フッサールが Ich kann にメルロ＝ポンティの解するような意味をもたせようとしていたことは明らかである。

二四一 ** 実存範疇――原語は les existentiaux. ハイデガーが客体的事物の存在論的規定である Kategorie と区別して、現存在の存在論的構造連関のうち実存論的分析によって了解される諸規定を名指した Existenzialien のフランス語訳。

二四一 *** Rätsel Erscheinungweisen〈現象の仕方という謎〉――正しくは Erscheinungsweisen。〈現象の仕方〉という言葉は、フッサールの『デカルト的省察』第一七、一八、五四節に繰りかえし見られるが、Rätsel をともなった形は出所不明。

二四一 **** mens sive anima〈精神あるいは心〉――『省察』に見られるデカルトの用語。A. T. VII, p. 27. 参照。

二四二 * Weltlichkeit〈世界性〉――ハイデガーの用語だとすれば、さまざまな世界が世界たるかぎり有する構造を言う（*Sein und Zeit*, S. 64 f. 参照）。しかし、メルロ＝ポンティは必ずしもこの意味で使っているわけではない。〈世界内存在という性格をそなえた〉という意味であったり、〈世界内部的〉という意味であったり、その用法は一定していないように思われる。

二四二 ** Ineinander〈相互内属〉――フッサールの用語。*Résumés de cours* の独訳者アレクサンドル・メトロによれば（*Maurice Merleau-Ponty Vorlesungen* I, Walter de Gruyter, 1973, S. 339）、『危機』書執筆の動機となった一九三五年五月七日および十日のウィーン文化連盟での講演「ヨーロッパ的人間性の危機と哲学」（*Husserliana* Bd. VI に収録）に見られる ein innerliches Ineinandersein (*ibid.*, S. 346) に由来するとのことであるが、むしろ一九三一年一〇月後半の草稿〈Intentionales Ineinander und reelles Auseinander der Monaden. Monadische Individualität und Kausalität〉(*Husserliana* Bd. XV, S. 371 f. に収録) ないしこれと同時期の草稿に頻繁に見られる (*ibid.*, S. 366, 368, 371) Ineinander の借用ではあるまいか。メルロ＝ポンティがこの未刊草稿を目にしえたかどうかが問題であるが、彼は『デカルト的省察』の続稿にからむこれらの草稿に強い関心を示していたし、『フッサリアーナ』のこの巻に収録された他の草稿を引用してもいるので、おそらくこれらの草稿を読んでいたように思われる。メルロ＝ポンティは *Résumés de cours*, p. 152（『言語と自然』前掲訳書、一一〇頁）でもこの概念に言及し、「フッサールが Ineinander と呼んでいる、世界への自己の内属、もしくは自己への世界の内属、他者への自己の内属および自己への他者の内属」と述べている。また本書三九六頁でも次のように言われている。「『イデーン』IIにおけるフッサールは、もつれたものを〈解きほぐし〉〈ほどく〉という言い方をしている。交叉配列とか Ineinander といった観念は、これとは逆に、解きほぐすようなすべての分析が理解不可能にしてしまう観念である」。

二四二 *** Einfühlung〔自己移入〕——フッサールの用語。もともとは心理学の領域でテオドール・リップスによって提唱された概念であり、心理学では「感情移入」と訳されている。むろんフッサールもこれを借用し、他我の経験を解明しようとしたのではあるが、彼のばあい、特に感情は問題にならないので、「自己移入」と訳すのが慣例になっている。他者の身体を手がかりに、それと共存する心的生活を理解する仕方を言う。*Husserliana* Bd. VIII（『第一哲学』）S. 134, 175 f., *Husserliana* Bd. I（『デカルト的省察』）S. 124 f. 参照。

二四二 **** Fremderfahrung Analyse〔他者経験の分析〕——ドイツ語としては不自然であるが、フッサールが『デカルト的省察』（*Husserliana* Bd. I, S. 124）で言っている Theorie der Fremderfahrung を念頭に置いていたのであろう。

二四三 * Einströmen〔流れこみ〕——フッサールの用語。*Husserliana* Bd. VI, S. 212 f.（『ヨーロッパ諸学の危機と超越論的現象学』前掲訳書、二九六頁以下）。心的体験への反省そのものが一個の心的体験として体験流のうちに流れこむ事態を言う。

二四三 ** 『危機』書第三部——『危機』書第四〇節において、「人間性の哲学的深みへと到達するこの判断中止によって、全人間性を徹底的に変更する可能性」が論じられているが、このあたりのことが念頭に置かれているのであろう（*Husserliana* Bd. VI, S. 154. 前掲訳書、二一二頁）。

二四四 * 二次的受動性——フッサールの用語。たとえば *Husserliana* Bd. IV, S. 12 参照。

二四四 ** ペギーの言う歴史への記入 (inscription historique)——フランスの詩人・思想家シャルル・ペギー（1873–1914）の言葉。Clio, Dialogue de l'Histoire et de l'Ame païenne, in *Œuvres en prose*, 1909–1914 (Ed. Pléiade) p. 116, 164（独訳の訳注による）。*Signes* 所収の Bergson se faisant（「生成するベルクソン像」）にも、ペギーについての同じような言及がある（邦訳『シーニュ』2、五二頁）。

二四四 *** Zeitigung〔時間化作用〕——ハイデガーの用語。ハイデガーは『存在と時間』において、他の事物と区別される現存在（＝人間存在）に特有な存在構造を sich zeitigen（おのれを時間化する、おのれを時間として生起せしめる）として捉え、それを Zeitigung という概念で表現している。

二四四 **** Urstiftung〔根源的設立〕——フッサールの用語。フッサールは『危機』書およびそれに関連する草稿群、特に「幾何学の起源について」（*Husserliana* Bd. VI, S. 365 f. 前掲訳書、三八六頁以下）において、幾何学の成立を範例に、妥当する意味形成体を構成する根源的作業を Stiftung, Urstiftung と呼んでいる。

二四四　***** immer wieder〔繰りかえし繰りかえし〕——*Formale und transzendentale Logik*, *Husserliana* Bd. XVII, §74, S. 196. 参照。

二四四　****** 離れてある存在（être à distance）——ハイデガーの『根拠の本質について』の末尾に見られる ein *Wesen der Ferne* を念頭に置いているものと思われる。Heidegger: *Gesamtausgabe*, Bd. 9, *Wegmarken*, S. 175 参照。

二四六　* Wesen〔現成〕（動詞的）——一九三〇年以降のいわゆる後期のハイデガーの用語。この時期の彼の考えでは、形而上学の開始とともに存在は本質存在（τὸ τί ἐστιν, essentia, Was-sein）と事実存在（ὅτι ἔστιν, existentia, Daß-sein）に分岐する。あるいは、存在のこうした二義的分岐とともに存在の歴史が「形而上学」と呼ばれる時代《エポック》に入ると言ってもよい。当然、それに先立つ〈ソクラテス以前の思想家たち〉のもとで存在を意味した physis は、そうした二義的分岐を免れ、原初の単純性をとどめている。ハイデガーは、この physis およびその動詞形 phyesthai の訳語に、動詞的意味での Wesen, wesen を当てる。ドイツ語の Wesen は通常は「本質」を意味するが、もともとは「存在する」という意味の動詞 sein の過去分詞 gewesen から派生したものである。この wesen は、二義的分岐に先立つ〈本質存在を含意した事実存在〉を指示するために、しかも生成するという意味のギリシャ語 phyesthai の動態的意味をも加味して、選ばれた訳語なのである。存在の根源的な生起を意味するこの言葉に適切な日本語を思いつかないままに、「現成する」という訳語を当てた。ハイデガーのこの語のもっとも早い用例は、*Einführung in die Metaphysik*, 1953（『形而上学入門』——一九三五年夏学期の講義）に見られるものであろう（*ibid.*, S. 46 f.）。

二四六　** バラのバラであること——ハイデガーは、本質存在と事実存在に分岐する以前の根源的存在（Wesen）を例証するために、*Der Satz vom Grund*, 1958（『根拠律』——一九五六年におこなわれた連続講演）において、ドイツ・バロック期の神秘主義的宗教詩人アンゲールス・ジレージウスの『ケルビンの如き遍歴者、四つの最後のものの感覚的記述』の一節、「バラはなぜなしに存在する、それは咲くがゆえに咲く」を引き、そのバラの「バラであること（Rose-sein）」の意味を問うている。メルロ＝ポンティはこれを引用しているのである。

二四六　*** was〔何であるか〕の問い／daß〔……があるかないか〕の問い——was の問いとは Was ist das?（それは何であるか）という本質存在についての問いを言い、daß の問いとは daß es ist（それがあるということ）つまり事実存在についての問い（正確には Ob es ist oder nicht? それがあるかないかの問い）を言う。この Was ist das? と daß es ist つまり本質存在と事実存在の区別は、アリストテレスの τί ἐστιν（それは何であるか）と ὅτι ἔστιν（それがあるということ）の区別にまで遡る。

二四六　**** ベルクソンが……「イマージュ」と呼んだもの——*Matière et mémoire*, 1894（『物質と記憶』）におけるベルクソンの用語。彼は従来の観念論と実在論の行きすぎを糺すために、常識がいだいているような物質の概念を「イマージュ」と呼び、それに定位して考えてゆこうとする。彼によれば、「イマージュ」は観念論者が表象と呼ぶものよりは存在性が多いが、実在論者が物と呼ぶものよりは存在性が少ない存在、「物と表象の中間にある存在」である（*ibid*., p. 1, 前掲訳書、五頁）。

二四六　***** 自然的生産性——*L'art poétique*（『詩法』斎藤磯雄訳、『筑摩世界文学大系』第五六巻「クローデル・ヴァレリー」一九一頁以下に所収）における「一般的（général）な観念は生産的（génératrice）である」というクローデルの主張（前掲訳書、二一九頁以下）が念頭に置かれているのであろう。

二四六　****** hinauswollen している〔越え出ようと意志している〕——フッサールの *Krisis, Husserliana* Bd. VI, S. 73.（前掲訳書、一〇〇頁）参照。

二四七　* サルトルの二者択一的思考——言うまでもなく、サルトルは存在か無か、即自存在か対自存在かの二分法によって思考する。

二四八　* それは言語行為であって、言語《ランガージュ》ではない——このあたりの言語行為《パロール》、言語体系《ラング》、言語《ランガージュ》の使い分けは、ソシュールのそれに準拠していると見てよさそうである。ソシュールによれば、一般には、ランガージュは人間の普遍的な言語活動一般を意味し、ラングは個々の言語体系（フランス語、ドイツ語等々）、パロールはその言語体系のコードに基づく個々の話し手の発話行為を言う。しかし、ソシュールにあってラングやパロールの概念はきわめて多義的であり、彼は他方では、個々人のパロールこそが各瞬間に世界を再布置化し新たな意味を創造するものであり、ラングはその沈澱物にすぎないとも考えている。メルロ＝ポンティはここで、この後の意味での言語行為《パロール》を問題にしているのである。

二四八　** 〈コーギト〉に関する章は言葉《パロール》に関する章に結びつけられてはいない。——メルロ＝ポンティは『知覚の現象学』の第一部「身体」の第VI章で「表現としての身体と言葉《パロール》」を論じ、第三部「対自存在と世界内存在」の第I章で「コーギト」を問題にしている。ところで彼は、「言葉《パロール》」の章では言語に先立つ沈黙の思考を否定する。言語を離れて思考はない。言葉《パロール》のもとで思考と表現が同時に構成されるのである。ところが、「コーギト」の章では、彼は「無言のコーギト」を想定する。「もしも私があらゆる言葉《パロール》に先立って私自身の生活および思考と接触しているのでなかったならば、もしも私のなかで語られたコーギトがある無言のコーギトと出会っているのでないとしたら、私はそれらの言葉にいかなる意味も見いだせないであろうし……、デカルトのテクストを読むことさえもできないであろう……。」二つの章のあいだには、明らかに齟齬が認められるのである。

二四九　* Weltanschauung〔世界観〕の哲学——ディルタイの用語。彼は生に根ざし歴史的に生成発展してきたさまざまな世界観の内的構造や類型を捉えることこそ哲学の課題だと考え、これを「世界観学（Weltanschauungslehre）」と名づけた。フッサールは『厳密学としての哲学』（一九一〇年）において、これを歴史主義的懐疑主義の所産として批判している。メルロ＝ポンティがここで、この「世界観の哲学」を、「不幸なる意識」と等置している理由は不明。「不幸なる意識」はヘーゲルの『精神現象学』のB「自己意識」の一節の表題であるが、これが前節の「懐疑主義」の帰結として生まれた「敬虔なる主観主義」であることを念頭に置いて言っているのであろうか。なお、本書二五一頁に同じ趣旨の叙述が見られるが、そこでは「哲学的世界観、〈包括者〉の不幸なる意識」と重ねられており、これから見ると、メルロ＝ポンティはありとあらゆる世界観を眺望する包括者の立場に立ちながら、おのれの実存を見失ったヘーゲル的思考を「不幸なる意識」と呼んでいるようにも思われる。

二四九 ** nexus rationum〔根拠の脈絡〕ないし vinculum substantiale〔実体的紐帯〕――nexus rationum はデカルトの用語で「推理の脈絡」とも訳される。『省察』「読者への序言」A. T, VII, p. 9.「根拠の脈絡としての人間の身体」ということで、メルロ＝ポンティが何を言わんとしているかは不詳。vinculum substantiale はライプニッツの用語。Leibniz: *Philosophische Schriften*, von C. I. Gerhardt, Bd. II, S. 435, デ・ボス宛書簡。ライプニッツの提唱するモナドは延長をもたない点であるから、それ自体では連続を形成することができない。したがって、集合体とは単なるモナドの集まりではなく、「神によってモナドにさらに付加される実在的に統一するもの」つまり「実体的紐帯」をともなうものである。この「モナドの実体的紐帯」は、ジェズイットの神学者デ・ボスとの論争のなかで問題となって浮かびあがってきた概念である。

二五一 * 〈包括者〉の不幸なる意識――訳注二四九＊参照。

二五二 * ミショット――A. Michotte. 生歿年不詳、ルーヴァン大学に在職し、名誉教授となったゲシュタルト主義の立場に立つ心理学者。主著に *La perception de la causalité*, 1946（『因果性の知覚』）があり、メルロ＝ポンティやピアジェによって頻繁に引用されている。メルロ＝ポンティは一九四九－五〇年度パリ大学文学部講義「幼児の意識の構造と葛藤」においても、ミショットのこの本にふれている。それによればミショットは、ヒュームやマールブランシュら古典哲学者が、現象を客観的に分析してみれば因果の絆は主観的ないし想像的なものでしかなく、因果性についての経験は存しないと主張したのに対して、知覚野にはあらゆる種類の関係が住みつき、〈ベクトル〉をもった力線が縦横に張りめぐらされているのであり、子供はそこで実際に因果関係を知覚しているのだということを実験的に論証してみせるのである。彼はそうした因果性の知覚がきわめて厳密な条件によって規定されていること、そしてその条件は感性的レベルのものであって知性のレベルのものではないこと、しかもそこで知覚される因果性は科学者が考えるような変数と函数の関係ではなく、能産的で半魔術的な性格のものであることを実験によって確かめるのである。ミショットは、このための一連の実験のなかで、模式的図形をもちいて、たとえば這うとか泳ぐといった、生物の自己運動についての運動知覚を明らかにしている。ここで「或る外観が生気を帯び、〈這行〉などになるように仕向けるもの」と言われているのは、この実験を念頭に置いてのことである。それは次のような実験である。長方形の縦の二辺が左から右の方へ交互に運動するとする。まず右の辺が右の方へ移動し、長方形が右に伸びてゆき、数センチ進んだところで止まる。その瞬間、左の辺がやはり右の方へ移動し、長方形が元の大きさにもどったところで止まる。その瞬間、また右の辺が右へ向かって動きはじめる……。このサイクルが繰りかえされると、這うという効果が驚くほどはっきりあらわれる。運動全体が長方形の内的な変化によって惹き起こされるかのようで、被験者はその左右の辺をおのずから〈尻尾〉と〈頭〉と名づけ、その長方形を生き物のように知覚する。ミショットは、この知覚が記憶や知的判断によるものではなく、あくまで感性的レベルに属するある厳密な条件によって惹き起こされるものであること、それはあくまで知覚野の布置の知覚であり、したがって知覚野においては因果関係の知覚が実際に可能であることを論証してみせるのである。

二五二 ** Weltthesis〔世界定立〕——フッサールの用語。フッサールは『イデーン』Iで、われわれが日常的な思考やその延長線上にある科学的思考においては、自分が認識しようとしまいと世界というものが即自的に存在し、われわれ自身その一部をなしているということをなんの根拠もなしに、暗黙のうちに無条件に断定しているという事実を指摘し、これを「世界定立」と呼んだ。この世界定立を本質とする無反省な認識態度が「自然的態度」であるが、彼はこの態度を停止し、おのれ自身の意識体験をもはやそのように世界内部的なものと見ることをやめ、一切の先入見を排除してそれを生起するがままに記述する現象学を提唱したのである。右の反省的操作が「現象学的還元」と呼ばれるが、しかしこれは決して世界の存在や世界定立を否定することではなく、われわれが日頃無反省におこなっている「世界定立」の働きのいわばスウィッチを切り、それをそれとして露呈させることにほかならない。

二五三 * 直接的存在論——独訳の訳注では、G. Bachelard: *La poétique de l'espace*, Paris, 1957, p. 2（G・バシュラール『空間の詩学』岩村行雄訳、思潮社、一三頁）が出典として指示されている。

二五四 * Seyn〔存在〕——ハイデガーの用語。ハイデガーは一九三〇年代のいわゆる思索の転回《ケーレ》以後、従来の Sein（存在）と Seiendes（存在者）の区別を Seiendheit（存在者性）と Seiendes（存在者）の区別と言いかえ、それにさらにくわえて Seyn（根源的存在）という概念を持ち出す。それは、『存在と時間』（一九二七年）の時代に、存在は歴史的な現存在が了解し、企投するものと考えていたのに対し、転回後は、むしろ逆に存在の生起のいかんによって現存在の在り方、その歴史的な時代が劃されてくると考えるようになったのに対応して、その根源的な存在を Sein の古形 Seyn で表示しようという意図から出たものであろう。この概念は一九三〇年代中葉にはじまり四〇年代の著作や講義で中心的な役割を果たすが、一九五〇、六〇年代になるとこの概念に代えて Ereignis（生起）という概念が使われるようになる。

二五四 ** Urgemeinschaftung〔根源的共同化〕——フッサールが『デカルト的省察』第五五節「モナドの共同化と、客観性の最初の形式としての間主観的自然」で提起した「共同化（Vergemeinschaftung）」の概念を念頭に置いてメルロ＝ポンティが造語したものと思われる。

二五五 * 〈フォーラム〉——一般には古代ローマ都市の公共広場を言うが、ここでは廃墟となって残されているローマ市のフォールム・ロマーヌムを指している。

二五五 ** 「われわれがそこから語っている場所」（ハイデガー）——原文を少し変えてあるが、Heidegger: *Was heißt Denken?*, Tübingen, 1971, S. 110.（『思惟とは何の謂いか』四日谷敬子・H・ブフナー訳、創文社、一四九頁）参照。

二五五 *** 『イデーン』II——*Husserliana* Bd. IV, S. 163 f.

二五五　**** Gestalthafte〔ゲシュタルト的なもの〕——ハイデガーが *Einführung in die Metaphysik*（『形而上学入門』）において、個物としての木の認知には das *Baumhafte*（木的なもの）についての先行的な知が必要だと述べているが、それが念頭にあるものと思われる（*ibid.*, S. 61）。

二五六　* Unwahr〔非真理〕——正しくは Unwahrheit。メルロ＝ポンティのドイツ語の引用は、たとえば形容詞が名詞化されたばあい当然付けられるべき語尾の母音が欠落していたり、大文字になるべきところが小文字であったり、かなり不正確であるが、訂正せずそのままにしてある。

二五七　* Seinsgeschick〔存在の歴史的運命〕／Seinsgeschichte〔存在史〕——ともに後期ハイデガーの用語。Seinsgeschick はたとえば *Brief über den Humanismus*（『ヒューマニズム書簡』）の一六二、一六六頁などに das Geschick des Seins という形であらわれるし、*Holzwege*（『森の道』）の二三四頁に Seinsgeschick という形であらわれている。Seinsgeschichte も『ヒューマニズム書簡』の一六六頁以下に頻出する。『存在と時間』の時代のハイデガーが、根源的歴史として考えていたのは「現存在の存在了解の歴史」であったが、一九三〇年代以降のいわゆる後期になると、存在はもはや現存在によって了解されたり企投されたりするものではなく、むしろ逆に、存在の生起の仕方によって現存在のそのつどの歴史的な在り方が決定されると考えられることになるので、現存在の歴史の根底に「存在の歴史」が想定されることになる。その存在の歴史とは、存在が現存在に対しておのれを明らかならしめたり（sich lichten）閉ざしたり、あるいはおのれを贈ったり（sich schicken）贈らなかったりすることによって時代《エポック》を劃するようなものである。こうした事態を念頭においてハイデガーは、存在による「贈り物」という意味での Geschick（schicken されたもの）に、「運命」という意味での Geschick を重ね合わせ、さらにそれに Geschichte（歴史）の響きを重ねて Seinsgeschick という言葉を造り、Seinsgeschichte（存在史）とほとんど同義に使っている。したがって、ここでの Seinsgeschick が Seinsgeschichte の一部だというメルロ＝ポンティの言い方は、意味不明である。あるいは、Seinsgeschick についてなにか誤解があるのかもしれない。

二六〇　* Wiederholung〔反復〕——もともとはキルケゴールの基本的用語の一つであったものを、ハイデガーが『存在と時間』において、その基本的タームに採りあげたもの。現存在の存在構造を可能ならしめている本来的時間性の構成契機の一つが「反復」と呼ばれているが、彼はこれをおのれ自身の哲学的思索の基本的姿勢を規定する際にも使っている。つまり、彼はおのれの思索を、プラトン、アリストテレス以来の哲学の根本問題、「存在とは何か」という問いを反復する試みだと主張するのである。反復とは、かつてあったものを忘れ去ったり、ただ思い出したりすることではなく、そこに実現されないままにありえた可能性をおのれのものとして引き受けなおし、おのれの責任において実現しなおすことなのである。

二六〇　** Winke〔眼くばせ〕——ハイデガーの後期の用語の一つ。*Einführung in die Metaphysik*, S. 130（『形而上学入門』川原栄峰訳、理想社、二一七頁）では、ヘラクレイトスの断片九三の解説をしながら、デルフォイの予言をおこなう統治者は *οὔτε λέγει οὔτε κρύπτει, ἀλλὰ σημαίνει*（集めもしなければ隠蔽もせず、眼くばせを与える）という箇所の *σημαίνειν* を Winke geben と訳している。この Winke が、*Der Satz vom Grund*, S. 209–10（『根拠律』前掲訳書、二五六頁）で、かなり重要な意味をもたされて使われることになる。

二六二　＊〈存在〉の Verborgenheit〔隠蔽態〕――ハイデガーの用語。彼は真理を意味するギリシャ語 *ἀλήθεια* が否定の *α* を含み、*λήθη* が忘却・隠蔽を意味するところに着目し、真理の根源的現象は隠蔽が除去され、隠れていたものが露呈されてあること、つまり〈非隠蔽態〉なのだという独自の真理観を提唱したが、後期になると、そのように非隠蔽的な場を開き、存在者を露わならしめることによって、存在そのものはおのれを隠蔽し、現存在の思索に対しておのれを包み隠すのだと考えるようになった（たとえば *Holzwege*, S. 310 f. 参照）。「〈存在〉の Verborgenheit〔隠蔽態〕」という概念はこのような意味で使われる概念であるが、ここでの文脈を見ると、むしろ「〈存在〉の Unverborgenheit〔非隠蔽態〕」となりそうなところである。六行後の「ハイデガーの Verborgenheit」とあるところも同様で、フッサールの Offenheit と並置するなら、「ハイデガーの Unverborgenheit」の方がふさわしい。あるいはメルロ＝ポンティの誤記ではあるまいか。

二六三　＊　物があそこでおのれを知覚するのである、――われわれが語るのではなく、言葉《パロール》の底で真理がおのれを語るのである、――*L'œil et l'esprit*（『眼と精神』）においてメルロ＝ポンティは、「ランボーの有名な〈見者《ヴォワイヤン》の手紙〉以来、詩人の役割は、彼のうちでひとりでに考えとなり言葉となるものを口授されるがままに書きとめることとなったが、それと同様、画家の役割も、彼のうちでひとりでに見えてくるものを図取りし、カンヴァスに投ずることにある」というマックス・エルンストの言葉を引いて、「もはや何が見、何が見られているのか、何が描き、何が描かれているのかわからなくなるほど見分けにくい能動と受動が存在のうちにはあるのである」（前掲訳書、二六六頁）と、同じ趣旨のことを述べている。

二六三　＊＊　アインシュタイン――*Signes*（『シーニュ』前掲訳書、2）に、ここでの叙述に関連する「アインシュタインと理性の危機」という論文が収録されている。

二六八　＊　ひと――メルロ＝ポンティは、『存在と時間』においてハイデガーが提出した das Man（ダス・マン＝私でもあなたでもない、誰ともつかぬ世間のひと）にならって、『知覚の現象学』において知覚の無記名な主体を「ひと（On）」と呼んでいる。

二六八　＊＊　真なるものの遡行運動――mouvement rétrograde du vrai. ベルクソンの用語。*La pensée et le mouvant*, 1934（『思想と動くもの』矢内原伊作訳、白水社）の「緒論（第一部）」において、ベルクソンは次のように述べている。「今、判断が真だとすれば、それはわれわれに、これまでもずっと真だったはずだと思われる。……このように、われわれはあらゆる真の判断に或る遡行的効果を与える。もっと正確に言えば、それにある遡行運動を起こさせるのである。」

二六九　＊　Insight〔見透し〕と Aha Erlebnis〔ああそうか体験〕――ゲシュタルト心理学の用語。たとえばチンパンジーなどでさえも、新しい事態に当面したとき、盲目的な試行錯誤によるのでも、過去の経験によるのでもなく、突然目的を達成し、課題を解決することがある。これはある態度転換によって構造連関が読みとられたからであるが、これをW・ケーラーが「見透し」と呼んだ。こうした見透しには、「ああ、わかった」という主観的体験を伴うことがあるが、K・ビューラーがこれを「ああそうか体験」と名づけた。

二六九 ** 回転軸——*La prose du monde*, p. 63 note（『世界の散文』滝浦静雄・木田元訳、みすず書房、六八頁注††）参照。

二七〇 * In der Welt Sein〔世界内存在〕——言うまでもなくハイデガーの用語であるが、正確には In-der-Welt-sein と表記されなければならない。

二七〇 ** フッサール Zeitbewußtsein〔時間意識〕——フッサールの一九〇五年度の講義およびそれに関連する草稿から成る『内的時間意識の現象学』（一九二八年刊行）——現在は *Husserliana* Bd. X 所収（立松弘孝訳、みすず書房）——が念頭に置かれている。

二七一 * 無化（サルトル）——『存在と無』におけるサルトルの用語で、原語は néantisation. サルトルによれば、充実した即自存在のうちに生じた裂け目のような対自存在（意識）は無を分泌し、即自存在のうちに分節を生じさせる。その無を分泌する働きが「無化」と呼ばれる。

二七三 * Vorhabe〔予持〕——『存在と時間』におけるハイデガーの用語（*Sein und Zeit*, S. 150 f. 参照）。ハイデガーによれば、われわれはたとえば手もとにある道具をハンマーとして、釘として主題的に解意（auslegen）する際、つねに道具連関ないしそれを成り立たしめている〈向き（Bewandtnis）〉の全体性を地平にしてその解意をおこなっている。そのようになんらかの了解地平を主題化しないままに予め捉えていることが Vorhabe（予持）と呼ばれるのである。

二七四 * eine Art der Reflexion〔一種の反省〕——フッサールの言葉。メルロ＝ポンティは『知覚の現象学』以来この言葉を好んで引用する。*La phénoménologie de la perception*, p. 109（『知覚の現象学』前掲訳書、1、一六五頁）、Le philosophe et son ombre（「哲学者とその影」、*Signes*, p. 210, 212, 前掲訳書、2、一五、一七－八頁）参照。しかし、この言葉は、『デカルト的省察』のフランス語版、*Méditations Cartésiennes*, 1931 の第四四節（p. 81）には une espèce de《réflexion》という形で見られるが、*Husserliana* Bd. I に収録された『省察』の決定稿では削除されている（S. 128）。*Erfahrung und Urteil*, S. 55, Anmerkung (1)（『経験と判断』前掲訳書、四八頁注（1））が、この種の反省と通常の意味での反省との根本的な違いを強調しているので、それが削除の理由とも思われる。しかし、フランス語版の『省察』では、私はつねに右手で左手に触れたり、自分の眼に触れたりすることが〈できる〉わけであるから、「一種の〈反省〉によっておのれ自身に関わり合う私自身の身体」をも全自然の一部として経験することができるのだという文脈のなかでこの言葉が使われているのであるが、メルロ＝ポンティはそれを、フッサールが『イデーン』II第三六節（*Husserliana* Bd. IV, S. 144 f.）で提示している、幾分異なった文脈の例に持ちこむ。そこでは、右手で左手に触れる時、最初は左手が一個の物として知覚されるが、しかし次には触れられている左手で、触れている右手を感じることもでき、その時、左手が身体になる、という事態が問題にされているのである。メルロ＝ポンティは、この時右手と左手のあいだに〈一種の反省〉が起こるのだし、これは私の左手と他人の手が入れ代わっても同じことであり、そこにも〈一種の反省〉が起こって間身体性が成立すると主張するのである。「感覚的なものの反省能（réflexivité du sensible）」「身体の反省能（réflexivité du corps）」（本書三六五頁）といった表現が繰りかえし見られるが、それはこういった意味である。まったく無関係な乱用とも言えないが、幾分曲解の嫌いがないでもない。フッサールがこの言葉を決定稿から抹殺した理由が、あるいはこれをメルロ＝ポンティが解した意味で使いたいために、それが不適当に使われている『省察』の該当箇所を削除したというのであれば、これもメルロ＝ポンティによく見られる創造的曲解の一例と言えよう。

二六五　＊　「蛇行」——原語は serpentement で、もともとはレオナルド・ダ・ヴィンチの『絵画論』に見られる言葉。これを、ラヴェッソン－モリアンが「デッサン」（『教育辞典』の一項目）で引用し、さらにベルクソンが『思想と動くもの』所収の論文「ラヴェッソンの生涯と業績」でラヴェッソンのこのデッサン論を採りあげ、引用しているのである。ダ・ヴィンチは、生物の特徴は波のような、また蛇のような線に現われており、それぞれの生物は固有な蛇行をそなえているのであって、芸術の目的はこの個別的な蛇行を表現するところにある、と述べているのであるが、これをラヴェッソンが「それぞれの物のうちには、一つの中心波が多くの表面波となって展開するように、その発生軸ともいうべきある種の波状線がその広がり全体にわたって広がってゆく特殊な仕方があり」、それを発見するのがデッサンの秘訣だと要約しているのである。*L'oeil et l'esprit*, p. 72（『眼と精神』前掲訳書、二九〇頁）にも、この「蛇行」への言及がある。

二六六　＊　私が「世界内存在の転調」と呼んできたもの——たとえば『知覚の現象学』p. 461（前掲訳書、2、二九五頁）に、それぞれの語が「世界内存在としての私の身体の或る種の転調」だという言い方が見られるし、p. 210（1、二九七頁）、p. 225（1、三一六頁）にも類似の表現がある。

二六六　＊＊　「世界の記憶」——La Mémoire du Monde. 出所不明。

二六六　＊＊＊　フッサールにおける過去把持《レタンシオン》の記述（および時間としての主観性、絶対流、前志向的な過去把持の記述）——訳注二七〇＊＊を参照せよ。

二六七　＊　強-イマージュ——原語は fort-image. ベルクソンの用語と思われるが、*Matière et mémoire*, p. 191（『物質と記憶』前掲訳書、一九三頁）に見られる l'image dominante（優勢なイマージュ）のことを言うのであろうか。このままの言葉は見当らない。

二六七　＊＊　実在する線——原語は ligne *réelle*。しかし、ベルクソンのテキストでは、この箇所は lignes visibles となっている。

二六八　＊　測定者の定立（ハイデガー）——*Der Satz vom Grund*, S. 185.（『根拠律』前掲訳書、二二二頁）参照。

二六八　＊＊　ペギーが「世界の出来事のリズム」という言い方をしている……——独訳の訳注によれば、出典は Clio, Dialogue de l'Histoire et de l'Ame païenne, in *Œuvre en prose*, 1909–1914 の由である。

二七八 *** 無（あるいはむしろ非存在）はくぼみであって孔ではない。——*La structure du comportement*, pp. 136-7（『行動の構造』滝浦静雄、木田元訳、みすず書房、一八九頁）においてメルロ＝ポンティは、「意識は、ヘーゲルの用語にしたがえば、〈存在における孔〉であるが、われわれにとっては、ここではまだ〈くぼみ〉でしかない」と述べている。もっとも、ここでは、即自の秩序を離れて、有機体が外部に対しておこなう内的可能性の企投であるような動物の高等な行動が問題にされているのであるが、メルロ＝ポンティはこの後も、サルトルが意識を「無」として、即自存在のうちに生じた裂開として捉えるのに対して（サルトル自身 *L'être et le néant.* p. 198 において「存在の孔」というヘーゲルの言葉を引用している）、人間的実存を存在の「くぼみ」として捉えようとしている。*La phénoménologie de la perception,* p. 249（前掲訳書、2、二〇頁）参照。

二七九 * nichtiges Nichts〔空虚な無〕——訳注一二三＊参照。

二八三 * デカルトによる心身の区別に関する立言とそれらの合一に関する立言——デカルトは『方法叙説』や『省察』においては、精神が肉体から分離可能であり、肉体がなくとも精神は存在しうるという心身分離の立場に立っているが、『省察』においても「第六省察」や、一六四一年八月付イペラスピスト宛書簡（A. T. III, p. 414）、一六四三年六月二八日付エリザベト宛書簡（A. T. III, p. 694）、一六四八年七月二九日付アルノー宛書簡（A. T. V, p. 223）、一六四九年四月一五日付モールス宛書簡（A. T. V, p. 342）などにおいては、魂とまじりあった生きた身体、つまり心身合一の可能性を論じている。なお、メルロ＝ポンティの一九四七－四八年度、高等師範学校での講義を編集した *L'union de l'âme et du corps chez Malebranche, Biran et Bergson*, Notes prises au cours de M. Merleau-Ponty à l'École Normale Supérieure (1947-48), recueillies et rédigées par Jean Deprun, Paris, 1968（『心身の合一』滝浦・中村・砂原訳、朝日出版社）参照。

二八四 * an sich oder für uns〔それ自体において、すなわちわれわれにとって〕というヘーゲルの言葉——『精神現象学』のたとえば（ラッソン版）一三五頁参照。「われわれ」というのは、意識の生成を傍観し記述している「われわれ哲学者」(Wir Philosophen) のこと。現象しつつある精神、つまり生成しつつある当事者意識にとっては、そのつどの段階における自己の即自態 (an sich) は意識されえず、それが意識される時には、当の意識はすでに高次の段階に生成している。したがって、その即自態は、傍観者である「われわれ哲学者」によってしか捉えられないのである。

二八六 * しかじかの脳損傷——*La phénoménologie de la perception*, p. 119（前掲訳書、1、一七九頁）以降で採りあげられているシュナイダーの症例を指す。

二八七 * ユリシーズの言う意味での「誰でもない者」——ホメーロスの『オデュッセイア』VIII, 552 に見られる *οὔτις* を指す。*οὐ μὲν γὰρ τις πάμπαν ἀνώνυμος ἔστ' ἀνθρώπων,...* (For there is *no one* of all mankind, *who is nameless,...*) 本書三五九頁には *οὔτις* と

いう言葉がそのまま出されている。『筑摩世界文学体系』第二巻「ホメーロス」高津春繁・呉茂一訳、五九頁参照。

二六九 ＊ percipi〔知覚されている〕――バークリの用語。ロックの経験論を徹底して、一種の主観的観念論に到達したバークリはロックによる第一性質（延長・形態・運動のように物体そのものに属する実在的性質）と第二性質（人間の心に色・音・香のような観念を生じさせる性質）の区別さえ否定して、知覚されることなく心の外に実在する物質世界を認めず、事物はすべて観念であり知覚されるかぎりでのみ存在すると考え、その主張を、有名な esse est percipi（「存在するとは知覚されていることである」）という命題に要約した。

二七〇 ＊ that〔事実存在〕……what〔本質存在〕――ドイツ語の Daß と Was に当る。訳注二四六＊＊を参照せよ。

二七一 ＊ Überschreiten〔踏み越し〕――フッサールの用語。*Formale und transzendentale Logik*（『形式的論理学と超越論的論理学』*Husserliana* Bd. XVII) S. 248 参照。『デカルト的省察』(*Husserliana* Bd. I) S. 142 に見られる intentionales Übergreifen と同義に使われている。メルロ＝ポンティはこれらに transgression（越境）、empiétement（蚕食）という訳語を当てている。

二七二 ＊ ピアジェ――Jean Piaget (1896-1980). スイスの児童心理学者。児童の知的発達の研究をおこない、児童心理学に新生面を開いた。主知主義的、論理主義的な傾向が強い。のちに発生論的立場から認識論の研究をおこなった。*Le langage et la pensée chez l'enfant*, 1923; *Introduction à l'épistémologie génétique*, 3 vols, 1949-50 など多くの著書がある。

二七三 ＊ Gestalt〔ゲシュタルト〕――原語は心理学用語で、「形態」と訳されることもある。英語では form ないし configuration の訳語が当てられる。一つの図形、一つのメロディ、一つの動作のように、単なる部分の総和に還元されないあるまとまり・構造・体制をもち、移調可能であるような全体を「ゲシュタルト」と呼ぶ。この現象の発見によって、ゲシュタルト心理学が成立した（宮城音弥編『岩波小辞典 心理学』第三版、参照）。

二七三 ＊＊ ハイデガーの言う Gestalthafte〔ゲシュタルト的なもの〕――訳注二五五＊＊＊参照。

二七六 ＊ プレグナンス――原語は prégnance、ドイツ語では Prägnanz。ゲシュタルト心理学の用語。たとえば知覚像のような精神現象はあるまとまり（構造・体制）をもっているが、そのばあいさまざまなまとまり方が可能であるにもかかわらず、簡潔で充実した（プレグナントな）まとまり方をする傾向がある。ヴェルトハイマーが〈よいゲシュタルトの法則〉(Gesetz der guten Gestalt) と呼んだこの傾向を〈プレグナンツの法則〉とも言う。近接した図形、類似した図形、閉じられた図形などが一つにまとまりやすい（宮城音弥編『岩波小辞典 心理学』、第三版、参照）。

二七七 ＊ ニュールック〔心理学〕――一九四〇年頃からアメリカにおいて、ブルナー (Bruner, J. S.)、ポストマン (Postman, L.)、マーフィ (Murphy, G.) らによって提唱され、知覚において社会的条件のもとに生ずる現象や過程、つまり社会的知覚を重要なテーマとして掲げる立場。

二九九　＊　「人間のうちなる小人」——本書五九、三〇二頁にも、同様の言及があり、そこではデカルトの『屈折光学』が参照箇所として指示されているが、デカルトの本文でそうした小人が論じられているわけではない。しかし、『屈折光学』に挿入された図版の一つ（A. T. VI, p. 122）に、眼球の奥から小人が眼球をのぞきこんでいるものがある。デカルトが指示して描かせたものか、図版作成者がいたずら半分に描きこんだものかはっきりしないが、この図版が問題にされているのである。訳注五九＊参照。

三〇二　＊　デカルト（『屈折光学』）——訳注二九九＊参照。

二九九　＊＊　マックス・エルンストの発言——訳注二六三＊を参照せよ。*L'œil et l'esprit*, pp. 30–31（『眼と精神』前掲訳書、二六五－六頁）にもマックス・エルンストのこの発言への言及が見られる。

三〇三　＊　「〔生まれたばかりの〕最初の日に」（ヘーゲル）——Lucian Herr が、*Grande Encyclopédie*, vol. XVI 所収の項目 Hegel において言っている言葉。*Résumés de cours*, p. 94（『言語と自然』前掲訳書、六九頁）および *Maurice Merleau-Ponty Vorlesungen* I, De Gruyter, 1973, S. 319 参照。独訳の訳注によれば、ゲーテの『ファウスト』に《...sind herrlich wie am ersten Tag》という一節がある由である。

三〇五　＊　ルネッサンスの遠近法——ルネッサンスのそれを含め遠近法の問題については、パノフスキーの卓抜な論文「〈象徴形式〉としての遠近法」（"Die Perspektive als symbolische Form," *Aufsätze zu Grundfragen der Kunstwissenschaft*, Verlag Bruno Hessling, Berlin, 1964）に依拠しつつ、*L'œil et l'esprit*, p. 48 f.（前掲訳書、二七六頁以下）でも論じられている。

三〇六　＊　ベルリン学派——ゲシュタルト心理学の提唱者のうち、ベルリン大学で学んだヴェルトハイマー、コフカ、ケーラーたちを言う。彼らは、「ゲシュタルト質（Gestaltqualität）」という概念を提唱し彫琢したエーレンフェルスやグラーツ学派の業績を踏まえて、ゲシュタルト心理学を理論的に完成した。

三〇六　＊＊　Aha Erlebnis〔ああそうか体験〕——訳注二六九＊参照。

三〇七　＊　前－〈存在〉（pré-Être）——Préface à l'ouvrage de A. Hesnard : L'œuvre de Freud et son importance dans le monde moderne, 1960, p. 8（『言語と自然』前掲訳書、一八八頁）に次のような叙述がある。「いまや意識は〈ヘラクレイトス的な心《プシュケー》〉なのであり、意識の前にあるというよりは意識のまわりにある存在の方も、その定義からして隠れている夢幻的存在なのであって、フッサールはしばしばこれを〈存在に先立つもの〔un《pré-être》〕〉とよんでいる。」〈ヘラクレイトス的 心《プシュケー》（ψυχή Heraklits）〉という言葉は、メルロ＝ポンティの指示する『危機』書第四九節（*Husserliana* Bd. VI, S. 173, 前掲訳書、二四一頁）に見られるが、《pré-être》に該当する言葉は、既刊の遺稿には見当らない。もっとも、Husserl-Chronik（*Husserliana*, Dokumente, Bd. I.）の一九三二年九月二〇日の項（S. 416）に、「フッサールがオイゲン・フィンクとドリオン・ケーンとともに、das Vorseiende（pre-being）の層、および受動的な連想や予料の問題である帰納について論じた」というドリオン・ケーンの報告が引かれているので、未刊の草稿に見られるものなのであろう。Dorion Cairns: *Conversation with Husserl and Fink*, Martinus Nijhoff, 1976, p. 94. 参照。

三〇八 ＊ 言語がその住まいである〈存在〉——ハイデガーの *Brief über den Humanismus*, S. 145 の「言語は存在の住まいである（Die Sprache ist das Haus des Seins)」が念頭に置かれている。

三〇九 ＊ 交叉《キアスマ》——*Tel quel*, pp. 490–91 に見られるヴァレリーの用語「二つの運命の交叉《キアスマ》」からの借用であろう。*Résumés de cours*, p. 25（前掲訳書、一六頁）でヴァレリーのこの言葉が引用されている。メルロ＝ポンティはこれに「視神経交叉」という生理学的な意味を重ね合わせて、独自の概念を形成したのである。

三一二 ＊ 蚕食——訳注二九一＊参照。

三一三 ＊ 全体が最初のものだというカントの推論——『プロレゴーメナ』第一三節において、空間に関しては「部分が全体によってのみ可能になる」と説いているカントの所論が念頭に置かれている。ちなみに、この節では、左右の耳や手のような、悟性の思考対象としてはまったく違いがないのに、相互に重なりあうことのない「対」の現象が問題にされている（『プロレゴーメナ』篠田英雄訳、岩波文庫、七四頁以下）。

三一三 ＊＊ *ὁμοῦ ἦν πάντα*〔かつて万物は同時にあった〕——このままの形では出所不明。アナクサゴラスに *ὁμοῦ πάντα χρήματα ἦν* というほとんど同義の言葉がある（Diels/Kranz: *Die Fragmente der Vorsokratiker*, Bd. II, S. 32.)。

三一四 ＊ カセクシス——原語は investissement. フロイトの用語 Besetzung の訳語。日本では英語の cathexis を仮名書きして「カセクシス」または「備給」という訳語が当てられる。エネルギー論的比喩にもとづいて形成された概念で、主体のもっている心的エネルギーが外界の対象や自分の身体に注ぎこまれ、それへのプラスなりマイナスなりの関心がいつまでも続くこと。「側面的カセクシス」はメルロ＝ポンティ独自の概念。

三一四 ＊＊ デカルトの『屈折光学』第四講における銅版画——A. T. VI, pp. 112–4 参照。銅版画についてのデカルトのこの論議は、*L'œil et l'esprit*, p. 39 f.（前掲訳書、二七〇頁以下）においても採りあげられている。

三一五 ＊ 世界の幅（rayons du monde）——一九六〇年三月のノート（三五二頁）の表題に Notion de《rayon de monde》（Husserl—Inédits）(ou ligne d'univers) とあるので、フッサールの草稿に由来する概念であるにはちがいないが、現時点で『フッサリアーナ』に収録されている草稿中には見あたらない。「過去の幅／世界の幅」という表題をもつ、やはり一九六〇年三月のノート（三五〇頁）では次のように述べられている。「〈意識〉そのものが、一連の……個別的な〈……とわれ思う〉としてではなく、一般的な配置ないし布置への開在性、過去の幅と世界の幅への開在性として理解されるべきである。それらの幅の先に、たしかに空隙や想像のちりばめられた〈隠蔽記憶〉を通してであれ、ほとんど感覚的な或る種の構造、或る種の個別的記憶が脈打っているのだ。」「精神分析のいう〈連想〉とは、実は時間の〈輻〉と世界の〈幅〉なのである。」また、「見えるもの——見えないもの」という表現をもつ一九六〇年五月のノート（三六一頁）では次のように述べられている。「私が見ているそのかぎりにおいてさえ、私はおのれの見ている当のものを知らないのだ……、これが言わんとしているのはそこに何もないということではなく、問題になっている Wesen〈現成〉は沈黙のうちで触れられる世界の幅《や》の Wesen だということなのである。——（絵と同様に）知覚される世界は私の身体から発しているもろもろの道の総体なのであり、空間 - 時間的個体の多様ではないのだ。見えるもののもつ見えないもの。それは見えるものが或る世界の幅（un rayon de monde）に所属しているということなのである。」世界の「骨組」といった概念と近いものであるらしいことはうかがえるが、あまりはっきりはしない。R. Giuliani/B. Waldenfels による本書の独訳では、*Ideen* II (*Husserliana* Bd. IV) S. 31 の Jede [Eigenschaft] ist ein Strahl seines [das Ding] Seins. という一節が引照されており、たしかに示唆されるところ大きいが、これを三五二頁で言われている「未刊稿」とみなすわけにはいかない。以下は訳者の不確かな推測であるが、メルロ＝ポンティが好んで引用するクローデルの *L'art poétique*（『詩法』、斎藤磯雄訳『筑摩世界文学大系』第五六巻「クローデル・ヴァレリー」所収）において重要な役割を演じている rayon の概念が重ね合わせて考えられているのではあるまいか。そこでクローデルはこれを、「視覚的と幾何学的の二重の意味にとった〈rayon〉（光線 - 半径）」（前掲訳書、二一五頁）と規定している。適訳を思いつかないままに、クローデルにならって、光の幅と車の輻（半径）とを重ね合わせた意味での「幅《や》」という訳語を当てた。

三一八　＊　普遍的なものはわれわれの上にではなく下にある（クローデル）——おそらく『詩法』におけるクローデルの叙述が念頭におかれているのであろうが、不詳。

三一八　＊＊　奥行——奥行については *L'œil et l'esprit*, p. 64 f.（前掲訳書、二八五頁以下）においても言及されている。

三一九　＊　「癒合態」——原語は syncrétisme. パリ大学文学部での一九五〇 - 五一年度講義 *Les relations avec autrui chez l'enfant*, Centre de Documentation Universitaire（「幼児の対人関係」、前掲邦訳『眼と精神』所収）において六ヶ月以後の幼児に見られる「癒合的社会性」が論じられているが、発達のこの段階における自他がまだ未分化な状態が「癒合態」と呼ばれる。

三二〇　＊　精神の身体（corps de l'esprit）——*Cahier*（『ヴァレリー全集　カイエ篇』、筑摩書房）に見られるヴァレリーの言葉。たとえば邦訳、第三巻、四七三、四七四頁、第四巻、一八二頁参照。たとえば第四巻一八二頁では次のように言われている。「精神の身体は、さまざまな思い出とか獲得した観念とか名前とか期待といったものの、広さないし量である。諸事件が絶えずそこから返答を引き出すようなこうした広さないし量は、これら同じ事件とこれら同じ返答とによって、同時に増大し変化する。大ざっぱに言えば、この身体は「記憶」＝「期待」のシステムによってかたちづくられている。これこそわれわれの思考の、実質でありエネルギーである。」「さて、この精神の身体なるもののもつ感受性がある。ひとがふつう〈知性〉（〈目醒めている精神〉等々）と呼ぶものをつくるのは、「記憶」と「期待」のこの特殊な、そして非常に個人的な感受性である。」

三二　＊「モナドロジー」——ライプニッツが晩年の一七一四年に執筆し、歿後発表された *Monadologie*（『単子論』河野与一訳、岩波文庫）で展開した思想。

三三　＊　機会原因論——occasionalisme.「偶因論」とも言う。デカルトが精神と物体（身体も含まれる）をそれぞれ独立の実体と認めながら、しかも心身に関して両者の直接の交互作用を事実として認めたのに対して、コルドモア、ゲーリンクス、マールブランシュらが、その理論的不整合を取り除こうとして提唱したもの。彼らは、両実体の直接的関係を認めず、精神的過程と身体的過程とのいずれもの真の原因は神であり、神が一定の身体的過程を機会として一定の精神的過程を、また逆に一定の精神的過程を機会として身体的過程を発動させると考えた。直接の交互作用があるかに見えるが、一方は他方を発動させる神の働きの機会原因にすぎない、と見るわけである。

三三　＊＊　予定調和——harmonie préétablie. ライプニッツの用語。彼はそれぞれが独立の実体であるモナド相互間の関係は、直接的なものでもなければ（「モナドには窓がない」）、そのつどの機会原因に応じて神が媒介するものでもなく、ちょうどすぐれた職人の手になる二つの時計が正確に同一時刻を打つべくあらかじめ作られているのと同じように、たがいに調和すべくはじめから神によって定められていると考えたのである。

三八　＊　悉尽論証——exhaustion. ある問題に関しあらゆる仮説を立てて究めつくす方法を言う論理学用語。

三〇　＊　Ego uninteressiert〔無関与的なわれ〕——この頁一行目の「世界観察者《コスモテオーロス》」という言葉とともに、フッサールの『危機』書第四五節（*Husserliana* Bd. VI, S. 160, 前掲訳書、二二二頁）に見られる völlig „uninteressierter" Betrachter der Welt（まったく「無関与的な」世界観察者）という言葉の引用かと思われるが、議論の文脈が違っている。

三〇　＊＊　目的論と現象学的絶対者についての未公刊草稿——*Husserliana* Bd. XV, S. 403 f. に収録されている一九三一年一一月一三日頃の Teleologie と題された草稿と思われるが、不詳。

三一　＊　思考されたことと－思考されないこととの関係（ハイデガー）——ハイデガーの *Der Satz vom Grund*, S. 123-4（『根拠律』前掲訳書、一四三頁）参照。メルロ＝ポンティは「哲学者とその影」（*Signe*, p. 202、前掲訳書、2、三頁）においても、この箇所を引用している。

三二　＊　Kopulation〔交合〕（フッサール）——*Husserliana* Bd. XV, S. 593 f. 参照。この草稿は一九三三年九月に執筆され、〈Universale Teleologie. Der intersubjektive alle und jede Subjekte umspannende Trieb transzendental gesehen. Sein der monadischen Totalität〉という表題をもつ。特に性的衝動が超越論的視点から考察されている点が注目される。

三三　＊　形相的変更——variation eidétique. フッサールの用語ということになろうが、フッサールは「自由変更（freie Variation）」「想像変更（Phantasie-variation）」「形相的還元（eidetische Reduktion）」とは言うが、「形相的変更」とは言わないようである。が、いずれにせよ、形相（＝本質）を捉える具体的な方法が考えられているにはちがいない。フッサールは個別的・偶然的な事実の認識とは原理的に区別される普遍的・必然的な本質の認識が可能であり、われわれは日常的にも不断にこれをおこなっているのであるが、厳密な方法にもとづいてこれをおこなうために、自由変更の方法を提唱する。経験された事実的な対象であれ、単に想像されただけの対象であれ、なんらかの対象を範例にとり、想像のうちでそのすべての契機を自由に変更し、そこに不変なままとどまるもの、それがなければその対象がもはや存続しえない諸契機を発見すれば、それがその対象の本質（形相）とみなされるのである。訳注六九**参照。

三三三 ** E. III. 4. という記号で分類されている一九三〇年の未公刊草稿——この草稿については *Husserliana* Bd. XV, S. XLV.（「編集者の序論」）の Anmerkung (1)、および *Husserl-Chronik*, S. 365 から、次のようなものであることが知られる。〈Sommersemester 1930. Telelogie, Instinkt, Selbsterhaltung, Liebe, Nächstenliebe, Selbstmord. Kulturidealismus, Leben in absoluter Echtheit. Vernunft als letztlich Sein konstituierend〉

三三七 * innerweltlich〈世界内部的〉——ハイデガーの用語。彼は、現存在（＝人間）に特有な存在構造を〈世界内存在〉として捉え、世界を現存在の存在の構造契機と見る。このように世界という構造契機をそなえた現存在のみが〈世界的（weltlich）〉と呼ばれる。一方、その現存在が出会う存在者は、すべてこの世界の内で出会われるのであり、〈世界内部的（innerweltlich）〉存在者と呼ばれる。

三三七 ** 多元決定——surdétermination. もともとはフロイトの用語で Überdeterminierung,「重層決定」とも言う。症状や夢など無意識の形成物が、複数の決定要因に関係していることを言い、一つの原因が一つの結果を生むという単線的な因果関係に対して、いわば構造的因果性とでもいうべきものを想定する。

三三八 *「自然の制度化」——デカルトの用語。訳注二八三*で触れたように、デカルトは一方で心身分離の立場に立ちながら、他方では心身合一を「自然の制度化（定め）」による原事実として認めた。『屈折光学』においてもデカルトは、「心が、肢体の位置の認識を介さずに、直接、対象の位置を認識する」ことを認め、それは「自然によって制度化され（定められ）ている（...est instituée de la Nature...）」と述べている（A. T. VI, pp. 134-5, 137）。メルロ＝ポンティはこれを institution de la nature と名詞化して使い、しかもこの institution（制度化）という言葉を独自の概念に仕立てあげている。*Résumés de cours*, p. 59 f.（前掲訳書、四三頁以下）の「個人の歴史および公共の歴史における〈制度化〉」を参照。デカルトの「自然の制度化」という概念も *La structure du comportement*, p. 212 f. note (11)（前掲訳書、二九三頁以下、注（15））、*Signes*, p. 211（前掲訳書、2、一六頁）、*L'œil et l'esprit*, p. 51, 52（前掲訳書、二七七、二七八頁）で引用されている。

三三八 ** 平行論——parallélisme. 精神と物体、したがって精神と身体という二系列の存在およびその過程は、相互に平行し対応し合うが、直接因果的に他に影響を及ぼすわけではないと見る立場。機会原因論もその一形態であるが、スピノザのように、心的現象と物体的現象を神という唯一の実体の二つの属性と見ることによって両者の平行関係を説明する立場や、フェヒナーの精神物理学が通常平行論と呼ばれる。

三三九　*　もろもろの身体の対化《つい》――「対化」の原語は accouplement であるが、これはフッサールの用語 Paarung の訳語。フッサールは受動的綜合の基本形式の一つである「連合（Assoziation）」を「対化」として説明する。つまり、二つの与件が際立ったかたちで意識に与えられるばあい、その二つの与件は純粋な受動性のうちで「対」として構成され、それらがたがいに「意味の転移（Sinnesübertragung）」ないし「意味の地すべり（Sinnesüberschiebung）」を起こすようになる。同様に、他人知覚のばあいにも、私の身体に類似した物体が私の直観の領野に際立ったかたちで現われると、それが私の身体と「根源的な対化」のうちで与えられ、意味の地すべりによって「私の身体」からただちに「身体という意味」を受けとるようになる、と見るのである（『デカルト的省察』*Husserliana* Bd. I, S. 141 f.）。

三三九　**　透明なダイヤモンドの傷――ポール・ヴァレリーの詩『海辺の墓地』の一節 Mes repentirs, mes doutes, mes contraintes/Sont le défaut de ton grand diamond（「わが後悔も、わが疑惑も、わが束縛も、ことごとくおまえの巨大なダイヤモンドの傷なのだ」）が念頭におかれている。*La phénoménologie de la perception*, p. 240（前掲訳書、2、一〇頁）にも「知覚はあの〈巨大なダイヤモンドの傷〉だ」というくだりがある。

三四〇　*　Freud, Deuil et mélancolie……参照。――フロイト「悲哀とメランコリー」、『フロイト著作集』人文書院、第六巻、一三七頁以下に収録されている。この論文のどこが参照されているかは不詳。

三四五　*　グラディエント――gradient.「勾配」とも訳される。もともとは物理学用語であるが、生物学にも転用され、生物体またはその部分において、その一点より周辺へ向かい、あるいは或る軸の一端から他端へ向かって、一定の含有物質の量や、生理的または生化学的活動性の度合などが漸増または漸減していることをいう。このような量的勾配がしばしば形態的分化のような質的差異の基礎となっており、発生学的に重要な意味をもつ。

三四八　*　交叉配列――chiasme は修辞学用語の交叉配列法を言う。対照語句の順序を逆にする技法（「人は生きるために食べるのであり、食べるために生きるのではない」）。前出の chiasma（交叉）とともにXの字体が示しているような交叉、交錯を意味している。

三四九　*　文化の居心地の悪さ――フロイトの一九三〇年の著作 *Das Unbehagen in der Kultur*（「文化への不満」浜川祥枝訳『フロイト著作集』人文書院第三巻四三一頁以下所収）の表題が念頭に置かれているものと思われる。

三四九　**　フッサールの Forschungsmanuskript〔研究草稿〕。フッサールの Arbeitsprobleme〔現場作業問題〕の概念――Eugen Fink, Die Spätphilosophie Husserls in der Freiburger Zeit, in *Nähe und Distanz*, 1976, S. 207, 216.（フィンク『フッサールの現象学』新田義弘・小池稔訳、以文社、一七六―七、一八七―八頁）参照。この論文は、初め、メルロ＝ポンティも「哲学者とその影」を寄稿したフッサール生誕百年記念論文集 *Edmund Husserl 1859–1959*, 1959 に発表されたものである。もっとも、そこには Arbeitsphilosophie（現場作業哲学）という言葉は見られるが、Arbeitsprobleme という言葉は見当らない。

三五〇　＊　フロイト『狼男』――フロイトの一九一八年の論文 Aus der Geschichte einer infantilen Neurose（「ある幼児期神経症の病歴より」小此木啓吾訳、『フロイト選集』日本教文社、第一六巻、二〇七頁以下所収）を指す。この論文の仏訳に L'homme aux loups（狼男）という副題が付けられている。

三五四　＊　微小表象――petites perceptions. ライプニッツの用語。ライプニッツは単純実体であるモナド（単子）には〈表象（la perception）〉と〈欲求（l'appétit）〉という二つの属性があると考える。表象とは一なる単純実体がおのれのうちに多を含み、それを表現する推移的状態を言うが、これは意識的表象とは区別される。いわゆる〈裸のモナド〉においてさえも、われわれが気絶したり夢一つ見ない深い眠りに入ったときのように、知覚されない錯雑した無意識的表象が推移しているのである。ライプニッツはこうした表象を「微小表象」と呼ぶ。これによって意識の連続性が支えられているのである（ライプニッツ『単子論』前掲訳書、二三三頁参照）。

三五四　＊＊　実測図である神――ライプニッツがこの通りの言い方をしているわけではないが、次のようなところから、彼にこうした概念のありえたことがうかがわれる。「（私の言葉で）一つの物が他の物を表出する（exprimer）というのは、一方について言えることと他方について言えることとのあいだに、恒常的規則的関係が存するということである。たとえば遠近法的投影図はその実測図を表出している」（一六八七年九月、アルノー宛書簡、『形而上学叙説』河野与一訳、岩波文庫、三九八頁）。そして、一方ライプニッツは『形而上学叙説』第九節（前掲訳書、八五頁）で次のように言う。「すべての実体は一つのまとまった世界のようなものであり、神の鏡もしくは全宇宙の鏡のようなものである。実体は全宇宙をそれぞれ自分なりの仕方で表出する。言ってみればまず、同じ一つの都市がこれを眺める人のさまざまな位置に従っていろいろに表現されるようなものである。」それぞれのモナドが同じ一つの都市を多様な遠近法的投影図のかたちで表出するとすれば、神はその都市の実測図ということになるわけである。

三五五　＊　プルーストを参照せよ。――プルースト『失われた時を求めて』第一編「スワン家のほうへ」、井上究一郎訳、『筑摩世界文学大系』第五七巻、七四頁以下、九〇頁以下でサンザシについての記憶が語られている。

三五五　＊＊　自己中心性――egocentrisme. ピアジェの用語。彼は子供の心理が大人の心理と質的違いをもつことを強調し、子供の心性の特質をこの概念で捉えた。考えたものがそのまま客観的に存在すると考える子供の〈リアリズム〉や、物も精神をもっていると考える子供の〈アニミズム〉、客観的事物は人間が作ったものだと考える子供の〈人工論〉など、すべてこの自己中心性の現われだと見るのである。たとえばピアジェ『思考の心理学』滝沢武久訳、みすず書房、参照。

三五六　＊　fungierende〈作動しつつある〉ないし潜在的な志向性――フッサールの用語。『イデーン』I に代表される中期のフッサールは、デカルト的な純粋自我を核とする純粋意識の諸統覚を、ノエシス－ノエマ的相関構造に即して分析した。そこで分析の主題となったのは、多様な意味付与作用を充実してゆくなかで、それらの作用を「私の働き」として綜合し、統一的な意味を構成する顕在的な「作用志向性（Akt-Intentionalität）」であった。しかし、われわれの意識には、それぞれの瞬間に顕在的に思念されているものよりも、より多くのものが含まれ、顕在化されない地平がともなっている。そうした志向的含蓄、つまり地平意識とは、自我の積極的関与を欠いたひそやかな感性的・受動的志向性であり、定かならぬ地平志向性である。一九二〇年代に入るとフッサールは、こうした無記名の潜在的志向性、いつもすでに作動している志向性を分析の対象とする「発生的現象学」を構想するようになる。一九二一年の論文 Statische und genetische phänomenologische Methode「静態的現象学の方法と発生的現象学の方法」（*Husserliana* Bd. XI, S. 336 f.）において、その構想が具体的に表明されている。

三五九　＊　*οὔτις*〔誰でもない者〕——訳注二八七＊参照。

三六〇　＊　ミショー——フランスの詩人でもあれば、アンフォルメルの画家でもある Henri Michaux（1899–1984）のことと思われるが、不詳。

三六〇　＊＊　ニーチェが偉大な思想は音もなく生まれると言っている……——独訳の訳注では、『ツァラトゥストラはこう言った』の「最も静かな時」と題された章の「嵐をもたらすのは、もっとも静かな言葉。鳩の足で歩いてくる思想こそ、世界をみちびくもの」という一節が指示されている（水上英広訳、岩波文庫、上、二五六頁）。

三六三　＊　遠方の存在——原語は être des lointains. この言葉は、サルトルも *L'être et le néant*, p. 53 で引用符を付けて使っているが、出所不明。訳注二四四＊＊＊＊＊に見られる「離れてある存在（être à distance）」と同様、ハイデガーの ein Wesen der Ferne の訳語とも思われるが、確かではない。

三七〇　＊　Todo y Nada〔すべてにして無〕——all and nothing. スペイン語。

三七一　＊　「精神の身体」——訳注三三〇＊参照。

三七二　＊　サルトルがつねに予想している歴史の全体化——サルトルが『弁証法的理性批判』第一巻（一九六〇年）に序説として付した「方法の問題」の所説が念頭にあるのであろう。これは、はじめ『現代《レ・タン・モデルヌ》』誌の一九五七年九月号と十月号に分載して発表されたものであり、メルロ＝ポンティが生前眼にしえたものである。

三七五　＊　快感‐現実——フロイトが「精神現象の二原則に関する定式」（一九一一年）以降採りあげた快感自我と現実自我（Lust-Ich, Real-Ich）を指すものと思われる。

三七七　＊　ミショット——訳注二五二＊参照。

三七九　＊　サルトルは、アフリカにいるピエールのイマージュとはピエールの存在そのもの……を「体験する一つの仕方」でしかないと言っている。——サルトルの *L'imaginaire*（『想像力の問題』平井啓之訳、人文書院）参照。

三八〇　＊　サルトルのそれのような歴史哲学——サルトルの『弁証法的理性批判』第一巻（一九六〇年）が念頭におかれている。

三八〇 ** Ur-Arche〔原方舟〕／Urhistorie〔原歴史〕――ともに、フッサールの遺稿「コペルニクス説の転覆」において使われている用語。

三八三 * 本質（動詞的な）の放射――原語は rayonnements d'essences (verbales). essences (verbales) とはおかしな言い方であるが、ハイデガーの Wesen（現成）の概念を念頭に置いて書かれたものであろう。訳注二四六＊参照。

三八五 * Übertragung〔転移〕――フッサールの用語。たとえば *Cartesianische Meditationen*, *Husserliana* Bd. I, S. 142 に《Sinnes-übertragung（意味の転移）》、*Ideen* II, *Husserliana* Bd. IV, S. 166 に《übertragene Kompräsenz（転移された共現前性）》といった用例がある。

三八五 ** 通覧《シノプシス》――カントの用語。『純粋理性批判』第一版九四頁において、「構想力による綜合」や「根源的統覚による統一」に先立って「感性による多様の先天的通覧《シノプシス》」のおこなわれることが主張されている。二四七、三七〇頁にも、この語がみられる。

三八五 *** 投射‐取り込み――projection-introjection. ともに精神分析の用語。「投射」は、主体が自分のなかにあることに気づかなかったり拒否したりする資質や感情や欲望などを、自分から排出して他人や物のうちにあるものとみなす作用を言い、「取り込み」は主体が幻想的に対象や対象のもつ特質をおのれのうちに移すことを言う。これらの概念については、「幼児の対人関係」（訳注三一九＊参照）においても論じられている。

三八六 * 首尾一貫した変形――原語は déformation cohérente. メルロ＝ポンティが、アンドレ・マルローの *La création artistique*, p. 152（「芸術論」小松清訳、『世界の大思想』河出書房、II―14、六八頁）から借用し、一九五〇年代以降愛用した概念。*La prose du monde*, p. 85（『世界の散文』前掲訳書、八七頁）参照。

三九三 * 想像的なもの――Sartre : *L'imaginaire*（サルトル『想像力の問題』前掲訳書）参照。

三九四 *（バシュラールが言うような意味での）「エレメント」――フランスの哲学者・哲学史家バシュラール（Gaston Bachelard, 1884-1962）は、一方ではソルボンヌの科学史および科学哲学の教授として大きな仕事をしながら、他方では、科学的認識の不足を補うものとして詩的想像力を積極的に評価し、現象学と精神分析とシュルレアリスムの影響下に『火の精神分析』（一九三八年、前田耕作訳、せりか書房）にはじまる一連の詩的イメージの研究をおこなっている。彼はその際、想像力を形相因に生気を与えるものと質料因に生気を与えるものとに分ける。後者が質料的（matériel＝物質的）想像力であるが、彼はそうした質料として、エンペドクレスの挙げた四つの根元《リツオーマタ》（地・水・火・風）を考え、これらのエレメントに結びつく想像力の精神分析を企てる。「事実、想像力の領域においては火・空気・水・大地のどれに結びつくかに従ってさまざまの物質的想像力を分類する四元素の法則を確立することが可能であると思われる」（『水と夢』一九四二年、小浜俊郎・桜木素行訳、国文社、四頁）。ところで、「エレメント」とは、物質の基本的構成要素であるとともに、たとえば「水は魚のエレメントである」と言うばあいのように、生息に適した環境・本来の活動領域をも意味する。ここで、存在と想像的なものが「エレメント」であり、領野だと言われているのは、このような意味においてである。

三九四 ** 「自然は生まれたばかりだ」――訳注三〇三*参照。

三九五 * 野生の〈原理〉――Schelling: *Die Weltalter*, hrsg. von M. Schröter, München, 1979, S. 51 に「克服されはするが、しかし絶滅されることはなく、すべての偉大なものの真の基礎である野生の原理 (barbarische Prinzip)」という一節がある。シェリングの自然哲学については *Résumés de cours*, p. 106 f.（『言語と自然』前掲訳書、七七頁以下）を参照せよ。

三九五 ** 精神分析が人間学にとどまってしまう……――メルロ＝ポンティは、A・エスナールのフロイト論に付した序言（Préface à l'ouvrage de A. Hesnard: *L'œuvre de Freud et son importance moderne*, Paris, Payot, 1960, pp. 5-10.「精神分析と現象学」、メルロ＝ポンティ『言語と自然』前掲訳書、一八一頁以下に付録三として収録）において、『行動の構造』や『知覚の現象学』『シーニュ』など初期・中期の著作における自分自身のいわば人間学的ないし実存的な精神分析解釈に自己批判をくわえている。

三九六 * 『イデーン』第二巻においてフッサールは……言い方をしている――訳注二四二**参照。

三九七 * サルトルの言うところの観察可能なものという基準――サルトルは *L'imaginaire*, p. 18 f.（『想像力の問題』前掲訳書、一七頁以下）において、知覚対象は観察可能であり、観察を重ねることによって学習されうるのに対して、像《イマージュ》は観察可能であるかのように見えながら、原理的に観察不可能であると主張している。メルロ＝ポンティはここで、知覚対象に関するサルトルの基準が反駁され、「像《イマージュ》としてのパンテオンの円柱は数えられない」（Alain: *Système des Beaux-Arts*, NRF,『芸術論集』桑原武夫訳、岩波書店、五四八頁）、つまり想像的なものは観察不可能だという、想像的《イマジネール》なものに関するアランの基準が知覚にも入りこんでくると述べているのである。

三九九 * 実存的精神分析ではなく、存在論的精神分析を形成すること――訳注三九五**参照。

四〇〇 * シェーラーの問題――メルロ＝ポンティは、シェーラーの著作には早くから親しんでいて、『行動の構造』の文献表には『倫理学における形式主義と実質的価値倫理学』『宇宙における人間の地位』『知識形態と社会』が挙げられているし（ハイデガーの『存在と時間』の名はない）、『知覚の現象学』の文献表には、これにくわえて『価値の転倒』『同情の本質と諸形式』や、さらには『観念論－実在論』さえも挙げられている。ここで直接念頭に置かれているのは『倫理学における形式主義と実質的価値倫理学』であろう。

四〇一 * 「存在論的差異」――différence ontologique. ハイデガーの用語。ドイツ語では ontologische Differenz. *Vom Wesen des Grundes*, 1929, S. 29（『根拠の本質』、斎藤信治訳、理想社、一四－五頁）においてはじめて公に提示された（すでに一九二七年度の講義 *Grundprobleme der Phänomenologie* においては§22の表題に掲げられている）概念であり、「存在と存在者との区別」ないし「この両者を区別することができるというそのこと」を言う。一般に動物はそのつどの生物学的環境に閉じこめられ、そのつど出会う特定の刺戟に反応することに終始しているのに対し、現存在（＝人間）だけは、この環境を超越して、存在という視点を設定し、おのれの出会うすべてのものを一様に存在者として捉えることができる。このように存在者を存在者として全体的に（ありとしあらゆるもの＝在りとされるあらゆるもの）捉えうるその事態が「存在論的差異」と呼ばれるのである。

四〇五 ＊ 方法‐以前のデカルトを……精神と身体をそなえた「垂直」のデカルトを学ぶこと――ここで「方法」と言われているのは、特に『方法叙説』ということではなく、方法的懐疑にはじまり心身分離の立場を確立する一連の方法的手続き、いや、さらには『精神指導の規則』の「規則第四」において「事物の真理を探究するには方法が必要である」と言われるばあいの「方法」のことであろう。『規則』から引用されている spontaneae fruges（おのずからなる実り）（A. T. X, p. 373）や intuitus mentis（精神の直観）（A. T. X, p. 372）という言葉がそれを示唆している。「〈習得されたものにつねに先立つ〉自然的思考」は A. T. IX-1, p. 225 からの引用。「方法‐以後のデカルト」「第六省察以後のデカルト」「精神と身体をそなえた〈垂直〉のデカルト」とは、「自然の制度化（定め）」による心身合一の立場に立つデカルトの思想のこと（訳注二三五＊＊、二八三＊参照）。「根拠の秩序」については訳注二三二＊＊＊＊参照。

四〇五 ＊＊ sui ipsius contemplatio reflexa〔おのれ自身の反省的観想〕――『精神指導の規則』の「規則第一二」からの引用（A. T. X, p. 422）。

四〇五 ＊＊＊ intuitus mentis〔精神の直観〕についての定義は、視覚との類比にもとづいている――『精神指導の規則』の「規則第九」の節を指すと思われる（A. T. X, p. 400）。

四〇七 ＊ 人間主義とも他方自然主義とも……――次頁のマルクスへの言及から考えると、この人間主義や自然主義は、『経済学哲学草稿』（一八四四年にパリで執筆）においてマルクスがおのれ自身の哲学的立場を標示した der durchgeführte Naturalismus oder Humanismus（「貫徹された自然主義あるいは人間主義」）が念頭に置かれているようにも思われる（*Ökonomisch-philosophische Manuskripte aus dem Jahre 1844*, *MEGA*, Erste Abteilung, Bd. 3, S. 160,『経済学哲学草稿』城塚登・田中吉六訳、岩波文庫、二〇五頁）。

四〇八 ＊ 一八四四年のフォイエルバッハ－マルクス――前注の『経済学哲学草稿』執筆時のマルクスは、まだヘーゲル左派の強い影響下にあり、フォイエルバッハ的人間学主義の立場に立っている、と見るのが通説である。

四〇八 ＊＊ 「物神」としての商品の《Geheimnis〔秘密〕》――マルクス『資本論』第一部第一篇第一章「商品」の第四節「商品の物神的性格とその秘密」（ディーツ版、七八頁）参照。

訳者あとがき

本書は Maurice Merleau-Ponty : *Le visible et l'invisible, suivi de notes de travail*, 1964 の邦訳である。言うまでもなく本書は、メルロ＝ポンティがその最後期にこの表題のもとに構想した著作の、おそらくは序論にあたる部分の未定稿をクロード・ルフォールが整理編集したものと、「研究ノート」と題されたやはりこの著作執筆のための準備の覚え書き——これもまたルフォールが取捨し整理したもの——とから成る、いわば遺稿である。それにルフォールの「まえがき」と長文の「あとがき」が付されている。本書には Alphonso Lingis による英訳 *The Visible and the Invisible, followed by working notes*, Northwestern University Press, 1968 および Regula Giuliani & Bernhard Waldenfels による独訳 *Das sichtbare und das Unsichtbare, gefolgt von Arbeitnotizen*, Wilhelm Fink Verlag, 1986 がある。前者は適宜参照したが、後者は、訳者たちの怠慢から、入手できたのが校了間際であり、訳注を参照することしかできなかった。翻訳は、前半部、つまりルフォールの「まえがき」と本文（二二八頁まで）を滝浦が、後半部つまり「研究ノート」とルフォールの「あとがき」を木田が分担した。出来上ってみると、二人の日本語の表記法に幾分の違いが認められたが、強いて統一をはからなかった。

ルフォールの「まえがき」にも凡例めいた記述があるが、ここでもう一度、本訳書での符号の使用法や訳出上の処置について整理して示しておきたい。

一、（ ）はメルロ＝ポンティの原文にあるもの。そのほか、訳者が特に原語を示したいときにも使われている。［ ］は編者ルフォールの注記であることを示すもの。原文中に現われるフランス語以外の外国語は、そのまま表示し、〔 〕内にその訳語を示してある。〔 〕は、そのほか、訳者の補足・注記を示すため適宜使用されている。〈 〉でくくった語は、原語が大文字で書き出されているもの、たとえば Être は〈存在〉としてある。〈 〉は、ほかに、訳者が文意を明確にしたい時も、適宜使用されている。原文の引用符《 》は本訳書では「 」に換え、原文中で外国語に付されている《 》は、本訳書でもそのまま使用した。原文中のイタリックの部分は、本訳書では傍点を付してある。

一、本文中の(1)(2)といった数字は、メルロ＝ポンティおよび編集者ルフォールによる原注の付されている箇所を示し、原注は各段落の末尾にまとめてある。＊は訳注を示し、訳注は巻末にまとめ、当該ページ数と＊の数で検出しうるようになっている。殊に「研究ノート」の部分は、時によっては文章になっていないような簡単な覚え書が多いので、影響関係を明らかにするためにも、引用と思われる語句についてはできる限り訳注でその出所を示したが、調べきれなかったものも多い。御教示を乞いたい。

一、原注・訳注に現われる文献のうち、邦訳のあるものは、その書名、出版社、該当ページ数を示しておいたが、地の文との関係で必ずしもその訳文をそのまま引いていないばあいが多い。むろん十分参照にはさせていただいているので、邦訳者の方々にここでお礼とお詫びを申し上げておきたい。

すでに編集者ルフォールが、本書の成立の事情やその性格にふれた「まえがき」と、メルロ＝ポンティ追悼のための長文の「あとがき」を付しているので、屋上屋を重ねるつもりはないが、訳者としても、メルロ＝ポンティの思想の展開のなかでの本書の位置に関して一言だけふれておきたい。

メルロ＝ポンティは、一九四〇年代前半に発表した『行動の構造』(一九四二年)と『知覚の現象学』(一九四五年)の二冊の主著で、〈実存主義的現象学〉とでも言うべきおのれ自身の立場を確立し、以後はそこに立って、思想・芸術・政治の諸問題に独自の検討をくわえてきた。『ヒューマニズムとテロル』(一九四七年)、『意味と無意味』(一九四八年)、『弁証法の冒険』(一九五五年)、『シーニュ』(一九六〇年)などその後の著作は、すべてその成果を盛った論文集である。ところが、一九五九年初頭から彼は、二冊の主著で展開したおのれ自身のかつての哲学に根本的な反省をくわえながら、思索の新たな展開を企て、大著の構想に取り組む。この年の三月には、その書名も、最終的に『見えるものと見えないもの』に落着いた。メルロ＝ポンティのこのいわゆる「後期」の思索への転回が、フッサールとハイデガーそれぞれの後期の存在論的思索に促がされたものであり、たしかに「現象学から存在論へ」（ティリエット）と言ってよさそうなものであることは確かである。「こうしたことはすべて――それは私の最初の二つの著書を捉えなおし、掘り下げ、修正することになるのだが――全面的に存在論の視角からなされねばならない」（二三五頁）とか、『知覚の現象学』の諸成果――それらを存在論的解明にもたらす必要性」（二五九頁）といった言い方から、それはうかがわれよう。

このようにして構想された存在論は、〈巻きつき〉とか〈絡み合い〉〈肉〉〈蝶つがい〉といったいわば異様な概念を駆使する〈間接的存在論〉〈内部存在論〉であり、そこには、まだ見たこともないような思想的風景が呈示されるはずであった。しかし、余りにも早い死がメルロ＝ポンティを襲い、この構想は実現されないままに終る。残されたのは、この訳書にして二〇〇頁ほどの「序論」の未定稿と、準備のための「研究ノート」だけである。クロード・ルフォールがそれを整理編集して成ったのがこの遺稿『見えるものと見えないもの』なのであるが、殊に「研究ノート」は、まるで掘り出されたばかりの粗鉱がそのまま山積みされているようなものであって、それを精練し形ある思想にまで彫琢するのは容易ではない。しかし、そこにちらちらと揺れ動きながらも垣間見られる風景はまことに魅力的であるし、あるいは読者の一人ひとりがそこから独自のタブローを取り出すことも許されるように思われる。メルロ＝ポンティのこの後期の思想の理解に資するものとしては、訳者の一人である木田の書いた『メルロ＝ポンティの思想』（岩波書店）とX・ティリエットの『メルロ＝ポンティ』（木田元・篠憲二訳、大修館書店）がある。御参照いただければ幸いである。

原著の刊行が一九六四年、その直後に翻訳の約束が交わされ、訳者たちもそれぞれに準備をはじめたわけであるから、この翻訳の完成には文字通り四半世紀を要したことになる。訳者たちそれぞれの身辺の事情やほかの仕事がはさまるといった事情も手伝ったが、やはり幾度読みかえしてもすっきりと読み解けない本書の難しさによるところが大きかった。思えばみすず書房にはずいぶん御迷惑をおかけしたものである。担当していただいた吉田欣子・守田省吾両氏にもお世話をかけたし、守田氏には、原文との照合、索引の作成など一方ならぬ御尽力をいただいた。お二人に厚く御礼申し上げる。また、小笠原真一氏にはヴァレリーについて、鷲田清一氏にはフッサールについて貴重な御教示をいただいた。謝意を表したい。本書をもって、メルロ＝ポンティの著書・遺稿など、少くとも本になったものはすべて翻訳されたことになる。訳者たちが一九六四年に『行動の構造』の翻訳を刊行してから、これまた四半世紀たったわけである。よくぞここまで付き合ってきたものだと感慨がないわけではない。ひそかに二人で祝盃をあげたい気分である。

一九八九年七月三〇日

滝浦静雄
木田元

索　　引

ウ

エ

オ

カ

キ

ク

ケ

コ

根拠（Grund） 247, 366
——の秩序 232
——の脈絡（nexus rationum） 249
根源的共同化（Urgemeinschaftung） 254
根源的現前（Urpräsentation） 314, 316, 331, 348, 373
根源的に現前可能なもの（l'Urpräsentierbare） 187 n., 236, 316, 348, 365
根源的に現前しえないもの（Nichturpräsentierbare） 255, 311, 314, 331, 339, 348, 365, 373
混淆（promiscuité） 120, 160
混合（物）（mélange） 55, 73, 82, 124, 142

サ

差異（différence） 14, 144, 165, 188, 197, 240, 277, 327, 335, 390
存在論的—— 401
差異化（différenciation） 172, 184, 213, 215, 272, 279, 336, 338, 339, 386, 400 →微分
脱—— 140, 279
再活性化 381, 397
先取り 24, 55 n., 141, 251
炸裂（éclatement） 19, 80, 172, 202, 312
裂け目（fissure） 68, 79, 80, 98, 309, 343
錯覚（illusion） 14, 16, 19, 48, 58, 61, 64, 75, 91, 93, 147
脱（-）—— 62–64
サルトル（Sartre, J.-P.） 78, 100, 102, 111 n., 121, 131, 240, 255, 259, 271, 275, 278–280n., 310, 312, 342, 345, 346, 357, 372, 379, 380, 393, 394, 397, 402, 403, 408
算式（algorithme） 29, 31, 136, 161, 212
参照関係 224
蚕食（empiétement） 70, 151, 160, 171, 186, 187 n., 286, 290, 312, 315, 319, 325, 339, 340, 363, 364, 382, 384, 385, 390

シ

詩 299
死 120, 121
地 125, 228, 266, 313, 335, 360, 392, 406 ↔図
シェーラー（Scheler, M.） 257, 400
自我（ego） 77–79, 224, 319, 400
前-——論 319
視覚 12, 13, 17, 45–47, 50, 56, 59, 67, 108–112, 119, 121, 124, 139, 147, 156, 170, 171, 174, 177, 182–188, 190–192, 195, 198–204, 209, 210, 299, 302, 373, 379, 402, 404–406
——一般 198, 203
——的画像 328, 329, 352, 354, 370, 379
——の遍在性 119
純粋—— 111, 112, 118, 122
中心的—— 202
生まの—— 57
非—— 53
時間 11, 39, 40, 70, 147, 156–160, 162, 163, 168, 171, 173, 177, 235, 244, 260, 261, 263, 271, 273, 275–277, 286, 291, 294, 299, 320, 331, 355, 381, 395
——意識（Zeitbewußtsein） 270
——化作用（Zeitigung） 244
——形成（Zeitform） 261
——質料（Zeitmaterie） 261
——性 157, 234, 244
——の幅 350
客観的—— 220
神話的—— 40, 236
内的—— 74 n.
内部—— 391
本来的——性 380
歴史学的—— 380
軸（axe） 159, 210
次元（性） 159, 163, 172, 198, 206, 209, 210, 314–317, 324, 329, 330, 344, 361, 363, 364, 374, 378, 382, 393, 400
第三の—— 46
普遍的—— 391
自己（soi, ipse, Selbst） 77, 87, 90, 92, 123, 191, 201, 271, 274, 286, 287, 348, 364, 373–375, 377, 383, 384
——意識 106, 240, 342
——顕現 129
——現出（Selbsterscheinung） 271, 272
——省察（Selbstbesinnung） 260

ス

セ

ソ

ト

ナ

ニ

ネ

ノ

ハ

ヒ

ム

メ

モ

ヤ

著者略歴

（Maurice Merleau-Ponty, 1908-1961）

1908年，フランスに生まれる．1926年，エコール・ノルマル・シュペリュール入学，在学中サルトル，ボーヴォワール，レヴィ＝ストロースらと知りあう．1930年，哲学教授資格試験に合格．その前年にフッサールのソルボンヌ講演を，1935-1939年には高等研究院におけるコジェーヴのヘーゲル講義を聴講．ルーヴァンのフッサール文庫に赴き，遺稿を閲覧したのは1939年．第2次大戦中は従軍・レジスタンス活動を経験した．1945年，学位論文として同年刊の『知覚の現象学』および『行動の構造』（1942）を提出．1946年，サルトルらとともに「レ・タン・モデルヌ」創刊．1948年，リヨン大学教授，1949年，パリ大学文学部教授を経て1952年，コレージュ・ド・フランス教授に就任．1961年没．著書『ヒューマニズムとテロル』（1947）『意味と無意味』（1948）『弁証法の冒険』（1955）『シーニュ』（1960）ほか．没後『見えるものと見えないもの』（1964）『世界の散文』（1969），コレージュ・ド・フランス講義録などが刊行されている．

訳者略歴

滝浦静雄〈たきうら・しずお〉 1927年生まれ．1951年，東北大学文学部卒業．東北大学名誉教授．2011年没．著書『想像の現象学』（紀伊國屋新書 1972）『時間』（岩波新書 1976）『言語と身体』（岩波書店 1978）『ウィトゲンシュタイン』（岩波書店 1983）『メタファーの現象学』（世界書院 1988）『道徳の経験』（南窓社 2004）『修羅とデクノボー』（東北大学出版会 2011），共訳 メルロ＝ポンティ『行動の構造』『弁証法の冒険』『眼と精神』（以上みすず書房）リクール『意志的なものと非意志的なもの』（紀伊國屋書店）ほか．

木田元〈きだ・げん〉 1928年生まれ．1953年，東北大学文学部卒業．中央大学名誉教授．2014年没．著書『現象学』（岩波新書 1970）『メルロ＝ポンティの思想』（岩波書店 1984）『哲学と反哲学』（岩波書店 1990／岩波現代文庫 2004）『哲学以外』（みすず書房 1997）『最終講義』（作品社 2000）『ハイデガー『存在と時間』の構築』（岩波現代文庫 2000）『マッハとニーチェ』（新書館 2002）『闇屋になりそこねた哲学者』（晶文社 2003／ちくま文庫 2010），共訳 メルロ＝ポンティ『行動の構造』『知覚の現象学』（以上みすず書房）フッサール『ヨーロッパ諸学の危機と超越論的現象学』（中央公論社）アドルノ『否定弁証法』（作品社）ほか．

モーリス・メルロ＝ポンティ
見えるものと見えないもの
付・研究ノート
滝浦静雄・木田 元 訳

1989年9月29日　初　版第1刷発行
2017年5月18日　新装版第1刷発行
2023年6月27日　新装版第4刷発行

発行所 株式会社 みすず書房
〒113-0033 東京都文京区本郷2丁目20-7
電話 03-3814-0131(営業) 03-3815-9181(編集)
www.msz.co.jp

本文印刷所 精興社
扉・表紙・カバー印刷所 リヒトプランニング
製本所 松岳社

Printed in Japan
ISBN 978-4-622-08616-1
［みえるものとみえないもの］